二十一世纪普通高等教育人才培养"十四五"系列精品教材
广东省一流本科课程"基础会计"配套教材

# 基础会计

主　编 ○ 李美珍　　吴海燕
副主编 ○ 白　雪　　黄丽丽

西南财经大学出版社
Southwestern University of Finance & Economics Press
中国 · 成都

图书在版编目(CIP)数据

基础会计 / 李美珍,吴海燕主编.—成都:西南财经大学出版社,2023.8
(2024.2 重印)
ISBN 978-7-5504-5828-4

Ⅰ.①基…　Ⅱ.①李…②吴…　Ⅲ.①会计学　Ⅳ.①F230

中国国家版本馆 CIP 数据核字(2023)第 123311 号

**基础会计**

主　编　李美珍　吴海燕

副主编　白　雪　黄丽丽

责任编辑:李晓嵩

责任校对:杨婧颖

封面设计:何东琳设计工作室

责任印制:朱曼丽

| | |
|---|---|
| 出版发行 | 西南财经大学出版社(四川省成都市光华村街 55 号) |
| 网　　址 | http://cbs.swufe.edu.cn |
| 电子邮件 | bookcj@ swufe.edu.cn |
| 邮政编码 | 610074 |
| 电　　话 | 028-87353785 |
| 照　　排 | 四川胜翔数码印务设计有限公司 |
| 印　　刷 | 郫县犀浦印刷厂 |
| 成品尺寸 | 185mm×260mm |
| 印　　张 | 19.625 |
| 字　　数 | 459 千字 |
| 版　　次 | 2023 年 8 月第 1 版 |
| 印　　次 | 2024 年 2 月第 2 次印刷 |
| 印　　数 | 2001— 4000 册 |
| 书　　号 | ISBN 978-7-5504-5828-4 |
| 定　　价 | 39.80 元 |

# 前言

　　基础会计课程是初学者了解会计基本概念、基本理论、基本方法和基本技能的入门课程，也是诸多管理类和经济类专业的必修课程。基础会计课程既有理论性，又有实践操作性，因此编者在编写本书时，结合多年的教学经验对本书的结构和内容进行了精心编排，并融入我国当前税收法律法规、会计准则的新变化和新要求，帮助初学者掌握会计学的基础知识和技能，为后续会计学其他专业课程的学习打下坚实的基础。

　　本书编写风格新颖，力求内容与会计改革实践同步。本书案例注重实用性，突出业务场景、业财融合，有效解决了传统教学与实践脱节的问题。本书每一章都设置了学习目标、关键概念、引导案例、课程思政、本章小结、本章习题和本章参考文献等栏目，便于学生更好地理解会计基础理论、掌握会计核算方法。同时，为了帮助学生树立正确的世界观、人生观和价值观，体现教材的培根铸魂、启智增慧作用，编者以会计职业道德建设为主线，将课程思政的相关内容有机融入本书各章，体现了本书与时俱进的特点。

　　本书共分为11章，由广州理工学院李美珍、广东外语外贸大学南国商学院吴海燕担任主编，负责全书写作大纲的拟定和编写的组织工作，并总纂定稿。本书编写分工如下：第一章、第四章由李美珍编写，第二章由白雪编写，第三章、第六章由喻平编写，第五章由胡智敏、胡晓玲编写，第七章、第八章由吴海燕编写，第九章由黄丽丽编写，第十章由陈天勇、伍雄伟编写，第十一章由杨玉国、胡晓玲编写。

　　本书可供高等院校会计学、财务管理以及其他经济管理类专业学生学习使用，也可供从事会计、财务管理以及其他经济管理工作的人员培训使用。

　　在本书编写过程中，编写组成员就编写大纲和内容进行了广泛深入的讨论，并听取了兄弟院校相关任课教师的意见，同时还借鉴了相关教材和资料的内容，在此表示衷心的感谢。书中不足之处，敬请广大读者批评指正。

编者

2023 年 8 月

# 目录

# 第一章　总论

## 【学习目标】

本章阐述了会计的基本理论问题。通过对本章的学习，学生应掌握会计的含义，会计的目标、职能和方法；理解会计核算方法的内容；了解会计的产生和发展。

本章重点：会计的含义、职能、方法。

本章难点：会计的目标。

## 【关键概念】

会计的含义　会计的反映职能　会计的监督职能　会计方法　决策有用观　受托责任观

## 【引导案例】

在我们开始学习会计的一些基本知识之前，先来看一段关于会计含义的对话。

甲、乙、丙、丁四人是好伙伴。在一次聚会上，一通天南地北聊天之后，他们聊起了"什么是会计"这一话题，四人各执一词，谁也说服不了谁。

甲："什么是会计？这还不简单，会计就是指一个人。例如，我们公司的刘会计是我们公司的会计人员。这里的会计不是人是什么？"

乙："不对，会计不是指人，会计是指一项工作。例如，我们常常问一个人，他在公司做什么？他说他在公司当会计。这里的会计当然是指会计工作了。"

丙："会计不是指一项工作，也不是指一个人，而是指一个部门、一个机构，即会计机构。你们看，每个公司都有一个会计部，或者会计处什么的，这里的会计就是指会计部门，显然是一个机构。"

丁："你们都错了，会计既不是一个人，也不是一项工作，更不是一个机构，而是一门学科。我弟弟就是在厦门大学学会计的，他当然是在学一门学科或专业。"

结果，他们谁也说服不了谁。亲爱的朋友，如果让你来谈谈什么是会计的问题，你会怎么说呢？

## 第一节　会计的产生与发展

### 一、会计的产生

#### （一）会计是适应生产活动发展的管理需要而产生的

　　会计诞生在何时、发源于何地，人们至今还很难确切地指明。但是，会计同社会生产密切相关是显而易见的，会计是随着社会生产的发展和经济管理的要求而产生、发展并不断完善起来的。会计最初表现为人类对经济活动的计量、记录行为，如原始社会的结绳记事、简单刻记的出现等，这种原始的计量、计算、记录行为中蕴含着会计思想、会计行为的萌芽。由于这些简单的计量与记录行为，主要是计量劳动成果，为劳动成果的分配服务，因此这时的会计只是作为"生产职能的附带部分"。也就是说，会计在它产生的初期是生产职能的一个组成部分，当时会计还不是一项独立的工作。随着社会经济的不断发展，生产力的不断提高，剩余产品的大量出现，会计作为生产职能的附带部分不能满足需要，于是会计便从生产职能中分离出来，成为独立的职能，由专职人员来从事这项工作。可见，会计是适应生产活动发展的管理需要而产生的，对生产活动进行管理是其产生的根本动因。

#### （二）会计是生产活动发展到一定阶段的产物

　　生产活动的发生是会计产生的前提条件。如果没有生产活动的发生，便不会有会计思想、会计行为的产生。但是，这并不意味着生产活动一发生，就产生了会计思想、会计行为。会计史学者的考古结果表明，只有当人类的生产活动发展到一定阶段，使生产所得能够大体上保障人类生存和繁衍的需要时，人们才会关心劳动成果与劳动耗费的比较。特别是当劳动成果有了剩余时，原始的计量、记录行为才具备了产生的条件，会计也因此进入了萌芽阶段，这一时期经历了漫长的过程。据考证，从旧石器时代中晚期到奴隶社会这一时期被称为会计的萌芽阶段，也叫会计的原始计量与记录时期。由此可见，会计并不是在生产活动发生伊始就产生的。当生产发展到一定程度，劳动成果有了剩余以后，人们才开始关心劳动成果和劳动耗费的比较，关心对剩余劳动成果的管理和分配，才需要对它们进行计量、计算和记录，因此产生了会计思想，有了会计萌芽。会计是生产活动发展到一定阶段的产物，伴随着生产活动的产生、发展而产生，也将随着生产活动的发展变化而完善。

### 二、会计的主要发展阶段

　　会计学家一般将会计的历史分为古代会计、近代会计、现代会计三个阶段。

#### （一）古代会计（旧石器时代中晚期至 1494 年）

　　从旧石器时代中晚期到 15 世纪末，古代会计经历了漫长的发展过程。在我国，公元前 22 世纪末到公元前 17 世纪初，夏朝就开始设置会计。西周时期，我国设立了专司朝廷钱粮收支的官吏——"司会"，进行"月计岁会"。秦汉时期，会计上出现了"籍书"，并开始使用"出"和"入"作为记账符号来反映各种经济收入事项。唐宋时期，我国出现了"四柱清册"，反映钱粮的"旧管""新收""开除""实在"，相当于现代会计的"期初结存""本期收入""本期支出""期末结存"。在明朝，随着商品经济的发展，我国开始用货币计量各种收入和支出。在清朝，我国出现了"龙门账"，将账目划分为进、缴、存、该，年终通过进与缴对比、存与该对比，确定盈亏，又称为"合龙门"。在西方，古代会计的产生和发展也经历了漫长的过程，特别值得一提的是，在13世纪意大利的银行账簿中，已分别以"借主"和"贷主"登记债权和债务，为近代会计的借贷记账法奠定了基础。

### （二）近代会计（1494年至20世纪40年代末50年代初）

近代会计是从运用复式簿记开始的。复式记账技术首先来自中世纪意大利银行的存款转账业务。为适应实际需要，1494年，意大利数学家卢卡·帕乔利（Luca Pacioli）出版了他的著作《算术、几何及比例概要》一书，系统地介绍了威尼斯的复式记账法，并进行理论阐述。由于这本书的出版，复式簿记方法才在全世界得到推广，复式记账法在理论上的总结及在实践中的推广揭开了会计由古代阶段向近代阶段的新的一页。复式簿记在理论上的总结被认为是近代会计发展史上的第一个里程碑。

从15世纪到19世纪，会计的理论与方法的发展仍然是比较缓慢的。直到19世纪，英国进行了工业革命，出现了股份公司，在原来记账算账的基础上对会计提出了编制和审查财务报表，而且企业的会计需要接受外界监督的新要求。1854年，世界上第一个会计师协会——英国的爱丁堡会计师公会的成立，使会计成为一种职业，被认为是近代会计发展史上的第二个里程碑。

第一次世界大战后，美国取代了英国的地位，无论是在生产的发展上，还是在科学技术的发展上都处于领先的地位。因此，会计学的发展中心，也从英国转移到美国。在20世纪20年代和30年代，美国在标准成本会计上的研究有了突飞猛进的发展。到这一时期，会计方法已经比较完善，会计科学也已经比较成熟。

近代会计同商品经济的发展有着不可分割的联系，同古代会计相比，其主要特点是：一方面，商品经济在一些国家发展的结果，使会计有可能充分应用货币形式，作为计量、记录与报告的手段；另一方面，会计的记录采用了复式记账法，形成了一个严密的体系。

### （三）现代会计（20世纪40年代末50年代初至今）

20世纪40年代末50年代初，随着股份公司的快速发展，接受"公认会计原则"约束的财务会计的出现、管理会计的产生以及计算机应用于会计，标志着现代会计的产生。现代管理会计的出现，是近代会计发展为现代会计的主要标志。

财务会计是在市场经济条件下，建立在企业或其他主体范围内的、旨在向企业或其他主体外部提供以财务信息为主的信息的一个经济信息系统。因此，财务会计主要是通过定期编制和提供财务报表，为外界与企业有经济利害关系的各个集团或个人服务。例如，股票持有者关心的是投资的安全程度和盈利的分配，因此他们需要通过财务报表来了解企业的财务状况和经营成果，以便对其掌握的股份进行分析和评价；一些潜在的投资人、企业的长期和短期债权人、政府的有关部门等也都从不同的角度要求企业能够提供其正确决策所需的报告。因此，企业的财务状况和经营成果成为各有关方面共同关心的对象。财务会计正是从各有关方面的利益出发，来集中研究企业会计中的有关问题，并着重通过各种财务报表来满足有关方面的需要。这种以提供财务报表为中心的会计就被称为财务会计。

管理会计不同于以上所说的财务会计，主要表现在：它服务的目的不是满足企业外部有关方面的需要，而主要是要适应企业内部管理的需要，即为企业管理部门正确地进行管理决策和有效经营提供有用的资料。如果说财务会计是以提供财务信息为中心的会计，那么管理会计就是以经营管理为中心的会计。

财务会计所要描述的是已经发生的事实，不强调将来；管理会计不仅重视过去和现在，而且着眼于将来，即还要预测将来可能发生的经济活动及其效果。因此，管理会计既要利用财务会计的资料，又要利用其他一切可能利用的资料，以便完成为经营管理服务的任务。

管理会计的创立和日趋成熟，极大丰富了会计的内容，使会计进入了其发展历程中的高级阶段。许多会计学家基于会计出现的这种新变化，对会计的概念做了新的解释。1982 年，英国成本与管理会计师协会提出了一种新的会计观点，把会计的所有组成部分（包括财务会计），除了审计以外，都视为管理会计。其对会计的定义是：对各种行动的备选方案所将引起的未来活动，用货币形式所做的预测，对实际业务事项，用货币形式进行分类和记录，并对这些业务事项的结果加以表达和说明，从而对一段时间的业绩或某一确定日期的财务状况作出评价。

会计的发展史表明，它的产生与发展同人们管理经济、讲究经济效益紧密地联系着。生产力水平的不断提升、管理水平的不断提高以及人类对经济效益的追求迫切，对会计提出新的要求，这是会计发展的原动力。会计的发展已经走过一条从简单到复杂、从低级到高级、从不完善到完善的道路，但只要生产和管理在发展，会计的水平也会有新的提升，不可能永远停留在现有的水平上，这是可以预见到的。

会计对生产过程进行控制与总结的许多方法总是依存于生产的技术和组织，受到生产技术组织的制约，因此会计具有很强的技术性，这一属性决定了会计在各国间具有相当程度的共同性。目前，学者们普遍关注的国际会计的研究，就是基于会计的这一属性出发的。但是，我们还应该看到，生产总是在一定的社会经济环境下进行的，社会经济环境的变化，如生产关系、经济体制、上层建筑、意识形态等的变化，将对会计产生程度不一的影响，会计同社会经济环境相互依存、相互制约、相辅相成。从这一方面看，会计又具有一定的社会属性。各国之间的会计存在着差异，这也是容易理解的。

会计产生和发展的历史表明，会计是适应生产活动发展的需要而产生，并随着生产的发展而发展的。经济越发展，会计越重要。

## 第二节 会计的含义、职能与目标

### 一、会计的含义

什么是会计？或者说，会计的内涵是什么？尽管会计从产生到现在已有几千年的历史，但是关于这一基本问题，古今中外却一直没有一个明确、统一的说法。究其原因，关键在于人们对会计本质的认识存在着不同的看法，而不同的会计本质观对应着不同的会计含义。

针对会计本质问题展开的理论研究，是 20 世纪以来会计理论研究中争论最多且分歧最大的一个方面，至今仍无定论。以下我们介绍中外会计学界针对会计本质问题形成的两种主流学派并阐明我们的观点，以便在此基础上给出会计的定义。

#### （一）会计信息系统论

所谓会计信息系统论，就是把会计的本质理解为一个经济信息系统。具体来讲，会计信息系统是指在企业或其他组织范围内，旨在反映和控制企业或组织的各种经济活动，由若干具有内在联系的程序、方法和技术组成，由会计人员加以管理，用以处理经济数据、提供财务信息和其他有关经济信息的有机整体。

会计信息系统论的思想最早起源于美国会计学家 A. C. 利特尔顿。他在 1953 年出版的《会计理论结构》一书中指出，会计是一种特殊门类的信息服务，会计的显著目的在于对一个企业的经济活动提供某种有意义的信息。

20 世纪 60 年代后期，随着信息论、系统论和控制论的发展，美国的会计学界和会计职业界开始倾向于将会计的本质定义为会计信息系统。例如，1966 年，美国会计学会在其发布的《基本会计理论说明书》中明确指出："会计是一个信息系统。"从此，这个概念便开始广为流传。

20 世纪 70 年代以来，会计被定义为"一个经济信息系统"的观点，在许多会计著作中流行。例如，西德尼. 戴维森在其主编的《现代会计手册》一书的序言中写道："会计是一个信息系统，它旨在向利害攸关的各个方面传输一家企业或其他个体的富有意义的经济信息。"此外，在一些会计著作中也有类似的论述。

我国较早接受会计是一个信息系统的会计学家是余绪缨教授。他于 1980 年在《要从发展的观点，看会计学的科学属性》一文中首先提出了这一观点。

我国会计界对信息系统论具有代表性的提法是由葛家澍、唐予华教授于 1983 年提出的。他们认为，会计是为提高企业和各单位的经济利益，加强经济管理而建立的一个以提供财务信息为主的经济信息系统。

#### （二）会计管理活动论

会计管理活动论认为，会计的本质是一种经济管理活动。它继承了会计管理工具论的合理内核，吸收了新的管理科学思想，从而成为在中外会计学界具有重要影响的观点。

将会计作为一种管理活动并使用"会计管理"这一概念在西方管理理论学派中早已存在。古典管理理论学派的代表人物法约尔把会计活动列为经营的六种职能活动之一；美国人卢瑟·古利克把会计管理列为管理化功能之一；20 世纪 60 年代后出现的管理经济会计学派认为，进行经济分析和建立管理会计制度就是管理。

我国最早提出会计管理活动论的当数杨纪琬、阎达五教授。1980 年，在中国会计学会成立大会上，他们做了题为《开展我国会计理论研究的几点意见——兼论会计学的科学属性》的报告。在报告中，他们指出，无论从理论上还是从实践上看，会计不仅仅是管理经济的工具，它本身就具有管理的职能，是人们从事管理的一种活动。

在此之后，杨纪琬、阎达五教授对会计的本质又进行了深入探讨，逐渐形成了较为系统的会计管理活动论。杨纪琬教授指出，"会计管理"的概念是建立在"会计是一种管理活动，是一项经济管理工作"这一认识基础上的，通常讲的"会计"就是"会计工作"。他还指出，"会计"和"会计管理"是同一个概念，"会计管理"是"会计"这一概念的深化，反映了会计工作的本质属性。

阎达五教授认为，会计作为经济管理的组成部分，它的核算和监督内容以及应达到的目的受不同社会制度的制约，"会计管理"这个概念绝不是少数人杜撰出来的，它有充分的理论和实践依据，是会计工作发展的必然产物。

自从会计学界提出会计信息系统论和会计管理活动论之后，这两种学术观点就展开了尖锐的交锋。然而，我们经过反思，发现这场论战的本身就存在问题。前者将会计视为一种方法予以论证；而后者则将会计视为一种工作，从而视为一种管理活动来加以论证。两者的出发点不同，怎么可能得出一致的结论呢？

我们认为，讨论会计的本质，首先应明确"会计"是指什么？它是指"会计学"，还是"会计工作"，或者是"会计方法"？如果不明确界定这一前提，则必将引起一场不必要的或无结果的辩论。在本书中，我们将"会计"界定为"会计工作"。基于这一前提，我们认为会计管理活动论的观点代表了我国会计改革的思路与方向，是对会计本质问题的科学论断，因此我们倾向于选择会计管理活动论。在会计管理活动论的前提下，我们完全有理由认为会计是经济管理的重要组成部分，是以提供经济信息、提高经济效益为目的的一种管理活动。会计以货币为主要计量单位，采用一系列专门的程序和方法，对社会再生产过程中的资金运动进行反映和监督。

综上所述，会计的定义可以表述为：会计是以货币为主要计量单位，以会计凭证为依据，借助于专门的技术方法，对一定主体的经济活动进行全面、综合、连续、系统的核算与监督，并向有关方面提供会计信息的一种经济管理活动。

## 二、会计的职能

会计的职能是指会计按其本质来说应当具有的功能，是会计本质的体现。马克思曾经把会计的基本职能概括为对"过程的控制和观念的总结"，这是对会计职能的一种传统的概括方式。这里所谓的"过程"，指的是社会再生产的全过程，是经济活动的全过程；所谓的"控制"，一般理解为监督，是指督促人们遵纪守法；所谓的"观念的总结",一般理解为"反映"或"核算",或者叫记账、算账和报账。

会计作为管理经济的一种活动,它的职能应随着会计的发展而发展。《中华人民共和国会计法》(以下简称《会计法》)关于会计基本职能的规定是:"会计机构、会计人员依照本法规定进行会计核算,实行会计监督。"从该规定可见,会计的基本职能是会计核算与会计监督。

### (一) 会计的核算职能

会计的核算职能又称为会计的反映职能,是指会计按照会计准则的要求,运用一定的程序和方法,全面、系统、及时、准确地核算一个会计主体发生的经济业务,为经营管理提供会计信息。它具有以下特点:

1. 会计以货币为主要计量单位

会计提供的信息主要是通过货币形式来反映的,即会计主要是从价值量方面反映一个会计主体的经济活动情况。会计核算在计量单位上的统一性,使得会计核算提供的信息能够进行横向和纵向的比较。除了货币这种主要计量单位外,会计上还会采用实物量、劳动量等辅助计量单位。

2. 会计反映的是过去已经发生的经济活动,具有客观性和可验证性

会计主要反映已经发生或已经完成的经济活动。在每项经济业务发生后,会计才能取得该项经济业务完成的书面凭证。这种凭证具有可验证性,会计据以登记账簿,并定期对日常记录归纳汇总,提出会计报告。上述各项会计工作有凭有据,环环相扣,使得会计提供的信息具有很强的客观性和可验证性。

3. 会计反映具有连续性和综合性

会计对经济活动的反映依其发生的先后顺序不间断地进行,保持了反映的连续性。同时,会计把大量分散的经济业务数据分门别类地加以汇总,从而使会计提供的信息更易于理解。

### (二) 会计的监督职能

会计的监督职能又称为控制职能,是指会计按照一定的目的和要求,利用会计信息系统提供的信息,对会计主体经济活动全过程的合法性、合理性和有效性进行控制,使之达到预期的目标。会计的监督职能就是监督经济活动按照有关的法规和计划进行。它具有以下特点:

1. 会计监督具有强制性和严肃性

我国的会计监督是《会计法》赋予会计机构和会计人员的一项权利与义务,会计监督的标准和依据是国家财经法规和财经纪律。因此,在我国,会计监督具有强制性和严肃性。

2. 会计监督具有连续性

各会计主体每发生一笔经济业务,都要通过会计进行反映。会计在反映的同时,就要审查它们是否符合法律、制度、规定和计划。会计反映具有连续性,会计监督也就具有连续性。

3. 会计监督具有完整性

会计监督不仅体现在过去已经发生的经济业务上，还体现在业务发生过程中及尚未发生之前，即会计监督是对各会计主体所有经济活动进行的全过程控制，包括事前、事中、事后的监督（控制）。

反映和控制是会计的两个基本职能，会计的反映职能是会计的控制职能的基础，会计的控制职能又贯穿会计反映的全过程，会计的控制职能是会计的反映职能的保证。两者相辅相成，既发挥各自作用，又紧密联系。

### （三）会计的扩展职能

随着生产的发展、经济关系的复杂化和管理理论的成熟，会计传统职能得到不断细分和充实，新的职能不断出现。在这种情况下，一些会计学者提出了会计多功能论。例如，有人主张会计具有五职能（反映、控制、预测、决策、分析），有人主张会计具有六职能（反映、控制、预测、决策、预算、分析）。具体内容我们可以在管理会计等课程中进一步去学习。

## 三、会计的目标

会计目标又称财务会计报告目标，是指在一定的历史条件下，人们通过会计准备实现的目的或达到的最终成果。会计主要是生成和提供会计信息的。会计目标指明了会计实践活动的目的和方向，同时也明确了会计在经济管理活动中的使命，成为会计发展的导向。

从根本上说，会计对人类经济活动的反映和控制，是为了管理好财产。在财产的所有权和管理权统一的情况下，财产的所有者就是管理者。作为特定管理活动的会计，其主体（会计活动的执行人）与财产所有者是统一的，此时的会计目标就是实现对财产的有效管理。

在财产的所有权和管理权相分离的情况下，会计活动虽然仍是一种对财产的管理，但对执行会计工作的人员来讲，却是在从事对他人财产的管理，即作为管理者的会计人员是在接受财产所有者的委托而实施财产管理。这样会计人员便负有不可推卸的对所管理财产的受托责任（或称代理责任），其一切行为活动都要围绕完成这一受托责任展开，因此完成受托责任就成了会计根本性的目标。会计的信息提供则是会计完成受托责任的基本方式或手段。

### （一）有关会计目标的两种学术观点

#### 1. 决策有用观

持有这种观点的学者认为，会计的目标就是向信息使用者（包括投资者、债权人以及政府部门等）提供对其进行决策有用的信息，包括企业的财务状况、经营成果、现金流量等方面的信息。决策有用观适用的经济环境是所有权与经营权分离，并且资源的分配是通过资本市场进行的，所有者与经营者不能直接交流，委托者在资本市场上以一个群体出现，从而使两者的委托关系变得模糊。

2. 受托责任观

持有这种观点的学者认为，会计的目标就是资源的受托方（企业管理层）如实向资源的委托方（投资者等）反映对受托资源管理和使用的情况。此时的受托责任可从以下三个方面来理解：

（1）资源的受托方接受委托，管理委托方交付的资源，受托方承担有效地管理与应用受托资源，并使其保值增值的责任。

（2）资源的受托方承担如实地向委托方报告受托责任履行过程及结果的义务。

（3）资源受托方的管理当局负有重要的社会责任。

由此可见，受托责任产生的原因在于所有权与经营权的分离，而且必须有明确的委托受托关系存在。这与决策有用观适用的经济环境是不同的，受托责任观要求两权分离是直接进行的，所有者与经营者都十分明确，两者直接建立委托受托关系，没有模糊和缺位的现象。

（二）我国企业的会计目标

2006年2月修订的企业会计准则首次对我国企业的会计目标做出规定。

财务会计报告的目标是向财务会计报告使用者提供与企业财务状况、经营成果和现金流量等有关的会计信息，反映企业管理层受托责任履行情况，有助于财务会计报告使用者作出经济决策。财务会计报告使用者包括投资者、债权人、政府及其有关部门和社会公众等。

从以上规定可见，决策有用观和受托责任观将成为我国乃至世界各国共同的会计目标。

（三）会计的具体目标

1. 为国家宏观经济管理和调控提供会计信息

企业是国民经济的细胞，是宏观经济的微观个体。没有企业的微观个体，就没有整个国民经济的宏观整体。企业生产经营情况、经济效益直接影响整个国民经济的运行情况。在社会主义市场经济条件下，政府仍需要通过一定的宏观调控和管理措施对国民经济运行情况进行调节，需要通过对企业会计归集整理的会计信息进行汇总分析，了解和掌握国民经济整体运行情况，对国民经济运行情况作出准确判断，以便制定和实施正确、合理、有效的调控与管理措施，避免对国民经济实施不当的调控，促进国民经济协调有序发展。

2. 为企业内部管理提供会计信息

企业内部经营管理的好坏，直接影响到企业的经济效益、影响到企业在市场上的竞争力，甚至可以说关系到企业的前途和命运。会计首先是企业内部的重要信息系统，会计提供可靠的信息，有助于决策者进行合理的决策，有助于强化内部管理。

3. 为企业外部有关各方了解其财务状况和经营成果提供会计信息

在市场经济条件下，企业处于错综复杂的经济关系之中，其生产经营活动与投资者、债权人、政府、职工和社会公众等方面存在着密切的联系。企业的投资者为了保护自身的利益，需要了解企业资产的保管、使用情况，监督企业有效运用资产，提高资产的使用效益；债权人出于自身债权安全的考虑，也需要了解企业的运行情况，对企业的偿债能力和债权投资风险做出判断；政府为了维护正常的经济秩序、为了取得财政收入，也需要了解企业的生产经营情况。由于企业外部利益关系的各个方面不直接参与企业的生产经营活动，因此其对企业会计信息的要求只能通过企业对外提供的会计报表来得以满足。

## 第三节　会计的方法

### 一、会计方法体系

会计的方法是用来反映和监督会计对象，完成会计任务的手段。研究和运用会计方法是为了实现会计的目标，更好地完成会计任务。现阶段会计方法包括会计核算方法、会计分析方法和会计检查方法，其中会计核算方法是会计的基本方法。

会计核算方法是对各单位已经发生的经济活动进行连续、系统、完整的反映和监督所应用的方法。

会计分析方法主要是利用会计核算的资料，考核并说明各单位经济活动的效果，在分析过去的基础上，提出指导未来经济活动的计划、预算和备选方案，并对它们的报告结果进行分析和评价的方法。

会计检查方法又称审计，主要是根据会计核算，检查各单位的经济活动是否合理合法、会计核算资料是否真实正确，根据会计核算资料编制的未来时期的计划、预算是否可行和有效等的方法。

上述各种方法紧密联系，相互依存，相辅相成，形成了一个完整的会计方法体系。其中，会计核算方法是基础，会计分析方法是会计核算方法的继续和发展，会计检查方法是会计核算方法和会计分析方法的保证。

### 二、会计核算方法

会计核算方法是用来反映和监督会计对象的，会计对象的多样性和复杂性决定了用来对其进行反映和监督的会计核算方法不能采用单一的方法形式，而应该采用方法体系的模式。因此，会计核算方法由设置账户、复式记账、填制和审核凭证、登记账簿、成本计算、财产清查和编制财务会计报告等具体方法构成。这七种方法构成了一个完整、科学的方法体系。

#### （一）设置账户

设置账户是对会计对象的具体内容进行归类、反映和监督的一种专门方法。它可以对会计对象复杂多样的具体内容进行科学的分类和记录，以便取得各种核算指标，并随时加以分析、检查和监督。

#### （二）复式记账

复式记账是对每一项经济业务通过两个或两个以上有关账户相互联系起来进行登

记的一种专门方法。任何一项经济活动都会引起资金的增减变动或财务收支的变动。例如，企业以银行存款购买 A 材料，一方面会引起 A 材料的增加，另一方面会引起银行存款的减少。企业采用复式记账，就可以全面地、相互联系地反映资金增减变化和财务收支变化情况，并掌握它的来龙去脉。

### （三）填制和审核凭证

填制会计凭证是为了保证会计记录完整、真实和可靠，审查经济活动是否合理、合法而采用的一种专门方法。会计凭证是经济业务的书面证明，是登记账簿的依据。对每一项经济业务填制会计凭证，并加以审核，可以保证会计核算的质量，并明确经济责任。

### （四）登记账簿

登记账簿是根据会计凭证，在账簿上连续、系统、完整地记录经济业务的一种专门方法。企业按照记账方法和程序登记账簿并定期进行对账、结账，可以提供完整、系统的会计信息资料。

### （五）成本计算

成本计算是按一定的成本对象，对生产、经营过程中发生的成本、费用进行归集，以确定各对象的总成本和单位成本的一种专门方法。企业准确计算成本可以掌握成本构成情况，考核成本计划的完成情况，对挖掘潜力、降低成本具有重要的作用。

### （六）财产清查

财产清查是对各项财产物资进行实物盘点、账面核对以及对各项往来款项进行查询、核对，以保证账账相符、账实相符的一种专门方法。企业通过财产清查，可以查明各项财产、物资、债权债务、所有者权益情况，加强物资管理，监督财产的完整性，并为编制会计报表提供正确的资料。

### （七）编制财务会计报告

编制财务会计报告是定期总括地反映经济活动和财务收支情况的一种专门方法。编制财务会计报告可以反映企业财务状况、经营成果和计划预算的执行情况，促进增产节支，为有关各方面提供参考资料。

上述会计核算的各种方法是相互联系、密切配合的。会计在进行经济业务记录和反映的过程中，不论是采用手工处理方式，还是使用计算机数据处理系统，对日常发生的经济业务，都先要取得合法的凭证，按照所设置的账户，进行复式记账；根据账簿的记录，进行成本计算；在财产清查、账实相符的基础上编制财务会计报告。会计核算的这七种方法相互联系、缺一不可，形成一个完整的方法体系。

## 【课程思政——会计人员的行为准则】

会计作为一项经济管理工作，在对企事业单位的经济活动进行反映和监督的同时，要为会计信息使用者提供决策所需的会计信息。会计的法律法规体系是会计信息生成的主要依据，也是会计人员开展工作的行为准则。我国现行会计法律制度包括会计法律、会计行政法规和会计部门规章等。

《中华人民共和国会计法》主要规定了会计工作的基本目的、会计管理权限、会计责任主体、会计核算和会计监督的基本要求、会计人员和会计机构的职责与权限，并对会计法律责任作出了详细规定。《中华人民共和国会计法》是会计工作的基本法，是指导我国会计工作的最高准则。除此之外的会计法律还包括《中华人民共和国注册会计师法》《中华人民共和国审计法》等。

会计行政法规是由国务院制定并发布或国务院有关部门拟订经国务院批准发布的、调整经济生活中某些方面会计关系的法律规范。会计行政法规包括《企业财务会计报告条例》《总会计条例》等。《企业财务会计报告条例》于 2000 年 6 月 21 日发布，自 2001 年 1 月 1 日起施行，主要规定了企业财务会计报告的构成、编制、对外提供的要求以及法律责任等。它是对《中华人民共和国会计法》中有关财务会计报告规定的细化。《总会计师条例》于 1990 年 12 月 31 日发布，主要规定了单位总会计师的职责、权限、任免、奖惩等。

会计部门规章是国务院财政部门在其职权范围内依法制定、发布的会计方面的法律规范，包括各种会计规章和会计规范性文件。例如，《企业会计准则——基本准则》是规范企业会计确认、计量、报告的会计准则，是进行会计核算工作必须共同遵守的基本要求，体现了会计核算的基本规律。它由会计核算的前提条件、一般原则、会计要素准则和会计报表准则组成，是对会计核算要求所做的原则性规定。目前，适用于大中型企业和上市公司的会计准则体系由 1 项基本准则、42 项具体准则和 14 份企业会计准则解释组成。小型企业则执行《小企业会计准则》。会计规范性文件是指主管全国会计工作的行政部门，即国务院财政部门制定并发布的《企业会计制度》《金融企业会计制度》《小企业会计制度》《民间非营利组织会计制度》《会计基础工作规范》《内部会计控制规范》以及财政部与国家档案局联合发布的《会计档案管理办法》等。

## 【本章小结】

会计是生产力发展的产物，它的发展经历了古代、近代和现代三个阶段。会计是以货币为主要计量单位，综合核算和监督经济活动过程的一种管理活动。核算、监督是会计的基本职能，参与经济预测及决策则是会计进一步发展的新职能。

会计的目标是向财务会计报告使用者提供与企业财务状况、经营成果和现金流量等有关的会计信息，反映企业管理层受托责任履行情况。

会计方法包括会计核算方法、会计分析方法和会计检查方法，其中会计核算方法是会计的基本方法。设置账户、复式记账、填制和审核凭证、登记账簿、成本计算、财产清查、编制财务会计报告等构成了完整的会计核算方法体系。

## 【本章习题】

### 一、单项选择题

1. 会计的管理活动论认为（　　）。
   - A. 会计是一种经济管理活动
   - B. 会计是一个经济信息系统
   - C. 会计是一项经济管理工具
   - D. 会计是以提供信息、提高经济效益为目的的一种经济管理活动

2. 会计的基本职能是（　　）。
   - A. 控制与监督
   - B. 反映与监督
   - C. 反映与核算
   - D. 反映与分析

3. 在会计方法体系中，基本环节是（　　）。
   - A. 会计核算方法
   - B. 会计分析方法
   - C. 会计监督方法
   - D. 会计决策方法

4. 会计在反映各单位经济活动时主要使用（　　）。
   - A. 货币量度和劳动量度
   - B. 劳动量度和实物量度
   - C. 实物量度和其他量度
   - D. 货币量度和实物量度

5. 下列选项中，不属于会计核算专门方法的是（　　）。
   - A. 成本计算与复式记账
   - B. 错账更正与评估预测
   - C. 设置账户
   - D. 编制会计报表

### 二、多项选择题

1. 下列选项中，正确的有（　　）。
   - A. 会计是适应生产活动的发展需要而产生的
   - B. 会计是生产活动发展到一定阶段的产物
   - C. 会计从产生直至发展到现在经历了一个漫长的历史发展过程
   - D. 经济越发展，会计越重要

2. 会计的基本职能有（　　）。
   - A. 会计核算
   - B. 会计分析
   - C. 会计决策
   - D. 会计监督

3. 会计方法体系包括（　　）。
   - A. 会计核算方法
   - B. 会计分析方法
   - C. 会计检查方法
   - D. 会计预测方法

4. 会计核算方法包括（　　）。
   - A. 设置账户
   - B. 填制和审核凭证
   - C. 登记账簿
   - D. 财产清查

5. 下列有关会计基本职能的关系的选项中，正确的有（　　　）。

    A. 反映职能是监督职能的基础

    B. 监督职能是反映职能的保证

    C. 没有反映职能提供可靠的信息，监督职能就没有客观依据

    D. 两大职能是紧密结合、辩证统一的

6. 会计的目标有（　　　）。

    A. 为国家宏观经济管理和调控提供会计信息

    B. 为企业内部管理提供会计信息

    C. 为企业外部有关各方了解其财务状况和经营成果提供会计信息

    D. 为人为调控利润、偷税漏税服务

## 三、判断题

1. 会计在产生的初期，只是作为"生产职能的附带部分"，之后随着剩余产品规模的缩小，会计逐渐从生产职能中分离出来，成为独立的职能。（　　　）

2. 会计可以反映过去已经发生的经济活动，也可以反映未来可能发生的经济活动。

    （　　　）

3. 会计反映具有连续性，而会计监督只具有强制性。（　　　）

4. 没有会计监督，会计反映就失去了存在的意义。（　　　）

5. 会计的基本职能是参与经济决策。（　　　）

6. 会计的六个核算方法可以独立运用，相互之间没有联系。（　　　）

## 四、案例题

能够用400元（人民币，全书同）或不足400元创办一个企业吗？不管你相信与否，这的确可以。李红是北京一所著名美术学院的学生。和其他大学生一样，她也常常为了补贴日常花销而不得不去挣一些零用钱。现在她正为购买一台具有特别功能的计算机而烦恼。尽管她目前手头仅有400元，可现实压力还是促使她决定于20××年12月开始创办一个美术培训部。她支出了120元在一家餐厅请朋友吃饭，帮她出出主意。她根据曾经在一家美术培训班服务兼讲课的经验，首先向她的一个师姐借款4 000元，以备租房等使用。李红购置了一些讲课所必需的书籍、静物，并支出一部分钱用于装修画室。李红为她的美术培训部取名为"周围"。李红支出100元印制了500份广告宣传单，用100元购置了信封、邮票等。8天后，李红已经有17名学员。李红规定每人每月学费为1 800元，并且找到了一位能力较强的同学做合伙人。李红与合伙人分别为"周围"的发展担当着不同的角色（合伙人兼做"周围"的会计和讲课教师）并获取一定的报酬。至次年1月末，她们已经招收50名学员，除了归还师姐的借款本金和利息共计5 000元、抵销各项必需的费用外，李红和合伙人获得讲课、服务等净收入30 000元和22 000元。她们用这笔钱又继续租房，扩大了画室面积。为了扩大招收学员的数量，她们甚至聘请了非常有经验的教授、留学归国学者免费进行了两次讲座，为"周围"的下一步发展奠定了非常好的基础。

4个月下来，李红和合伙人的"周围"平均每月招收学员39名。她们还以每小时200元的讲课报酬聘请了4位同学作为兼职教师。至此，她们核算了一下，除去房租等各项费用，共获利67 800元。这笔钱足够她们各自购买一台优质的计算机并且还有一笔不小的节余。更重要的是，她们通过4个月的锻炼，懂得了许多营销的技巧，也懂得了应该怎样与人合作和打交道，学到了不少财务上的知识，获得了比金钱更为宝贵的工作经验。

案例分析：

（1）会计在这里扮演了什么样的角色？

（2）从案例中你是不是懂得了有关会计方面的许多术语，如投资、借款、费用、收入、盈余、投资人投资、独资企业、合伙企业和公司等？

# 本章参考文献

［1］中华人民共和国财政部. 企业会计准则：2021年版［M］. 上海：立信会计出版社，2021.

［2］中华人民共和国财政部. 企业会计准则应用指南：2021年版［M］. 上海：立信会计出版社，2021.

［3］陈国辉，迟旭升. 基础会计［M］. 7版. 大连：东北财经大学出版社，2021.

［4］朱小平，周华，秦玉熙. 初级会计学［M］. 10版. 北京：中国人民大学出版社，2019.

本章习题参考答案

# 第二章 会计对象、会计要素与会计等式

## 【学习目标】

本章阐述会计对象、会计要素和会计等式三个主要问题。通过对本章的学习，学生应了解会计对象的概念，理解会计要素的划分原则和划分方法，重点掌握会计等式中各个会计要素之间的关系以及经济业务发生后对会计等式中各个会计要素的影响，为复式记账的学习打下基础。

本章重点：会计要素的定义及内容、会计的三大等式。

本章难点：经济业务的发生对会计等式的影响。

## 【关键概念】

会计对象　会计要素　资产　负债　所有者权益　收入　费用　利润　会计等式

## 【引导案例】

判断会计要素和要素间的数量关系。

你的一位朋友是做服装生产的，他向你提供了他企业如表2-1所示的信息资料。

表2-1　有关信息简表　　　　　　　　　　　　　　　单位：元

| 项目 | 金额 |
| --- | --- |
| 出纳处库存现金 | 1 000 |
| 银行存款余额 | 200 000 |
| 库存各种材料物资价值 | 120 000 |
| 车间正在生产中的产品价值 | 80 000 |
| 库存产成品价值 | 150 000 |
| 房屋及建筑物价值 | 350 000 |
| 机器设备价值 | 250 000 |
| 所有者投入资本 | 820 000 |
| 欠工商银行的流动资金借款 | 100 000 |
| 欠其他单位的购货款 | 51 000 |
| 欠工人的工资 | 120 000 |
| 欠税务局的税款 | 60 000 |

（1）分析上述资料，指出哪些是资产项目？哪些是负债项目？哪些是所有者权益项目？

（2）该企业的资产总额、负债总额和所有者权益总额分别是多少？

（3）资产、负债以及所有者权益之间的数量关系如何？

# 第一节　会计对象

## 一、会计对象的概念

会计对象是指会计工作所要核算和监督的内容。由于会计需要以货币为主要计量单位，因此会计并不能核算和监督社会再生产过程中的所有经济活动，而只能核算和监督社会再生产过程中能够用货币表现的各项经济活动。具体来说，会计对象是指企事业单位在日常经营活动或业务活动中表现出的资金运动或价值运动，即资金运动构成了会计核算和会计监督的内容。

## 二、会计对象的内容

会计服务主体具体经济组织的不同性质，决定了其经济活动的具体内容不同，也就决定了会计对象的具体内容有较大的差异。因此，会计有必要分类考察不同性质的经济组织的资金运动形式。按企业的性质，经济组织可以分为营利性的制造业、农业、商业等企业和非营利性的行政事业单位等。它们的资金运动有各自的特点，资金运动的具体形式也有较大差别。由于制造业有一定的代表性，因此本书以制造业为例说明企业的会计对象。

制造业企业是指以产品加工生产和销售为主要经济活动内容的工业企业。制造业的资金运动包括资金的筹集、资金的循环与周转、资金的退出三部分。这些资金在空间序列上同时存在，在时间序列上依次继起。

### （一）资金的筹集

资金的筹集是企业资金运动的起点，是制造业企业的主要经济活动之一。制造业企业要进行生产经营活动，首先必须筹集一定数量的经营资金，这些资金主要来自所有者投入的资金和债权人投入的资金。投入企业的资金可以分为两部分：一部分构成企业的流动资产，如货币资金、原材料、库存商品等；另一部分构成企业的非流动资产，如厂房、机器设备等。

### （二）资金的循环与周转

制造业企业的生产经营过程包括供应过程、生产过程和销售过程三个阶段。

（1）购置生产设备和生产资料的供应过程。它是生产的准备过程。企业要用货币资金购置固定资产、购入并储备各种原材料等劳动对象。在这一过程中，企业的货币资金转化为固定资金形态和储备资金形态。

（2）产品的生产过程。它既是产品的制造过程，又是资产的耗费过程，还是新价值的创造过程。例如，生产车间从仓库领用原材料等劳动对象，生产工人操作机器设备加工劳动对象，生产出特定的产品。随着劳动对象的消耗，资金从储备资金形态转化为生产资金形态；随着劳动力的消耗，企业向劳动者支付工资、奖金等劳动报酬，资金从货币资金形态转化为生产资金形态；随着固定资产等劳动手段的消耗，固定资金通过折旧或摊销的形式部分地转化为生产资金形态。当产品制成后，资金又从生产资金形态转化为成品资金形态。

（3）产品的销售过程。它是产品价值的实现过程。企业销售产品取得销售收入，同时也会支付装卸费、运输费、广告费等费用，这一过程使成品资金转化为货币资金。

制造业企业的再生产过程就是以生产过程为中心的供应、生产、销售的统一，一方面表现为资金的不断耗费和回收，另一方面表现为资金存在形态的不断转化。在供应过程中，货币资金转化为固定资金和储备资金；在生产过程中，固定资金、储备资金和货币资金转化为生产资金，生产完工后，再转化为成品资金；在销售过程中，成品资金转化为货币资金。企业生产经营活动是连续不断的，这种周而复始的循环称为资金的周转。资金的循环和周转是制造业企业再生产过程中资金运动的主要内容。

### （三）资金的退出

一个生产过程结束后，制造业企业总会有一部分资金由于某种原因而退出企业的再生产过程，不再参加企业资金的循环周转，如偿还债务、上交税费、向投资者分配股利或利润等。制造业企业资金运动流程如图 2-1 所示。

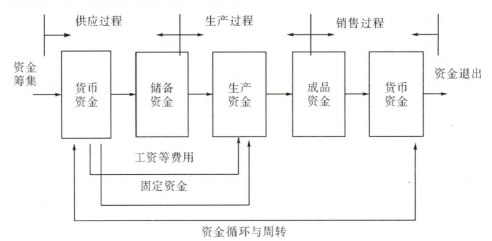

**图 2-1 制造业企业资金运动流程**

上述制造业资金运动的三个过程是相互支撑、相互制约的统一体。没有资金的筹集就没有资金的循环与周转；没有资金的循环与周转，就没有债务的偿还、税费的上交和利润的分配等；没有资金的退出，就不会有新一轮的资金筹集，也就不会有企业的进一步发展。

## 第二节 会计要素

### 一、会计要素的含义

前已述及，会计对象是指企事业单位在日常经营活动或业务活动中表现出的价值运动或资金运动。但是，这一概念的涉及面过于广泛，而且很抽象。在会计实践中，为了进行分类核算，从而提供各种分门别类的会计信息，我们必须对会计对象的具体内容进行适当的分类。会计对象的具体分类就是会计要素。

会计要素是对会计对象进行的基本分类，会计要素分类为会计核算提供了基础，是会计核算对象的具体化。我国企业会计准则将会计要素分为资产、负债、所有者权益、收入、费用和利润六大会计要素。这六大会计要素又可以分为两大类，即反映财务状况的会计要素（又称资产负债表要素）和反映经营成果的会计要素（又称利润表要素）。其中，资产、负债、所有者权益为反映财务状况的要素，收入、费用、利润为反映经营成果的要素。

下面，我们将详细阐述各会计要素的具体内容。

### 二、会计要素的内容

#### （一）资产

1. 资产的定义

资产是指由企业过去的交易或事项形成的，由企业拥有或控制的，预期会给企业带来经济利益的资源。

根据资产的定义，资产具有以下三个特征：

（1）资产是由企业过去的交易或事项形成的。过去的交易或事项包括购买、生产、自行建造、销售等交易事项。也就是说，只有过去的交易或事项才能产生资产，企业在未来发生的交易或事项不形成资产。例如，企业购买的材料、自行建造的生产设备，都是企业的资产。但是，企业预计在未来某个时点将要购买的设备，因为购买行为尚未发生，就不符合资产的定义，因此不能确认为企业的资产。尽管现有的一些现象，尤其是衍生金融工具的出现，对"过去发生"的原则提出了挑战，但这一原则仍在会计实务中被普遍接受。

（2）资产是由企业拥有或者控制的资源。拥有是指拥有此项资源的所有权，而控制是指企业实质上已经掌握某项资产的未来收益和风险，但目前不对其拥有所有权。一般情况下，一项资源要作为企业的资产，企业应该拥有该项资源的所有权，可以按照自己的意愿使用或处置它，但对一些特殊方式形成的资产，企业虽然对其不拥有所有权，但能够实际控制它，也应当确认为企业资产。例如，企业以融资租赁方式租入的固定资产，尽管企业不拥有其所有权，但是如果租赁合同规定的租赁期限较长，接近于该资产的使用寿命，表明企业控制了该资产的使用及其所能带来的经济利益，应当将其作为企业资产予以确认。

（3）资产预期会给企业带来经济利益。资产预期会给企业带来经济利益，是指资产能够在未来直接或间接地导致现金和现金等价物流入企业的潜力，这是资产的本质所在。按照这一特征，判断一个项目是否构成资产，一定要看它是否潜在存在着未来的经济利益。只有那些潜在存在着未来经济利益的项目才能确认为资产。例如，企业采购的材料可以用于生产商品，生产的商品被销售后可以收回货款，货款即为企业获得的经济利益。如果某一资产预期不能给企业带来经济利益，那么就不能将其确认为企业的资产。前期已经确认为资产的项目，如果不能再为企业带来经济利益的，也不能再确认为企业的资产。例如，提前报废的固定资产就不能再确认为资产。

2. 资产的确认条件

我国《企业会计准则——基本准则》规定了资产的确认条件如下：

（1）符合资产的定义。

（2）与该资源有关的经济利益很可能流入企业。

（3）该资源的成本或价值能够可靠地计量。

3. 资产的分类

按照流动性的不同，资产通常分为流动资产和非流动资产。这里的流动性指的是资产的变现能力或耗用期限。

（1）流动资产是指可以在一年（含一年）或超过一年的一个营业周期内变现或耗用的资产。有些企业经营活动比较特殊，其经营周期可能长于一年，如飞机等大型机械制造往往超过一年才能变现、出售或耗用。在这种情况下，会计就不把一年内能够随时变现作为划分流动资产的标志，而应将经营周期作为划分流动资产的标志。

流动资产主要包括货币资金、交易性金融资产、应收及预付款项、存货等。流动资产的一个重要特点是它在参加生产经营活动时，其价值能一次转移到产品成本或费用中去。

货币资金是指在企业生产经营过程中处于货币形态的资产。它是流动性最强的资产，可以随时用来作为购买手段和支付手段，按其形态和用途不同分为库存现金、银行存款和其他货币资金。库存现金是流动性最强的一种货币性资产，可以随时用其购买所需的物资、支付有关费用、偿还债务，也可以随时存入银行。银行存款是指企业存放在银行和其他金融机构的货币资金。按照国家现金管理和结算制度的规定，每个企业都要在银行开立账户，称为结算户存款，用来办理存款、取款和转账结算。其他货币资金是指除库存现金和银行存款以外的货币资金，包括银行汇票存款、银行本票存款、信用证保证金存款、信用卡存款、外埠存款、存出投资款等。

交易性金融资产是指企业为了近期内出售或短期获利而持有的金融资产，包括以赚取差价为目的从二级市场购入的股票、债券和基金等。交易性金融资产通常具有流动性强、容易变现、企业确认时即确定其持有目的是短期获利、公允价值能够通过活跃市场获取等特点。

应收及预付款项基于商业信用而产生，是企业在日常生产经营过程中发生的各项债权，包括应收款项和预付款项。应收款项包括应收票据、应收账款和其他应收款等。

应收票据是指企业因销售商品、提供劳务等而收到的商业汇票。应收账款是指企业因销售商品、提供劳务等经营活动，应向购货单位或接受劳务单位收取的款项，主要包括企业销售商品或提供劳务等应向有关债务人收取的价款以及代购货单位垫付的包装费、运杂费等。其他应收款是企业应收款项的一个重要组成部分，是企业除应收票据、应收账款和预付账款以外的各种应收款项。预付款项是指企业按照合同规定预付的款项，如预付账款。预付账款是企业因购货和接受劳务，按照合同规定预付给供应单位的款项。

存货是指企业在日常活动中持有以备出售的产成品或商品，处在生产过程中的在产品，在生产过程或提供劳务过程中耗用的材料、物料等。存货包括原材料、在产品、自制半成品、产成品、周转材料、委托代销商品等。

（2）非流动资产是指不能在一年或超过一年的一个营业周期内变现或耗用的资产，即流动资产以外的资产。它主要包括债权投资、其他债权投资、长期应收款、长期股权投资、投资性房地产、固定资产、无形资产、长期待摊费用等。

长期股权投资是指通过投资取得被投资单位的股份且不准备随时出售的投资。长期股权投资的核算内容主要包括以下四类：第一，投资企业能够对被投资单位实施控制的权益性投资，即母公司对子公司投资。第二，投资企业与其他合营方同时对被投资单位实施共同控制的权益性投资，即对合营企业投资。第三，投资企业对被投资单位具有重大影响的权益性投资，即对联营企业投资。第四，投资企业持有的对被投资单位不具有共同控制或重大影响，并且在活跃市场中没有报价、公允价值不能可靠计量的权益性投资。企业进行长期投资的目的是获得较为稳定的投资收益，或者对被投资企业实施控制或影响。

固定资产是指企业为生产产品、提供劳务、出租或经营管理而持有的，使用寿命超过一个会计年度的有形资产。它通常包括房屋、建筑物、机器、机械、运输工具以及其他与生产经营活动有关的设备、器具、工具等。

无形资产是指企业拥有或控制的没有实物形态的可辨认非货币性资产，包括专利权、商标权、土地使用权、非专利技术、著作权、特许权等。

## （二）负债

### 1. 负债的定义

负债是指由企业过去的交易或事项所形成的、预期会导致经济利益流出企业的现时义务。从该定义可以看出，负债具有以下特征：

（1）负债是由企业过去的交易或事项形成的。只有已经发生的交易或事项，会计上才有可能确认为负债。例如，赊购货物会产生应付账款，接受银行贷款则会产生偿还贷款的义务。

（2）负债是企业承担的现时义务。它是负债的一个基本特征。现时义务是指企业在现行条件下承担的义务。未来发生的交易或事项形成的义务不属于现时义务，不应确认为负债。例如，未来发生的承诺、签订的合同或借款意向书。

（3）偿还义务的履行会导致经济利益流出企业。例如，企业以货币资金或实物资产偿还银行借款，使负债减少，同时使资产减少。

**2. 负债的确认条件**

我国《企业会计准则——基本准则》规定了负债的确认条件如下：

（1）符合负债的定义。

（2）与该资源有关的经济利益很可能流出企业。

（3）未来流出的经济利益能够可靠地计量。

**3. 负债的构成**

按照流动性的不同，负债可以分为流动负债和非流动负债两大类。这里的流动性是指偿还期限的长短。

流动负债是指将在一年（含一年）或超过一年的一个营业周期内需要偿还的债务，包括短期借款、应付票据、应付账款、预收账款、应付职工薪酬、应交税费、应付利息、应付股利等。

短期借款是指企业向银行或其他金融机构等外单位借入的、还款期限在一年或超过一年的一个经营周期内的各种借款。企业借入的短期借款，无论用于哪一方面，只要借入就构成一项负债。

应付票据是指企业在购买材料、商品和接受劳务供应等因采用商业汇票结算方式而开出承兑的商业汇票，包括商业承兑汇票和银行承兑汇票。

应付账款是指因购买材料、商品或接受劳务供应等而应支付给供应单位的债务。

预收账款是指企业按照合同规定或交易双方约定，向购货单位或接受劳务的单位预收的款项。

应付职工薪酬是企业根据有关规定应付给职工的各种薪酬，包括职工工资、奖金、津贴、补贴、职工福利费、社会保险费、住房公积金、工会经费、职工教育经费、因解除职工劳动关系的补偿、非货币性福利以及其他与获得职工提供的服务相关的支出等。

应交税费是指企业必须按照国家规定履行纳税义务，对其一定时期内的经营所得应交纳各种税费。按照权责发生制原则，这些税费在尚未交纳之前暂时留在企业，形成一项负债，包括增值税、消费税、所得税、资源税、土地增值税、城镇土地使用税、环境保护税、城市维护建设税、教育费附加、车辆购置税、耕地公用税、房产税、车船税、契税等。

应付利息是指企业按照合同约定应支付的利息，包括吸收存款、分期付息到期还本的长期借款、企业债券等应支付的利息。

应付股利是指企业经董事会或股东大会，或者类似机构审议批准的利润分配方案，应支付给投资人的利润或现金股利。

非流动负债是指偿还期在一年或超过一年的一个营业周期以上的债务，包括长期借款、应付债券、长期应付款等。

长期借款是指企业向银行或其他金融机构借入的期限在一年以上（不含一年）或超过一年的一个营业周期以上的各项借款。

应付债券是指企业为筹集长期资金而发行的期限在一年以上的债券。

长期应付款是指除了长期借款和应付债券以外的其他各种长期应付款,包括应付补偿贸易引进设备款和应付融资租入固定资产租赁费等。

### (三)所有者权益

1. 所有者权益的定义

所有者权益是指企业资产扣除负债后由所有者享有的剩余权益,其金额为企业全部资产减去全部负债后的余额。其实质是企业从投资者手中所吸收的投入资本及其增值,同时也是企业进行经济活动的"本钱"。公司的所有者权益又称股东权益。

与负债相比,所有者权益具有以下特征:

(1)所有者权益是企业所有者对企业剩余资产的要求权,在企业经营期内无需偿还。负债是债权人对企业资产的求偿权,到期可以收回本金和利息。

(2)企业的所有者通常既具有参与企业经营管理的权利,也具有参与分享企业利润的权利,还享有委托他人管理企业的权利。债权人通常只有享受收回本金和利息的权利,无权参与企业收益分配和经营管理的权利。

(3)在偿还顺序上,企业债权人要求偿还本息的权利在所有者分配利润之前。只有在债权人的要求权得到满足后,所有者的权利才会被满足,尤其在企业破产清算时。

(4)无论企业未来经营状况如何,所有者的投入资本都不能收回,因此承担的风险较大,收益也相应较多,当然,也有可能要承担更大的损失。负债一旦到期就可以收回本金与相应的利息,风险较小,因此债权人承担的风险小,债权人相应获得的收益也较少。

2. 所有者权益的来源构成

所有者权益的来源包括所有者投入的资本、直接计入所有者权益的利得和损失、留存收益等,通常由实收资本(在股份有限公司中称为股本)、资本公积、盈余公积和未分配利润构成。

所有者投入的资本是指所有者实际投入企业经营活动的各种财产物资,它既包括企业注册资本或股本部分的金额(实收资本或股本),也包括投入资本超过注册资本或股本部分的金额(资本公积)。

直接计入所有者权益的利得和损失是指不应计入当期损益、会导致所有者权益增减变动的、与所有者投入资本或向所有者分配利润无关的利得和损失。

利得是指由企业非日常活动形成的、会导致所有者权益增加的、与所有者投入资本无关的经济利益的流入。损失是指由企业非日常活动形成的、会导致所有者权益减少的、与向所有者分配利润无关的经济利益的流出。利得和损失包括两种情况:一种是直接计入所有者权益的利得和损失,通常指的是"其他综合收益"科目核算的内容;另一种是直接计入当期利润的利得和损失,通常指的是计入营业外收入和营业外支出的核算内容,包括罚款收入、罚款支出、非流动资产处置损益、非货币性资产交换损益、债务重组损益等。

留存收益是指企业在经营活动中形成的利润留归企业的部分或待以后再分配的部分,包括累计计提的盈余公积和未分配利润。盈余公积是指企业从税后利润中提取的公积金，包括法定盈余公积、任意盈余公积。企业的法定盈余公积和任意盈余公积可以用于弥补亏损、转增资本（股本）。符合规定条件的企业，可以用盈余公积分派现金股利。未分配利润是指企业留待以后年度分配的利润或待分配利润。

3. 所有者权益的确认条件

所有者权益在性质上体现为所有者对企业资产的剩余权益，在数量上也就体现为资产减去负债的余额。因此，所有者权益的确认是伴随着资产和负债的确认而进行的。

### （四）收入

1. 收入的定义

收入是指企业在日常活动中形成的、会导致所有者权益增加的、与所有者投入资本无关的经济利益的总流入。收入的实质是企业经营经济活动中的产出过程，即企业生产经营活动的结果。

收入有以下特点：

（1）收入是从企业日常活动中产生的，而不是从企业偶发的交易或事项中产生的。日常经济活动是指企业为完成经营目标所从事的经常性活动以及与之相关的活动。例如，制造业企业生产并对外销售产品，商品流通企业销售商品，餐饮业提供饮食服务等，均属于企业为完成经营目标从事的经常性活动，由此产生的经济利益总流入构成收入。制造业企业出售不需用材料、转让无形资产使用权等属于经常性活动的相关活动，由此产生的经济利益总流入也构成收入。但是，制造业企业处置固定资产、无形资产等活动，不是企业为完成经营目标从事的经常性活动以及与之相关的活动，由此产生的经济利益流入不构成收入，而应确认为利得中的营业外收入。

（2）收入可能表现为资产的增加，或者负债的减少，或者两者兼而有之。资产的增加具体体现为银行存款的增加、应收账款和应收票据的形成等；负债的减少具体体现为预收账款的减少、以商品抵偿债务等；两者兼有的情况如在销售商品时，部分冲减预收账款，部分收到货币资金。

（3）收入会导致企业所有者权益的增加。由于收入会引起资产的增加或负债的减少，而所有者权益从数量上体现为资产扣除负债后的余额，因此收入的取得最终肯定会增加企业的所有者权益。不会导致所有者权益增加的经济利益流入不符合收入的定义。

（4）收入是与所有者投入资本无关的经济利益的总流入。一方面，前面提到收入会导致所有者权益增加；另一方面，收入的增加应当会导致经济利益的流入。不过，这种经济利益的流入是日常活动的流入。与所有者投入资本这种经济利益的流入不同在于，所有者投入资本带来经济利益的流入不是日常活动的流入，其在会计上应当确认为实收资本。

（5）收入只包括本企业经济利益的流入，不包括为第三方或客户代收的款项。收入实际上有广义和狭义之分，广义的收入既包括经营性收入也包括非经营性收入。从上述特征中可以看出，我国《企业会计准则——基本准则》中有关收入的解释是指狭义的收入，即仅指经营性收入，不包括非经营性收入，如罚款收入、处理固定资产净收益等，此类收入是作为营业外收入处理的。

2. 收入的确认条件

我国《企业会计准则——基本准则》规定了收入的确认条件如下：

（1）符合收入的定义。

（2）收入的经济利益很可能流入，并导致企业资产增加或负债减少。

（3）经济利益流入的金额能够可靠地计量。

3. 收入的分类

按照企业经营活动的主次不同，收入可以分为主营业务收入和其他业务收入。

主营业务收入又称基本业务收入，是指企业主要经营活动所取得的收入。在不同行业，收入有不同的内容。例如，制造业企业的产品销售收入就是主营业务收入，商品流通企业表现为商品销售收入，金融业企业表现为贷款业务收入、保单收入等。

其他业务收入又称非主营业务收入，是指企业主要经营活动以外的业务带来的收入，如制造业企业的材料销售收入、将多余设备暂时出租的收入、转让无形资产使用权的收入、包装物出租收入等。

（五）费用

1. 费用的定义

费用有广义和狭义之分。广义的费用是与广义的收入相对应的，是指为取得广义的收入而发生的各种耗费或损失；狭义的费用则仅指为取得营业收入而发生的各种耗费。我国《企业会计准则——基本准则》将费用定义为企业在日常活动中发生的、会导致所有者权益减少的、与向所有者分配利润无关的经济利益的总流出。这个费用的定义属于狭义的费用的定义。费用具有如下特征：

（1）费用是企业在日常活动中形成的，与企业收入活动密切相关的支出。同收入一致，费用也是企业在日常经济活动中形成的，是为取得收入而发生的经济利益流出。因日常经济活动而产生的费用通常包括材料成本、职工薪酬、折旧费、水电费等。非日常经营活动发生的支出不能确认为费用，而应该计入损失，如处置固定资产、无形资产的损失。

（2）费用可以表现为资产的减少，或者负债的增加，或者两者兼而有之。资产的减少具体体现为货币资金的减少、实物资产的消耗等；负债的增加具体体现为应付利息、应交税费的形成等；两者兼有的情况如以现金发放部分职工工资，另外一部分欠付形成应付职工薪酬。

（3）费用会导致企业所有者权益的减少。由于费用会引起资产的减少或负债的增加，而所有者权益从数量上体现为资产扣除负债后的余额，因此费用的发生最终肯定会减少企业的所有者权益。不会导致所有者权益减少的经济利益流出不符合费用的定义。

（4）费用是与向所有者分配利润无关的经济利益的总流出。一方面，前已述及，费用会导致所有者权益减少；另一方面，费用的减少应当会导致经济利益的流出，从而导致资产的减少或负债的增加。因此，经济利益的流出如果仅仅是向所有者分配利润而导致资产的减少或负债的增加，则不应该确认为费用，应该直接确认为所有者权益。例如，企业宣布向企业所有者分配利润，利润分配使所有者权益减少，但利润的支付不应该确认为费用。

2. 费用的确认条件

我国《企业会计准则——基本准则》规定了费用的确认条件：

（1）符合费用的定义。

（2）费用的发生很可能使经济利益流出企业，并导致企业资产减少或负债增加。

（3）经济利益流出的金额能够可靠地计量。

3. 费用的分类

企业的费用通常包括营业成本、税金及附加和期间费用等。

营业成本包括主营业务成本和其他业务成本。主营业务成本是指企业生产和销售与主营业务有关的产品所必须投入的直接成本，主要包括材料成本、人工成本和固定资产折旧等。其他业务成本是指除主营业务活动以外的其他经营活动所发生的成本，包括销售材料成本、出租固定资产的折旧额、出租无形资产摊销额、出租包装物成本或摊销额等。

税金及附加反映企业经营主要业务应负担的消费税、城市维护建设税、教育费附加、车船税、房产税、印花税、城镇土地使用税和资源税等相关税费。

期间费用包括销售费用、管理费用和财务费用。其中，销售费用是指企业在销售产品、提供劳务等日常经营过程中发生的各项费用（包括包装费、运输费、展览费、广告费、装卸费、保险费）和为销售本企业商品而专设的销售机构（含销售网点、售后服务网点等）的职工薪酬等各项经营费用。管理费用是指企业行政管理部门为组织和管理生产经营活动而发生的各项费用，包括企业的董事会和行政管理部门的职工工资、修理费、办公费、差旅费等公司经费以及聘请中介机构费、咨询费（含顾问费）、业务招待费等费用。需要注意的是，管理费用的受益对象是整个企业。财务费用是指企业在生产经营过程中为筹集资金而发生的各项费用，包括企业生产经营期间发生的利息支出（减利息收入）、汇兑净损失、金融机构手续费以及筹资生产经营资金发生的其他费用等。

### （六）利润

利润是指企业在一定会计期间内的经营成果，包括收入减去费用后的净额、直接计入当期利润的利得和损失等。直接计入当期利润的利得和损失是指应当计入当期损益、会导致所有者权益发生冲减变动的、与所有者投入资本或向所有者分配利润无关的利得和损失。利润金额的确认和计量取决于收入和费用、直接计入当期利润的利得和损失金额的确认和计量。

利润可以划分为三个层次，即营业利润、利润总额和净利润。

（1）营业利润是营业收入减去营业成本、税金及附加、期间费用（销售费用、管理费用和财务费用）、资产减值损失，加上公允价值变动净收益、投资净收益后的金额。

（2）利润总额包括营业利润和直接计入当期损益的利得和损失。

（3）净利润又称税后利润，是指企业实现的利润总额减去所得税后的金额。

# 第三节 会计等式

## 一、会计等式的含义

会计对象可以概括为资金运动。具体而言，发生的每笔经济业务都是资金运动的一个具体过程，都必然涉及相应的会计要素，从而使资金运动涉及的会计要素间存在一定的相互联系，它们在数量上存在特定的平衡关系。这种平衡关系用公式来表示，就是通常所说的会计等式。会计等式又称会计恒等式、会计方程式，是反映会计要素之间数量关系以及数量变化规律的计算公式，也是复式记账和编制资产负债表的理论依据。

## 二、基本会计等式

任何企业从事生产经营活动，都必须拥有或控制一定数量的经济资源。企业拥有或控制的资源统称为资产，如货币资金、库存商品、固定资产等。企业生产经营活动开始之初，资产的来源只有两种：由投资者投入的资产或由债权人投入的资产。以投资者的身份向企业投入资产而形成的权益，我们称之为所有者权益；以债权人身份向企业提供资产而形成的权益，我们称之为债权人权益或负债。由此可见，资产与负债和所有者权益，实际上是同一价值运动的两个方面，因此这两方面之间必然存在着恒等关系。也就是说，一定数额的资产必然对应着相同数额的负债与所有者权益，而一定数额的负债与所有者权益也必然对应着相同数额的资产。这一基本平衡关系可以用公式表示如下：

资产＝负债+所有者权益

上述等式被称为基本会计等式，它表明了反映企业财务状况的三个会计要素之间的数量关系。

如果把企业的负债称为债权人权益，那么这个等式就变化为：

资产＝债权人权益+所有者权益

将等式右边的两项权益合并在一起，则等式变为：

资产＝权益

这一会计等式既表明了某一会计主体在某一特定时点拥有的各种资产，同时也表明了这些资产的归属关系。它是设置账户、复式记账以及编制报表等会计方法的理论依据，在会计核算体系中有着举足轻重的地位。

## 三、扩展的会计等式

企业经营的目的是获取收入，实现盈利。企业在取得各项收入的同时，必然要发生相关的费用。企业一定时期的收入扣除相关的费用后，即为企业的利润。其用等式表示如下：

收入－费用＝利润

这个会计等式一般称为会计第二等式或动态会计等式，是编制利润表的理论依据。

企业利润的取得，表明企业资产总额和净资产的增加。由于利润最终归所有者所有，利润的增加意味着企业所有者权益的增加，意味着企业经营规模的扩大；反之，如果企业发生了亏损，则意味着所有者权益减少。也就是说，如果我们将会计基本等式和会计第二等式联系在一起的话，在企业经营的任何时点都会存在如下会计等式：

资产＝负债＋所有者权益＋（收入－费用）

或　资产＝负债＋所有者权益＋利润

这个会计等式一般称为会计第三等式。该会计等式还可变换如下：

资产＋费用＝负债＋所有者权益＋收入

从资金运动的角度来分析，"资产＋费用"表现为资金的占用，"负债＋所有者权益＋收入"表现为资金的来源。这两方面的金额是相等的。

这就是扩展的会计等式或称动态的会计等式。这一等式表明会计主体的财务状况与经营成果之间的相互联系。财务状况反映企业某一特定日期资产的来源与占用情况，反映某一特定日期的资产的存量情况。经营成果反映了企业一段时期资产增加或减少的情况，反映一段时期的增量或减量。企业实现利润，将使企业资产增加或负债减少；企业发生亏损，将使企业资产减少或负债增加。在期末结账后，利润归入所有者权益项目，会计等式又恢复成基本等式，即"资产＝负债＋所有者权益"。

## 四、经济业务的发生对会计等式的影响

企业在生产经营过程中，不断地发生各种经济业务。经济业务又称会计事项，是指企业在生产经营活动中发生的，引起会计要素增减变动的事项。这些经济业务的发生会对有关的会计要素产生影响，但是不会破坏上述等式的恒等关系。为什么这样说呢？因为一个企业的经济业务虽然种类多，但是归纳起来不外乎四种大类型、九种小类型，如表2-2所示。

表2-2　各种经济业务对会计等式的影响

| 变动类型 | | 资产 | 负债 | 所有者权益 |
|---|---|---|---|---|
| （1） | 资产和权益同增 | 增加 | | 增加 |
| （2） | | 增加 | 增加 | |
| （3） | 资产和权益同减 | 减少 | | 减少 |
| （4） | | 减少 | 减少 | |
| （5） | 资产内部有增有减 | 增加、减少 | | |

表2-2（续）

| 变动类型 | | 资产 | 负债 | 所有者权益 |
|---|---|---|---|---|
| （6） | 权益内部有增有减 | | 增加、减少 | |
| （7） | | | | 增加、减少 |
| （8） | | | 减少 | 增加 |
| （9） | | | 增加 | 减少 |

下面结合企业经营过程中发生的经济业务，举例说明资产、负债、所有者权益的增减变化及其对会计等式的影响。

【例2-1】龙盛公司2×21年1月1日的资产负债情况为（单位：万元）：

资产　　　=　　　负债　　　+　　　所有者权益

1 000　　=　　　200　　　+　　　800

该公司2×21年1月发生如下会计事项：

（1）1月1日，该公司收到投资者投资款200万元，款项已经存入本企业存款账户。

这项经济业务的发生，使企业的所有者权益（实收资本）增加了200万元；同时也使企业的资产（银行存款）增加了200万元。它对会计等式的影响为：

资产　　　　=　　　负债　　　+　　　所有者权益

1 000+200　=　　　200　　　+　　　800+200

1 200　　　=　　　200　　　+　　　1 000

（2）1月2日，该企业从银行取得短期借款100万元，现已办妥手续，款项已经划入本企业存款账户。

这项经济业务的发生，使企业的负债（短期借款）增加了100万元；同时也使企业的资产（银行存款）增加了100万元。它对会计等式的影响为：

资产　　　　=　　　负债　　　+　　　所有者权益

1 200+100　=　　　200+100　+　　　1 000

1 300　　　=　　　300　　　+　　　1 000

（3）1月5日，该企业按法定程序减少注册资本150万元，用银行存款向所有者支付。

这项经济业务的发生，使企业的所有者权益（实收资本）减少了150万元；同时也使企业的资产（银行存款）减少了150万元。它对会计等式的影响为：

资产　　　　=　　　负债　　　+　　　所有者权益

1 300-150　=　　　300　　　+　　　1 000-150

1 150　　　=　　　300　　　+　　　850

（4）1月8日，该企业用银行存款归还前欠某公司货款50万元。

这项经济业务的发生，使企业的资产（银行存款）减少了50万元；同时也使企业的负债（应付账款）减少了50万元。它对会计等式的影响为：

| 资产 | = | 负债 | + | 所有者权益 |
|---|---|---|---|---|
| 1 150-50 | = | 300-50 | + | 850 |
| 1 100 | = | 250 | + | 850 |

（5）1月9日，该企业购买原材料30万元，用银行存款支付。

这项经济业务的发生，使企业的资产（原材料）增加了30万元；同时也使企业的资产（银行存款）减少了30万元。它对会计等式的影响为：

| 资产 | = | 负债 | + | 所有者权益 |
|---|---|---|---|---|
| 1 100+30-30 | = | 250 | + | 850 |
| 1 100 | = | 250 | + | 850 |

（6）1月12日，该企业以应付票据抵付应付账款10万元。

这项经济业务的发生，使企业的负债（应付票据）增加了10万元；同时也使企业的负债（应付账款）减少了10万元。它对会计等式的影响为：

| 资产 | = | 负债 | + | 所有者权益 |
|---|---|---|---|---|
| 1 100 | = | 250+10-10 | + | 850 |
| 1 100 | = | 250 | + | 850 |

（7）1月15日，该企业将资本公积60万元转增实收资本。

这项经济业务的发生，使企业的所有者权益（实收资本）增加了60万元；同时也使企业的所有者权益（资本公积）减少了60万元。它对会计等式的影响为：

| 资产 | = | 负债 | + | 所有者权益 |
|---|---|---|---|---|
| 1 100 | = | 250 | + | 850+60-60 |
| 1 100 | = | 250 | + | 850 |

（8）1月20日，该企业应付给某公司的货款50万元，经双方协商转为某公司对该企业的长期投资。

这项经济业务的发生，使企业的负债（应付账款）减少了50万元；同时也使企业的所有者权益（实收资本）增加了50万元。它对会计等式的影响为：

| 资产 | = | 负债 | + | 所有者权益 |
|---|---|---|---|---|
| 1 100 | = | 250-50 | + | 850+50 |
| 1 100 | = | 200 | + | 900 |

（9）1月25日，经协商，某一投资者将其个人欠银行的短期借款80万元转给该企业，并相应地减少其对企业的投资份额。

这项经济业务的发生，使企业的负债（短期借款）增加了80万元；同时也使企业的所有者权益（实收资本）减少了80万元。它对会计等式的影响为：

| 资产 | = | 负债 | + | 所有者权益 |
|---|---|---|---|---|
| 1 100 | = | 200+80 | + | 900-80 |
| 1 100 | = | 280 | + | 820 |

通过以上分析，我们发现无论经济业务如何变化，均不会影响会计等式的平衡关系，在任何时点上，"资产=负债+所有者权益"这个等式都成立。

由于收入、费用和利润这三个要素的变化实质上都可以表现为所有者权益的变化，因此上述三种情况都可以归纳到前面我们总结的九种情况中去。也正因为如此，上述扩展的会计等式才会始终保持平衡。

以上分析说明，资产、负债、所有者权益、收入、费用和利润这六大会计要素之间存在着一种恒等关系。会计等式反映了这种恒等关系，因此始终成立。任何经济事项的发生都不会破坏会计等式的平衡关系。

## 【课程思政——会计等式蕴含的哲学思想】

会计恒等式：

$$资产＝负债+所有者权益或净资产 \qquad ①$$

这是现代会计核算方法体系这座大厦坚实的基石，是掌握借贷复式记账法的起点，为会计试算平衡奠定了基础，为资产负债表的编制提供了理论依据。

### 一、以联系而非孤立、片面的眼光反映经济业务

历史上的单式记账法往往局限于经济业务中单一项目的增减变化，如分别以货币、债权或存货等项目为线索，按时间顺序主要反映各项目的增减变化及结余情况，而各项目之间增减变化的对应关系，即勾稽关系却不够明确，因此也被形象地称为"流水账"。在社会经济欠发达、经济业务内容比较单一、业务数量较小的状况下，单式记账法尚能赢得一席之地。但是，到了经济生活日益繁荣、经济业务日趋庞杂纷繁的时代，单式记账法就显得力不从心了，其必然摆脱不了被历史尘封的命运。

取而代之的复式记账法则避免了单式记账法那种"盲人摸象"式的局限性，以会计恒等式为基础，一方面反映了会计主体拥有的资产，另一方面反映了形成这些资产的不同来源。其中，资产是结果，而负债和所有者权益是形成这些资产的原因。由于是从两个角度反映同一事物，因此恒等关系永远存在。这是事物普遍联系的辩证法特征在会计方法中的生动体现，它对每一笔经济业务从其运动变化的原因与结果、来龙与去脉入手，以"从哪来，到哪去"的复式记账原理，编织了一张"经纬网"，更全面、更客观地定位了各项经济业务的变化和相互之间的对应关系。

### 二、以"有借必有贷，借贷必相等"的会计记账规则展现了一种对称的平衡美

世界中对称的平衡美随处可见，比如人类自身的身体是左右对称，中医强调的阴阳平衡乃健康之本等，而这种平衡美在会计恒等式中也得以充分体现。恒等式左侧的资产类账户的性质被规定为"借增贷减，余额在借方"，恒等式右侧的权益类账户（负债人权益与所有者权益）的性质则对应地被规定为"借减贷增，余额在贷方"；反之，若资产类账户的性质被规定为"借减贷增，余额在贷方"，那么权益类账户的性质则对应地被规定为"借增贷减，余额在借方"。正如一台天平，此时问题的关键不是砝码在左还是在右，而是砝码与物之间的对称和平衡。因此，复式记账中的"借""贷"仅表明账户中两个对立的方位，而不再具有实际上的债务、债权含义。于是会计核算根据这种对称的平衡美，也有了检验自身差错的重要方法——试算平衡法。试算平衡法包括发生额试算平衡法和余额试算平衡法。当这种对称的平衡美被破坏时，即当某一会计期间所有账户借方发生额≠所有账户贷方发生额，或者在某一时间点上所有账户

借方余额合计≠所有账户贷方余额合计，则说明在记账、过账、结账等会计核算工作中一定存在差错。这从一开始就为复式记账应对部分"疾病"接种了"疫苗"，提高了自身的"免疫力"。

### 三、静中有动，动中有静

动静结合事物存在的客观规律告诉我们，凡存在的必然变化，凡无变化的就一定不存在。会计静态恒等式从时间状况分析是静态的，反映了会计主体在某一时点上的财务状况，因此以此为理论依据编制的资产负债表也被称为静态会计报表。其数据资料在会计中被称为余额，在统计中被称为时点数，而在经济学中被称为存量。该类数据资料的特点是：不同时间点上的数据不具有可加性、数据往往以非连续统计方式得到、数据自身大小与统计的时间间隔长短无必然联系。如果一个会计主体的财务状况总是停留在某一状态下静止不变，那么该会计主体也就失去了存在的意义。毕竟企业类会计主体是以追求利润为存在目标的，这就注定会计主体在拥有一定资产为物质基础的前提下，要积极开展各项生产经营活动，以期取得盈利，努力使资产保值增值。

$$收入-费用=利润 \qquad ②$$

②式从时间状况分析是动态的，反映了会计主体在某一段时期的经营成果，因此以此为理论依据编制的损益表也被称为动态会计报表。其数据资料在会计中被称为发生额，在统计中被称为时期数，在经济学中则被称为流量。该类数据资料的特点是：不同时间段上的数据具有可加性、数据往往以连续统计方式得到、数据自身大小与统计的时间间隔长短有关。

当提及会计恒等式时，一般指的是静态会计等式。其原因是静态会计等式是动态会计等式的前提和基础，没有前者就不可能有后者；动态会计等式的结果又直接服务、作用于静态会计等式。可以说，动态会计等式源于静态会计等式又回归于静态会计等式，即经营成果以资产为前提，且不论其盈亏最终归属于所有者。因此，动态会计等式对静态会计等式的影响可以表达为：

$$资产=负债+（所有者权益+利润） \qquad ③$$

此时，当利润不为零时，静态会计等式中的资产、负债、所有者权益三要素中，至少有一项会因为利润这一要素的加入而发生或增或减的变化，但恒等关系不会改变，改变的只可能是等式两边的金额。再将拓展的会计等式中的利润按动态会计等式展开，并将各类要素按其对应的账户性质进行归类、移项，于是就得到会计扩张恒等式：

$$资产+费用=负债+所有者权益+收入 \qquad ④$$

当然，生产经营过程中还会发生不影响利润的经济业务，即资产、负债、所有者权益三要素之间或某一要素内部发生增减变化，但这并不会改变④式的表现形式，可能改变的也仅是等式两边的金额。

### 四、认识运动的不断反复和无限发展

会计等式发展到今天的"资产=负债+所有者权益"的形式，经历了一个漫长的过程。史书记载，秦汉时期，我国出现了"三柱清册"，以"入-出=余"作为结算的基本公式。在宋代，"四柱结算法"使我国中式会计达到比较科学、系统、完善的地步。所谓"四柱"，是指旧管（上期结余）、新收（本期收入）、开除（本期支出）和实在

（本期结存）四个栏目，采用"旧管+新收−开除＝实在"的会计表达式。随着唐宋时期民间金融活动的发展，"三脚账"思想应运而生，即应用"原+收＝出+存"的平衡式来结算平衡。到了明朝末期，会计要素被划分为"进""缴""存""该"四大类，并根据"进−缴＝存−该"的恒等式来设置。清末，我国正式采用现金收付复式记账法，会计等式发展为"期初现金余额+本期收方−本期付方＝期末现金余额"的形式。1935年，国民政府《会计法》出台，从制度上把复式记账原理确定了下来，其会计等式为"资产＝负债+股本+损益""收入−支出＝利润"。中华人民共和国成立以后，我国引进苏联的会计模式，会计等式为"资金占用＝资金来源"。改革开放时期，我国对会计制度进行了一系列重大改革，确定了国际通行的"资产＝负债+所有者权益"的会计等式并一直沿用至今。

　　会计等式从无到有，从不完善到趋于完善，充分体现了马克思主义认识论"实践、认识、再实践、再认识"的循环反复的认识发展规律。认识的无限性观点告诉人们，发展到今天的会计等式不会是最完美的。确实，人们在会计实践中发现，其在面对某些问题的解决上也无能为力，比如以会计等式为依据的试算平衡法对记账重复、遗漏、科目使用错误等问题就束手无策。不过，正是由于这种不完美才不断促使会计工作者在今后的实践中深入研究、不断探索，促进会计等式在会计理论和实践中不断发展完善，解决更多的会计实务问题。会计等式蕴含着丰富的哲学思想，哲学思想是会计等式发展的理论基石。我们只有充分挖掘这些哲学思想，才能正确理解会计等式；只有站在哲学的高度去研究会计等式，才能推动会计等式的发展，发挥其为社会经济发展服务的巨大作用。

　　资料来源：旦志红. 会计恒等式赏析［J］. 会计之友，2009（9）：19−20.

　　唐轶之，刘鑫. 会计等式蕴含的哲学思想［J］. 财会通讯，2011（16）：150−152.

## 【本章小结】

　　按照交易或事项的经济特征分类，会计要素分为资产、负债、所有者权益、收入、费用和利润。会计要素反映了资金运动的静态和动态两个方面，具有紧密的相关性，它们在数量上存在特定的平衡关系，这种平衡关系用公式来表示，就是通常所说的会计等式。会计主体在从事经营活动的过程中发生了各种各样的经济业务，这些经济业务在发生以后，至少会影响会计等式中的一个或若干个会计要素发生增加或减少的变化，无论这些经济业务如何变化，都不会破坏会计等式的平衡关系。

## 【本章习题】

### 一、单项选择题

1. 企业资金的循环与周转过程不应包括（　　）。
   A. 供应过程　　　　　　　　　　　B. 生产过程
   C. 销售过程　　　　　　　　　　　D. 分配过程

2. 具体而言，会计对象可以分解为（　　）。
   A. 会计科目　　　　　　　　　　　B. 会计要素
   C. 经济业务　　　　　　　　　　　D. 以货币表示的经济活动

3. 资产是企业拥有或控制的资源，该资源预期会给企业带来（　　）。
   A. 经济利益　　　B. 经济资源　　　C. 经济效果　　　D. 经济效益

4. 负债是过去的交易、事项形成的现时义务，履行该义务需以（　　）偿还。
   A. 资产　　　　　　　　　　　　　B. 货币资金
   C. 劳务　　　　　　　　　　　　　D. 资产与劳务

5. 所有者权益是企业所有者在企业资产中享有的经济利益，在数量上等于（　　）。
   A. 全部资产减去全部所有者权益　　B. 全部资产减去流动负债
   C. 企业的新增利润　　　　　　　　D. 全部资产减去全部负债

6. 经济业务发生仅涉及资产这一会计要素时，只引起该要素中某些项目发生（　　）变动。
   A. 同增　　　　　B. 同减　　　　　C. 一增一减　　　D. 不增不减

7. 引起资产和权益同时减少的业务有（　　）。
   A. 从银行提取现金　　　　　　　　B. 从银行借款存入银行
   C. 用银行存款上交税金　　　　　　D. 收到客户偿还的货款

8. 反映企业所有者投入资金的项目是（　　）。
   A. 现金　　　　　B. 固定资产　　　C. 对外投资　　　D. 实收资本

9. 某企业资产总额为150万元，当发生下列两笔经济业务后：①收到所有者投资10万元，款项已经存入银行；②用银行存款偿还应付账款15万元，其权益总计为（　　）。
   A. 145万元　　　B. 175万元　　　C. 155万元　　　D. 125万元

10. 应付账款属于会计要素中的（　　）。
    A. 负债　　　　　B. 所有者权益　　C. 费用　　　　　D. 资产

11. 下列选项中，不会使会计等式两边总额发生变化的是（　　）。
    A. 收到投资者以固定资产进行的投资　B. 以银行取得借款存入银行
    C. 收到应收账款存入银行　　　　　　D. 以银行存款偿还应付账款

12. 流动资产是指其变现或耗用期在（　　）。

    A. 一年以内　　　　　　　　　　　B. 一个营业周期内

    C. 一年内或超过一年的一个营业周期内 D. 超过一年的一个营业周期

13. 经济业务发生后，（　　）会计等式的平衡关系。

    A. 可能会影响　　　　　　　　　　B. 可能会破坏

    C. 不会影响　　　　　　　　　　　D. 会影响

14. 会计等式明确表达了（　　）之间的数量关系。

    A. 会计科目　　　B. 会计要素　　　C. 会计账户　　　D. 会计主体

15. 每一项经济业务发生都会影响会计要素中的（　　）项目发生增减变动。

    A. 一个　　　　　B. 两个　　　　　C. 两个或以上　　D. 全部

16. 企业所拥有的资产从财产权利归属来看，一部分属于投资者，另一部分属于（　　）。

    A. 企业职工　　　　　　　　　　　B. 债权人

    C. 债务人　　　　　　　　　　　　D. 企业法人

17. 下列选项中，不属于利得的是（　　）。

    A. 与企业日常活动无关的政府补助

    B. 捐赠利得

    C. 销售原材料获取的收益

    D. 盘盈利得

18. 企业生产的商品属于企业的（　　）。

    A. 长期资产　　　　　　　　　　　B. 流动资产

    C. 固定资产　　　　　　　　　　　D. 长期待摊费用

19. 下列选项中，会使企业月末资产总额发生变化的是（　　）。

    A. 从银行提取现金　　　　　　　　B. 购买原材料，货款未付

    C. 购买原材料，货款已付　　　　　D. 现金存入银行

20. 下列选项中，关于所有者权益与负债的区别，不正确的是（　　）。

    A. 负债的求偿力高于所有者权益

    B. 所有者的投资收益取决于企业的经营成果

    C. 债权人的求偿权有固定到期日

    D. 所有者承受的风险低于债权人

## 二、多项选择题

1. 工业企业的资金运动包括（　　）等部分。

    A. 资金的筹集　　　　　　　　　　B. 资金的退出

    C. 资金的运用　　　　　　　　　　D. 资金的循环与周转

2. 下列选项中，属于流动资产的项目是（　　）。

    A. 库存现金　　　　　　　　　　　B. 机器设备

    C. 存货　　　　　　　　　　　　　D. 无形资产

3. 下列选项中，属于固定资产的项目是（    ）。

    A. 房屋及建筑物　　　　　　　　B. 长期股权投资

    C. 机器设备　　　　　　　　　　D. 专有技术

4. 资产要素的特点有（    ）。

    A. 企业拥有或控制　　　　　　　B. 能带来预期的经济利益

    C. 由过去的交易或事项形成　　　D. 具有实物形态

5. 下列选项中，属于流动负债的项目是（    ）。

    A. 应付账款　　　　　　　　　　B. 预付账款

    C. 应交税费　　　　　　　　　　D. 应付债券

6. 下列选项中，属于所有者权益的项目是（    ）。

    A. 实收资本　　　　　　　　　　B. 固定资产

    C. 资本公积　　　　　　　　　　D. 本年利润

7. 收入的实现会引起（    ）。

    A. 负债的减少　　　　　　　　　B. 资产的增加

    C. 费用的减少　　　　　　　　　D. 利润的增加

8. 费用的实现会引起（    ）。

    A. 负债的增加　　　　　　　　　B. 资产的减少

    C. 收入的减少　　　　　　　　　D. 利润的减少

9. 会计恒等式可以用（    ）公式表示。

    A. 资产=负债+所有者权益　　　　B. 资产=权益

    C. 资产=债权人权益+所有者权益　D. 资产=负债+权益

    E. 资产=负债+所有者权益+（收入—费用）

10. 引起资产与负债及所有者权益同时增加的经济业务有（    ）。

    A. 投资者投入资本存入银行

    B. 向银行取得短期借款存入银行

    C. 计入产品成本但尚未支付的工人工资

    D. 已经预提但尚未支付的费用

    E. 货款尚未支付的已入库的原材料

## 三、判断题

1. 不能给企业未来带来预期经济利益的资源不能作为企业资产反映。（    ）

2. 企业发生的经济业务，不存在使一项负债增加一项所有者权益增加的项目。

    （    ）

3. 任何流入企业的资产都可视为收入。（    ）

4. 所有经济业务的发生，都会引起会计等式两边发生变化。（    ）

5. 任何经济业务的发生都不会破坏会计等式的平衡关系。（    ）

6. 负债包括现时的偿债义务和潜在的偿债义务。（    ）

7. 期间费用是资产的耗费，它与一定的会计期间相联系，而与生产哪一种产品无关。

（　　）

8. 资产可以是有形的，也可以是无形的。　　　　　　　　　　　　　（　　）

9. 净利润是指营业利润减去所得税后的金额。　　　　　　　　　　　（　　）

10. 库存中已失效或已损毁的商品，由于企业对其拥有所有权并且能够实际控制，因此应该作为本企业的资产。　　　　　　　　　　　　　　　　　　　　（　　）

## 四、业务题

习题一

[目的] 练习会计要素的分类。

[资料] 某公司的经济事项如表2-3所示。

表2-3　某公司的经济事项

| 项目 | 资产 | 负债 | 所有者权益 | 收入 | 费用 | 利润 |
|------|------|------|-----------|------|------|------|
| 库存现金 | | | | | | |
| 存放在银行的款项 | | | | | | |
| 本月尚未支付的工资 | | | | | | |
| 向银行借入三个月期限的借款 | | | | | | |
| 办公楼设备等 | | | | | | |
| 国家向企业的投资 | | | | | | |
| 存放在仓库的原材料 | | | | | | |
| 尚未完工的产品 | | | | | | |
| 完工入库的产品 | | | | | | |
| 企业创造的已申请专利的发明 | | | | | | |
| 欠外单位的购料款 | | | | | | |
| 欠银行的贷款利息 | | | | | | |
| 企业购买的三年期债券 | | | | | | |
| 欠税务机关的增值税 | | | | | | |
| 本月发生的招待费 | | | | | | |
| 本月发生的广告费 | | | | | | |
| 销售商品的营业款 | | | | | | |

[要求] 根据资料，判断每一项目分别属于会计要素的哪一内容，并填入表2-3。

习题二

[目的] 熟悉经济业务发生对会计等式的影响。

[资料] 西华公司2×21年2月1日资产、负债、所有者权益如表2-4所示。

表 2-4  西华公司 2×21 年 2 月 1 日资产、负债、所有者权益

| 资产项目 | 金额/元 | 负债与所有者权益项目 | 金额/元 |
|---|---|---|---|
| 库存现金 | 2 000 | 短期借款 | 60 000 |
| 银行存款 | 150 000 | 应付账款 | 17 000 |
| 应收账款 | 28 000 | 应交税费 | 3 000 |
| 原材料 | 30 000 | 应付职工薪酬 | 10 000 |
| 库存商品 | 60 000 | 实收资本 | 360 000 |
| 固定资产 | 330 000 | 盈余公积 | 150 000 |
| 合计 | 600 000 | 合计 | 600 000 |

2 月,西华公司发生如下经济业务:

(1) 西华公司购入一批原材料,计 5 000 元,已验收入库,但货款尚未支付。

(2) 西华公司从银行提取现金 2 000 元。

(3) 西华公司以银行存款偿还职工工资 10 000 元。

(4) 西华公司收到应收账款 8 000 元,款项已经存入银行。

(5) 西华公司收到投资者投入资金 100 000 元,款项已经存入银行。

(6) 西华公司向银行借入短期借款直接偿还应付账款 17 000 元。

(7) 西华公司以银行存款偿还应交税费 3 000 元。

(8) 西华公司向银行借入长期借款 80 000 元,款项已经存入银行。

(9) 企业所有者追加投资 10 000 元,直接归还银行借款。

[要求] 计算上述经济业务发生引起有关项目的增减变动及结果,填在相关项目的增减变动及结果(见表 2-5)中,并说明经济业务的发生对会计等式的影响。

表 2-5  相关项目的增减变动及结果

| 业务号数 | 资产 | | 负债及所有者权益 | | 变化类型 |
|---|---|---|---|---|---|
| | 增加金额 | 减少金额 | 增加金额 | 减少金额 | |
| (1) | | | | | |
| (2) | | | | | |
| (3) | | | | | |
| (4) | | | | | |
| (5) | | | | | |
| (6) | | | | | |
| (7) | | | | | |
| (8) | | | | | |
| (9) | | | | | |

# 本章参考文献

［1］中华人民共和国财政部. 企业会计准则：2021 年版［M］. 上海：立信会计出版社，2021.

［2］中华人民共和国财政部. 企业会计准则应用指南：2021 年版［M］. 上海：立信会计出版社，2021.

［3］陈国辉，迟旭升. 基础会计［M］. 7 版. 大连：东北财经大学出版社，2021.

［4］朱小平，周华，秦玉熙. 初级会计学［M］. 10 版. 北京：中国人民大学出版社，2019.

本章习题参考答案

# 第三章　会计核算基础

## 【学习目标】

会计核算基础是会计核算的基础理论部分，是企业进行会计核算的前提和理论指导。通过对本章的学习，学生应明确会计核算需要具备的基本条件和遵循的基本要求，掌握会计假设、会计信息质量要求、会计确认与计量要求的基本内容及其重要意义，特别是应理解和掌握企业采用权责发生制确认收入和费用的基本方法。

本章重点：会计核算的基本前提，即会计假设、会计信息质量要求。

本章难点：会计要素的确认、计量及其要求，权责发生制和收付实现制的理解。

## 【关键概念】

会计假设　会计主体　持续经营　会计分期　货币计量　会计信息质量要求权责发生制　收付实现制

## 【引导案例】

小刘准备考初级会计师，因为她想通过学习会计解答她心中的一个疑惑。

小刘家开的海鲜店 1 月和 2 月的销售额分别为 8 万元和 7 万元，1 月收到当月销售款 6 万元，2 月收到当月销售款 5 万元和上月销售款 1 万元。

小刘的爸爸管销售，说收入要看销售额，因此 1 月的收入为 8 万元，2 月的收入为 7 万元。

小刘的妈妈管钱，说收入要看收钱的金额，因此 1 月的销售收入为 6 万元，2 月的销售收入也是 6 万元。

请问：小刘家的海鲜店 1 月和 2 月的销售收入究竟是多少？

各位小伙伴，你们觉得是小刘的爸爸说得对，还是小刘的妈妈说得对？让我们一起学习会计来解答我们心中的疑惑吧。

## 第一节　会计假设

会计假设是企业会计确认、计量和报告的前提，是为了保证会计工作的正常进行和会计信息的质量，对会计核算所处时间、空间环境等做的合理假定，是会计核算的基本前提。会计假设主要包括会计主体、持续经营、会计分期和货币计量。

## 一、会计主体

会计主体是指企业会计确认、计量和报告的空间范围，是会计工作为其服务的特定单位和组织。会计服务的这个特定单位，可以是企业单位，也可以是事业单位、机关团体。这些单位在经济上应是独立或相对独立的。这些单位应拥有一定数量的资产，能独立进行生产经营或业务活动，能独立编制财务报表。

会计工作的目的是反映一个特定单位的财务状况、经营成果和现金流量，为包括投资者在内的各相关方提供与其决策有用的信息。企业只有把要反映的特定对象明确下来，如为谁核算、核算谁的经济业务，并将其与其他经济实体区别开来，才能实现财务会计报告的目标。

在会计主体假设下，企业应当对其本身发生的交易或事项进行会计确认、计量和报告，反映企业本身所从事的各项生产经营活动。明确界定会计主体是开展会计确认、计量和报告工作的重要前提。

第一，只有明确了会计主体，才能划定会计所要处理的各项交易或事项的范围。在会计工作中，只有那些影响企业本身经济利益的各项交易或事项才能加以确认、计量和报告，那些不影响企业本身经济利益的各项交易或事项则不能加以确认、计量和报告。会计工作中通常所讲的资产、负债的确认，收入的实现，费用的发生等，都是针对特定会计主体而言的。

第二，明确会计主体，才能将会计主体的交易或事项与会计主体所有者的交易或事项以及其他会计主体的交易或事项区分开来。例如，企业所有者的经济交易或事项是由于企业所有者主体发生的，不应纳入企业会计核算的范围。但是，企业所有者投入企业的资本或企业向所有者分配的利润，则属于企业主体发生的交易或事项，应当纳入企业会计核算的范围。

会计主体不同于法律主体。法律主体是指出资人出资组建、在政府指定部门注册登记、拥有法人财产权、具有独立民事行为能力的单位。一般来说，法律主体必然是一个会计主体，但会计主体不一定是法律主体。会计主体可以是一个有法人资格的企业，也可以是由若干家企业通过控股关系组织起来的集团公司，还可以是企业、单位下属的二级核算单位。由自然人创办的独资企业和合伙企业在会计核算上是一个会计主体，但它们不是法律主体。独资企业和合伙企业不是一个独立的法人，因此不能享有法人的权利和履行法人的义务，即独资企业和合伙企业拥有的财产和承担的债务在法律上是属于业主或合伙人的。

会计主体假设是持续经营、会计分期假设和其他会计核算基础的基础。

## 二、持续经营

持续经营假设是假定会计主体的经营活动在可以预见的未来，按照现在的形式和目标无限期地继续下去，不会进行破产清算。我国《企业会计准则——基本准则》第六条规定："企业会计确认、计量和报告应当以持续经营为前提。"

持续经营是相对于非持续经营而言的。在持续经营前提下，会计确认、计量和报告应当以企业持续、正常的生产经营活动为前提。持续经营假设规定了会计反映和监督的时间范围。

持续经营假设并不意味着会计主体将永远经营下去。从实际情况来考查，确实极少有企业能够无限期地存在下去。但是，除非有足够的证据证明，特定会计主体将破产和清算，否则都应当认为一个特定会计主体能够按当前规模经营下去。从个体会计主体来看，会计主体总是希望长期存在下去，并在竞争中发展壮大，建立在这一愿望上和基础上的会计核算，当然以持续经营为核算前提。从总体会计主体来考查，破产清算的企业毕竟是少数，总体会计主体将会持续经营下去。

企业是否持续经营，在会计原则、会计方法的选择上有很大差别。一般情况下，会计上应当假定企业将会按照当前的规模和状态继续经营下去。明确这个基本假设，就意味着会计主体将按照既定用途使用资产，按照既定的合约条件清偿债务，会计人员就可以在此基础上选择会计原则和会计方法。如果判断企业会持续经营，就可以假定企业的固定资产会在持续经营的生产经营过程中长期发挥作用，并服务于生产经营过程，固定资产就可以根据历史成本进行记录，并采用折旧的方法将历史成本分摊到各个会计期间或相关产品的成本中。如果判断企业不会持续经营，固定资产就不应采用历史成本进行记录并按期计提折旧。

如果一个企业在不能持续经营时还假定企业能够持续经营，并仍按持续经营基本假设选择会计确认、计量和报告原则与方法，就不能客观地反映企业的财务状况、经营成果和现金流量，会误导会计信息使用者的经济决策。

### 三、会计分期

会计分期是指将一个企业持续经营的生产经营活动划分为一个个连续的、长短相同的期间，以便核算和报告会计主体的财务状况和经营成果。会计分期的目的在于通过会计期间的划分，将持续经营的生产经营活动划分成连续、相等的期间，据以结算盈亏，按期编制财务会计报告，从而及时向财务会计报告使用者提供有关企业财务状况、经营成果和现金流量的信息。

会计主体在持续经营的前提下，要计算净收益，反映其生产成果。从理论上来说，只有等到会计主体的所有生产经营活动最终结束后，才能通过收入和费用的归集，进行准确的计算。但是，在实际中这是行不通的，因为投资者、债权人以及政府部门等都需要及时了解企业的财务状况和经营成果。这就要求会计核算要满足上述要求，把企业持续的经营活动进行会计分期。

会计期间通常分为年度和中期。中期是指短于一个完整的会计年度的报告期间。一般来讲，中期包括月、季和半年。我国企业的会计期间按年度划分，以公历年度为一个会计年度，即每年的1月1日起至12月31日止为一个会计年度。我国的会计年度与财政预算年度是一致的。为了及时了解企业的经营情况，会计年度内还要按季度、月份结账，编制财务报表。

会计分期假设和持续经营假设都是对会计主体反映和监督的时间范围的假定，会计分期假设是持续经营假设的一个补充。

　　会计分期假设的意义在于界定了会计信息的时间长度。会计主体要定期结算账目，报告其财务状况和经营成果，为投资人、债权人、政府部门和企业管理部门及时提供财务会计信息。会计分期假设的存在，产生了本期和非本期的概念，有了权责发生制和收付实现制这两种不同的会计基础，产生了收入和费用相配比、划分收益性支出与资本性支出等会计原则。

## 四、货币计量

　　货币计量是指会计主体在财务会计确认、计量和报告时以货币计量反映会计主体的生产经营活动。《会计法》第十二条规定："会计核算以人民币为记账本位币。业务收支以人民币以外的货币为主的单位，可以选定其中一种货币作为记账本位币，但是编报的财务会计报告应当折算为人民币。"《企业会计准则——基本准则》第八条规定："企业会计应当以货币计量。"记账本位币是指日常登记会计账簿和编制财务会计报告时用以计量的货币。

　　在会计的确认、计量和报告过程中之所以选择以货币为基础进行计量，是由货币的本身属性决定的。货币是商品的一般等价物，是衡量一般商品价值的共同尺度，具有价值尺度、流通手段、贮藏手段和支付手段等特点。其他计量单位，如重量、长度、容积、台、件等，只能从一个侧面反映企业的生产经营情况，无法在量上进行汇总和比较，不便于会计计量和经营管理，只有选择货币尺度进行计量才能充分反映企业的生产经营情况。因此，《企业会计准则——基本准则》规定，会计确认、计量和报告选择货币作为计量单位。

　　在有些情况下，统一采用货币计量也有缺陷，某些影响企业财务状况和经营成果的因素，如企业经营战略、研发能力、市场竞争力等，往往难以用货币来计量，但这些信息对于使用者决策来讲也很重要，企业可以在财务会计报告中补充披露有关非财务信息来弥补上述缺陷。

# 第二节　会计信息质量特征

　　会计信息质量要求是对企业财务会计报告中所提供会计信息质量的基本要求，是使财务会计报告中提供会计信息对投资者等使用者决策有用性应具备的基本特征。它主要包括可靠性、相关性、可理解性、可比性、实质重于形式、重要性、谨慎性和及时性等。

## 一、可靠性

　　可靠性要求企业应当以实际发生的交易或事项为依据进行确认、计量和报告，如实反映符合确认和计量要求的各项会计要素及其他相关信息，保证会计信息真实可靠、内容完整。

　　会计信息要有用，必须以可靠为基础，如果财务会计报告提供的会计信息是不可靠的，就会给投资者等使用者的决策产生误导甚至损失。为了贯彻可靠性要求，企业应当做到：

（1）以实际发生的交易或事项为依据进行确认、计量，将符合会计要素定义及其确认条件的资产、负债、所有者权益、收入、费用和利润等如实反映在财务报表中，不得根据虚构的、没有发生的或尚未发生的交易或事项进行确认、计量和报告。

（2）在符合重要性和成本效益原则的前提下，保证会计信息的完整性，其中包括应当编报的报表及其附注内容等应当保持完整，不能随意遗漏或减少应予披露的信息，与使用者决策相关的有用信息都应当充分披露。

（3）包括在财务会计报告中的会计信息应当是中立的、无偏的。如果企业在财务会计报告中为了达到事先设定的结果或效果，通过选择或列示有关会计信息以影响决策和判断，这样的财务会计报告信息就不是中立的。

## 二、相关性

相关性要求企业提供的会计信息应当与投资者等财务会计报告使用者的经济决策需要相关，有助于投资者等财务会计报告使用者对企业过去、现在或未来的情况作出评价或预测。

判断会计信息是否有用、是否具有价值，关键是看其与使用者的决策需要是否相关，是否有助于决策或提高决策水平。相关的会计信息应当能够有助于使用者评价企业过去的决策，证实或修正过去的有关预测，因此具有反馈价值。相关的会计信息还应当具有预测价值，有助于使用者根据财务会计报告提供的会计信息预测企业未来的财务状况、经营成果和现金流量。例如，区分收入和利得、费用和损失、流动资产和非流动资产、流动负债和非流动负债以及适度引入公允价值等，都可以提高会计信息的预测价值，进而提升会计信息的相关性。

会计信息质量的相关性要求，需要企业在确认、计量和报告会计信息的过程中，充分考虑使用者的决策模式和信息需要。但是，相关性是以可靠性为基础的，两者之间并不矛盾，不应将两者对立起来。也就是说，会计信息在可靠性前提下，尽可能地做到相关性，以满足投资者等财务会计报告使用者的决策需要。

## 三、可理解性

可理解性要求企业提供的会计信息应当清晰明了，便于投资者等财务会计报告使用者理解和使用。

企业编制财务会计报告、提供会计信息的目的在于使用，而要使使用者有效使用会计信息，应当能让其了解会计信息的内涵，弄懂会计信息的内容，这就要求财务会计报告提供的会计信息应当清晰明了，易于理解。只有这样，企业才能提高会计信息的有用性，实现财务会计报告的目标，满足向投资者等财务会计报告使用者提供决策有用信息的要求。

会计信息毕竟是一种专业性较强的信息产品，在强调会计信息的可理解性要求的同时，还应假定使用者具有一定的有关企业经营活动和会计方面的知识，并且愿意付出努力去研究这些信息。对某些复杂的信息，如交易本身较为复杂或会计处理较为复杂，但其与使用者的经济决策相关，企业就应当在财务会计报告中予以充分披露。

## 四、可比性

可比性要求企业提供的会计信息应当相互可比。这主要包括以下两层含义：

### （一）同一企业不同时期可比

为了便于投资者等财务会计报告使用者了解企业财务状况、经营成果和现金流量的变化趋势，比较企业在不同时期的财务会计报告信息，全面和客观地评价过去、预测未来，从而作出决策，会计信息质量的可比性要求同一企业不同时期发生的相同或相似的交易或事项应当采用一致的会计政策，不得随意变更。但是，满足会计信息可比性要求，并非表明企业不得变更会计政策。如果按照规定或在会计政策变更后可以提供更可靠、更相关的会计信息，企业可以变更会计政策。有关会计政策变更的情况，应当在附注中予以说明。

### （二）不同企业相同会计期间可比

为了便于投资者等财务会计报告使用者评价不同企业的财务状况、经营成果和现金流量及其变动情况，会计信息质量的可比性要求不同企业同一会计期间发生的相同或相似的交易或事项应当采用规定的会计政策，确保会计信息口径一致、相互可比，以使不同企业按照一致的确认、计量和报告要求提供有关会计信息。

## 五、实质重于形式

实质重于形式要求企业应当按照交易或事项的经济实质进行会计确认、计量和报告，不仅仅以交易或事项的法律形式为依据。

企业发生的交易或事项在多数情况下，其经济实质和法律形式是一致的，但在有些情况下，会出现不一致的情况。例如，以融资租赁方式租入的资产，虽然从法律形式来讲企业并不拥有其所有权，但是由于租赁合同中规定的租赁期相当长，接近于该资产的使用寿命；租赁期结束时承租企业有优先购买该资产的选择权；在租赁期内承租企业有权支配资产并从中受益等，因此从其经济实质来看，企业能够控制融资租入资产创造的未来经济利益，在会计确认、计量和报告上就应当将以融资租赁方式租入的资产视为企业的资产，列入企业资产负债表。

又如，企业按照销售合同销售商品但又签订了售后回购协议，虽然从法律形式上实现了收入，但是如果企业没有将商品所有权上的主要风险和报酬转移给购货方，没有满足收入确认的各项条件，即使签订了商品销售合同或已将商品交付给购货方，也不应当确认销售收入。

## 六、重要性

重要性要求企业提供的会计信息应当反映与企业财务状况、经营成果和现金流量有关的所有重要交易或事项。

在实务中，如果会计信息的省略或错报会影响投资者等财务会计报告使用者据此做出决策的，该信息就具有重要性。重要性的应用需要依赖职业判断，企业应当根据其所处环境和实际情况，从项目的性质和金额大小两方面加以判断。

例如，我国上市公司要求对外提供季度财务会计报告，考虑到季度财务会计报告披露的时间较短，从成本效益原则出发，季度财务会计报告没有必要像年度财务会计报告那样披露详细的附注信息。因此，《企业会计准则第32号——中期财务报告》规定，中期财务会计报告中的附注应当以年初至本中期末为基础编制，披露自上年度资产负债表日之后发生的，有助于理解企业财务状况、经营成果和现金流量变化情况的重要交易或事项。这种附注披露，就体现了会计信息质量的重要性要求。

### 七、谨慎性

谨慎性要求企业对交易或事项进行会计确认、计量和报告应当保持应有的谨慎，不应高估资产或收益，低估负债或费用。

在市场经济环境下，企业的生产经营活动面临着许多风险和不确定性，如应收款项的可收回性、固定资产的使用寿命、无形资产的使用寿命、售出存货可能发生的退货或返修等。会计信息质量的谨慎性要求，需要企业在面临不确定性因素的情况下作出职业判断时，应当保持应有的谨慎，充分估计到各种风险和损失，既不高估资产或收益，也不低估负债或费用。例如，要求企业对可能发生的资产减值损失计提资产减值准备、对售出商品可能发生的保修义务等确认预计负债等，就体现了会计信息质量的谨慎性要求。

谨慎性的应用也不允许企业设置秘密准备。如果企业故意低估资产或收益，或者故意高估负债或费用，将不符合会计信息的可靠性和相关性要求，损害会计信息质量，扭曲企业实际的财务状况和经营成果，从而对使用者的决策产生误导。这是不符合企业会计准则要求的。

### 八、及时性

及时性要求企业对已经发生的交易或事项应当及时进行确认、计量和报告，不得提前或延后。

会计信息的价值在于帮助所有者或其他方面作出经济决策，具有时效性。即使是可靠、相关的会计信息，如果不及时提供，就失去了时效性，对使用者的效用就大大降低，甚至不再具有实际意义。在会计确认、计量和报告过程中贯彻及时性，一是要求及时收集会计信息，即在经济交易或事项发生后，及时收集整理各种原始单据或凭证；二是要求及时处理会计信息，即按照企业会计准则的规定，及时对经济交易或事项进行确认或计量，并编制财务会计报告；三是要求及时传递会计信息，即按照国家规定的有关时限，及时将编制的财务会计报告传递给财务会计报告使用者，便于其及时使用和决策。

在实务中，为了及时提供会计信息，可能需要在有关交易或事项的信息全部获得之后再进行会计处理，这样就满足了会计信息的及时性要求，但可能会影响会计信息的可靠性。反之，如果企业等到与交易或事项有关的全部信息获得之后再进行会计处理，这样的信息披露可能会由于时效问题，对投资者等财务会计报告使用者决策的有用性将大大降低。这就需要会计在及时性和可靠性之间做相应选择，以最好地满足投资者等财务会计报告使用者的经济决策需要为判断标准。

## 第三节　会计要素的确认、计量及其要求

会计信息的载体是财务会计报告，财务会计报告由会计要素组成，对会计要素进行报告之前必须进行会计要素的确认和计量，在对会计要素进行确认与计量时，必须遵循一定的要求。

### 一、会计要素的确认

确认是指决定将交易或事项中的某一项目作为一项会计要素加以记录和列入财务会计报告的过程，是财务会计的一项重要程序。确认主要解决某一个项目应否确认、如何确认和何时确认三个问题，包括在会计记录中的初始确认和在财务报表中的最终确认。凡是确认必须具备一定的条件。

我国《企业会计准则——基本准则》中规定了会计要素的确认条件：

#### （一）初始确认条件

会计要素的确认条件主要包括：

（1）符合要素的定义。有关经济业务确认为一项要素，首先必须符合该要素的定义。

（2）有关经济利益很可能流入或流出企业。这里的"很可能"表示经济利益流入或流出的可能性在50%以上。

（3）有关的价值以及流入或流出的经济利益能够可靠地计量。如果不能可靠地计量，确认就没有意义。

#### （二）在报表中列示的条件

经过确认、计量之后，会计要素应该在报表中列示。资产、负债、所有者权益在资产负债表中列示，收入、费用、利润在利润表中列示。

根据企业会计准则的规定，在报表中列示的条件是：符合要素定义和要素确认条件的项目，才能列示在报表中；仅仅符合要素定义而不符合要素确认条件的项目，不能在报表中列示。

### 二、会计要素的计量

#### （一）会计计量的含义

会计通常被认为是一个对会计要素进行确认、计量和报告的过程。其中，会计计量是为了将符合确认条件的会计要素登记入账并列报于会计报表和确定其金额的过程。

这一过程涉及具体计量基础的选择，包括两方面的内容：一方面是项目涉及的实物数量，另一方面是该项目的货币表现（金额）。会计计量在会计确认和报告之间起着十分重要的作用。企业应当按照规定的会计计量属性进行计量，并确定相关金额。

### （二）会计计量属性

计量属性是指计量的某一要素的特性方面，如桌子的长度、铁矿的重量、楼房的高度等。从会计角度而言，计量属性反映的是会计要素金额的确定基础，主要包括历史成本、重置成本、可变现净值、现值和公允价值等。

1. 历史成本

历史成本又称实际成本，就是取得或制造某项财产物资时实际支付的现金或其他等价物。在历史成本计量下，资产按照其购置时支付的现金或现金等价物的金额，或者按照购置资产时付出的对价的公允价值计量。负债按照其因承担现时义务而实际收到的款项或资产的金额，或者承担现时义务的合同金额，或者按照日常活动中为偿还负债预期需要支付的现金或现金等价物的金额计量。

2. 重置成本

重置成本又称现行成本，是指按照当前市场条件，重新取得同样一项资产所需支付的现金或现金等价物金额。在重置成本计量下，资产按照现在购买相同或相似资产所需支付的现金或现金等价物的金额计量。负债按照现在偿付该项债务所需支付的现金或现金等价物的金额计量。

3. 可变现净值

可变现净值是指在正常生产经营过程中以预计售价减去进一步加工成本和销售所必需的预计税金、费用后的净值。在可变现净值计量下，资产按照其正常对外销售所能收到现金或现金等价物的金额扣减该资产至完工时估计将要发生的成本、估计的销售费用以及相关税金后的金额计量。

4. 现值

现值是指对未来现金流量以恰当的折现率进行折现后的价值，是考虑货币时间价值因素等的一种计量属性。在现值计量下，资产按照预计从其持续使用和最终处置中产生的未来净现金流入量的折现金额计量。负债按照预计期限内需要偿还的未来净现金流出量的折现金额计量。

5. 公允价值

在公允价值计量属性下，资产和负债按照市场参与者在计量日发生的有序交易中，出售资产所能收到或转移负债所需支付的价格计量。其中，市场参与者是指在相关资产或负债的主要市场（或最有利市场）中，同时具备下列特征的买方和卖方：市场参与者应当相互独立，不存在关联方关系；市场参与者应当熟悉情况，能够根据可取得的信息对相关资产或负债以及交易具备合理认知；市场参与者应当有能力并自愿进行相关资产或负债的交易。有序交易是指在计量日前一段时期内相关资产或负债具有惯常市场活动的交易。清算等被迫交易不属于有序交易。

### （三）各种计量属性之间的关系

在各种会计要素计量属性中，历史成本通常反映的是资产或负债过去的价值，而重置成本、可变现净值、现值以及公允价值通常反映的是资产或负债的现时成本或现时价值，是与历史成本相对应的计量属性。当然，这种关系也并不是绝对的。例如，资产或负债的历史成本有时就是根据交易时有关资产或负债的公允价值确定的，在非货币性资产交换中，如果交换具有商业实质，且换入、换出资产的公允价值能够可靠计量，换入资产入账成本的确定应当以换出资产的公允价值为基础，除非有确凿证据表明换入资产的公允价值更加可靠；在非同一控制下的企业合并交易中，合并成本也是以购买方在购买日为取得对被购买方的控制权而付出的资产、发生或承担的负债等的公允价值确定的。又如，在应用公允价值时，当相关资产或负债不存在活跃市场的报价，或者不存在同类或类似资产的活跃市场报价时，需要采用估值技术来确定相关资产或负债的公允价值，而在采用估值技术估计相关资产或负债的公允价值时，现值往往是比较普遍采用的一种估值方法。在这种情况下，公允价值就是以现值为基础确定的。另外，公允价值相对于历史成本而言，具有很强的时间概念。也就是说，当前环境下某项资产或负债的历史成本可能是过去环境下该项资产或负债的公允价值，而当前环境下某项资产或负债的公允价值也许就是未来环境下该项资产或负债的历史成本。

### （四）计量属性的应用原则

企业在对会计要素进行计量时，一般应当采用历史成本。企业采用重置成本、可变现净值、现值、公允价值计量时，应当保证所确定的会计要素金额能够取得并可靠计量。

在企业会计准则体系建设中适度、谨慎地引入公允价值这一计量属性，是因为随着我国资本市场的发展及股权分置改革的基本完成，越来越多的股票、债券、基金等金融产品在交易所挂牌上市，使得这类金融资产的交易已经形成较为活跃的市场。因此，我国已经具备引入公允价值的条件。在这种情况下，引入公允价值，更能反映企业的现实情况，对投资者等财务会计报告使用者的决策更加有用，而且也只有如此，才能实现我国企业会计准则与国际财务会计报告准则趋同。

## 三、会计要素的确认、计量的要求

对会计要素进行确认与计量不仅要符合一定的条件，而且还要在确认与计量过程中遵循以下要求：划分收益性支出与资本性支出、收入与费用配比、历史成本计量。

### （一）划分收益性支出与资本性支出

会计核算应当合理划分收益性支出和资本性支出。凡支出的效益仅涉及本会计期间（一个营业周期）的，应当作为收益性支出；凡支出的效益涉及几个会计期间（几个营业周期）的，应当作为资本性支出。只有正确划分收益性支出与资本性支出的界限，才能真实反映企业的财务状况，正确计算企业当期的经营成果。

划分收益性支出和资本性支出的目的在于正确确定企业的当期损益。具体来说，收益性支出是为取得本期收益而发生的支出，应当作为本期费用，计入当期损益，列于利润表中，如已销售商品的成本、期间费用、所得税等。资本性支出是为形成生产经营能力。为以后各期取得收益而发生的各种支出，应当作为资产反映，列于资产负债表，如购置固定资产和无形资产的支出等。

如果一项收益性支出按资本性支出处理，就会造成少计费用而多计资产，出现当期利润虚增而资产价值偏高的现象；如果一项资本性支出按收益性支出处理，则会出现多计费用少计资产，以致当期利润虚减而资产价值偏低的结果。

### （二）收入与费用配比

正确确定一个会计期间的收入和与其相关的成本、费用，以便计算当期的损益，这是配比的要求。

收入与费用配比包括两方面的配比问题：一方面是收入和费用在因果联系上的配比，即取得一定的收入时发生了一定的支出，而发生这些支出的目的就是取得这些收入；另一方面是收入和费用在时间意义上的配比，即一定会计期间的收入和费用的配比。

### （三）历史成本计量

历史成本计量又称实际成本计量或原始成本计量，是指企业的各项财产物资应当按照取得或购建时发生的实际支出进行计价。物价变动时，除国家另有规定者外，企业不得调整账面价值。

以历史成本为计价基础有助于对各项资产、负债项目的确认和对计量结果的验证与控制；同时，按照历史成本原则进行核算，也使得收入与费用的配比建立在实际交易的基础上，防止企业随意改动资产价格造成经营成果虚假或任意操纵企业的经营业绩。

用历史成本计价比较客观，有原始凭证作证明，可以随时查证和防止随意更改。但是，这样做是建立在币值稳定假设基础之上的，如果发生物价变动导致币值出现不稳定的情况，则需要研究、使用其他的计价基础，如现行成本、重置成本等。

## 第四节　权责发生制与收付实现制

持续经营假设和会计分期假设的存在使得在实践中往往出现企业交易或事项的发生与相关货币资金收支的时间不在同一个会计期间的情况，如本月销售的商品货款要下月才能收到，企业年末预付下一年的财产保险费，等等。这就产生了如何确认、计量和报告各相关会计期间的收入、费用问题，也就是会计的记账基础问题。对此有两种处理方法：一种是在销售业务发生的时候计入当期收入，在货币资金支出的整个受益期间分摊费用，即权责发生制；另一种是在实际收到或支出货币资金的时候计入当期收入、费用，即收付实现制。可见，权责发生制与收付实现制是确认收入和费用的两种截然不同的会计处理基础。

## 一、权责发生制

权责发生制又称应收应付制或应计制，是以是否取得收到现金的权利或发生支付现金的责任，即权责的发生为标志来确认本期收入和费用以及债权和债务的一种记账基础。《企业会计准则——基本准则》第九条指出："企业应当以权责发生制为基础进行会计确认、计量和报告。"

权责发生制基础要求：凡是属于本期实现的收入和发生的费用，不论款项是否实际收到或实际付出，都应作为本期的收入和费用入账；凡是不属于本期的收益和费用，即使款项在本期收到或付出，也不作为本期的收入和费用处理。由于它不管款项的收付，而以收入和费用是否归属本期为准，因此又称为应计制。

例如，2×21年6月，龙盛有限责任公司销售一批商品，价款100 000元，该产品已经发货，购货单位承诺下月付款。在权责发生制下，虽然龙盛有限责任公司本月没有实际收到该笔销货款，但由于其销售业务已经完成，销售收入已经实现，因此在会计核算中必须把该笔销货款作为6月的收入。当下月实际收到该项货款时，龙盛有限责任公司虽然增加了企业的货币资金，但却不能作为企业下月的收入。又如，龙盛有限责任公司在2×21年12月预付下一年的财产保险费，虽然款项是在本年末支付的，但在权责发生制下不能计入本年的费用，而必须平均分摊计入下年各月的管理费用。

权责发生制原则要求按照权利和责任的发生与否来确认收入和费用，因此必须考虑预收、预付和应收、应付。企业日常的账簿记录不能完全反映本期的收入和费用，需要在会计期末按照归属期对收入和费用进行账项调整，使未收到款项的应计收入和未付出款项的应付费用以及收到款项而不完全属于本期的收入和付出款项而不完全属于本期的费用归属于相应的会计期间，以便正确地计算本期的经营成果。采用权责发生制核算比较复杂，但反映本期的收入和费用比较合理、真实。因此，权责发生制适用于企业。

## 二、收付实现制

收付实现制又称现收现付制或现金制，是与权责发生制相对应的一种会计基础，它以实际收到或支付现金的时间来确认各会计期间的收入、费用。

收付实现制基础要求：凡是本期实际收到的款项，不论其是否属于本期实际的收入，都作为本期实现的收入处理；凡是本期付出的款项，不论其是否属于本期负担的费用，都作为本期的费用处理。反之，凡本期没有实际收到款项和付出款项，即使应归属于本期，但也不作为本期收入和费用处理。这种会计处理基础，由于款项的收付实际上以现金收付为准，因此一般称为现金制。

例如，2×21年6月，龙盛有限责任公司销售一批商品，价款100 000元，该产品已经发货，购货单位承诺下月付款。在收付实现制下，该笔商品货款是下月才能收到，就应该作为下月的收入，而不能作为6月的收入。又如，龙盛有限责任公司在2×21年12月预付下一年的财产保险费，尽管该公司在下一年才能受益，但由于该费用已在本年末支出，按照收付实现制要求，就应该作为本年的费用。由于会计账簿上日常记录的收入和费用与收付实现制要求一致，因此会计主体在会计期末不需要对会计账簿日常记录的收入和费用进行调整。会计主体可以直接根据账簿记录确定本期损益。

采用收付实现制，由于没有将各个会计期间所实现的收入和为实现收入所应负担的费用进行配比，因此也就不能正确计算各期的经营成果，但其会计核算手续相对简单，同时也使得会计利润与现金流量比较同步。目前，我国的行政单位会计采用收付实现制，事业单位会计除经营业务可以采用权责发生制外，其他大部分业务采用收付实现制。

## 【课程思政——价值塑造】

### 一、会计人的职业操守

会计人的职业操守如下：

第一，会计人员应树立公私分明的工作理念。

第二，会计人员应培养诚信为本的传统美德。

第三，会计人员应培养敬畏法律和规则的意识。

### 二、通过以下素材，进一步理解价值塑造

（一）思政素材一——区分会计主体与非会计主体的活动

张先生开了一家小商店，经营油、盐、酱、醋等小商品。张先生日常生活中需要的油、盐、酱、醋等商品就直接从自己的商店里拿，也从来不记账，因为他觉得都是自己家的东西，反正没有与他人发生经济往来。但是，税务局的检查人员在检查中提出张先生有逃避交纳税款的嫌疑，张先生觉得很委屈。

请问：你认为税务局检查人员的说法有道理吗？

（二）思政素材二——公司管理层的建议

临近年终，正值公司管理层换届之际，在公司年报披露之前，公司管理层给财务部门提出以下建议：第一，将公司办公用房改按市场价值列报。4年前，公司购入办公用房500平方米，每平方米2万元。目前，按同地段房价测算，该项固定资产市值已达3 000万元。第二，将"交易性金融资产"改按"长期股权投资"列报。4年前，公司为获取差价，从二级市场购入某股票1 000万元，现已被深度"套牢"，目前市值500万元，拟长期持有。第三，将供热设施改造工程再延期一年转为"固定资产"。公司供热设施改造工程于两年前开工，因此取得的银行长期借款也将于明年年底到期。该工程按计划已于今年年初达到预定可使用状态，并交付使用，但管理层以"环保部门提出进一步整改意见"为由，对该工程成本一直持"延迟结转"意见。

请问：

（1）如果采纳公司管理层的建议，对公司本年利润会产生怎样的影响？

（2）如果你是公司财务部负责人，你将如何回复管理层的建议？

## 【本章小结】

会计假设是企业会计确认、计量和报告的前提，是会计核算的基本前提。会计假

设主要包括会计主体、持续经营、会计分期和货币计量。会计信息质量要求是对企业财务会计报告中提供会计信息质量的基本要求，是使财务会计报告中提供会计信息对投资者等使用者决策有用性应具备的基本特征。会计信息质量要求主要包括可靠性、可理解性、可比性、实质重于形式、重要性、谨慎性和及时性等。权责发生制是指企业以收入的权利和支出的义务是否归属于本期为标准来确认收入、费用的一种会计处理基础。收付实现制以款项是否实际收到或付出作为确定本期收入和费用的标准。

## 【本章习题】

### 一、单项选择题

1. 确定会计核算期工作空间范围的前提条件是（　　）。

　　A. 会计主体　　　　B. 持续经营　　　　C. 会计分期　　　　D. 货币计量

2. 强调经营成果计算的企业适合采用（　　）。

　　A. 收付实现制　　　B. 权责发生制　　　C. 永续盘存制　　　D. 实地盘存制

3. 凡为取得本期收益而发生的支出，即支出的效益仅与本会计年度相关的，应作为（　　）。

　　A. 收益性支出　　　B. 资本性支出　　　C. 营业性支出　　　D. 营业外支出

4. 凡为形成生产经营能力，在以后各期取得收益而发生的各种支出，即支出的效益与几个会计年度相关的，应作为（　　）。

　　A. 收益性支出　　　B. 资本性支出　　　C. 营业性支出　　　D. 营业外支出

5. 对应收账款在会计期末提取坏账准备金这一做法体现的原则是（　　）。

　　A. 配比原则　　　　B. 重要性原则　　　C. 谨慎性原则　　　D. 可靠性原则

6. 在会计年度内，如把收益性支出当成资本性支出处理了，则会（　　）。

　　A. 本年度虚增资产、收益　　　　　　B. 本年度虚减资产、虚增收益

　　C. 本年度虚增资产、虚减收益　　　　D. 本年度虚减资产、收益

7. 会计对各单位经济活动进行核算时，选为统一计量标准的是（　　）。

　　A. 劳动量度　　　　B. 货币量度　　　　C. 实物量度　　　　D. 其他量度

8. 下列选项中，存货价格持续下跌时，符合谨慎性原则的是（　　）。

　　A. 先进先出法　　　B. 后进先出法　　　C. 加权平均法　　　D. 先进后出法

9. 下列选项中，属于资本性支出的是（　　）。

　　A. 支付职工工资　　　　　　　　　　B. 支付当月水费

　　C. 支付本季度房租　　　　　　　　　D. 支付固定资产买价

10. 企业于4月初用银行存款1 200元支付第二季度房租，4月末仅将其中的400元计入本月费用，这符合（　　）。

　　A. 配比原则　　　　　　　　　　　　B. 权责发生制原则

　　C. 收付实现制原则　　　　　　　　　D. 历史成本计价原则

## 二、多项选择题

1. 会计核算的基本前提包括（　　　）。

   A. 会计主体　　　　B. 持续经营　　　　C. 会计分期　　　　D. 货币计量

2. 下列有关权责发生制原则的选项中，正确的是（　　　）。

   A. 它和收付实现制是相对的一个概念

   B. 根据该原则，凡是当期已经实现的收入，不论款项是否收到，均应作为当期的收入处理

   C. 根据该原则，凡是有现金流出的支出均应作为当期的费用

   D. 该原则适用于营利性的企业组织

3. 历史成本计价原则的优点有（　　　）。

   A. 交易确定的金额比较客观　　　　　B. 存货成本接近市价

   C. 有原始凭证可以随时查证　　　　　D. 可防止企业随意改动

4. 下列选项中，正确的有（　　　）。

   A. 法人可以作为会计主体

   B. 会计主体可以是法人，也可以是非法人

   C. 会计主体可以是单一的企业，也可以是由几个企业组成的企业集团

   D. 企业内部的二级单位不能作为会计主体

5. 可比性原则强调的一致是指（　　　）。

   A. 会计处理方法一致　　　　　　　B. 企业前后期一致

   C. 会计指标计算口径一致　　　　　D. 横向企业间一致

## 三、判断题

1. 会计只能用货币计量，而不需要其他计量尺度。（　　　）

2. 谨慎性原则要求会计核算工作中做到不夸大企业资产、不虚增企业收益。（　　　）

3. 会计核算必须以实际发生的经济业务及证明经济业务发生的合法凭证为依据，表明会计核算应当遵循可靠性。（　　　）

4. 会计主体是指经营性企业，不包括行政机关和事业单位。（　　　）

5. 企业选择一种不导致虚增资产、多计利润的做法，所遵循的是会计的客观性原则。

（　　　）

## 四、简答题

1. 为什么要确定会计假设后才能开展会计工作？每一个会计假设分别明确了什么问题？

2. 你认为会计提供的信息应该满足哪些要求才能有用？

3. 权责发生制与收付实现制有何区别和相同点？

## 五、业务题

**习题一**

[目的] 会计假设、会计原则的辨析。

[资料] 某会计师事务所是由张新、李安合伙创建的，最近发生了下列经济业务，并由会计进行了相应的处理：

（1）6月10日，张新从该会计师事务所出纳处拿了380元现金给自己的孩子购买玩具，会计将380元记为该会计师事务所的办公费支出。理由是：张新是该会计师事务所的合伙人，该会计师事务所的钱也有张新的一部分。

（2）6月15日，会计将6月1日至15日的收入、费用汇总后计算出半个月的利润，并编制了财务报表。

（3）6月20日，该会计师事务所收到某外资企业支付的业务咨询费2 000美元，会计没有将其折算为人民币反映，而直接记到美元账户中。

（4）6月30日，该会计师事务所计提固定资产折旧，采用年数总和法，而此前计提折旧均采用直线法。

（5）6月30日，该会计师事务所购买了一台电脑，价值12 000元，会计为了少计利润，少交税，将12 000元一次性全部记入当期管理费用。

（6）6月30日，该会计师事务所收到达成公司的预付审计费用3 000元，会计将其作为6月的收入处理。

（7）6月30日，该会计师事务所编制的对外报表显示"应收账款"项目60 000元，但没有"坏账准备"项目。

（8）6月30日，该会计师事务所预付下季度报纸杂志费300元，会计将其作为6月的管理费用处理。

[要求] 根据上述资料，分析该会计师事务所的会计在处理这些经济业务时是否完全正确，若有错误，主要是违背了哪项会计假设或会计原则。

**习题二**

[目的] 熟悉权责发生制和收付实现制的应用。

[资料] 某企业某月发生如下经济业务：

（1）企业以银行存款支付全年的财产保险费12 000元（按月平摊）。

（2）企业销售产品一批，总计18 000元，货款尚未收到。

（3）企业收回上月销货款20 000元。

（4）企业预收下月销售定金25 000元。

（5）企业用现金支付本月工资20 000元。

（6）企业销售产品一批，收到款项15 000元。

[要求] 试分别用权责发生制和收付实现制计算该月企业的收入和费用。

# 本章参考文献

［1］中华人民共和国财政部. 企业会计准则：2021 年版［M］. 上海：立信会计出版社，2021.

［2］中华人民共和国财政部. 企业会计准则应用指南：2021 年版［M］. 上海：立信会计出版社，2021.

［3］陈国辉，迟旭升. 基础会计［M］. 7 版. 大连：东北财经大学出版社，2021.

［4］朱小平，周华，秦玉熙. 初级会计学［M］. 10 版. 北京：中国人民大学出版社，2019.

本章习题参考答案

# 第四章 账户与复式记账

## 【学习目标】

本章阐述了会计核算的两种基本方法——设置账户、复式记账。通过对本章的学习，学生应了解这两种会计核算的主要方法，并能理解与设置账户有关的会计科目知识、复式记账的主要内容以及在复式记账中进行账户平行登记的方法等。

本章重点：账户的含义及结构、会计科目的内容与级次、复式记账法的理论依据、借贷记账法的基本内容和账户的平行登记。

本章难点：借贷记账法的试算平衡、总账与明细账的平行登记。

## 【关键概念】

会计科目 总分类科目 明细分类科目 会计账户 总分类账户 明细分类账户
账户的基本结构 记账方法 复式记账法 借贷记账法 会计分录 账户对应关系
对应账户 试算平衡 平行登记

## 【引导案例】

### 如何设置账户

小李从某财经大学会计专业毕业后被新开张的 G 公司聘任为会计。G 公司主要经营百货。今天是小李来公司上班的第一天，会计科里的同事们都忙得不可开交。小李问会计科科长："我能做些什么？"会计科科长看小李急于投入工作，也想检验一下小李的工作能力，就问："你在学校学过建账吗？"小李很自信地回答："学过。"科长吩咐道："那好吧，趁大家忙别的事情的时候，你先针对我们公司的情况，考虑一下我们公司应该设置哪些账户？然后怎样建账？"

依据以上信息，你认 G 公司应该设置哪些账户？

# 第一节 会计科目与账户

## 一、会计科目

### （一）会计科目的概念和作用

1. 会计科目的概念

会计对象的具体内容是会计要素，而每一个会计要素又都包含若干具体项目。例如，资产这个会计要素包含库存现金、银行存款、应收账款、原材料、固定资产等项目，负债这个会计要素包含借款、应付账款等项目。我们将表现会计要素具体内容的这些项目称为会计科目。因此，会计科目就是对会计要素的具体内容进行分类核算的项目，是进行会计核算和提供会计信息的基础。

2. 会计科目的作用

对会计对象的具体内容进行科学的分类，确定会计要素的具体项目，是会计核算的一项重要基础性工作，它可以将会计主体发生的繁杂的经济业务按其对会计要素增减变动的影响，分门别类地进行核算，提供会计主体经济管理所必需的、全面的、连续的、系统的会计信息资料。会计科目是设置账户和登记账簿的依据。

### （二）会计科目的分类

1. 会计科目按经济业务的内容分类

关于会计科目按经济业务的内容分类，通常的会计教材按这种分类标志的结果是等同于会计要素的分类，而依据企业会计准则的规定，会计科目按其反映的经济内容不同，可以分为资产类科目、负债类科目、共同类科目、所有者权益类科目、成本类科目和损益类科目。其中，损益类科目又可以划分为损益收入类科目和损益费用类科目。会计科目按经济业务的内容分类，有助于了解和掌握各会计科目核算的内容以及各会计科目的性质。企业会计科目（按经济业务的内容分类）如表4-1所示。

2. 会计科目按其提供会计信息资料的详细程度进行分类

设置会计科目要兼顾对外报告信息和企业内部经营管理的需要。根据所需提供信息的详细程度及其统驭关系的不同，会计科目可以分为总分类科目和明细分类科目。总分类科目又称一级科目，是对会计对象的具体内容所进行的总括分类，它提供的会计信息较为概括；明细分类科目又称明细科目，是对某一总分类科目的核算内容所进行的详细分类，它提供的信息更具体、详细。为了适应管理上的需要，当总分类科目下设置的明细科目太多时，总分类科目与明细分类科目之间可以增设二级科目（子目）。二级科目提供指标的详细程度介于总分类科目和明细分类科目之间。例如，在"原材料"总分类科目下，企业可以按材料的类别设置二级科目"原料及主要材料""辅助材料""燃料"等。

综上所述，会计科目按提供指标的详细程度，一般来讲分为三级，即一级科目（总分类科目）、二级科目（子目）、三级科目（明细科目、细目）。总分类科目统辖下属若干个明细分类科目。本书以"原材料""生产成本"两个科目为例，将会计科目按所提供指标详细程度的分类列示于表4-2。

表 4-1 会计科目表（按经济业务的内容分类）

| 编号 | 会计科目 | 编号 | 会计科目 |
|---|---|---|---|
| | 一、资产类 | 2211 | 应付职工薪酬 |
| 1001 | 库存现金 | 2221 | 应交税费 |
| 1002 | 银行存款 | 2231 | 应付利息 |
| 1012 | 其他货币资金 | 2232 | 应付股利 |
| 1101 | 交易性金融资产 | 2241 | 其他应付款 |
| 1121 | 应收票据 | 2501 | 长期借款 |
| 1122 | 应收账款 | 2502 | 应付债券 |
| 1123 | 预付账款 | 2701 | 长期应付款 |
| 1131 | 应收股利 | 2702 | 未确认融资费用 |
| 1221 | 其他应收款 | 2801 | 预计负债 |
| 1231 | 坏账准备 | 2901 | 递延所得税负债 |
| 1401 | 材料采购 | | 三、共同类 |
| 1402 | 在途物资 | 3001 | 清算资金往来 |
| 1403 | 原材料 | 3002 | 货币兑换 |
| 1404 | 材料成本差异 | 3101 | 衍生工具 |
| 1405 | 库存商品 | 3201 | 套期工具 |
| 1411 | 周转材料 | 3202 | 被套期项目 |
| 1471 | 存货跌价准备 | | 四、所有者权益类 |
| 企业自主设置 | 合同资产 | 4001 | 实收资本 |
| 企业自主设置 | 合同履行成本 | 4002 | 资本公积 |
| 企业自主设置 | 合同取得成本 | 4101 | 盈余公积 |
| 1501 | 债权投资 | 4103 | 本年利润 |
| 1502 | 债权投资减值准备 | 4104 | 利润分配 |
| 1503 | 其他债权投资 | 4201 | 库存股 |
| 1511 | 长期股权投资 | 4301 | 其他综合收益 |
| 1512 | 长期股权投资减值准备 | 4401 | 其他权益工具 |
| 1521 | 投资性房地产 | | 五、成本类 |
| 1531 | 长期应收款 | 5001 | 生产成本 |
| 1532 | 未实现融资收益 | 5101 | 制造费用 |
| 1601 | 固定资产 | 5301 | 研发支出 |
| 1602 | 累计折旧 | | 六、损益类 |
| 1603 | 固定资产减值准备 | 6001 | 主营业务收入 |
| 1604 | 在建工程 | 6051 | 其他业务收入 |
| 1605 | 工程物资 | 6101 | 公允价值变动损益 |
| 1606 | 固定资产清理 | 6111 | 投资收益 |
| 1701 | 无形资产 | 6115 | 资产处置收益 |
| 1702 | 累计摊销 | 6301 | 营业外收入 |
| 1703 | 无形资产减值准备 | 6401 | 主营业务成本 |
| 1711 | 商誉 | 6402 | 其他业务成本 |
| 1801 | 长期待摊费用 | 6403 | 税金及附加 |
| 1811 | 递延所得税资产 | 6601 | 销售费用 |
| 1901 | 待处理财产损溢 | 6602 | 管理费用 |
| | 二、负债类 | 6603 | 财务费用 |
| 2001 | 短期借款 | 6701 | 资产减值损失 |
| 2101 | 交易性金融负债 | 6711 | 营业外支出 |
| 2201 | 应付票据 | 6801 | 所得税费用 |
| 2202 | 应付账款 | 6901 | 以前年度损益调整 |
| 2203 | 预收账款 | | |
| 企业自主设置 | 合同负债 | | |

表4-2　会计科目按提供信息的详细程度及其统驭关系的不同分类

| 总分类科目（一级科目） | 明细分类科目 | |
|---|---|---|
| | 二级科目（子目） | 明细科目（细目、三级科目） |
| 原材料 | 原料及主要材料 | 圆钢<br>生铁 |
| | 辅助材料 | 润滑油<br>防锈剂 |
| | 燃料 | 汽油<br>柴油 |
| 生产成本 | 第一车间 | 甲产品<br>乙产品 |
| | 第二车间 | 丙产品<br>丁产品 |

　　会计科目按所需提供信息的详细程度及其统驭关系的不同分类，有助于了解会计科目反映的具体经济内容，满足企业经营管理的需要。

## 二、账户

### （一）账户的概念

　　会计科目是对会计要素进行分类核算的项目，而要提供全面的、连续的、系统的会计信息，还必须根据这些分类核算的项目将各会计要素增减变化的过程及其结果分门别类地记录下来，这就需要设置账户。

　　账户是根据会计科目在账簿中开设的记账单元，具有一定的格式和结构，用于分类反映会计要素增减变动情况及其结果的载体。会计科目和账户是两个既有区别又有联系的概念，两者的相同点是它们所反映的会计对象的具体内容是相同的。账户是根据会计科目开设的，账户的名称就是会计科目。从理论上来讲，会计科目和账户在会计学中是两个不同的概念，它们之间既有联系又有区别。两者的区别如下：

　　（1）会计科目仅仅是指账户的名称，通常由财政部统一制定，是各单位设置账户、处理账务必须遵循的依据。账户则由各会计主体自行设置，账户除了有名称（会计科目）外，还具有一定的格式、结构，具体表现为若干账页。账户是用来记录经济业务的载体。

　　（2）会计科目是在进行会计核算前事先确定的对经济业务分类核算的项目。账户是经济业务发生之后，进行分类、连续登记的一种手段。

　　需要说明的是，在实际工作中，会计科目和账户往往不做区分；在教学过程中，通常只在基础会计课程中对这两个概念进行辨析讲解，而在之后的教学中这两个概念也基本上是通用的。

### （二）账户的设置原则

　　会计科目是账户的名称，同时也是各单位设置账户的一个重要依据。为了提供科学、完整、系统的会计信息，各单位在设置会计账户时应遵循下列原则：

1. 必须结合会计要素的特点，全面反映会计要素的内容

账户作为对会计对象的具体内容，即会计要素进行分类核算的工具，其设置应能保证全面、系统地反映会计要素的全部内容，不能有任何遗漏。同时，账户的设置还必须反映会计要素的特点。各会计主体除了需要设置各行各业的共性账户外，还应根据本单位经营活动的特点，设置相应的账户。例如，制造业企业的主要经营活动是制造产品，因此需要设置反映生产耗费的账户。"生产成本""制造费用"等账户，就是为适应这一特点而设置的。

2. 既要符合对外报告的要求，又要满足内部经营管理的需要

通过前面的学习我们知道，会计的目标是通过提供会计信息，满足外部、内部信息使用者决策的需要。因此，账户设置要兼顾对外报告和企业内部经营管理的需要，并根据需要数据的详细程度，分设总分类账户和明细分类账户。总分类账户提供的总括性指标基本上能满足企业外部有关方面的需要。明细分类账户提供的明细核算指标主要为企业内部管理服务。

3. 既要适应经济业务发展的需要，又要保持相对稳定

账户设置要适应社会经济环境的变化和本单位业务发展的需要。例如，随着商业信用的发展，为了核算和监督商品交易中的提前付款或延期交货而形成的债权债务关系，会计核算应单独设置"预付账款"和"预收账款"账户，即把预收、预付货款的核算从"应收账款"和"应付账款"账户中分离出来。同时，账户的设置应保持相对稳定，以便在一定范围内综合汇总和在不同时期对比分析其提供的核算指标。

4. 设置会计账户应贯彻统一性和灵活性相结合的原则

在我国，统一性是指由财政部统一制定会计科目，规定会计科目的名称、编号和核算内容，各单位应按财政部的规定设置和使用会计账户。在市场经济条件下，企业是独立的经济实体，应自主经营、自负盈亏，体现在会计账户的设置上，应允许企业有一定的自主权与灵活性。灵活性是指在不影响会计核算要求和会计指标汇总以及对外提供统一的会计报表的前提下，各单位也可以根据实际情况，自行增设、减少或合并某些会计科目。例如，财政部出台的《企业会计准则——应用指南2006》附录中列示的会计科目，未设置"待摊费用"和"预提费用"科目，企业如果需要单独核算预付费用和应计费用，可以增设"待摊费用"和"预提费用"账户。

5. 简明适用，称谓规范

每一个账户都应有特定的核算内容，各账户之间既要有联系，又要有明确的界限，不能含糊不清。因此，企业在设置账户时，对每一个账户的特定核算内容必须严格地、明确地界定。总分类账户的名称应与国家有关会计制度的规定相一致，明细分类账户的名称也要含义明确、通俗易懂。账户的数量和详略程度应根据企业规模的大小、业务的繁简和管理的需要而定。

### （三）账户的基本结构

账户是用来记录经济业务的，必须具有一定的结构和格式。经济业务引起的各项

会计要素的变动，从数量上看不外乎是增加和减少两种情况。因此，账户也相应地分为两个基本部分，分别记录各会计要素的增加额和减少额。

不同的记账方法，具有不同的账户结构；同一记账方法下的不同性质的账户，其账户结构也不相同。无论采用哪种记账方法，账户属于何种性质，账户的基本结构都由左右两部分组成，一部分记录增加额，另一部分记录减少额。其基本结构如图 4-1 和图 4-2 所示。这种格式一般用于教学中，称为 "T" 形账户或 "丁" 字形账户。

| 左方 | 账户名称 | 右方 |
|---|---|---|
| 期初余额<br>增加额 | | 减少额 |
| 本期增加额发生额<br>期末余额 | | 本期减少发生额 |

图 4-1　账户基本结构 1

| 左方 | 账户名称 | 右方 |
|---|---|---|
| | | 期初余额<br>增加额 |
| 减少额 | | |
| 本期减少发生额 | | 本期增加额发生额<br>期末余额 |

图 4-2　账户基本结构 2

账户的左方和右方分别记录增加额和减少额，余额则分为期初余额和期末余额，本期增加额合计和本期减少额合计又称本期增加发生额、本期减少发生额，本期的期末余额即为下期的期初余额。期初余额、本期增加发生额、本期减少发生额和期末余额的关系，可用下列公式表示：

期末余额＝期初余额＋本期增加发生额−本期减少发生额

账户的哪一方记录增加额，哪一方记录减少额，是由记账方法和账户的性质决定的。但是，不论采用哪种记账方法及账户属于何种性质，其增加额和减少额都应按相反的方向进行记录。如果左方记录增加额，则右方就应记录减少额；反之，如果左方记录减少额，则右方就应记录增加额。账户的期初、期末余额一般应与增加额记入同一方向。

对于一个完整的账户而言，除了必须有反映增加数和减少数两栏外，还应包括其他栏目，以反映其他相关内容。一个完整的账户结构应包括 "账户的名称" "日期" "凭证编号" "摘要" "增加和减少的金额" 和 "余额" 等内容。在实际工作中，账户通常采用三栏式。其基本结构如表 4-3 所示。

表 4-3　三栏式账户基本结构

账户名称

| 年 | | 凭证编号 | 摘要 | 左方 | 右方 | 余额 |
|---|---|---|---|---|---|---|
| 月 | 日 | | | | | |
| | | | | | | |

### （四）账户的分类

为了正确地设置和运用账户，我们需要对账户进行分类。账户是根据会计科目设置的，会计科目的分类决定了账户的分类。

账户按其反映经济业务的内容分为资产类账户、负债类账户、共同类账户、所有者权益类账户、成本类账户和损益类账户。

账户按其提供会计信息资料的详细程度分为总分类账户和明细分类账户。

账户的分类与会计科目分类是相同的。本书在前面已经详细介绍了会计科目的分类，在此不再对账户的分类做过多的阐述，具体的内容在本书第六章账户的分类中介绍。

# 第二节 复式记账

企业发生的各种经济业务，都必须按规定的会计科目设置账户，采用一定的记账方法，在相应的账户中加以记录。在上一节，我们已经熟悉会计科目和会计账户的有关理论，本节解决记账方法的有关问题。

所谓记账方法，是指按照一定的规则，使用一定的符号，在账户中登记各项经济业务的技术方法。会计核算中最早采用的是单式记账法，复式记账法是随着市场经济的发展在单式记账法的基础上逐步演变而成的。

## 一、复式记账原理

复式记账法是相对于单式记账法而言的。会计在其发展的历程中，先有单式记账法，后来才发展为复式记账法，两者在原理和科学性上有所不同。

### （一）单式记账法

所谓单式记账法，是指对发生每一项经济业务所引起的会计要素的增减变动，只在一个账户中进行单方面登记的一种记账方法。单式记账法具有以下特点：

1. 账户设置不完整，账户记录不相互联系

单式记账法在选择单方面记账时，一般只登记现金和银行存款的收、付业务以及各项应收、应付等往来款项。例如，企业用现金 800 元支付购入的办公用品款，记账时，只记录减少现金 800 元，至于购入的办公用品就不记了；又如，企业因销售商品收到款项 3 000 元，记账时，只记录现金增加 3 000 元，不记录商品的减少。也就是说，单式记账法对每笔经济业务，要么反映资金是怎样来的，要么反映资金的去向，不能完整地反映资金的来龙去脉。即便单式记账法有时也记录实物账，但也是各记各的，账户之间没有直接联系，账户记录也没有相互平衡的概念。单式记账法下账户的设置不完整，账户之间缺乏逻辑联系。

2. 不利于检查账簿记录的正确性

采用单式记账法，不能全面、系统地反映经济业务的来龙去脉，也不便于检查账簿记录的正确性。

由此可见，单式记账法是一种比较简单、不完整、不科学的记账方法。随着商品经济的发展，市场规模不断扩大，需要运用会计反映和监督的经济活动更加复杂和多样，单式记账法已越来越不能适应会计管理的要求。为了能够全面、系统、连续、综

合地反映经济活动，出现了复式记账法，这是会计核算方法的重大进步。

### （二）复式记账法

**1. 复式记账法的含义**

复式记账法是对发生的每一项经济业务，都以相等的金额，在两个或两个以上的有关账户中相互联系地进行登记的记账方法。如上例中企业用现金800元支付购入的办公用品款，记账时，则以相等的金额，一方面在"库存现金"账户中记录现金减少800元，另一方面在"管理费用"账户中记录办公费用增加800元。复式记账法是一种科学的记账方法，在复式记账法下，账户体系设置完整，可以将经济业务引起的会计要素的增减变动，在两个或两个以上账户中相互联系地、全面地、系统地进行记录，可以反映经济业务的来龙去脉。复式记账法的理论依据是"资产＝负债+所有者权益"的会计等式。由于会计等式是一个恒等式，因此当某项经济业务引起某一会计科目金额发生变动的时候，为了保证该等式的成立，一定会有另一个或几个会计科目的金额也发生相应变动。例如，当某一资产类科目的金额增加时，为了保证会计等式的平衡，必然会有其他科目也发生金额变动，这种变动形式包括其他资产类科目的金额等额减少，或者负债类科目、所有者权益类科目的金额等额增加。

**2. 复式记账法的特点**

复式记账法与单式记账法相比较，有以下两个基本特征：

（1）有一套完整的账户体系，全面、系统地记录经济业务。对每一项经济业务，会计人员都要在两个或两个以上相互联系的账户中进行记录。这样，会计人员将全部经济业务都相互联系地记入各有关账户以后，通过账户的双重记录不仅可以全面、清晰地反映出经济业务的来龙去脉，还能够全面、系统地反映经济活动的过程和结果。

（2）可试算平衡，以检验账簿记录的正确性。复式记账是相对单式记账而言的，它要求对发生的每笔经济业务，都必须以相等的金额，在两个或两个以上的账户中相互联系地进行登记，因而对记录的结果可以进行试算平衡，以检查账户记录是否正确。

假设企业用银行存款5 000元购入原材料。这项经济业务的发生，一方面使企业的银行存款减少了5 000元，另一方面使企业的原材料增加了5 000元。根据复式记账方法，这项经济业务应以相等的金额在"银行存款"和"原材料"两个账户上相互联系地进行记录。会计人员一方面在"银行存款"账户上登记减少5 000元，另一方面在"原材料"账户上登记增加5 000元。

**3. 复式记账法的理论依据**

复式记账法建立的理论基础就是会计等式。按照会计等式，任何一项经济业务都会引起资产与权益之间至少两个项目发生增减变动，而且增减金额相等。因此，对每笔经济业务的发生，会计人员都可以以相等的金额在两个或两个以上相关的账户中做等额的双重记录。会计要素之间相互联系、相互依存，又各自具有独立的含义，以不同的具体形式存在着。企业发生的经济业务，都会引起每一具体形式的价值数量变化，因此设置相应的账户进行登记，就使复式记账法组成一个完整的、系统的记账组织体系。这样一个记账组织体系，不仅反映了资产、负债和所有者权益的增减变化和结存情况，而且还能反映收入、费用和利润的数额及其形成原因。这是复式记账法能够全面地核算和监督企业经济活动的根本原因。

可见，采用复式记账法，能够获得完整的信息资料，能够全面、系统地反映经济业务的来龙去脉，提高会计信息的清晰度，有利于进行试算平衡，以检查账户记录的正确性。因此，复式记账法是一种比较科学的记账方法。与单式记账法相比较，复式记账法具有不可比拟的优越性，被世界各国广泛采用。

4. 复式记账法的种类

由于记账符号、记账规则等有所不同，复式记账法又可以具体分为借贷记账法、收付记账法和增减记账法三种。其中，借贷记账法被世界各国普遍采用。目前，我国企业会计准则也规定企业应当采用借贷记账法记账。本章将重点介绍借贷记账法。

## 二、借贷记账法

### （一）借贷记账法的产生和发展

借贷记账法是以"借"和"贷"二字作为记账符号，反映会计要素增减变动情况的一种复式记账方法。借贷记账法起源于资本主义商品经济发展较早的意大利，是为适应 13~14 世纪商业资本和借贷资本经营管理的需要而产生的。"借""贷"二字的最初含义是从借贷资本家的角度解释的，借贷资本家把从债权人借入的款项记在贷主名下，表示自身债务的增加；把向债务人贷出的款项记在借主名下，表示自身债权的增加。借贷资本家的主要经营业务就是款项的借入和贷出，因此用"借""贷"二字表示自身与债权人、债务人之间的借贷关系及其变化。随着商品经济的发展以及经济活动内容的拓宽，其他行业逐步采用借贷记账法，记录的经济业务也由借贷业务扩展到财产物资、成本费用、经营损益等，对非借贷业务也用"借""贷"二字说明其增减变动情况。这时，"借""贷"二字便逐渐失去了原来的含义，转化为纯粹的记账符号，成为会计的专门用语。随着经济发展和管理水平的提高，到 15 世纪，西方会计学者提出了借贷记账法的理论依据，确立了借贷记账法的记账规则。此后，借贷记账法逐渐成为一种科学的记账方法。

### （二）借贷记账法的记账符号

借贷记账法以"借""贷"为记账符号。其中，"借"（英文简写为"Dr"）表示账户的左边，"贷"（英文简写为"Cr"）表示账户的右边。借和贷与不同类型的账户相结合，可以表示不同的含义。

1. 代表账户的两个固定的方向

如前所述，一切账户均需设置两个方向记录数量上的增减变化，其中左方一律称为借方，右方一律称为贷方。

2. 与不同类型的账户相结合，分别表示增加和减少

借和贷本身不等于增和减，只有与具体的账户相结合后才可以表示增和减，如对资产类账户来说，借表示增加，贷表示减少；对负债类账户来说则正好相反，贷表示增加，借表示减少。

**3. 表示余额的方向**

在通常情况下，资产、负债和所有者权益类账户期末都有余额，且余额一般在增加的一方。其中，资产类账户的余额在借方，负债与所有者权益类账户的余额在贷方。

**（三）借贷记账法的账户结构**

**1. 账户的基本结构**

明确账户的结构，是记账的前提条件。账户的结构是指在账户中如何记录经济业务，即账户的借方和贷方各登记什么内容、余额的方向以及表示的含义。

在借贷记账法下，任何账户都分为借方和贷方两个基本部分，通常左方为"借方"，右方为"贷方"。就某一个账户而言，若借方记录增加额，则贷方记录减少额；若借方记录减少额，则贷方记录增加额。账户余额的方向一般与记录增加额的方向一致。但究竟哪一方记录增加额、哪一方记录减少额，则取决于账户的经济性质。借贷记账法账户的基本结构如图4-3所示。

借方（Dr）　　　　账户名称（会计科目）　　　　贷方（Cr）

**图4-3　借贷记账法账户的基本结构**

上述"T"形账户用来说明实际记账所用账户的轮廓，账户的编号、日期、经济业务的简要说明等资料都省略了。在实际工作中，账户通常采用三栏式，如表4-4所示。其中，"借或贷"栏表示账户余额的方向。

**表4-4　三栏式账户基本结构**

账户名称

| 年 | | 凭证编号 | 摘要 | 借方金额 | 贷方金额 | 借或贷 | 余额 |
|---|---|---|---|---|---|---|---|
| 月 | 日 | | | | | | |
| | | | | | | | |

同其他复式记账法一样，借贷记账法也是以"资产＝负债+所有者权益"这一会计恒等式作为理论依据的。在会计恒等式中，资产反映企业资金存在的情况，负债和所有者权益反映企业资金来源的情况，即资产和负债与所有者权益反映的是同一资金的两个对立面。因此，在资产类账户、负债类和所有者权益类账户中应用两个相反的方向来登记它们的增加额；同样，对于它们的减少额，也应在这两种不同性质的账户中用相反的方向来登记。长期以来，人们习惯地在资产类账户中用借方登记它的增加额，贷方登记它的减少额；而在负债类和所有者权益类账户中，则用相反的方向反映，即用贷方登记增加额，借方登记减少额。

企业取得的收入和发生的费用最终会导致所有者权益发生变化。根据"资产＝负债+所有者权益+收入−费用"这一会计等式，收入的增加可视同所有者权益的增加，费用的增加可视同所有者权益的减少。这就决定了收入类账户的结构与所有者权益类账户的结构保持一致，成本费用支出类账户的结构与所有者权益类账户的结构相反，而与资产类账户的结构保持一致。

2. 本期发生额、期初余额、期末余额及其计算

（1）本期发生额。在上述的"T"形账户中，记入借方和贷方的增加额或减少额，不论它是由多少经济业务所形成的，在会计上统称为"本期发生额"。"本期发生额"分为"本期借方发生额"和"本期贷方发生额"。

（2）余额。为了反映每个账户一定期间记账的结果，会计人员需要把本期的借方发生额和贷方发生额加以比较，结果就是余额，即余额是记账后的结果。在理论上，任何一天甚至每一个时刻，账户都可以计算出余额，但在实际工作中，一般只是到"期末"才需要计算余额。这里的"期"是指会计报告期。完整的会计报告期是一年，但会计报告期一般细分为月、季等。期末余额是相对于期初余额而言的，随着时间的推移它们在相互转化和不断交替，本月末就是下月初，本月初就是上月末。季初、季末、年初、年末的道理也相同。

由于每个账户都有借方和贷方，因此在不考虑期初余额时，期末余额的计算是用数额大的一方减去数额小的一方，即当本期借方发生额大于本期贷方发生额时，其余额在账户的借方；反之，当本期贷方发生额大于本期借方发生额时，其余额在账户的贷方。我们讲账户余额时，必须指明其属于哪一方（借方或贷方）。在实际工作中，会计人员在计算每个账户的期末余额时，一定要把期初余额考虑在内，期末余额的多少，取决于"期初余额""本期借方发生额"和"本期贷方发生额"三个因素。

3. 借贷记账法下各类账户的结构

（1）资产类账户的结构。在资产类账户中，借方登记增加额，贷方登记减少额，资产类账户若有期末（期初）余额，其期末（期初）余额一般在借方，表示期末（期初）资产的实有数。资产类账户的结构如图4-4所示。

| 借方 | 资产类账户 | 贷方 |
|---|---|---|
| 期初余额 | ××× | | |
| 本期增加额 | ××× | 本期减少额 | ××× |
| 本期发生额 | ××× | 本期发生额 | ××× |
| 期末余额 | ××× | | |

图4-4　资产类账户的结构

资产类账户的期末余额可以根据下列公式计算：

资产类账户借方期末余额＝借方期初余额＋本期借方发生额－本期贷方发生额

（2）负债类账户和所有者权益类账户的结构。由"资产＝负债＋所有者权益"的会计等式所决定，负债类账户和所有者权益类账户的结构与资产类账户正好相反。在负债类账户和所有者权益类账户中，贷方登记增加额，借方登记减少额。负债类账户和所有者权益类账户若有期末（期初）余额，其期末（期初）余额一般在贷方，表示负

债和所有者权益的期末（期初）实有数。负债类账户和所有者权益类账户的结构如图4-5所示。

| 借方 | 负债类账户和所有者权益类账户 | | 贷方 |
|---|---|---|---|
| | | 期初余额 | ××× |
| 本期减少额 ××× | | 本期增加额 | ××× |
| 本期发生额 ××× | | 本期发生额 | ××× |
| | | 期末余额 | ××× |

图4-5 负债类账户和所有者权益类账户的结构

负债类账户和所有者权益类账户的期末余额可以根据下列公式计算：

负债类账户和所有者权益类账户贷方期末余额＝贷方期初余额＋本期贷方发生额－本期借方发生额

（3）收入类账户和成本费用支出类账户的结构。由于收入类账户的结构与所有者权益账户类的结构基本一致，因此收入类账户的贷方登记收入的增加额，借方登记收入的减少额或转销额。企业的各种收入是形成利润增加的主要因素，因此期末时收入的增加额减去收入的减少额后的差额，应转入"本年利润"账户的贷方，同时记入有关收入类账户的借方。于是各种收入类账户期末没有余额。收入类账户的结构如图4-6所示。

| 借方 | 收入类账户 | | 贷方 |
|---|---|---|---|
| 本期减少额或转销额 ××× | | 本期增加额 | ××× |
| 本期发生额 ××× | | 本期发生额 | ××× |

图4-6 收入类账户的结构

由于成本费用支出类账户的结构与资产类账户的结构基本一致，因此成本费用支出类账户的借方登记其增加额，贷方登记其减少额或转销额。企业发生的各种费用和支出形成利润减少的因素，因此期末时应将影响利润的有关费用和支出的增加额减去其减少额后的差额，转入"本年利润"账户的借方，同时登记在有关费用和支出类账户的贷方。除反映成本的账户外，费用支出类账户一般没有余额。成本类账户若有余额，表示期末资产的余额。成本费用支出类账户的结构如图4-7所示。

| 借方 | 成本费用支出类账户 | | 贷方 |
|---|---|---|---|
| 本期增加额 ××× | | 本期减少额或转销额 | ××× |
| 本期发生额 ××× | | 本期发生额 | ××× |

图4-7 成本费用支出类账户的结构

以上两类账户统称为损益类账户，损益作为企业最终的财务成果，表现为损失或收益，它是企业取得的收入和发生的与之配比的费用相抵以后的差额。

（4）利润类账户的结构。利润类账户的结构也与负债类账户和所有者权益类账户的结构大致相同，利润类账户的贷方登记利润的增加额，借方登记利润的减少额，期末如有余额则余额在贷方。利润类账户的结构如图4-8所示。

| 借方 | 利润类账户 | | 贷方 |
|---|---|---|---|
| | | 期初余额 | ××× |
| 本期减少额 | ××× | 本期增加额 | ××× |
| 本期发生额 | ××× | 本期发生额 | ××× |
| | | 期末余额 | ××× |

**图4-8　利润类账户的结构**

　　根据以上对各类账户结构的说明，我们可以将账户借方和贷方记录的经济内容加以归纳，账户结构说明如图4-9所示。

| 借方 | 账户名称 | 贷方 |
|---|---|---|
| 资产的增加 | | 资产的减少 |
| 负债的减少 | | 负债的增加 |
| 所有者权益的减少 | | 所有者权益的增加 |
| 收入的减少或转销 | | 收入的增加 |
| 成本费用支出的增加 | | 成本费用支出的减少或转销 |
| 利润的减少 | | 利润的增加 |

**图4-9　账户结构说明**

　　图4-9表明，不同类型的账户，"借""贷"两方各自代表的经济内容不同。

　　"借"字表示：资产的增加，负债的减少、所有者权益的减少、成本费用支出的增加、收入的减少或转销；

　　"贷"字表示：资产的减少，负债的增加、所有者权益的增加、成本费用支出的减少或转销、收入的增加。

　　另外，从上述各类账户的具体结构可见，借贷记账法下各类账户的期末余额都在记录增加额的一方，即资产类账户的期末余额在借方，负债类账户和所有者权益类账户的期末余额在贷方。基于此，我们可以得出一个结论：根据账户余额所在的方向，也可以判断账户的性质，即账户若是借方余额，则为资产（包括有余额的成本）类账户；账户若是贷方余额，则为负债类账户和所有者权益（利润）类账户。借贷记账法的这一特点，决定了它可以设置双重性质账户。

　　所谓双重性质账户，是指既可以用来核算资产、费用，又可以用来核算负债、所有者权益和收入的账户，如"其他往来""待处理财产损溢""投资收益"等账户。由于任何一个双重性质账户都是把原来的两个有关账户合并在一起，并具有合并前两个账户的功能，因此设置双重性质账户，有利于简化会计核算手续。

**（四）借贷记账法的记账规则**

　　记账规则是指运用借贷记账法在账户上记录经济业务所引起的会计要素增减变动的规律。从会计恒等式来看，任何时点上会计主体的全部资产同与其相应的负债和所有者权益存在恒等关系，并且这一恒等关系不会因为经济业务的发生而被打破。也就是说，任何一笔经济业务的发生，都不会破坏会计恒等式的平衡关系。由于复式记账法是以会计恒等式作为其理论基础的，因此运用借贷记账法记录各项经济业务时，可以总结出一定的规律：本书通过龙盛有限责任公司（简称"龙盛公司"）的业务举例进行分析，说明借贷记账法的具体运用，进而总结借贷记账法的记账规则。

【例4-1】2×21年5月3日，龙盛公司以银行存款购进设备25 000元。

这项经济业务的发生，一方面使企业的固定资产这一资产项目增加了25 000元，另一方面使企业的银行存款这一资产项目减少了25 000元。因此，这项经济业务涉及"固定资产"和"银行存款"两个账户。资产的增加，应记在"固定资产"账户的借方；资产的减少，应记在"银行存款"账户的贷方。这项经济业务登账的结果如图4-10所示。

| 借方 | 银行存款 | 贷方 | | 借方 | 固定资产 | 贷方 |
|---|---|---|---|---|---|---|
| 期初余额 150 000 | | | | 期初余额 250 000 | | |
| | | （1）25 000 | | （1）25 000 | | |

**图4-10 经济业务登账的结果**

【例4-2】2×21年5月10日，龙盛公司向银行借入短期借款100 000元偿还前欠外单位货款。

这项经济业务的发生，一方面使企业的短期借款这一负债项目增加了100 000元，另一方面使企业的应付账款这一负债项目减少了100 000元。因此，这项经济业务涉及"短期借款"和"应付账款"两个账户。负债的增加，应记在"短期借款"账户的贷方；负债的减少，应记在"应付账款"账户的借方。这项经济业务登账的结果如图4-11所示。

| 借方 | 短期借款 | 贷方 | | 借方 | 应付账款 | 贷方 |
|---|---|---|---|---|---|---|
| | 期初余额 100 000 | | | | | 期初余额 150 000 |
| | （2）100 000 | | | （2）100 000 | | |

**图4-11 经济业务登账的结果**

【例4-3】2×21年5月13日，龙盛公司收到某单位投入的资本200 000元存入银行。

这项经济业务的发生，一方面使企业的银行存款这一资产项目增加了200 000元，另一方面使所有者权益项目实收资本也相应增加了200 000元。因此，这项经济业务涉及"银行存款"和"实收资本"两个账户。资产的增加，应记在"银行存款"账户的借方；所有者权益的增加，应记在"实收资本"账户的贷方。这项经济业务登账的结果如图4-12所示。

**图 4-12　经济业务登账的结果**

【例 4-4】2×21 年 5 月 20 日，龙盛公司以银行存款偿还银行短期借款 80 000 元。

这项经济业务的发生，一方面使企业的银行存款这一资产项目减少了 80 000 元，另一方面使企业短期借款这一负债项目减少了 80 000 元。因此，这项经济业务涉及"银行存款"和"短期借款"两个账户。资产的减少，应记在"银行存款"账户的贷方；负债的减少，应记在"短期借款"账户的借方。这项经济业务登账的结果如图 4-13 所示。

| 借方 | 银行存款 | 贷方 | | 借方 | 短期借款 | 贷方 |
|---|---|---|---|---|---|---|
| 期初余额　150 000 | | | | | | 期初余额　100 000 |
| | | (4)　80 000 | | (4)　80 000 | | |

**图 4-13　经济业务登账的结果**

综合以上四大类型的经济业务可以看出，所有经济业务的发生，运用借贷记账法进行账务处理时，都必须是在记入某一账户借方的同时记入另一个账户的贷方，而且记入借方的金额同记入贷方的金额必然相等。因此，我们可以总结出借贷记账法的记账规则是"有借必有贷，借贷必相等"。

在实际运用借贷记账法的记账规则记录一项经济业务时，主要从以下三个方面分析：

（1）分析所发生的经济业务，根据经济业务的内容，确定它所涉及的账户及账户的性质（资产类、负债类、所有者权益类、收入类和成本费用支出类账户）。

（2）分析所发生的经济业务，对所涉及的账户的影响情况，即引起的是有关账户金额的增加或减少。

（3）根据账户的结构特点，确定哪个账户记借方，哪个账户记贷方。

（五）账户对应关系和会计分录

账户对应关系是指在复式记账法下，每一项经济业务发生时所涉及的两个或两个以上账户之间的关系。具有对应关系的账户就是对应账户。例如，从企业银行提取现金10 000元，就要在"库存现金"账户的借方和"银行存款"账户的贷方加以记录。此时，这两个账户就形成了对应关系，"库存现金"账户和"银行存款"账户互为对应账户。在借贷记账法下，账户对应关系具体表现为每一项经济业务涉及的两个或两个以上账户的应借应贷相互关系。分析账户对应关系，一方面有助于会计信息使用者了解经济业务的内容，另一方面可以检查经济业务的发生是否符合有关政策、法规、法律、制度和计划与预算的规定。

为了保证账户对应关系准确无误，并便于检查账户记录，会计人员在经济业务发生后并不直接记入对应账户，而是先按账户的对应关系编制会计分录，然后再根据会计分录记入有关账户。会计分录是指按照借贷记账法记账规则的要求，明确每一经济业务的入账账户名称、方向及其金额的一种记录。在实务中，会计分录反映在记账凭证上。一笔会计分录包括三个要素：会计科目、记账符号和金额。在授课和练习时，会计分录的写法一般是先借后贷，借在上，贷在下；为了能够表明账户对应关系，贷记方面的符号、科目以及金额比借记要退后一至两格。会计分录的作用是：可以明确规定一项经济业务所使用账户的名称、登记的方向（借或贷）和入账的金额，以利于登记账簿。

会计人员在编制会计分录时，应当按照以下步骤进行：

（1）对所要处理的经济业务，判断其究竟引起哪些账户发生了变化。

（2）判断这些账户的性质，即它们各属于什么会计要素。

（3）判断这些账户是增加还是减少。

（4）根据这些账户的性质和增减方向，确定应记入其借方还是贷方。

（5）根据会计分录的格式要求，编制完整的分录。

现将前面所举【例4-1】至【例4-4】经济业务的会计分录列示如下：

（1）借：固定资产          25 000

   贷：银行存款          25 000

（2）借：应付账款         100 000

   贷：短期借款         100 000

（3）借：银行存款         200 000

   贷：实收资本         200 000

（4）借：短期借款         80 000

   贷：银行存款         80 000

会计分录按其所运用账户的多少分为简单会计分录和复合会计分录。简单会计分录是指只有两个账户所组成的会计分录，即由一个借方账户与一个贷方账户相对应所组成的会计分录。以上每笔会计分录，都只有一"借"一"贷"，故均属于简单会计分录，也叫一借一贷分录，它的对应关系清楚，容易理解和掌握。复合会计分录是指由两个以上账户所组成的会计分录，即由一个借方账户与两个及以上贷方账户，或者由两个及以上借方账户与一个贷方账户，或者由几个借方账户与几个贷方账户相对应所组成的会计分录，简称为一借多贷、多借一贷、多借多贷的会计分录。实际上复合会计分录是由几个简单会计分录组成的，因此必要时可将其分解为若干个简单会计分录。

【例4-5】2×21年5月25日，龙盛公司赊销产品22 600元，其中含有增值税销项税额2 600元。这笔业务的会计分录如下：

借：应收账款          22 600

 贷：主营业务收入        20 000

   应交税费——应交增值税（销项税额）  2 600

复合会计分录可以全面、集中地反映经济业务的全貌，简化记账手续，提高工作效率。复合会计分录拆分为简单会计分录如下：

借：应收账款          20 000

 贷：主营业务收入        20 000

借：应收账款          2 600

 贷：应交税费——应交增值税（销项税额）  2 600

需要指出的是，为了保持账户对应关系的清楚，会计人员一般不宜把不同经济业务合并在一起，编制多借多贷的会计分录。但在某些特殊情况下为了反映经济业务的全貌，会计人员也可以编制多借多贷的会计分录。

### （六）借贷记账法的试算平衡

试算平衡是指在会计核算中，根据资产和权益之间的平衡关系和记账规则，检查账户记录是否正确时的一种验证方法。

经济业务发生后，按照借贷记账法"有借必有贷，借贷必相等"的记账规则，如果不发生差错，借、贷两方的发生额必然相等。不仅是每一笔分录的借贷发生额相等，而且在一定会计期间（月、季、年）对发生的全部经济业务编制的会计分录都记入相关账户后，所有账户的借方发生额的合计数与贷方发生额的合计数也必然相等。再结合"资产=负债+所有者权益"的会计等式，全部账户的借方期末余额之和与贷方期末余额之和也必然相等。我们利用这种平衡关系，不仅能检查出每笔会计分录的编制是否正确，也可以检查出一定会计期间内全部账户的本期发生额和期末余额是否正确。

在借贷记账法下，试算平衡方法可以分为发生额试算平衡法和余额试算平衡法。

1. 发生额试算平衡法

借贷记账法发生额试算平衡的计算公式如下：

全部账户本期借方发生额合计=全部账户本期贷方发生额合计

2. 余额试算平衡法

借贷记账法作为一种复式记账法，其理论依据是会计等式，即资产=负债+所有者权益。会计人员将一定时期内的全部经济业务的所有会计分录都记入有关账户后，根据"期初余额+本期增加发生额−本期减少发生额=期末余额"，计算每一个账户的期末余额。所有资产类账户的期末余额合计数代表该单位一定时期期末的资产总额，所有负债类账户和所有者权益类账户的期末余额合计数代表该单位一定时期期末的负债和所有者权益总额，它们两者之间也应该相等。因此，借贷记账法余额试算平衡的计算公式如下：

全部账户期末借方余额合计=全部账户期末贷方余额合计

由于总分类账户之间存在上述平衡关系，在记账过程中，如果发生错误，就可能出现借贷金额不平衡。如果借贷不平衡，则不仅是账户记录出现了错误，还会导致以账户记录为依据而编制的会计报表出现错误。因此，为了保证会计报表提供的会计信息具有可靠性，会计人员就必须定期进行试算平衡，检查和验证账户记录是否正确，以便找出错误及其原因，并予以更正。

3. 试算平衡表的编制

试算平衡工作，一般是在月末结出各个账户的本月发生额和月末余额后，通过编制总分类账户发生额及余额试算表来进行的。试算平衡表是用来验算全部总分类账户的本期发生额和期初、期末余额是否平衡的一种试算表。该表设四大栏，即账户的名称、期初余额、本期发生额和期末余额，除账户名称栏外，其他三栏又分为借方和贷方两个金额栏。试算平衡表根据各总分类账户的本期发生额和期初、期末余额编制（见表4-5）。

表 4-5　试算平衡表

年　月　日　　　　　　　　　　　　　　　　　单位：元

| 账户名称 | 期初余额 | | 本期发生额 | | 期末余额 | |
|---|---|---|---|---|---|---|
| | 借方 | 贷方 | 借方 | 贷方 | 借方 | 贷方 |
| | | | | | | |
| | | | | | | |
| | | | | | | |
| | | | | | | |
| | | | | | | |
| 合计 | | | | | | |

（1）试算平衡表可按以下步骤编制：

①将本期所发生的经济业务编制会计分录并全部登记入账。

②将所有总账的借方发生额和贷方发生额分别进行合计，计算出各总账的本期借方发生总额和本期贷方发生总额。

③根据各总账的期初余额，分别计算出各总账的期末余额；

④将所有总账的期初余额、本期发生额以及期末余额抄入试算平衡表并加计合计。

现根据前述所举【例 4-1】至【例 4-5】的经济业务资料，编制试算平衡表如表 4-6 所示。

表 4-6　试算平衡表

| 编制单位：龙盛公司 | 2×21 年 12 月 31 日 | | | | 单位：元 | |
|---|---|---|---|---|---|---|
| 账户名称 | 期初余额 | | 本期发生额 | | 期末余额 | |
| | 借方 | 贷方 | 借方 | 贷方 | 借方 | 贷方 |
| 银行存款 | 150 000 | | 200 000 | 105 000 | 245 000 | |
| 固定资产 | 250 000 | | 25 000 | | 275 000 | |
| 应收账款 | | | 22 600 | | 22 600 | |
| 短期借款 | | 100 000 | 80 000 | 100 000 | | 120 000 |
| 应付账款 | | 150 000 | 100 000 | | | 50 000 |
| 应交税费 | | | | 2 600 | | 2 600 |
| 实收资本 | | 150 000 | | 200 000 | | 350 000 |
| 主营业务收入 | | | | 20 000 | | 20 000 |
| 合计 | 400 000 | 400 000 | 427 600 | 427 600 | 542 600 | 542 600 |

说明：以上的验算过程，可根据经济业务所涉及的账户开设"T"形账户来进行汇总和计算。

（2）运用试算平衡来检查账户的记录是否正确的注意事项如下：

①必须保证所有账户的余额均已记入试算表。

②如果试算平衡表借贷不平衡，可以肯定账户的记录和计算有错误，则认真检查，直到实现平衡为止。

③如果试算平衡表借贷平衡，并不能肯定记账没有错误，因为有些错误并不影响借贷双方的平衡。例如，某项经济业务在有关账户中全部被漏记或重记；某项经济业务错记账户，或者把应借应贷的账户互相颠倒；某项经济业务记入有关账户的借贷金额出现等额多记或少记的错误。凡此种种，并不能通过编制试算平衡表发现。这表明，只根据试算平衡的结果，并不足以说明账户的记录没有错误。因此，会计人员需要对一切会计记录进行日常或定期的复核，以保证账户记录的正确性。

# 第三节　总分类账户与明细分类账户

## 一、总分类账户和明细分类账户的关系

账户按其提供信息的详细程度及统驭关系不同，可以分为总分类账户（简称"总账"）和明细分类账户（简称"明细账"或"明细账户"）。总分类账户是根据总分类科目开设的，提供资产、权益、收入和费用的总括资料；明细分类账户是根据明细科目开设的，提供资产、权益、收入和费用的详细资料。总分类账户与明细分类账户的关系可以概括为以下几点：

### （一）总分类账户对明细分类账户具有统驭控制作用

总分类账户提供的总括核算资料是对有关明细分类账户资料的综合，明细分类账户所提供的明细核算资料是对其总分类账户资料的具体化。

### （二）明细分类账户对总分类账户具有补充说明作用

总分类账户是对会计要素各项目增减变化的总括反映，只提供货币信息资料；明细分类账户是对会计要素各项目增减变化的详细反映，对某一具体方面提供货币、实物量信息资料。

### （三）总分类账户与其所属明细分类账户在总金额上应当相等

由于总分类账户与其明细分类账户是根据相同的依据来进行平行登记的，所反映的经济内容是相同的，因此两者的总金额必然相等。

## 二、总分类账户和明细分类账户的平行登记

平行登记是指对发生的每一笔经济业务，都要根据相同的会计凭证，一方面记入总分类账户，另一方面记入总分类账户所属的明细分类账户的一种记账方法。

平行登记的要点可以归纳如下：

## （一）依据相同

对发生的经济业务，会计人员都要以相关的会计凭证为依据，既登记有关总分类账户，又登记所属其明细分类账户。

## （二）方向相同

会计人员将经济业务记入总分类账户和明细分类账户，记账方向必须相同，即总分类账户记入借方，明细分类账户也应记入借方；总分类账户记入贷方，明细分类账户也应记入贷方。

## （三）期间相同

每项经济业务在记入总分类账户和明细分类账户的过程中，可以有先有后，但必须在同一会计期间（如同一个月）全部登记入账。

## （四）金额相等

记入总分类账户的金额，必须与记入其所属明细分类账户的金额之和相等。

通过平行登记，总分类账户与明细分类账户之间在登记金额上就形成了以下关系：

总分类账户期初余额＝所属各明细分类账户期初余额之和

总分类账户借方发生额＝所属各明细分类账户借方发生额之和

总分类账户贷方发生额＝所属各明细分类账户贷方发生额之和

总分类账户期末余额＝所属各明细分类账户期末余额之和

# 三、平行登记的应用

## （一）平行登记的方法举例

【例4-6】龙盛公司2×21年12月初"原材料"和"应付账款"账户期初余额如表4-7所示。

表4-7　期初余额

| 账户名称 | | 数量 | 单价/元 | 金额/元 | |
| --- | --- | --- | --- | --- | --- |
| 总账 | 明细账 | | | 总账 | 明细账 |
| 原材料 | | | | 179 000（借） | |
| | A材料 | 10 000千克 | 5.6 | | 56 000（借） |
| | B材料 | 20吨 | 2 400 | | 48 000（借） |
| | C材料 | 2 500件 | 30 | | 75 000（借） |
| 应付账款 | | | | 90 000（贷） | |
| | 中华公司 | | | | 40 000（贷） |
| | 新华公司 | | | | 30 000（贷） |
| | 东华公司 | | | | 20 000（贷） |

（二）12 月发生的部分经济业务

（1）12 月 3 日，龙盛公司用银行存款偿还上月欠中华公司货款 40 000 元、新华公司货款30 000元。

借：应付账款——中华公司　　　　　　　　　　　　　　　　　40 000
　　　　　　——新华公司　　　　　　　　　　　　　　　　　30 000
　贷：银行存款　　　　　　　　　　　　　　　　　　　　　　　　70 000

（2）12 月 5 日，龙盛公司向中华公司购入 A 材料 30 000 千克，每千克 5.6 元，计 168 000 元；购入 B 材料 30 吨，每吨 2 400 元，计 72 000 元。增值税为 31 200 元（原理在第五章介绍），材料验收入库，货款以银行存款付讫。

借：原材料——A 材料　　　　　　　　　　　　　　　　　　168 000
　　　　　　——B 材料　　　　　　　　　　　　　　　　　　 72 000
　　应交税费——应交增值税（进项税额）　　　　　　　　　　31 200
　贷：银行存款　　　　　　　　　　　　　　　　　　　　　　　271 200

（3）12 月 12 日，龙盛公司用银行存款归还前欠东华公司货款 20 000 元。

借：应付账款——东华公司　　　　　　　　　　　　　　　　　20 000
　贷：银行存款　　　　　　　　　　　　　　　　　　　　　　　20 000

（4）12 月 20 日，龙盛公司向中华公司购入 A 材料 20 000 千克，每千克 5.6 元，计 112 000 元。增值税为 14 560 元，材料验收入库，货款尚未支付。

借：原材料——A 材料　　　　　　　　　　　　　　　　　　112 000
　　应交税费——应交增值税（进项税额）　　　　　　　　　　14 560
　贷：应付账款——中华公司　　　　　　　　　　　　　　　　126 560

（5）12 月 26 日，龙盛公司向东华公司购入 C 材料 7 500 件，每件 30 元，计 225 000 元。增值税为 29 250 元，材料验收入库，货款尚未支付。

借：原材料——C 材料　　　　　　　　　　　　　　　　　　225 000
　　应交税费——应交增值税（进项税额）　　　　　　　　　　29 250
　贷：应付账款——东华公司　　　　　　　　　　　　　　　　254 250

（6）12 月 30 日，仓库发出 A 材料 40 000 千克，单价 5.6 元，计 224 000 元；B 材料 40 吨，单价 2 400 元，计 96 000 元；C 材料 8 000 件，每件 30 元，计 240 000 元。材料直接用于产品生产。

借：生产成本　　　　　　　　　　　　　　　　　　　　　　560 000
　贷：原材料——A 材料　　　　　　　　　　　　　　　　　　224 000
　　　　　　——B 材料　　　　　　　　　　　　　　　　　　 96 000
　　　　　　——C 材料　　　　　　　　　　　　　　　　　　240 000

## （三）根据资料进行平行登记

（1）"原材料"总分类账户与所属明细账户的平行登记如表4-8至表4-11所示。

表4-8　"原材料"总分类账户

账户名称：原材料　　　　　　　　　　　　　　　　　　　　　　　　　　　单位：元

| 2×21年 | | 凭证 | | 摘要 | 借方 | 贷方 | 借或贷 | 余额 |
|---|---|---|---|---|---|---|---|---|
| 月 | 日 | 字 | 号 | | | | | |
| 12 | 1 | 略 | 略 | 月初余额 | | | 借 | 179 000 |
| | 5 | | | 购进原材料 | 240 000 | | 借 | 419 000 |
| | 20 | | | 购进原材料 | 112 000 | | 借 | 531 000 |
| | 26 | | | 购进原材料 | 225 000 | | 借 | 756 000 |
| | 30 | | | 生产领用 | | 560 000 | 借 | 196 000 |
| | 30 | | | 本期发生额及余额 | 577 000 | 560 000 | 借 | 196 000 |

表4-9　原材料明细分类账户

原材料名称：A材料

| 2×21年 | | 凭证 | | 摘要 | 收入 | | | 发出 | | | 结存 | | |
|---|---|---|---|---|---|---|---|---|---|---|---|---|---|
| 月 | 日 | 字 | 号 | | 数量/千克 | 单价/元 | 金额/元 | 数量/千克 | 单价/元 | 金额/元 | 数量/千克 | 单价/元 | 金额/元 |
| 12 | 1 | 略 | 略 | 月初余额 | | | | | | | 10 000 | 5.6 | 56 000 |
| | 5 | | | 购入 | 30 000 | 5.6 | 168 000 | | | | 40 000 | 5.6 | 224 000 |
| | 20 | | | 购入 | 20 000 | 5.6 | 112 000 | | | | 60 000 | 5.6 | 336 000 |
| | 30 | | | 发出 | | | | 40 000 | 5.6 | 224 000 | 20 000 | 5.6 | 112 000 |
| | 30 | | | 月结 | 50 000 | 5.6 | 280 000 | 40 000 | 5.6 | 224 000 | 20 000 | 5.6 | 112 000 |

表4-10　原材料明细分类账户

原材料名称：B材料

| 2×21年 | | 凭证 | | 摘要 | 收入 | | | 发出 | | | 结存 | | |
|---|---|---|---|---|---|---|---|---|---|---|---|---|---|
| 月 | 日 | 字 | 号 | | 数量/吨 | 单价/元 | 金额/元 | 数量/吨 | 单价/元 | 金额/元 | 数量/吨 | 单价/元 | 金额/元 |
| 12 | 1 | 略 | 略 | 月初余额 | | | | | | | 20 | 2 400 | 48 000 |
| | 5 | | | 购入 | 30 | 2 400 | 72 000 | | | | 50 | 2 400 | 120 000 |
| | 30 | | | 发出 | | | | 40 | 2 400 | 96 000 | 10 | 2 400 | 24 000 |
| | 30 | | | 月结 | 30 | 2 400 | 72 000 | 40 | 2 400 | 96 000 | 10 | 2 400 | 24 000 |

表 4-11　原材料明细分类账户

原材料名称：C 材料

| 2×21 年 | | 凭证 | | 摘要 | 收入 | | | 发出 | | | 结存 | | |
|---|---|---|---|---|---|---|---|---|---|---|---|---|---|
| 月 | 日 | 字 | 号 | | 数量/件 | 单价/元 | 金额/元 | 数量/件 | 单价/元 | 金额/元 | 数量/件 | 单价/元 | 金额/元 |
| 12 | 1 | 略 | 略 | 月初余额 | | | | | | | 2 500 | 30 | 75 000 |
| | 26 | | | 购入 | 7 500 | 30 | 225 000 | | | | 10 000 | 30 | 300 000 |
| | 30 | | | 发出 | | | | 8 000 | 30 | 240 000 | 2 000 | 30 | 60 000 |
| | 30 | | | 月结 | 7 500 | 30 | 225 000 | 8 000 | 30 | 240 000 | 2 000 | 30 | 60 000 |

（2）"应付账款"总分类账户与明细分类账户的平行登记如表 4-12 至表 4-15 所示。

表 4-12　应付账款总分类账户

账户名称：应付账款　　　　　　　　　　　　　　　　　　　　　　单位：元

| 2×21 年 | | 凭证 | | 摘要 | 借方 | 贷方 | 借或贷 | 余额 |
|---|---|---|---|---|---|---|---|---|
| 月 | 日 | 字 | 号 | | | | | |
| 12 | 1 | 略 | 略 | 月初余额 | | | 贷 | 90 000 |
| | 3 | | | 还款 | 70 000 | | 贷 | 20 000 |
| | 12 | | | 还款 | 20 000 | | 平 | 0 |
| | 20 | | | 购料 | | 126 560 | 贷 | 126 560 |
| | 26 | | | 购料 | | 254 250 | 贷 | 380 810 |
| | 30 | | | 本期发生额及余额 | 90 000 | 380 810 | 贷 | 380 810 |

表 4-13　应付账款明细分类账户

账户名称：中华公司　　　　　　　　　　　　　　　　　　　　　　单位：元

| 2×21 年 | | 凭证 | | 摘要 | 借方 | 贷方 | 借或贷 | 余额 |
|---|---|---|---|---|---|---|---|---|
| 月 | 日 | 字 | 号 | | | | | |
| 12 | 1 | 略 | 略 | 月初余额 | | | 贷 | 40 000 |
| | 3 | | | 还欠款 | 40 000 | | 平 | 0 |
| | 20 | | | 购料 | | 126 560 | 贷 | 126 560 |
| | 30 | | | 月结 | 40 000 | 126 560 | 贷 | 126 560 |

表4-14　应付账款明细分类账户

账户名称：新华公司　　　　　　　　　　　　　　　　　　　　　　单位：元

| 2×21年 | | 凭证 | | 摘要 | 借方 | 贷方 | 借或贷 | 余额 |
|---|---|---|---|---|---|---|---|---|
| 月 | 日 | 字 | 号 | | | | | |
| 12 | 1 | 略 | 略 | 月初余额 | | | 贷 | 30 000 |
| | 3 | | | 还欠款 | 30 000 | | 平 | 0 |
| | 30 | | | 月结 | 30 000 | | 平 | 0 |

表4-15　应付账款明细分类账户

账户名称：东华公司　　　　　　　　　　　　　　　　　　　　　　单位：元

| 2×21年 | | 凭证 | | 摘要 | 借方 | 贷方 | 借或贷 | 余额 |
|---|---|---|---|---|---|---|---|---|
| 月 | 日 | 字 | 号 | | | | | |
| 12 | 1 | 字 | 号 | 月初余额 | | | 贷 | 20 000 |
| | 12 | | | 还欠款 | 20 000 | | 平 | 0 |
| | 26 | | | 购料 | | 254 250 | 贷 | 254 250 |
| | 30 | | | 月结 | 20 000 | 254 250 | 贷 | 254 250 |

　　从上述平行登记的结果可以看出，"原材料"和"应付账款"总分类账户的期初、期末余额及本期借、贷方发生额，与其所属明细分类账户的期初、期末余额之和及本期借、贷方发生额之和都是相等的。利用这种相等的关系，会计人员可以核对总分类账和明细分类账的登记是否正确。如有不等，则表明记账出现差错，会计人员就应该检查，予以更正。在实际工作中，这项核对工作通常是采用月末编制"总分类账户与明细分类账户发生额及余额对照表"的形式来进行的。例如，根据前面例题中的原材料及应付账款总分类账户和明细分类账户的记录，编制其本期发生额及余额对照表（见表4-16）。

表4-16　总分类账户和明细分类账户发生额及余额对照表　　　　单位：元

| 会计科目 | 期初余额 | | 本期发生额 | | 期末余额 | |
|---|---|---|---|---|---|---|
| | 借方 | 贷方 | 借方 | 贷方 | 借方 | 贷方 |
| 原材料 | 179 000 | | 577 000 | 560 000 | 196 000 | |
| 　A 材料 | 56 000 | | 280 000 | 224 000 | 112 000 | |
| 　B 材料 | 48 000 | | 72 000 | 96 000 | 24 000 | |
| 　C 材料 | 75 000 | | 225 000 | 240 000 | 60 000 | |
| 应付账款 | | 90 000 | 90 000 | 380 810 | | 380 810 |
| 　中华公司 | | 40 000 | 40 000 | 126 250 | | 126 250 |
| 　新华公司 | | 30 000 | 30 000 | | | |
| 　东华公司 | | 20 000 | 20 000 | 254 250 | | 254 250 |

　　【知识扩展】　在实际工作中，总账和明细账是两本独立的账簿，应由两名会计人员分别登记核算。对每一笔经济业务的发生，会计人员既要在总账中进行反映，也要

在明细账中进行反映。

## 【课程思政——铭记感恩之账】

　　企业任何一项资金都不可能无缘无故地增加，也不可能无缘无故地减少，某项资金的增加或减少总会引起另一项资金的相应变动。这是资金运动的规律性，实际上也是事物之间的因果关系在企业经济活动中的具体表现。为了反映经济活动中的因果关系，复式记账法应运而生。从这个意义上来说，复式记账的理论基础就是事物的因果关系。

　　其实，从我们懂事时起，就有许多关于事物因果关系的格言和警句刻在我们的记忆深处。例如，"种瓜得瓜，种豆得豆""天上不会掉馅饼""少壮不努力，老大徒伤悲""一份辛苦一份甜"等。特别是通过党史学习教育之后，我们对"没有共产党就没有新中国""为有牺牲多壮志，敢教日月换新天""幸福都是奋斗出来的""今天的美好生活，是无数革命前辈用生命和鲜血换来的"等谆谆教诲有了更为深刻的认知。当然，有许多事物因果关系难以用货币反映，也就无法在会计上予以确认、计量和记录，但复式记账原理至少给我们带来以下启示：第一，每个人心中都应有本账，用来记录时代的发展变化以及个人成长的心路历程。第二，学会复式记账不仅要记好会计上的账，更要记好自己内心的感恩之账，感恩父母的同时，更要感恩革命先烈们的无私奉献和我们生活的伟大时代。第三，凡事都有因果，发现问题固然重要，但更重要的是分析出该问题产生的前因与后果。复式记账蕴含的因果分析思想，不仅适用于会计等经济管理工作，也是其他管理工作的理论基石。

## 【本章小结】

　　会计科目是对会计要素进行分类核算的项目。会计科目按经济业务的内容不同分为资产、负债、共同、所有者权益、成本、损益六类，会计科目按照提供信息的详细程度及其统驭关系不同分为总分类科目和明细分类科目。账户是根据会计科目在账簿中开设的记账单元。会计科目和账户是两个既有区别又有联系的概念。账户具有一定的结构。

　　复式记账法是对发生的每一项经济业务，都以相等的金额，在两个或两个以上的有关账户中相互联系地进行登记的记账方法。它是一种科学的方法。

　　借贷记账法是以"借"和"贷"作为记账符号的一种复式记账法。在借贷记账法下，资产类账户和成本费用支出类账户的结构是：借方登记增加发生额，贷方登记减少发生额（转销额），期末若有余额，应为借方余额。负债类账户、所有者权益类账户和收入类账户的结构是：贷方登记增加发生额，借方登记减少发生额（转销额），期末若有余额，应为贷方余额。借贷记账法的记账规则是："有借必有贷，借贷必相等。"借贷记账法建立的理论基础是会计等式，因此在借贷记账法下可以进行余额试算平衡。

借贷记账法的记账规则又产生了发生额试算平衡。会计人员通过总分类账户的试算平衡，可以初步检查会计记录的正确性。

会计分录是按照复式记账法的要求，明确每一经济业务的入账账户名称、方向及其金额的一种记录。账户的对应关系是在记录每项经济业务时，账户之间产生的应借、应贷的关系，具有对应关系的账户叫对应账户。在账户中记录任何一项经济业务，都必须以记账凭证为依据。

平行登记是指对发生的每一笔经济业务，都要根据相同的会计凭证，一方面记入总分类账户，另一方面记入总分类账户所属的明细分类账户的一种记账方法。平行登记的要点可以归纳如下：依据相同、方向相同、期间相同、金额相等。

## 【本章习题】

### 一、单项选择题

1. （　　）是根据会计科目设置的，具有一定的格式和结构，用来分类反映会计要素增减变动情况及其结果的载体。

    A. 会计要素　　　　B. 会计账簿　　　　C. 会计科目　　　　D. 会计账户

2. 会计科目按（　　）不同，可以分为总分类科目和明细分类科目。

    A. 会计要素　　　　　　　　　　B. 用途和结构

    C. 核算的经济内容　　　　　　　D. 提供核算信息的详细程度

3. 下列选项中，属于资产类科目的是（　　）。

    A. "预收账款"　　B. "应收账款"　　C. "预提费用"　　D. "实收资本"

4. 下列选项中，属于负债类科目的是（　　）。

    A. "预付账款"　　B. "预收账款"　　C. "待摊费用"　　D. "累计折旧"

5. 下列选项中，属于所有者权益类科目的是（　　）。

    A. "银行存款"　　B. "短期借款"　　C. "应收账款"　　D. "利润分配"

6. 下列选项中，属于成本类科目的是（　　）。

    A. "待摊费用"　　B. "预提费用"　　C. "生产成本"　　D. "管理费用"

7. 下列选项中，属于损益类科目的是（　　）。

    A. "待处理财产损溢"　　　　　　B. "本年利润"

    C. "生产成本"　　　　　　　　　D. "所得税费用"

8. 下列选项中，在借贷记账法下，正确的是（　　）。

    A. 资产类账户借方登记增加额

    B. 资产类账户借方登记减少额

    C. 负债类账户借方登记增加额

    D. 所有者权益账户借方登记增加额

9. 在借贷记账法中，账户的哪一方记录增加数、哪一方记录减少数是由（　　）决定的。

    A. 记账规则　　　B. 会计对象　　　C. 会计科目　　　D. 财务状况

10. 所有者权益类账户的期末余额是根据 (　　) 计算的。

    A. 借方期末余额=借方期初余额+借方本期发生额−贷方本期发生额

    B. 借方期末余额=借方期初余额+贷方本期发生额−借方本期发生额

    C. 贷方期末余额=贷方期初余额+贷方本期发生额−借方本期发生额

    D. 贷方期末余额=贷方期初余额+借方本期发生额−贷方本期发生额

11. 存在着对应关系的账户，被称为 (　　)。

    A. 联系账户　　　　B. 平衡账户　　　　C. 恒等账户　　　　D. 对应账户

12. 账户发生额试算平衡是根据 (　　) 确定的。

    A. 借贷记账法的记账规则

    B. 经济业务的内容

    C. "资产=负债+所有者权益" 的恒等式

    D. 经济业务的类型

13. 下列选项中，能够通过试算平衡查找的是 (　　)。

    A. 重记经济业务　　　　　　　　　　B. 漏记经济业务

    C. 借贷方向相反　　　　　　　　　　D. 借贷金额不等

14. 简单会计分录的特征是 (　　)。

    A. 一借多贷　　　　　　　　　　　　B. 一贷多借

    C. 一借一贷　　　　　　　　　　　　D. 多借多贷

15. 复式记账法的基本理论依据是 (　　)。

    A. 资产=负债+所有者权益

    B. 收入−费用=利润

    C. 期初余额+本期增加数−本期减少数=期末余额

    D. 借方发生额=贷方发生额

## 二、多项选择题

1. 下列选项中，属于账户的四个金额要素的是 (　　)。

    A. 期初余额　　　　　　　　　　　　B. 期末余额

    C. 本期减少发生额　　　　　　　　　D. 本期增加发生额

2. 下列选项中，属于账户基本结构的具体内容的是 (　　)。

    A. 账户名称　　　　　　　　　　　　B. 余额

    C. 经济业务摘要　　　　　　　　　　D. 原始凭证编号

3. 会计账户按提供核算指标的详细程度不同，一般分为 (　　)。

    A. 资产、负债、所有者权益类账户　　B. 成本、损益类账户

    C. 总分类账户　　　　　　　　　　　D. 明细分类账户

4. 下列选项中，在借贷记账法下，正确的有 (　　)。

    A. 资产类账户借方登记增加额

    B. 资产类账户贷方登记减少额

    C. 负债类账户借方登记减少额

　　D. 所有者权益类账户借方登记增加额

　　E. 收入类账户贷方登记增加额

5. 下列选项中，属于会计科目的有（　　　）。

　　A. "固定资产"　　　　　　　　　B. "运输设备"

　　C. "原材料"　　　　　　　　　　D. "存货"

　　E. "累计折旧"

6. 借贷记账法中的"借"字表示（　　　）。

　　A. 资产的增加　　　　　　　　　B. 负债的减少

　　C. 收入的转销　　　　　　　　　D. 费用成本的增加

　　E. 所有者权益增加

7. 借贷记账法下的试算平衡公式有（　　　）。

　　A. 借方科目金额=贷方科目金额

　　B. 借方期末余额=借方期初余额+本期借方发生额−本期贷方发生额

　　C. 全部账户借方发生额合计=全部账户贷方发生额合计

　　D. 全部账户借方余额合计=全部账户贷方余额合计

　　E. 总账期末余额=所属明细账期末余额的合计数

8. 试算平衡表无法发现的错误有（　　　）。

　　A. 漏记某项经济业务

　　B. 重记某项经济业务

　　C. 颠倒记账方向

　　D. 漏记一个借方余额

9. 下列选项中，有关总分类账户和明细分类账户的关系正确的有（　　　）。

　　A. 总分类账户对明细分类账户具有统驭控制作用

　　B. 明细分类账户对总分类账户具有补充说明作用

　　C. 总分类账户与其所属明细分类账户在总金额上应当相等

　　D. 总分类账户与明细分类账户所起的作用不同

10. 总分类账户与其所属的明细分类账户平行登记的结果，必然是（　　　）。

　　A. 总分类账户期初余额=所属明细分类账户期初余额之和

　　B. 总分类账户期末余额=所属明细分类账户期末余额之和

　　C. 总分类账户本期借方发生额=所属明细分类账户本期借方发生额之和

　　D. 总分类账户本期贷方发生额=所属明细分类账户本期贷方发生额之和

### 三、判断题

1. 会计科目是对会计要素的具体内容进行分类核算的项目。　　　　　　（　　　）

2. 所有账户的左边都记录经济业务的增加值，右边都记录经济业务的减少值。

　　　　　　　　　　　　　　　　　　　　　　　　　　　　　　　　　（　　　）

3. 会计科目与同名称的账户反映的经济内容是相同的。　　　　　　　　（　　　）

4. 会计科目与账户是相同的概念。　　　　　　　　　　　　　　　　　（　　　）

5. 借贷记账法的记账规则是"有借必有贷，借贷必相等"。　　　　（　　）

6. 一个复合分录可以分解为几个简单分录。　　　　　　　　　　（　　）

7. 因总分类账户与明细分类账户存在统驭与被统驭的关系，在账户处理上也不能是平行关系，不应进行平行登记。　　　　　　　　　　　　　　　　　（　　）

8. 费用（成本）类账户的结构与资产类账户的结构、收入类账户的结构与权益类账户的结构相同。　　　　　　　　　　　　　　　　　　　　　　　　（　　）

9. 权益账户期末余额＝期初余额＋本期贷方发生额－本期借方发生额。　（　　）

10. 对一项经济业务事项，会计人员如果在一个账户中登记了借方，必须同时在另一个或几个账户中登记贷方。　　　　　　　　　　　　　　　　　　（　　）

11. 同时登记，会计人员可以使总分类账户与其所属明细分类账户保持统驭关系和对应关系，便于核对和检查，纠正错误和遗漏。　　　　　　　　　　　（　　）

12. 总分类账户本期发生额与其所属明细分类账户本期发生额合计相等。（　　）

13. 总分类账户期初期末余额与其所属明细分类账户期初期末余额合计相等。

（　　）

14. 对每一项经济业务，记入总分类账户和明细分类账户的时期应该相同。

（　　）

15. 复式记账法是对每项经济业务事项都必须以相等的金额在两个相互联系的账户中进行登记，借以全面反映资金运动的来龙去脉的一种科学的记账方法。（　　）

## 四、简答题

1. 账户的基本结构如何？账户中各项金额要素之间的关系是怎样的？

2. 如何计算某一资产、负债账户的期末余额？

3. 总分类账户与明细分类账户的关系是怎样的？如何进行两者的平行登记？

## 五、业务题

习题一

［目的］熟悉会计科目的性质。

［资料］华盛公司有如下会计科目：

应收账款、应付利息、应付账款、短期借款、制造费用、银行存款、预付账款、应收利息、本年利润、实收资本、财务费用、管理费用、生产成本、累计折旧、固定资产、库存商品、利润分配、应交税费、主营业务收入、其他业务收入、主营业务成本、其他业务成本、投资收益、库存现金。

［要求］列表将华盛公司的会计科目按经济业务的内容归类。

习题二

［目的］练习会计要素的分类。

［资料］甚美发店 2×21 年 1 月 1 日的资产、负债和所有者权益项目如下：

（1）存放在银行的款项　　　　　　　　　80 000 元

（2）从银行借入的短期借款　　　　　　　55 000 元

（3）出纳员保管的现金　　　　　　　　　600 元

（4）从银行借入的长期借款　　　　　　60 000 元

（5）应付甲商店款项　　　　　　　　　25 000 元

（6）库存物料用品　　　　　　　　　　32 900 元

（7）营业用房　　　　　　　　　　　310 000 元

（8）汽车　　　　　　　　　　　　　223 000 元

（9）应收客户的劳务费　　　　　　　20 000 元

（10）未交税金　　　　　　　　　　　16 500 元

（11）投资者投入的资本　　　　　　410 000 元

（12）累计留存的利润　　　　　　　100 000 元

　　［要求］说明以上项目所属的会计科目，并将相同类型项目金额相加，编制期初试算平衡表。

习题三

［目的］熟悉各类型账户余额和发生额之间的关系。

［资料］某企业部分账户发生额及余额表如表 4-17 所示。

表 4-17　某企业部分账户发生额及余额表　　　　　　　　　　单位：元

| 账户名称 | 期初余额 | 本期借方发生额 | 本期贷方发生额 | 期末余额 |
|---|---|---|---|---|
| 库存现金 | 2 500 | 41 000 | 38 500 | |
| 固定资产 | 2 480 000 | | 150 000 | 3 650 000 |
| 短期借款 | | 480 000 | 750 000 | 800 000 |
| 应付账款 | 400 000 | 380 000 | | 150 000 |
| 盈余公积 | 180 000 | 20 000 | 14 500 | |

　　［要求］根据表 4-17 账户的有关数据并结合各账户的类型计算每个账户的未知数据。

习题四

［目的］进一步掌握借贷记账法下账户的基本结构。

［资料］某企业经济业务如表 4-18 所示。

表 4-18　某企业经济业务　　　　　　　　　　单位：元

| 序号 | 交易、事项内容 | 资产 | 负债 | 所有者权益 | 成本 | 损益 | 应记会计科目 | 应记方向 | |
|---|---|---|---|---|---|---|---|---|---|
| | | | | | | | | 借方 | 贷方 |
| 1 | 银行存款减少 | √ | | | | | 银行存款 | | √ |
| 2 | 本年利润增加 | | | | | | | | |
| 3 | 管理费用增加 | | | | | | | | |
| 4 | 取得预收货款 | | | | | | | | |
| 5 | 制造费用增加 | | | | | | | | |
| 6 | 应交税费增加 | | | | | | | | |

表4-18(续)

| 序号 | 交易、事项内容 | 资产 | 负债 | 所有者权益 | 成本 | 损益 | 应记会计科目 | 应记方向 | |
|---|---|---|---|---|---|---|---|---|---|
| | | | | | | | | 借方 | 贷方 |
| 7 | 长期股权投资增加 | | | | | | | | |
| 8 | 产品销售收入增加 | | | | | | | | |
| 9 | 产品销售费用增加 | | | | | | | | |
| 10 | 应收账款减少 | | | | | | | | |
| 11 | 生产成本增加 | | | | | | | | |
| 12 | 原材料被领用 | | | | | | | | |
| 13 | 财务费用增加 | | | | | | | | |
| 14 | 应付职工薪酬减少 | | | | | | | | |
| 15 | 投入资本增加 | | | | | | | | |
| 16 | 归还短期借款 | | | | | | | | |

[要求] 根据所给业务判断其引起变动的会计要素的性质，确定应记会计科目和应记的方向。

习题五

[目的] 练习总分类账户与明细分类账户的平行登记。

[资料] 某公司 2×21 年 3 月 31 日有关总分类账户和明细分类账户余额如下：

总分类账户：

"原材料"账户借方余额为 200 000 元。

"应付账款"账户贷方余额为 50 000 元。

明细分类账户：

"原材料——甲材料"账户有 800 千克，单价为 150 元，借方余额为 120 000 元。

"原材料——乙材料"账户有 200 千克，单价为 100 元，借方余额为 20 000 元。

"原材料——丙材料"账户有 500 千克，单价为 120 元，借方余额为 60 000 元。

"应付账款——A 公司"账户贷方余额为 30 000 元。

"应付账款——B 公司"账户贷方余额为 20 000 元。

该公司 2×21 年 4 月发生的部分经济业务如下：

(1) 该公司以银行存款偿还 A 公司前欠货款 15 000 元。

(2) 该公司购进甲材料 100 千克，单价为 150 元，税价为 16 950 元（含 13% 的增值税），以银行存款支付，材料入库。

(3) 生产车间向仓库领用材料一批，甲材料 200 千克，单价为 150 元；乙材料 100 千克；丙材料 250 千克，单价为 120 元，共计领料金额为 70 000 元。

(4) 该公司以银行存款偿还 B 公司前欠货款 10 000 元。

(5) 该公司向 A 公司购入乙材料 100 千克，单价为 100 元。材料入库，货款为 11 300 元（含 13% 的增值税），该公司以银行存款支付。

［要求］

（1）根据材料编制会计分录。

（2）开设"原材料""应付账款"总分类账和明细分类账，登记期初余额，平行登记总分类账和明细分类账，并结出各类账户本期发生额和期末余额。

（3）编制"原材料""应付账款"总分类账和明细分类账本期发生额及余额明细表。

## 本章参考文献

［1］中华人民共和国财政部. 企业会计准则：2021 年版［M］. 上海：立信会计出版社，2021.

［2］中华人民共和国财政部. 企业会计准则应用指南：2021 年版［M］. 上海：立信会计出版社，2021.

［3］陈国辉，迟旭升. 基础会计［M］. 7 版. 大连：东北财经大学出版社，2021.

［4］朱小平，周华，秦玉熙. 初级会计学［M］. 10 版. 北京：中国人民大学出版社，2019.

本章习题参考答案

# 第五章  借贷记账法的运用

## 【学习目标】

本章以工业企业为对象，阐述了会计核算方法中设置账户、复式记账法的运用。通过对本章的学习，学生应重点掌握借贷记账法在工业企业主要经营业务中的具体运用，如在资金筹集、生产准备、产品生产、产品销售、财务成果的形成及分配业务中的运用。学生应通过业务的核算理解账户的设置及会计处理，为了解工业企业会计核算的全过程奠定基础。

本章重点：借贷记账法的应用，包括根据资金筹集、生产准备、产品生产、产品销售、财务成果的形成及分配业务的特点设置账户并进行会计处理。

本章难点：具体业务会计分录的编制，特别是产品生产、财务成果的形成及分配业务的会计分录。

## 【关键概念】

资金筹集  实收资本  短期借款  固定资产  累计折旧  在途物资  原材料
应付票据  生产成本  制造费用  营业收入  营业成本  营业利润  利润总额
净利润  利润分配

## 【引导案例】

刘力和王朋大学毕业后决定合伙开办一家服装厂，并商定每人出资 10 万元。他们租用了一间厂房，添加了设备，并按规定办妥了各项手续，但此时的 20 万元已所剩无几。为购买材料、聘用工人，刘力和王朋只得以刚注册成立的企业的名义向银行申请取得了 5 万元的贷款。工厂终于如期开工，第一批产品也顺利出厂，且非常畅销。刘力和王朋喜上眉梢，可没多久，他们却又眉头紧锁。这是为什么呢？原来他们一盘算，扣除各种费用、交了各项税金之后，并没有赚钱。这又是为什么呢？问题出在哪里？他们找来了懂会计的好友李元咨询。李元了解情况后说的一席话，使刘力和王朋茅塞顿开。于是，刘力和王朋当即真诚地邀请李元到他们厂兼职做会计工作。

讨论题：为什么李元的一席话使刘力和王朋茅塞顿开？

## 第一节　工业企业经济业务概述

工业企业是以产品的加工制造和销售为主要生产经营活动的营利性经济组织。其生产经营活动过程包括资金筹集、生产准备、产品生产、产品销售、财务成果核算五个环节。每一个环节都要发生相应的业务活动。企业从事生产经营活动的过程也就是企业发生各种经济业务的过程。

### 一、资金筹集

为了进行正常的生产经营活动，每一个企业都必须拥有一定数量的经营资金，作为生产经营活动的物质基础。企业筹集资金的渠道包括：企业所有者对企业的资本性投资，形成企业的资本（股本）；向银行等金融机构举债借款，形成企业的短期借款和长期借款；通过发行企业债券的方式筹集资金，形成企业的应付债券。此外，在经营过程中，企业还会因结算关系占用其他单位的部分资金。

### 二、生产准备

生产准备，即劳动资料（原材料）和劳动对象（厂房、机器设备等）的准备过程。为了进行下一个业务环节——产品生产，企业要将筹集的资金转化为生产要素。企业要先购建厂房、设备等，为生产经营准备必要的物质条件。企业还要准备生产过程中耗用的各种材料物资。在生产准备阶段，资金由货币资金形态转化为固定资金形态和储备资金形态。

### 三、产品生产

产品生产业务就是产品在直接生产过程中发生的各种材料费用、人工费用和制造费用等生产费用并构成产品生产成本的经济活动。随着各种生产费用的发生，资金逐渐由货币资金、储备资金、固定资金形态而转化为生产资金形态。伴随产品的完工和验收入库，资金又从生产资金形态转化为成品资金形态。

### 四、产品销售

产品销售就是企业在将产品销售给购买者的过程中，发生的发出产品、支付销售费用、取得销售收入并办理货款结算的经济活动。通过这一过程，资金又从成品资金形态转化为货币资金形态。

### 五、财务成果

企业一定时期内取得的收入与其相应的成本费用相抵后的差额就是企业在当期的财务成果（盈利或亏损）。如果为盈利，企业应进行分配；如果为亏损，企业应进行弥补。通过资金的补偿和分配，一部分资金（税收和股息或红利）要退出企业，另一部分资金（补偿的成本和费用）会重新投入企业的生产经营活动，开始新的资金循环。

在上述企业生产经营活动过程中，资金筹集、资金收回或退出企业与生产准备、产品生产和产品销售三个过程的首尾相接，构成了工业企业的主要经济业务，形成了企业的资金循环和周转。

## 第二节 筹集资金业务的核算

任何企业要想从事生产经营活动，要先从各种渠道筹集生产经营所需要的资金。可供企业筹集的资金来源主要有两方面：一方面是投资者投入的资本金，另一方面是向债权人借入的款项。完成筹资任务即接受投资或形成负债。

设立企业必须有法定的最低数量的资本金。企业筹集的资本金按投资主体不同分为国家资本金、法人资本金、个人资本金以及外商资本金，这些资本金分别是由企业接受国家、其他单位或个人投入而形成的。这些资本金可以是一次或分期筹集的。一次筹集的，应从营业执照签发之日起 6 个月内筹足；分期筹集的，最后一期出资应当在营业执照签发之日起 3 年内缴清，并且第一次投资者出资不得低于总筹集的 15%，还应在营业执照签发之日起 3 个月内缴清。

投资人投入的资本，可以是货币形式、实物形式，也可以是无形资产，如存货、固定资产、商标权等。企业在筹资过程中，吸收投资者的除土地使用权以外的无形资产出资比例不得超过注册资本的 20%；情况特殊的，不得超过 30%。

企业为筹集资金向银行或其他金融机构举债取得各种借款，形成企业的短期借款和长期借款。短期借款是偿还期不超过一年的借款，借款的目的是要满足生产经营对资金的短期需要；长期借款是偿还期在一年以上的借款，借款的目的主要是满足扩大生产经营规模的资金需要。

### 一、所有者权益资金筹集业务

投资者投入的资本金，在会计上称为"实收资本"，是各种不同身份的投资者依据国家有关法律、法规的规定向被投资企业注入的启动资金。投资者作为企业的所有者，将视企业经营状况的好坏，按照出资比例或投资契约来分享红利或分担亏损。投资者的投资方式包括货币投资、实物投资和无形资产投资等。企业收到货币投资，入账金额以实际收到的款项为准；收到实物投资、无形资产投资和其他投资，必须进行以公允价值为基础的评估作价，入账金额以核实后双方认可的评估价为准。投资者投入的资本应当保全，除法律法规另有规定外，不得抽回。

#### （一）账户设置

"实收资本"账户是用来核算企业实际收到投资人投入的资本，属于所有者权益类账户。"实收资本"账户贷方登记企业实际收到的投资人投入的资本；借方登记投入资本的减少额；余额在贷方，表示投资者投入企业的资本总额。"实收资本"账户应按投资者设置明细账户。

"实收资本"账户的结构如图 5-1 所示。

实收资本

| 实收资本减少额 | 实收资本增加额 |
|---|---|
| | 期末余额：实收资本的实有额 |

**图 5-1　"实收资本"账户的结构**

（二）业务举例

【例 5-1】企业收到国家货币资金投资 40 000 元，款项存入银行；企业收到甲公司投入的材料一批，评估实际价值为 30 000 元；企业收到乙公司投入的新设备一台，双方协商确认的价值为 20 000 元，设备投入使用（假定该设备不涉及增值税）；企业收到丙公司投入的一项专利技术，双方评估确认价为 10 000 元。

这项经济业务的发生，引起企业的资产和所有者权益两个会计要素同时变化。一方面，企业的银行存款增加了 40 000 元、材料增加了 30 000 元、固定资产增加了 20 000 元、无形资产增加了 10 000 元；另一方面，说明企业接受资本投资 100 000 元。因此，这项经济业务涉及"银行存款""原材料""固定资产""无形资产"和"实收资本"五个账户。"银行存款""原材料""固定资产""无形资产"账户均为资产类账户，增加应记入这些账户的借方，而企业资本增加是所有者权益的增加，应记入"实收资本"账户的贷方。

会计分录如下：

借：银行存款　　　　　　　　　　　　　　　　　　　　40 000

　　原材料　　　　　　　　　　　　　　　　　　　　　30 000

　　固定资产　　　　　　　　　　　　　　　　　　　　20 000

　　无形资产　　　　　　　　　　　　　　　　　　　　10 000

　　贷：实收资本　　　　　　　　　　　　　　　　　　　　100 000

【知识扩展】　在会计实务工作中，关于资本金的核算，有限责任公司使用"实收资本"账户，股份有限公司使用"股本"账户。本教材在处理具体业务过程中涉及的资本金的核算时，对"实收资本"和"股本"两个账户不加严格区别。

**二、负债资金筹集业务**

企业在生产经营的过程中，经常需要向银行等金融机构借款以弥补经营资金之不足。借款按其借用期限的长短分为长期借款和短期借款。企业借入的各种借款，必须按规定用途使用，定期支付利息，按期归还本金。

（一）账户设置

1. "短期借款"账户

"短期借款"账户是用来核算企业从银行等金融机构借入的期限在一年以内（含一年）的各种借款，属于负债类账户。取得的短期借款，记贷方，表明企业和银行的债权债务关系的确立（增加）；归还的短期借款，记借方，表明企业和银行的债权债务关系的消失（减少）；期末余额在贷方，表示企业尚未归还的短期借款。"短期借款"账户应按债权人和借款种类设置明细账户。

"短期借款"账户的结构如图5-2所示。

短期借款

| 短期借款本金的偿还（减少） | 短期借款本金的取得（增加） |
| --- | --- |
| | 期末余额：<br>尚未偿还的短期借款结余额 |

**图5-2 "短期借款"账户的结构**

【知识扩展】 在会计实务工作中，短期借款所产生的利息通过"应付利息"账户来核算，不通过"短期借款"账户来核算。一般情况下，企业取得短期借款是为了维持正常的生产经营活动或为了抵偿某项债务。

2. "长期借款"账户

"长期借款"账户是用来核算企业从银行等金融机构借入的期限在一年以上的各种借款，属于负债类账户。"长期借款"账户的贷方登记借入的各种长期借款；借方登记归还的长期借款；期末余额在贷方，表示尚未归还的长期借款。"长期借款"账户可以按照贷款人和贷款种类设置明细账户，进行明细分类核算。

"长期借款"账户的结构如图5-3所示。

长期借款

| 长期借款本金的偿还（减少） | 长期借款本金的取得（增加） |
| --- | --- |
| | 期末余额：<br>尚未偿还的长期借款结余额 |

**图5-3 "长期借款"账户的结构**

【知识扩展】 在会计实务工作中，"长期借款"账户在偿还方式为到期一次还本付息方式下还要核算未付的利息，这是它与"短期借款"账户的不同之处。这点我们将在财务会计课程中进一步介绍。一般来说，企业举借长期借款，主要是为了增添大型固定资产、购置地产、增添或补充厂房等，也就是为了扩充经营规模而增加各种长期耐用的固定资产的需要而借入。

(二) 业务举例

【例5-2】龙盛公司于2×21年10月1日从银行借入为期一年的短期借款10 000元并存入银行。借款年利率为10%，利息按季结算。

该项经济业务引起企业的资产要素和负债要素同时变化，一方面使企业的资产银行存款增加了10 000元，另一方面使企业的债务短期借款增加了10 000元。因此，该业务涉及"银行存款"和"短期借款"两个账户，应分别记入"银行存款"账户的借方和"短期借款"账户的贷方。

会计分录如下：

借：银行存款            10 000

 贷：短期借款            10 000

企业从银行借入的短期借款所应支付的利息，一般采用按季结算的办法并记入财务费用。有关短期借款利息的计算和账务处理，将在本章其他章节的有关内容中具体说明。

【例5-3】龙盛公司于2×21年10月1日向银行借款200 000元，期限2年，已经办妥相关的借款手续，款项已存入银行。

该项经济业务的发生，引起企业的资产要素和负债要素同时变化，一方面使企业的银行存款增加200 000元，另一方面使企业的银行借款增加200 000元（期限为2年，属于长期借款）。"银行存款"账户应记借方，"长期借款"账户应记贷方。

会计分录如下：

借：银行存款           200 000

 贷：长期借款           200 000

## 第三节  生产准备业务的核算

生产的准备业务包括生产对象的准备和生产手段的准备，前者主要是原材料的购买，后者主要是机器设备和厂房的购建。

### 一、材料采购业务的核算

#### （一）材料采购业务的基本内容

企业为保证生产经营业务的正常进行，必须采购和储备一定数量的材料物资。材料储备不足，生产需要的物资就得不到保证；材料储备过多，也会造成资金的积压，影响企业的效益。采购业务是工业企业为生产产品所做的储备工作，其主要经济业务是采购原材料、燃料等存货。在采购材料过程中，企业要与供应单位或其他单位办理款项的结算，支付采购材料的货款、增值税、运输费、装卸费等各种采购费用。因此，采购货物支付的价款及全部采购费用构成购进货物的采购成本（增值税因为是价外税，所以不进入购进材料的成本）。

发生购进业务的企业支付以上款项会涉及若干个单位，付款的时间也可能各有不同，可能是钱货两清，即现购；也可能是先付款后取货，即预购；还可能是先到货后付款，即赊购，未支付的货款被视为企业的一项负债而加以确认。凡此种种，虽说都是购货付款，但反映在会计处理上是各不相同的。采购货物运达企业后，企业应办理验收入库手续，交由仓库保管，以备生产车间和管理部门领用。由于企业存货核算可以分按计划成本与按实际成本两种核算方法，因此购进业务核算也要与之相适应。如果企业采用按计划成本核算，就要设置"材料采购""原材料""材料成本差异"等主要账户；如果企业采用按实际成本核算，就要设置"在途物资""原材料"等主要账户。

### （二）材料分类

工业企业的材料按其在生产中的用途不同分为以下几大类：

（1）原料及主要材料：经过加工能够构成产品主要实体的各种材料。

（2）辅助材料：直接用于生产，有助于生产进行或便于生产进行，单独不能构成产品主要实体的各种材料，如润滑油、油漆等。

（3）外购半成品（外购件）：从外单位购入的，作为企业产品组成部分的产品。

（4）修理用品备件（备品备件）：为本企业修理企业机器设备、运输工具所专用的各种零配件，如轴承、齿轮等。

（5）包装材料：为出售产品而储备的包装物，如绳、纸、铁丝、铁皮等各种包装材料。

（6）燃料：为本企业生产经营储备的燃料，包括固体、液体、气体燃料等。

## 二、材料采购业务过程中主要经济业务的核算

按照我国会计规范的要求，企业的原材料可以按照实际成本计价组织收发核算，也可以按照计划成本计价组织收发核算。具体采用哪一种方法，企业可以根据具体情况自行决定。

### （一）原材料按实际成本计价的核算

当企业的经营规模较小，原材料的种类不是很多，而且原材料的收、发业务的发生也不是很频繁的情况下，企业可以按照实际成本计价方法组织原材料的收、发核算。原材料按照实际成本计价方法进行日常的收发核算，其特点是从材料的收、发凭证到材料明细分类账和总分类账全部按实际成本计价。

原材料按实际成本计价组织收、发核算时应设置以下几个账户：

1. "在途物资"账户

"在途物资"账户的性质属于资产类，是用来核算企业外购材料的买价和各种采购费用，据以计算确定购入材料的实际采购成本的账户。发生的材料买价和采购费用（实际采购成本），记借方；结转完成采购过程、验收入库材料的实际成本，记贷方。期末余额在借方，表示尚未运达或已经运达企业但尚未验收入库的在途材料的成本。该账户应按购入材料的品种或种类设置明细账户。

"在途物资"账户的结构如图5-4所示。

在途物资

| 购入材料：<br>　买价+采购费用 | 结转验收入库材料的<br>实际采购成本 |
|---|---|
| 期末余额：在途材料成本 | |

图5-4　"在途物资"账户的结构

对于"在途物资"账户，会计人员在具体使用时，要注意以下两个问题：

其一，企业对购入尚未入库的材料，不论是否已经付款，一般都应该先将采购成本记入该账户；在材料验收入库结转成本时，再将其成本转入"原材料"账户。

其二，购入材料过程中发生的除买价之外的采购费用，如果能够分清是某种材料直接负担的，可以直接计入该材料的采购成本，否则就应进行分配。分配时，会计人员首先根据材料的特点确定分配的标准（一般来说，可以选择的分配标准有材料的重量、体积、买价等），其次计算材料采购费用分配率，最后计算各种材料的采购费用负担额。

材料采购费用分配率＝共同性采购费用额÷分配标准的合计数

某材料应负担的采购费用额＝该材料的分配标准×材料采购费用分配率

2. "原材料"账户

"原材料"账户是核算库存材料成本的增减变动及其结存情况的资产类账户。已验收入库材料的实际成本，记借方；发出领用材料的实际成本，记贷方；期末借方余额，表示结存材料的实际成本。该账户应按材料的种类、名称等设置明细账户。

"原材料"账户的结构如图5-5所示。

原材料

| 验收入库材料实际成本的增加 | 库存材料实际成本的减少 |
|---|---|
| 期末余额：库存材料实际成本结余 | |

**图5-5 "原材料"账户的结构**

3. "应付账款"账户

"应付账款"账户是用来反映和监督企业因采购材料而与供应单位发生的结算债务的增减变动及其余额情况的负债类账户。应付供应单位的材料款项（价款、增值税和代垫运杂费），记贷方；偿付供应单位的款项，记借方；期末贷方余额，表示企业尚欠供应单位的款项。该账户应按供应单位设置明细账户。

"应付账款"账户的结构如图5-6所示。

应付账款

| 偿还应付供应<br>单位款项（减少） | 应付供应单位<br>款项的增加 |
|---|---|
| | 期末余额：尚未偿还的应付款 |

**图5-6 "应付账款"账户的结构**

4. "预付账款"账户

"预付账款"账户是用来核算企业因向供应单位预付材料价款，而与供应单位发生的债权结算的增减变动及其余额情况的资产类账户。预付的货款，记借方，表明企业的资产被对方占用，与"银行存款"账户发生对应关系；冲销预付款（一般为收到材料），记贷方，与"材料采购"账户发生对应关系；期末借方余额，表示未收到材料的预付款项。该账户应按供应单位设置明细账户。

"预付账款"账户的结构如图 5-7 所示。

预付账款

| 预付供应单位<br>款项的增加 | 冲销预付供应<br>单位的款项 |
|---|---|
| 期末余额：尚未结算的预付款 | |

**图 5-7　"预付账款"账户的结构**

5. "应付票据"账户

"应付票据"账户是用来核算企业采用商业汇票采购材料而与供应单位发生的债务结算的增减变动及其余额情况的负债类账户。企业开出承兑汇票时，记贷方，表明企业与供货单位的债权债务关系的确立（增加）；企业偿还应付票据款时，记借方，表明企业与供货单位的债权债务关系的消失（减少）；期末贷方余额，表示尚未到期的应付票据款。

"应付票据"账户的结构如图 5-8 所示。

应付票据

| 到期应付票据的减少（不论是<br>否已经付款） | 开出，承兑商业汇票的增加 |
|---|---|
| | 期末余额：尚未到商业汇票的<br>结余额 |

**图 5-8　"应付票据"账户的结构**

6. "应交税费"账户

"应交税费"账户是用来核算企业按税法规定应交纳的各种税费（印花税等不需要预计税额的税种除外）的计算与实际交纳的负债类账户。各种应交而未交税费的增加，记贷方；实际交纳的各种税费，记借方。期末余额方向不固定，如果在贷方，表示未交税费的结余额；如果在借方，表示多交的税费。该账户应按税费种类设置明细账户。

"应交税费"账户的结构如图 5-9 所示。

应交税费

| 实际交纳的各种税费<br>（包括增值税进项税额） | 计算出的应交而未交的税费<br>（包括增值税销项税额） |
|---|---|
| 期末余额：多交的税费 | 期末余额：未交的税费 |

**图 5-9　"应交税费"账户的结构**

【知识扩展】　在材料采购业务中设置"应交税费"账户主要是为了核算增值税。与材料购进事项密切相关而又具有特殊账户结构的是"应交税费——应交增值税"账户，它是"应交税费"账户的明细账户之一。说其特殊，是因为其借方发生额在先，余额方向不固定。

增值税是对我国境内销售货物或者提供加工、修理修配劳务以及进口货物的单位和个人，就其取得的货物或应税劳务的销售额计算税款，并实行税款抵扣制的一种流转税。增值税是一种价外税，采取两段征收法，分为增值税进项税额和增值税销项税额。其中，销项税额是指纳税人销售货物或提供应税劳务，按照销售额和规定的税率计算并向购买方收取的增值税税额。销项税额=销售额×增值税税率。这在销售业务的核算中会介绍。进项税额是指纳税人购进货物或接受应税劳务所支付或负担的增值税税额。进项税额=购进货物或劳务价款×增值税税率。纳税人当期应纳税额=当期销项销额-当期进项税额。

下面举例说明原材料按实际成本计价业务的总分类核算。

【例5-4】龙盛公司从新华公司购入下列材料：甲材料5 000千克，单价为48元；乙材料2 000千克，单价为38元，增值税税率为13%。全部款项通过银行付清，材料尚未入库。

对这项经济业务，会计人员首先要计算购入材料的买价和增值税进项税额。甲材料的买价为240 000元（48×5 000），乙材料的买价为76 000元（38×2 000），甲、乙两种材料的买价共计为316 000元，增值税进项税额为41 080元（316 000×13%）。这项经济业务的发生，一方面使得龙盛公司购入甲材料的买价增加240 000元，购入乙材料的买价增加76 000元，增值税进项税额增加41 080元；另一方面使得龙盛公司的银行存款减少357 080元（240 000+76 000+41 080）。该笔经济业务涉及"在途物资""应交税费——应交增值税"和"银行存款"三个账户。材料买价的增加是资产的增加，应记入"在途物资"账户的借方；增值税进项税额的增加是负债的减少，应记入"应交税费——应交增值税"明细账户的借方；银行存款的减少是资产的减少，应记入"银行存款"账户的贷方。因此，这项业务应编制的会计分录如下：

借：在途物资——甲材料　　　　　　　　　　　　　240 000
　　　　　　——乙材料　　　　　　　　　　　　　 76 000
　　应交税费——应交增值税（进项税额）　　　　　 41 080
　贷：银行存款　　　　　　　　　　　　　　　　　　　357 080

【例5-5】龙盛公司用银行存款14 000元支付上述购入甲、乙材料的外地运杂费，按照材料的重量比例进行分配。

会计人员首先需要对甲、乙材料应共同负担的14 000元外地运杂费进行分配：

分配率=14 000÷（5 000+2 000）=2

甲材料负担的采购费用=5 000×2=10 000（元）

乙材料负担的采购费用=2 000×2=4 000（元）

这项经济业务的发生，一方面使得龙盛公司的材料采购成本增加14 000元，其中甲材料采购成本增加10 000元，乙材料采购成本增加4 000元；另一方面使得龙盛公司的银行存款减少14 000元。该笔经济业务涉及"在途物资"和"银行存款"两个账户。材料采购成本的增加是资产的增加，应记入"在途物资"账户的借方；银行存款的减少是资产的减少，应记入"银行存款"账户的贷方。因此，这项业务应编制的会计分录如下：

借：在途物资——甲材料 10 000
　　　　　　——乙材料 4 000
　　贷：银行存款 14 000

【例5-6】龙盛公司从中华公司购进丙材料7 200千克，发票注明的价款为432 000元，增值税税额为56 160元（432 000×13%）。中华公司代龙盛公司垫付材料的运杂费8 000元。材料尚未到达。账单、发票已到，但材料价款、税金以及运杂费尚未支付。

这项经济业务的发生，一方面使得龙盛公司的材料采购成本增加440 000元，其中材料买价增加432 000元、运杂费增加8 000元，增值税进项税额增加56 160元；另一方面使得龙盛公司应付供应单位款项增加496 160元（440 000+56 160）。因此，这项经济业务涉及"在途物资""应交税费——应交增值税"和"应付账款"三个账户。材料采购成本的增加是资产的增加，应记入"在途物资"账户的借方；增值税进项税额的增加是负债的减少，应记入"应交税费——应交增值税"账户的借方；应付账款的增加是负债的增加，应记入"应付账款"账户的贷方。因此，这项经济业务应编制的会计分录如下：

借：在途物资——丙材料 440 000
　　应交税费——应交增值税（进项税额） 56 160
　　贷：应付账款——中华公司 496 160

【例5-7】龙盛公司按照合同规定用银行存款预付给凤飞公司订货款360 000元，以购买丙材料14 000千克。

这项经济业务的发生，一方面使得龙盛公司预付的订货款增加360 000元，另一方面使得龙盛公司的银行存款减少360 000元。该笔经济业务涉及"预付账款"和"银行存款"两个账户。预付订货款的增加是资产（债权）的增加，应记入"预付账款"账户的借方；银行存款的减少是资产的减少，应记入"银行存款"账户的贷方。因此，这项经济业务应编制的会计分录如下：

借：预付账款——凤飞公司 360 000
　　贷：银行存款 360 000

【例5-8】龙盛公司收到凤飞公司发来的、前已预付货款的丙材料14 000千克。随货物附带的发票注明该批丙材料的价款为840 000元，增值税进项税额为109 200元，除冲销原预付款360 000元外，不足款项用银行存款支付。该业务另发生运杂费10 000元，用现金支付，材料尚未验收入库。

这项经济业务的发生，一方面使得龙盛公司的材料采购支出（丙材料的买价和采购费用）增加共计850 000（840 000+10 000）元，增值税进项税额增加109 200元；另一方面使得龙盛公司的预付款减少360 000元，银行存款减少589 200（840 000+109 200-360 000）元，库存现金减少10 000元。该笔经济业务涉及"在途物资""应交税费——应交增值税""预付账款""银行存款"和"库存现金"五个账户。材料采购支出的增加是资产的增加，应记入"在途物资"账户的借方；增值税进项税额的增加是负债的减少，应记入"应交税费——应交增值税"账户的借方；预付款的减少是资产的减少，应记入"预付账款"账户的贷方；银行存款的减少是资产的减少，应记入"银行存款"账户的贷方；现金的减少是资产的减少，应记入"库存现金"账户的贷方。因此，这项经济业务应编制的会计分录如下：

借：在途物资——丙材料　　　　　　　　　　　　　　　850 000
　　应交税费——应交增值税（进项税额）　　　　　　　　109 200
　　贷：预付账款——凤飞公司　　　　　　　　　　　　　　360 000
　　　　银行存款　　　　　　　　　　　　　　　　　　　589 200
　　　　库存现金　　　　　　　　　　　　　　　　　　　　10 000

应该注意，这项经济业务编制的会计分录是多借多贷的会计分录，会计人员要结合经济业务内容理解所涉及的各个账户之间的对应关系。

【例5-9】龙盛公司购入新华公司丁材料2 000千克，该批材料的含税总价款为80 908元，增值税税率为13%。月末，发票已到，材料未到。材料价款、税金尚未支付。

这笔业务中出现的是含税总价款80 908元，会计人员应将其分解为不含税价款和税额两部分：

不含税价款＝含税价款÷（1+税率）＝80 908÷（1+13%）＝71 600（元）

增值税额＝80 908-71 600＝9 308（元）

这项经济业务的发生，一方面使得公司的材料采购支出增加71 600元，增值税进项税额增加9 308元；另一方面使得公司的应付账款增加80 908元。该笔经济业务涉及"在途物资""应交税费——应交增值税"和"应付账款"三个账户。材料采购支出的增加是资产的增加，应记入"在途物资"账户的借方；增值税进项税额的增加是负债的减少，应记入"应交税费——应交增值税"账户的借方；应付账款的增加是负债的增加，应记入"应付账款"账户的贷方。因此，这项经济业务应编制的会计分录如下：

借：在途物资——丁材料　　　　　　　　　　　　　　　71 600
　　应交税费——应交增值税（进项税额）　　　　　　　　　9 308
　　贷：应付账款——新华公司　　　　　　　　　　　　　　80 908

【例5-10】龙盛公司签发并承兑一张商业汇票，用以抵付本月（【例5-8】）从新华公司购入丁材料的价税款。

龙盛公司本月从新华公司购入的丁材料的价款为71 600元，增值税为9 308元，合计为80 908元。这项经济业务的发生，一方面使得龙盛公司的应付账款减少80 908元，另一方面使得龙盛公司的应付票据增加80 908元。该笔经济业务涉及"应付账款"和"应付票据"两个账户。应付账款的减少是负债的减少，应记入"应付账款"账户的借方；应付票据的增加是负债的增加，应记入"应付票据"账户的贷方。因此，这项经济业务应编制的会计分录如下：

借：应付账款——新华公司　　　　　　　　　　　　　　80 908
　　贷：应付票据——新华公司　　　　　　　　　　　　　　80 908

【例5-11】本月购入的甲、乙、丙、丁材料已经验收入库，结转各种材料的实际采购成本。

首先，会计人员计算本月购入的各种材料的实际采购成本：

甲材料实际采购成本＝240 000＋10 000＝250 000（元）

乙材料实际采购成本＝76 000＋4 000＝80 000（元）

丙材料实际采购成本＝432 000＋8 000＋840 000＋10 000＝1 290 000（元）

丁材料实际采购成本＝71 600（元）

这项经济业务的发生，一方面使得龙盛公司已验收入库材料的实际采购成本增加1 691 600（250 000＋80 000＋1 290 000＋71 600）元，另一方面使得龙盛公司的材料采购支出结转1 691 600元。该笔经济业务涉及"原材料"和"在途物资"两个账户。库存材料实际成本的增加是资产的增加，应记入"原材料"账户的借方；材料采购支出的结转是资产的减少，应记入"在途物资"账户的贷方。因此，这项经济业务应编制的会计分录如下：

```
借：原材料——甲材料                          250 000
        ——乙材料                           80 000
        ——丙材料                        1 290 000
        ——丁材料                           71 600
    贷：在途物资——甲材料                      250 000
            ——乙材料                       80 000
            ——丙材料                    1 290 000
            ——丁材料                       71 600
```

### （二）原材料按计划成本计价的核算

前面已经对原材料按实际成本计价核算的内容做了比较全面的介绍。材料按照实际成本进行计价核算，能够比较全面、完整地反映材料资金的实际占用情况，可以准确地计算出生产过程所生产产品的成本中的材料费用额。但是，当企业材料的种类比较多、收发次数又比较频繁的情况下，其核算的工作量就比较大，而且也不便于考核材料采购业务成果，难以分析材料采购计划的完成情况。因此，在我国一些大中型制造业企业里，材料可以按照计划成本计价组织收、发核算。材料按计划成本计价进行核算，就是材料的收、发凭证按计划成本计价，材料总账及明细账均按计划成本登记，通过增设"材料成本差异"账户来核算材料实际成本与计划成本之间的差异额，并在会计期末对计划成本进行调整，以确定库存材料的实际成本和发出材料应负担的差异额，进而确定发出材料的实际成本。

具体来说，材料按计划成本组织收、发核算的基本程序如下：

首先，企业应结合各种原材料的特点、实际采购成本等资料确定原材料的计划单位成本。计划单位成本一经确定，在年度内一般不进行调整。

其次，平时购入或以其他方式取得的原材料，按其计划成本、计划成本与实际成本之间的差异额分别在有关账户中进行分类登记。

最后，平时发出的材料按计划成本核算，月末企业再将本月发出材料应负担的差异额进行分摊，随同本月发出材料的计划成本记入有关账户。其目的就在于将不同用途消耗的原材料的计划成本调整为实际成本，发出材料应负担的差异额必须按月分摊，不得在季末或年末一次分摊。另外，企业会计准则规定，对发出材料应负担的成本差异，除委托外部加工物资而发出的材料可按上月（月初）差异率计算外，都应使用当月的差异率，除非当月差异率与上月差异率相差不大。计算方法一经确定，不得随意变更。

原材料按计划成本组织收、发核算时，应设置以下几个账户：

1. "原材料"账户

原材料按计划成本核算所设置的"原材料"账户与按实际成本核算所设置的"原材料"账户基本相同，只是将其实际成本改为计划成本，即"原材料"账户的借方、贷方和期末余额均表示材料的计划成本。

2. "材料采购"账户

"材料采购"账户的性质属于资产类（它是一个计价对比账户），是用来核算企业购入材料的实际成本和结转入库材料的计划成本，并据以计算、确定购入材料成本差异额的账户。购入材料的实际成本和结转入库材料的实际成本小于计划成本的节约差异，记借方；入库材料的计划成本和结转入库材料的实际成本大于计划成本的超支差异，记贷方。期末余额在借方，表示尚未运达或已经运达企业但尚未验收入库的在途材料的实际成本。该账户应按购入材料的品种或种类设置明细账户。

"材料采购"账户的结构如图5-10所示。

材料采购

| （1）购入材料的实际采购成本<br>（2）结转入库材料的节约差异额 | （1）结转入库材料的计划成本<br>（2）结转入库材料的超支差异额 |
| --- | --- |
| 期末余额：在途材料的实际成本 | |

图 5-10   "材料采购"账户的结构

3. "材料成本差异"账户

"材料成本差异"账户的性质属于资产类，是用来核算企业库存材料实际成本与计划成本之间的超支额或节约差异额的增减变动及其结余情况的账户。结转入库材料的超支差异额和结转发出材料应负担的节约差异额（实际成本小于计划成本的差异），记借方；结转入库材料的节约差异额和结转发出材料应负担的超支差异额（实际成本大于计划成本的差异），记贷方。期末余额如果在借方，表示库存材料的超支差异额；如果在贷方，表示库存材料的节约差异额。

"材料成本差异"账户的结构如图5-11所示。

材料成本差异

| | |
|---|---|
| （1）结转验收入库材料的超支差异额 | （1）结转验收入库材料的节约差异额 |
| （2）结转发出材料应负担的节约差异额 | （2）结转发出材料应负担的超支差异额 |
| 期末余额：库存材料的超支差异 | 期末余额：库存材料的节约差异额 |

**图 5-11　"材料成本差异"账户的结构**

材料按计划成本计价核算，除上述三个账户外，其他的账户与材料按实际成本计价核算涉及的相关账户相同。

下面举例说明原材料按计划成本计价的总分类核算。

【例 5-12】龙盛公司用银行存款购入甲材料 3 000 千克，发票注明其价款为240 000元，增值税税额为 31 200 元。龙盛公司另用现金 6 000 元支付该批甲材料的运杂费。

这项经济业务的发生，一方面使得龙盛公司的材料采购支出增加 246 000 元（其中买价增加 240 000 元，采购费用增加 6 000 元，增值税进项税额增加 31 200 元），另一方面使得龙盛公司的银行存款减少 271 200 元、库存现金减少 6 000 元。该笔经济业务涉及"材料采购""应交税费""银行存款"和"库存现金"四个账户。材料采购支出的增加是资产的增加，应记入"材料采购"账户的借方；增值税进项税额的增加是负债的减少，应记入"应交税费——应交增值税"账户的借方；银行存款的减少是资产的减少，应记入"银行存款"账户的贷方；现金的减少是资产的减少，应记入"库存现金"账户的贷方。因此，这项经济业务应编制的会计分录如下：

借：材料采购——甲材料　　　　　　　　　　　　　　246 000
　　应交税费——应交增值税（进项税额）　　　　　　　 31 200
　　贷：银行存款　　　　　　　　　　　　　　　　　　　　271 200
　　　　库存现金　　　　　　　　　　　　　　　　　　　　　 6 000

【例 5-13】承【例 5-12】，甲材料验收入库，其计划成本为 240 000 元。龙盛公司结转该批甲材料的计划成本和差异额。

由于该批甲材料的实际成本为 246 000 元，计划成本为 240 000 元，因此可以确定甲材料成本的超支差异额为 6 000 元（246 000-240 000）。结转入库材料成本超支差异额，使得库存材料成本超支差异额增加 6 000 元和材料采购支出减少 6 000 元。该笔经济业务涉及"原材料""材料采购"和"材料成本差异"三个账户。库存材料成本的增加是资产的增加，应记入"原材料"账户的借方；材料采购成本的结转是资产的减少，应记入"材料采购"账户的贷方。因此，这项经济业务应编制的会计分录如下：

（1）借：原材料——甲材料　　　　　　　　　　　　　 240 000
　　　　贷：材料采购——甲材料　　　　　　　　　　　　　 240 000

（2）借：材料成本差异  6 000

  贷：材料采购——甲材料  6 000

或者将上述两笔分录合并为

借：原材料——甲材料  240 000

  材料成本差异  6 000

  贷：材料采购——甲材料  246 000

假如本例中甲材料的计划成本为 250 000 元，则可以确定甲材料成本的节约差异额为 4 000 元（246 000−250 000）。其会计分录如下：

（1）借：原材料——甲材料  250 000

   贷：材料采购——甲材料  250 000

（2）借：材料采购——甲材料  4 000

   贷：材料成本差异  4 000

或者，将上述两笔分录合并为

借：原材料——甲材料  250 000

  贷：材料采购——甲材料  246 000

   材料成本差异  4 000

## 三、固定资产购建业务的核算

固定资产包括机器设备和厂房等，是生产经营的物质基础。

### （一）固定资产的确认标准及其成本构成

固定资产是指使用期限在一年以上，且单位价值在规定的标准以上，并保持其原有实物形态的劳动手段。固定资产的价值原则上按其取得时的实际成本（原始价值）入账，其含义是指为取得某项固定资产并使其达到可使用状态所发生的一切合理、必要的支出，包括买价、运杂费、安装费等。

### （二）账户设置及其对应关系

1. "固定资产"账户

"固定资产"账户是用来核算企业固定资产的增减变动和结存情况的资产类账户。固定资产增加时会计人员按取得的原始价值，记入"固定资产"账户的借方，并与"银行存款""在建工程""应交税费""实收资本"等账户发生对应关系；固定资产实物减少时，按该资产的历史成本，记入"固定资产"账户的贷方，一般与"累计折旧""银行存款"等账户发生对应关系。"固定资产"账户的期末余额表示现有固定资产的原始价值。

"固定资产"账户的结构如图 5-12 所示。

固定资产

| 固定资产取得<br>成本的增加 | 固定资产取得<br>成本的减少 |
| --- | --- |
| 期末余额：原价的结余 | |

图 5-12 "固定资产"账户的结构

2. "在建工程"账户

"在建工程"账户是反映固定资产的购建支出和应结转的实际成本的资产类账户。购建时支付的买价、运杂费等，记入"在建工程"账户的借方，一般与"银行存款""应交税费""原材料"等账户发生对应关系；在建工程完工交付使用，要将工程成本转化为固定资产的价值，结转时按在建工程的实际成本，记入"在建工程"账户的贷方，一般与"固定资产"账户发生对应关系；期末"在建工程"账户借方余额表示尚未完工或交付使用工程的实际成本。

"在建工程"账户的结构如图 5-13 所示。

在建工程

| 工程发生的全部支出 | 结转完工工程成本 |
|---|---|
| 期末余额：未完工工程成本 | |

**图 5-13　"在建工程"账户的结构**

**（三）业务举例**

【例 5-14】企业购入不需要安装的设备一台，买价为 20 000 元，增值税为 2 600 元，包装费和运杂费等各项支出为 1 600 元。全部支出已用银行存款支付。

该业务一方面使企业的固定资产增加了 21 600 元（20 000+1 600），增值税进项税额增加了 2 600 元；另一方面使企业的银行存款减少了 24 200 元。该业务涉及"固定资产""应交税费"和"银行存款"三个账户。因此，会计人员应按采购固定资产实际支出借记"固定资产"账户；增值税进项税额的增加是负债的减少，应记入"应交税费——应交增值税"账户的借方；贷记"银行存款"账户。

会计分录如下：

借：固定资产　　　　　　　　　　　　　　　　　　　　　21 600

　　应交税费——应交增值税（进项税额）　　　　　　　　 2 600

　　贷：银行存款　　　　　　　　　　　　　　　　　　　　　　24 200

【例 5-15】企业购入需要安装的设备一台，买价为 10 000 元，增值税为 1 300 元，运杂费为 300 元。全部款项已用银行存款支付。在安装过程中，企业耗用材料 1 000 元，以现金支付外单位安装人员工资 300 元。安装完毕，设备经验收合格交付使用。本例包括以下三项经济业务：

（1）购入固定资产业务。由于该设备需要安装，因此会计人员应将发生的固定资产采购支出 10 300 元（10 000+300）记入"在建工程"账户的借方，发生的增值税进项税额1 300元记入"应交税费——应交增值税"账户的借方，贷记"银行存款"账户。

会计分录如下：

借：在建工程　　　　　　　　　　　　　　　　　　　　　10 300

　　应交税费——应交增值税（进项税额）　　　　　　　　 1 300

　　贷：银行存款　　　　　　　　　　　　　　　　　　　　　　11 600

（2）固定资产安装业务。在安装过程中，企业耗用的材料费用和支付的工资费用，一方面使企业的材料和库存现金等资产项目减少，另一方面使企业购入的固定资产的安装费用增加。材料和库存现金的减少分别记入"原材料"账户和"库存现金"账户的贷方，固定资产的安装费用增加应记入"在建工程"账户的借方。

会计分录如下：

借：在建工程      1 300

  贷：原材料      1 000

     库存现金      300

（3）固定资产验收交付使用业务。固定资产经验收交付使用后，会计人员应将固定资产的全部成本 11 600 元（10 300+1 300），由"在建工程"账户的贷方转入"固定资产"账户的借方。

会计分录如下：

借：固定资产      11 600

  贷：在建工程      11 600

# 第四节　产品生产业务的核算

生产过程是工业企业经营过程的中心环节，其主要任务是生产出满足社会需要的产品。生产本身就是一种消费行为，企业要生产出产品，就必须产生耗费。这些耗费具体表现为：为生产产品而耗费的劳动对象（原材料、燃料、动力）的价值，参加生产过程的劳动资料（固定资产）的磨损价值，支付给职工的工资和车间范围内耗费的物资及开支的费用等。可以说，生产费用就是用货币表现企业在生产过程中的各种耗费。

## 一、生产业务概述

### （一）生产费用及其分类

工业企业在一定时期内发生的能够用货币表现的，如固定资产的磨损、材料和劳动力的耗费等各项生产耗费，称为生产费用。生产费用按其经济内容分为材料费、工资费、折旧费、修理费、办公费、差旅费等。

### （二）制造成本法与完全成本法

将不包括期间费用的生产费用（制造费用）最终归集、分配到一定种类的产品上所形成的各种产品生产成本的计算方法，称为制造成本法。

将全部生产费用最终归集、分配到一定种类的产品上所形成的各种产品生产成本的计算方法，称为完全成本法。

我国企业会计准则规定，产品成本的计算方法采用制造成本法。在制造成本法下，企业生产费用分为直接费用和间接费用两部分。直接费用是企业为生产产品所发生的直接材料、直接工资和其他直接费用。这些费用发生时，直接记入产品的制造成本。间接费用是企业为生产产品所发生的间接材料、间接工资和其他间接费用。这些费用应按照一定的比例分配，记入制造成本。

必须指出，产品制造成本不包括企业行政管理部门所发生的各种管理费用。企业行政管理部门为组织和管理生产经营活动所发生的管理费用，应直接记入当期损益，即从当期收入中直接扣除。另外，企业为筹集生产经营资金等所发生的财务费用（利息支出、汇兑损失、支付金融机构的手续费等），同管理费用处理方式一样，直接记入当期损益，冲减当期收入，不再记入产品的制造成本。企业的管理费用、财务费用以及销售产品的销售费用，称为期间费用，这些费用都不记入产品制造成本，直接记入当期损益。

### （三）产品生产业务的主要内容

在产品生产过程中生产费用的发生、归集和分配以及产品成本的形成，就构成了产品生产业务核算的主要内容（期间费用的核算将主要在本章第六节阐述）。

## 二、产品成本计算的基本程序

### （一）确定成本计算对象

1. 成本计算对象的定义

成本计算对象是指费用要归集和分配的客体。例如，要计算各种产品的成本，那么各种产品就是成本计算对象。

2. 确定成本计算对象的作用

成本计算对象的确定是设置产品生产成本明细账（成本计算单）、归集生产费用、正确计算产品成本的前提。

3. 成本计算的品种法

成本计算对象的选择虽与企业的生产特点和管理要求密切相关，但按产品品种确定成本计算对象是最终的和最基本的，由此而产生的成本计算方法——品种法，是最基本的成本计算方法。

### （二）确定成本计算期

成本计算期是指产品成本计算的间隔期。从理论上讲，产品成本计算期间应当同产品的生产周期保持一致。由于产品生产的多样性、复杂性和生产周期的不确定性，成本计算期一般难以按生产周期确定，大多以"月份"确定。在大批量生产并以产品品种为成本计算对象的企业，生产周期通常比会计期间短，则选会计期间为成本计算期；在小批量生产并以单件产品为成本计算对象的企业，生产周期通常比会计期间长，则选择产品的生产周期为成本计算期。

### （三）确定产品成本项目

成本项目是指计入产品成本的生产费用按照其经济用途所进行的分类。为达到降低成本之目的，成本计算除提供总成本和单位成本的资料外，还应提供成本的经济构成。

在制造成本法下，工业企业一般应设置以下三个成本项目：

（1）直接材料——直接用于产品生产并构成产品实体的原材料、主要材料、外购半成品及辅助材料。

（2）直接人工——直接参加产品生产的工人工资、津贴、补贴和福利费等薪酬内容。

（3）制造费用——发生在车间范围内除归集于"直接材料"项目和"直接人工"项目外不便于直接计入某个成本计算对象的各项费用，包括间接的折旧费、办公费、水电费等。

### （四）按权责发生制划清费用的受益期限

某些生产费用由于其支付期和受益期不一致并横跨多个会计期间，因此应以权责发生制对各期的生产费用进行确认，划清费用的受益期限。应计入本期的生产费用不论其款项是否已实际付出，都要作为本期的生产费用来加以确认；不应计入本期的生产费用不论其款项是否已实际付出，都不作为本期的生产费用来加以确认。其结果是企业在某一成本计算期内发生的生产费用，不一定全部计入本期产品成本，而本期的产品成本也不一定都是本期实际支付的费用。

### （五）按成本分配的受益原则划清费用的受益对象

按照权责发生制确认的本期生产费用，还应遵循谁受益谁负担以及按受益程度高低来负担的原则，在当期所生产的各种产品之间进行分配。能够直接分清受益对象的直接费用，则直接计入各成本计算对象。不能够直接分清受益对象的间接费用应选用和该费用发生直接关联的项目作为分配标准，采用比例分配法，在各成本计算对象之间进行分配。

### （六）按成本计算对象开设并登记生产成本明细账，编制成本计算单

对按权责发生制原则和受益原则确认的应由本期产品负担的生产费用，应按成本计算对象开设生产成本明细并在账内按成本项目设置专栏。

各生产成本明细账中归集的生产费用，即为各成本计算对象的生产成本。企业对各成本计算对象的生产成本，需在完工产品和在产品之间进行分配。企业分产品和成本项目编制成本计算单，提供完工产品总成本和单位成本。

## 三、设置的主要账户

### （一）"生产成本"账户

"生产成本"账户是用来归集产品生产过程中发生的应计入产品成本的全部生产费

用，并据以计算产品生产成本的成本类账户。其借方登记本期发生的应计入产品成本的生产费用，包括直接计入产品生产成本的直接材料费、直接人工费以及月末经分配转入的制造费用；一般与"原材料""应付职工薪酬""制造费用"等账户的贷方发生对应关系；贷方登记转入"库存商品"账户借方的完工产品成本；期末借方余额，表示月末在产品成本。该账户应按产品品种设置明细账户。

"生产成本"账户的结构如图 5-14 所示。

生产成本

| 发生的生产费用：<br>（1）直接材料<br>（2）直接人工<br>（3）制造费用 | 结转完工验收<br>入库产成品 |
|---|---|
| 期末余额：在产品成本 | |

**图 5-14　"生产成本"账户的结构**

### （二）"制造费用"账户

"制造费用"账户是用来归集和分配企业生产车间范围内为组织和管理产品生产活动而发生的各项间接生产费用的成本类账户。它包括车间范围内发生的管理人员的薪酬、固定资产折旧费、办公费、水电费、机物料消耗费、季节性停工损失等。借方登记本期在车间范围内实际发生的各项制造费用，一般与"原材料""应付职工薪酬""长期待摊费用"等账户的贷方发生对应关系；贷方登记月末经分配后转入"生产成本"账户借方的制造费用转出额；该账户月末经分配结转后应无余额。该账户应按生产车间设置明细账户，并在账户内按费用项目设置专栏。

"制造费用"账户的结构如图 5-15 所示。

制造费用

| 归集车间范围内发生的各项<br>间接费用 | 期末分配转入"生产成本"<br>账户的制造费用 |
|---|---|

**图 5-15　"制造费用"账户的结构**

### （三）"应付职工薪酬"账户

"应付职工薪酬"账户属于负债类账户，是用来核算企业根据有关规定应付给职工的各种薪酬与实际发放情况，并反映和监督企业与职工薪酬结算情况。"应付职工薪酬"账户的贷方登记本月作为工资费用应付给职工的薪酬，一般与"生产成本""制造费用""管理费用"等账户的借方发生对应关系；借方登记作为负债的减少实际支付给职工的薪酬；月末一般为贷方余额，表示企业应付而未付给职工的薪酬。

"应付职工薪酬"账户的结构如图 5-16 所示。

应付职工薪酬

| 实际支付的职工薪酬 | 月末计算分配的职工薪酬 |
|---|---|
| | 期末余额：应付未付的职工薪酬 |

**图 5-16　"应付职工薪酬"账户的结构**

### (四)"库存商品"账户

"库存商品"账户是反映企业库存产成品的增减变动及其结存金额的资产类账户。其借方登记完工验收入库从"生产成本"账户转来的产成品实际成本；贷方登记因销售等原因所出库的产成品的实际成本；期末借方余额，表示库存产成品的实际成本。该账户应按产成品品种和规格设置明细账户。

"库存商品"账户的结构如图 5-17 所示。

库存商品

| 验收入库商品成本的增加 | 库存商品成本的减少 |
|---|---|
| 期末余额：结存的商品成本 | |

**图 5-17　"库存商品"账户的结构**

### (五)"累计折旧"账户

"累计折旧"账户是用来核算企业固定资产的价值转移（折旧额）并抵减固定资产原值而求得固定资产净值的资产类账户。其贷方登记每月提取的固定资产折旧额；借方登记固定资产因出售、报废等原因减少时已累计提取折旧额的注销；期末贷方余额，表示企业现有固定资产已累计转移的价值额。企业将"累计折旧"账户的贷方余额从"固定资产"账户的借方余额中减去，即可求得该项固定资产的净值。

"累计折旧"账户设置的必要性和作用如下：固定资产因使用磨损而发生的价值减少，本应记入"固定资产"账户的贷方，如果这样，则"固定资产"账户仅仅提供了固定资产的净值（期末借方余额），满足不了固定资产管理上同时提供三方面资料的要求。这三个要求分别是：第一，提供原值（了解企业的生产规模和每月计提折旧额的依据）；第二，提供已转移的价值（反映其磨损程度和计算其净值）；第三，提供净值（反映现有固定资产的价值，净值与原值之比反映固定资产的新旧程度）。企业如果设置"累计折旧"账户，将固定资产因使用磨损而发生的价值减少，不记入"固定资产"账户的贷方，而记入"累计折旧"账户的贷方，这样"固定资产"账户的借方余额反映现有固定资产的原值，"累计折旧"账户的贷方余额反映现有固定资产已转移的价值，"固定资产"账户借方余额和"累计折旧"账户贷方余额的差额，反映了现有固定资产的净值，从而使固定资产管理上的三个不同要求都得到了满足。

"累计折旧"账户的结构如图 5-18 所示。

累计折旧

| 固定资产折旧的减少（注销） | 提取的固定资产折旧的增加 |
|---|---|
| | 期末余额：现有固定资产累计折旧额 |

**图 5-18　"累计折旧"账户的结构**

### （六）"长期待摊费用"账户

"长期待摊费用"账户用来核算企业已经支出但应由本期和以后各期分别负担，并且分摊期在 1 年以上的各项费用。会计上为了符合权责发生制核算基础的要求，核算这些先付款后摊销的费用，设置了"长期待摊费用"账户。该账户的性质属于资产类，用来核算企业预先付款、应由本期和以后各期分别负担的摊销期超过 1 年的各种费用。其借方登记预先支付的各种款项，如预付的房租、保险费等，贷方登记应摊销计入本期成本或损益的各种费用。期末余额在借方，表示已经支出但尚未摊销的费用。该账户应按照费用的种类设置明细账户，进行明细分类核算。

"长期待摊费用"账户的结构如图 5-19 所示。

长期待摊费用

| 预先支付的款项 | 应计入本期成本或损益的费用 |
|---|---|
| 期末余额：已支出但未摊销的费用 | |

**图 5-19　"长期待摊费用"账户**

## 四、业务举例

龙盛公司生产 A、B 两种产品，耗用甲、乙、丙三种材料，设有厂部管理部门和一个生产车间。12 月，龙盛公司发生下列产品生产业务：

**【例 5-16】**月末，根据本月发料凭证汇总表，本月发出的材料及用途如下：甲材料 200 000 元。其中，A 产品耗用 120 000 元，B 产品耗用 80 000 元。乙材料 100 000 元。其中，A 产品耗用 60 000 元，B 产品耗用 40 000 元。车间一般耗用丙材料 20 000 元。该产品生产耗用材料的业务，一方面使企业库存材料减少 320 000 元（200 000+100 000+20 000），另一方面使生产费用中的材料费用增加 320 000 元。其中，直接用于产品生产的材料费用 300 000 元属于直接费用，车间一般耗用的材料费用 20 000 元属于间接费用。因此，该业务涉及"生产成本""原材料"和"制造费用"三个账户；直接费用的增加应直接记入"生产成本"及其所属明细账户的借方，间接费用的增加应记入"制造费用"账户的借方，库存材料的减少应记入"原材料"账户的贷方。

会计分录如下：

借：生产成本——A 产品 180 000

　　　——B 产品 120 000

　制造费用 20 000

　贷：原材料——甲材料 200 000

　　　　——乙材料 100 000

　　　　——丙材料 20 000

【例 5-17】 月末，根据本月"工资核算汇总表"，企业本月应发工资薪酬为 260 000元。其中，A 产品生产工人的工资为 120 000 元，B 产品生产工人的工资为 80 000元，车间管理人员的工资为 20 000 元，厂部管理人员的工资为 40 000 元。

该工资费用发生的业务，一方面，生产费用中工资费用增加 260 000 元。其中，直接用于产品生产的工资费用200 000 元属于直接费用，直接记入"生产成本"及其所属明细账户的借方；车间管理人员的工资费用 20 000 元属于间接费用，记入"制造费用"账户的借方；厂部管理人员的工资费用 40 000 元属于期间费用，记入"管理费用"账户的借方。另一方面，企业应向职工支付而尚未支付的工资增加 260 000 元，作为工资性债务的增加应记入"应付职工薪酬"账户的贷方。

会计分录如下：

借：生产成本——A 产品 120 000

　　　——B 产品 80 000

　制造费用 20 000

　管理费用 40 000

　贷：应付职工薪酬 260 000

【例 5-18】 企业从银行提取现金 260 000 元，并用现金发放职工工资。

该例涉及提现和工资发放两笔业务。

（1）企业从银行提取现金业务，一方面使企业的库存现金增加，应记入"库存现金"账户的借方；另一方面使企业银行存款减少，应记入"银行存款"账户的贷方。

（2）企业以现金发放工资业务，一方面使企业的现金减少，应记入"库存现金"账户的贷方；另一方面使企业的工资性债务减少，应记入"应付职工薪酬"账户的借方。

会计分录如下：

借：库存现金 260 000

　贷：银行存款 260 000

借：应付职工薪酬 260 000

　贷：库存现金 260 000

【例 5-19】 月末，企业计提本月固定资产折旧 38 600 元。其中，车间 33 400 元，厂部 5 200 元。

固定资产折旧的计算方法——直线法。

年折旧额=（固定资产原值-预计净残值）÷固定资产预计使用年限

年折旧率=年折旧额÷固定资产原值

月折旧率=年折旧率÷12

月折旧额=固定资产原值×月折旧率

该业务的发生，一方面使企业生产费用中的折旧费用增加 38 600 元。其中，车间用固定资产折旧费属于间接费用，应记入"制造费用"账户的借方；厂部用固定资产折旧费属于期间费用，应记入"管理费用"账户的借方。另一方面，该业务使企业的固定资产价值减少，即磨损的价值增加，也就是折旧额增加 38 600 元，应记入"累计折旧"账户的贷方。

会计分录如下：

借：制造费用　　　　　　　　　　　　　　　　　　　　　33 400
　　管理费用　　　　　　　　　　　　　　　　　　　　　 5 200
　　贷：累计折旧　　　　　　　　　　　　　　　　　　　　　　38 600

【例 5-20】企业为生产车间租用一台设备，现对其进行改良，使用期 2 年（自本月起）。企业用银行存款 120 000 元支付该设备的改良支出，设备本月改良完毕并投入使用。

按照权责发生制的要求，企业应按支出的义务是否属于本期来确认费用的入账时间。企业用银行存款支付自本月开始、受益期为 2 年的改良支出，款项虽然在本期一次性支付，但其付款的义务显然不全在本期发生，而是在自本月开始的 2 年内的各个月陆续产生付款责任。因此，企业在本期付款时，应将其作为一种有待摊销的费用处理。这项经济业务的发生，一方面使得企业待摊销的费用增加，属于资产增加，应记入"长期待摊费用"账户的借方；另一方面用银行存款支付款项，意味着银行存款这项资产的减少，应记入"银行存款"账户的贷方。这项经济业务应编制的会计分录如下：

借：长期待摊费用　　　　　　　　　　　　　　　　　　120 000
　　贷：银行存款　　　　　　　　　　　　　　　　　　　　120 000

【例 5-21】承【例 5-20】，企业月末摊销应由本月负担的上述已付款的车间设备的改良支出 5 000 元。

该业务实际上是一笔权责发生制核算基础应用的业务。车间设备的改良支出的款项虽然在本月已经支付。但其责任却是在含本月在内的 24 个月内产生，因此由本月负担的部分应将其作为本期的费用入账。摊销车间设备改良支出时，一方面使得企业的制造费用增加 5 000 元，另一方面使得企业的前期付款有待摊销的费用减少 5 000 元。因此，该项业务涉及"制造费用"和"长期待摊费用"账户。制造费用的增加是费用的增加，应记入"制造费用"账户的借方，长期待摊费用的减少是资产的减少，应记入"长期待摊费用"账户的贷方。这项经济业务应编制的会计分录如下：

借：制造费用　　　　　　　　　　　　　　　　　　　　 5 000
　　贷：长期待摊费用　　　　　　　　　　　　　　　　　　　 5 000

【例 5-22】企业用银行存款支付应由本月负担的车间保险费 23 000 元。

该业务的发生，一方面使得企业的制造费用增加 23 000 元，另一方面使得企业的银行存款减少 23 000 元。因此，制造费用的增加是费用的增加，应记入"制造费用"账户的借方，银行存款的减少是资产的减少，应记入"银行存款"账户的贷方。这项经济业务应编制的会计分录如下：

借：制造费用　　　　　　　　　　　　　　　　　　　　　　23 000
　　贷：银行存款　　　　　　　　　　　　　　　　　　　　　　23 000

【例5-23】企业用银行存款支付车间办公用品费6 800元、水电费5 200元、劳动保护费5 800元。

该业务的发生，一方面使企业的银行存款减少17 800元（6 800+5 200+5 800），应记入"银行存款"账户的贷方；另一方面使企业的生产费用中的制造费用增加17 800元。制造费用是间接费用，应记入"制造费用"账户的借方。

会计分录如下：

借：制造费用　　　　　　　　　　　　　　　　　　　　　　17 800
　　贷：银行存款　　　　　　　　　　　　　　　　　　　　　　17 800

【例5-24】月末，企业归集、分配并结转制造费用至"生产成本"账户。

（1）"制造费用"账户设置的必要性。"制造费用"账户中记录的生产费用，本应在发生时记入"生产成本"及其所属的明细账户中，但由于其属于间接费用且发生的笔数多，需要进行多次计算分配与登记明细账户，工作量较大。为了减少核算的工作量及加强费用的预算控制，企业可以先将这些多笔间接费用通过"制造费用"账户归类集中为一个金额，然后在月末再进行一次分配，将间接费用转变为直接费用并登记"生产成本"账户及其所属明细账户。

（2）制造费用的归集。制造费用的归集是通过"制造费用"账户的借方来完成的。龙盛公司在本月发生的制造费用（【例5-16】至【例5-23】），在"制造费用"账户的借方发生额中表现为：材料费20 000元、工资费20 000元、折旧费33 400元、设备改良费5 000元、保险费23 000元、办公费6 800元、水电费5 200元、劳保费5 800元，合计119 200元。

（3）制造费用分配的标准选择。企业在同一月份同一生产车间同时加工生产两种或两种以上的产品时，应对制造费用选取一定的分配标准在各产品之间进行分配。所选取的分配标准应和制造费用构成项目中最大或最主要的费用项目直接相关且呈正比例关系。例如，制造费用中折旧费和修理费占的比例较大，就应以机器工作小时作为分配标准。又如，制造费用中工资及福利费占的比例较大，就应以生产工时或生产工人工资作为分配标准。

制造费用分配的比例分配方法如下：

制造费用分配率＝制造费用总额/∑分配标准

某产品应负担的制造费用＝该产品的分配标准×制造费用分配率

提示：如果制造费用分配率为近似值时，各种产品应负担的制造费用之和与制造费用总额会产生尾差，这时最后一种产品应负担的制造费用额则采用倒挤法计算求得，即将尾差计入最后一种产品。

（4）制造费用的分配。由于生产工人工资的资料（【例5-17】资料，A产品120 000元，B产品80 000元）比较容易取得，企业采用生产工人的工资比例法对制造费用予以分配。其计算过程如下：

制造费用分配率＝119 200/（120 000+80 000）＝0.596

A 产品应分担的制造费用＝120 000×0.596＝71 520（元）

B 产品应分担的制造费用＝119 200-71 520＝47 680（元）

（5）制造费用的结转。企业将制造费用在各产品之间进行分配后，在"制造费用"账户上归集的间接费用，就转化为直接费用，这时"制造费用"账户所担负的任务就完成了。企业应将其通过"制造费用"账户的贷方予以转销，同时登记到"生产成本"及其所属明细账户的借方。

会计分录如下：

借：生产成本——A 产品　　　　　　　　　　　　　　　　　71 520

　　　　　——B 产品　　　　　　　　　　　　　　　　　47 680

　　贷：制造费用　　　　　　　　　　　　　　　　　　　　　　　119 200

【例 5-25】计算并结转已完工验收入库产成品的生产成本。

（1）按成本计算对象开设生产成本明细账，并在账内按成本项目设置专栏归集产品生产费用。根据各种费用凭证，企业在生产成本明细账中进行登记，各生产成本明细账中归集的生产费用总额（包括期初在产品成本）就是该成本计算对象的生产费用总额。如果月末全部完工，该种产品生产成本明细账中归集的费用总额就是该种完工产品的总成本。

（2）将生产费用在完工产品和在产品之间进行分配。如果月末某种产品一部分完工一部分未完工，这时归集该种产品生产成本明细账中的费用总额还要采用适当的分配方法在完工产品和在产品之间进行分配。本教材采用较简单的"定额比例法"计算月末在产品成本，然后分成本项目根据"完工产品成本＝月初在产品成本+本月发生的生产费用-月末在产品成本"的计算公式，求得各完工产品的各成本项目成本。

（3）产品数量及在产品成本资料。A 产品本月完工 200 件，月末在产品 80 件；B 产品本月全部完工 100 件。月初在产品成本（上月生产成本明细账的月末余额）A 产品 124 000 元。其中，直接材料为 50 000 元，直接人工为 45 600 元，制造费用为28 400 元。B 产品 40 000 元。其中，直接材料为 14 000 元，直接人工为 9 400 元，制造费用为 16 600 元。月末，根据 A 产品在产品数量和单位在产品项目成本定额计算出 A 产品的月末在产品成本为 114 000 元。其中，直接材料为 48 400 元，直接人工为42 800元，制造费用为 22 800 元。

（4）生产成本明细分类账的登记。企业根据 A、B 产品生产成本明细账期初余额资料和本期发生的生产费用（【例 5-16】、【例 5-17】、【例 5-24】）登记"A 产品生产成本明细账"（见表 5-1）和"B 产品生产成本明细账"（见表 5-2）中的"月初余额"行和第 11、第 12、第 20 凭证号数行，然后加计本月生产费用（第 11、第 12、第 20 号凭证）并登记"本月生产费用合计"行，将"月初余额"行和"本月生产费用合计"行的数字相加登记"全部生产费用合计"行。"全部生产费用合计"行的数字即为各该产品及其各成本项目的生产费用。

表 5-1　A 产品生产成本明细分类账

产品名称：A 产品　　完工产量：200 件　　　　　　　　　　　　　单位：元

| 2×21 年 | | 凭证 | | 摘要 | 借方（成本项目） | | | | 贷方 | 余额 |
| 月 | 日 | 字 | 号 | | 直接材料 | 直接人工 | 制造费用 | 合计 | | |
|---|---|---|---|---|---|---|---|---|---|---|
| 12 | 1 | | | 月初余额 | 50 000 | 45 600 | 28 400 | 124 000 | | 124 000 |
| | 7 | 转 | 11 | 领用材料 | 180 000 | | | 180 000 | | |
| | 10 | 转 | 12 | 生产工人工资 | | 120 000 | | 120 000 | | |
| | 31 | 转 | 20 | 分配制造费用 | | | 71 520 | 71 520 | | |
| | | | | 本月生产费用合计 | 180 000 | 120 000 | 71 520 | 371 520 | | |
| | | | | 全部生产费用合计 | 230 000 | 165 600 | 99 920 | 495 520 | | |
| | 31 | 转 | | 结转完工产品成本 | 181 600 | 122 800 | 77 120 | 381 520 | 381 520 | 114 000 |
| | 31 | | | 月末在产品成本 | 48 400 | 42 800 | 22 800 | 114 000 | | 114 000 |

表 5-2　B 产品生产成本明细分类账

产品名称：B 产品　　完工产量：100 件　　　　　　　　　　　　　单位：元

| 2×21 年 | | 凭证 | | 摘要 | 借方（成本项目） | | | | 贷方 | 余额 |
| 月 | 日 | 字 | 号 | | 直接材料 | 直接人工 | 制造费用 | 合计 | | |
|---|---|---|---|---|---|---|---|---|---|---|
| | 1 | | | 月初余额 | 14 000 | 9 400 | 16 600 | 40 000 | | 40 000 |
| | 7 | 转 | 11 | 领用材料 | 120 000 | | | 120 000 | | |
| | 10 | 转 | 12 | 生产工人工资 | | 80 000 | | 80 000 | | |
| | 31 | 转 | 20 | 分配制造费用 | | | 47 680 | 47 680 | | |
| | | | | 本月生产费用合计 | 120 000 | 80 000 | 47 680 | 247 680 | | |
| | | | | 全部生产费用合计 | 134 000 | 89 400 | 64 280 | 287 680 | | 287 680 |
| | 31 | 转 | | 结转完工产品成本 | 134 000 | 89 400 | 64 280 | 287 680 | 287 680 | 0 |
| | 31 | | | 月末在产品成本 | 0 | 0 | 0 | 0 | | 0 |

（5）月末在产品成本的计算。企业根据单位在产品成本项目定额和月末在产品数量计算月末在产品成本并登记"生产成本明细账"中的"月末在产品成本"行。经计算，A 产品的月末在产品成本为 114 000 元（直接材料为 48 400 元，直接人工为 42 800 元，制造费用为 22 800 元）；B 产品月末没有在产品，不需要计算月末在产品成本。

（6）完工产品成本计算。"全部生产费用合计"行的数字减去"月末在产品"行的数字，即为完工产品的各成本项目成本和总成本，登记在"结转完工产品成本"行的借方专栏（用"红字"登记，"-"号表示红字）和贷方栏。B 产品月末没有在产品，则不需要计算月末在产品成本，"全部生产费用合计"行的数字，即为 B 产品的各成本项目成本和总成本，登记在"结转完工产品成本"行的借方专栏（用"红字"登记，"-"号表示红字）和贷方栏。

（7）根据"生产成本明细账"提供的资料编制的"产品成本计算单"如表5-3所示。

表5-3 产品成本计算单

2×21年12月

单位：元

| 成本项目 | A 产品（200件） | | B 产品（100件） | | 合计 |
|---|---|---|---|---|---|
| | 总成本 | 单位成本 | 总成本 | 单位成本 | — |
| 直接材料 | 181 600 | 908 | 134 000 | 1 340 | — |
| 直接人工 | 122 800 | 614 | 89 400 | 894 | — |
| 制造费用 | 77 120 | 385.6 | 64 280 | 642.80 | — |
| 生产成本 | 381 520 | 1907.6 | 287 680 | 2 876.80 | 669 200 |

（8）结转完工产品成本。该业务属于资产形态内部转化的业务，在产品转化为产成品，库存产成品增加应记入"库存商品"账户的借方，在产品减少应记入"生产成本"账户的贷方。根据"产品成本计算表"编制的会计分录如下：

借：库存商品——A 产品　　　　　　　　　　　　　　　381 520
　　　　　　——B 产品　　　　　　　　　　　　　　　287 680
　　贷：生产成本——A 产品　　　　　　　　　　　　　　　381 520
　　　　　　　　——B 产品　　　　　　　　　　　　　　　287 680

## 第五节　产品销售业务的核算

企业经过了产品生产过程，制造出合乎规定要求、可供对外销售的产品。之后，企业经营活动就进入了销售过程。销售过程是企业经营过程的最后阶段，在销售过程中，企业一方面要将产品按购买方的要求交付对方，另一方面要从购买方收取货款，实现产品的价值和形成销售收入。销售收入是企业按产品的销售数量和销售价格计算的销售货款。销售环节是保证企业资金周转的最重要的环节。如果企业生产出来的产品不能顺利售出，那么被占压在产成品上的成品资金就不能顺利地转化为货币资金，制造成本的耗费就得不到补偿。

企业为取得销售收入，必然要付出一定代价并交纳流转税，如发生产品的销售成本、销售费用及流转税等。销售成本就是企业已经售出的库存商品的制造成本，未被售出的产成品仍为库存商品，形成存货资产；已被售出的产成品的销售成本要与取得的销售收入相配比。企业销售产品取得销售收入的同时还要发生各种销售费用，如包装费、运输费、广告费、保险费等，这些费用与一定时期企业的销售收入关系紧密，因此具有期间费用的性质。企业还要按国家有关税法规定的税种和税率以及实现的销售收入计算交纳销售税金及附加。销售产品、办理结算、收回货款、结转销售成本、计算应交纳的销售税金、确定销售成果构成了销售业务的基本内容。

## 一、销售业务核算的主要内容

企业在销售过程中发生的销售商品、自制半成品以及提供工业性劳务等业务属于主营业务。除此之外，企业还可能发生一些其他业务，包括销售材料、出租包装物、出租固定资产等。销售过程的业务主要涉及销售收入确认、销售货款结算、计算和交纳销售税金、计算并结转销售成本等内容。

## 二、销售收入的核算

### （一）销售收入包括的内容

销售收入是指企业因对外出售产品、材料、提供劳务以及转让无形资产等形成的经济利益的流入。会计核算中将企业的销售收入称为营业收入。

### （二）销售收入确认的标准

进行销售收入的核算，关键问题就是对销售收入实现的确认，即解决何时入账的问题。

销售收入的实现和确认在会计上采用的标准是权责发生制和配比原则。通常，企业销售收入的实现是以资产流入企业为标志的，如以现销成交，以获得现金、银行存款为销售收入实现的标志；以赊销成交，以取得收回货款的权利，即形成应收账款或应收票据为销售收入实现的标志。有时企业销售收入的实现也表现为原有债务的消失，如向已付产品定金的购货方供货，则冲销预收货款。如果企业的销售业务导致企业的资产增加或负债减少，形成经济利益的增加并能可靠地计量，就可以确认销售收入的实现。

按照企业会计准则的要求，企业应当在履行了合同中的履约义务，即在客户取得相关商品的控制权时确认收入。这里的合同是指双方或多方之间订立有法律约束力的权利义务的协议。合同有书面形式、口头形式以及其他形式。取得相关商品控制权是指能够主导该商品的使用并从中获得几乎全部的经济利益，包括有能力阻止其他方主导该商品的使用并从中获得经济利益。

### （三）销售收入核算中设置的主要账户

1. "主营业务收入"账户

"主营业务收入"账户属于损益类账户，用来核算企业因销售商品、提供劳务等业务活动而实现收入。其贷方登记本期实现的主营业务收入，借方登记发生的销售退回和折让以及期末为计算损益而转入"本年利润"账户的本期销售收入转出数（按净额结转）。结转后该账户期末应无余额。该账户应按产品类别或品种设置明细账户。

"主营业务收入"账户的结构如图5-20所示。

主营业务收入

| | |
|---|---|
| （1）销售退回等<br>（2）期末转入"本年利润"<br>账户的净收入 | 实现的主营业务收入（增加） |

**图 5-20　"主营业务收入"账户的结构**

2. "其他业务收入"账户

"其他业务收入"账户属于损益类账户，用来反映企业非主营业务，如材料销售、资产出租等实现的收入。其贷方登记本期实现的其他业务收入（增加），借方登记期末为计算损益而转入"本年利润"账户的本期其他业务收入转出数。结转后该账户期末应无余额。

"其他业务收入"账户的结构如图 5-21 所示。

其他业务收入

| | |
|---|---|
| 期末转入"本年利润"账户的<br>其他业务收入 | 其他业务收入实现（增加） |

**图 5-21　"其他业务收入"账户的结构**

3. "应收账款"账户

"应收账款"账户属于资产类账户，用来反映企业因销售商品等而应向购货单位收取货款的结算情况，代购买单位垫付的各种款项也在该账户中核算。其借方登记应向购货方收取的货款，贷方登记已经收回的应收货款，期末借方余额表示尚未收回的应收货款。该账户应按债务单位设置明细账户。

"应收账款"账户的结构如图 5-22 所示。

应收账款

| | |
|---|---|
| 发生的应收账款（增加） | 收回的应收账款（减少） |
| 期末余额：应收未收款 | 期末余额：预收款 |

**图 5-22　"应收账款"账户的结构**

4. "应收票据"账户

"应收票据"账户属于资产类账户，用来反映企业因销售商品而收到购货单位开出并承兑的商业汇票的增减变动及其结余情况。其借方登记收到对方承兑的商业汇票的票面金额，贷方登记商业汇票到期兑付、贴现或转让的票面金额，期末借方余额表示企业持有的尚未到期的应收票据。

"应收票据"账户的结构如图 5-23 所示。

应收票据

| 本期收到的商业汇票（增加） | 到期（提前贴现）票据的减少 |
|---|---|
| 期末余额：尚未收回的票据应收款 | |

图 5-23  "应收票据"账户的结构

5. "预收账款"账户

"预收账款"账户属于负债类账户，用来核算企业按合同规定预收购买单位订货款的增减变动及结余情况。其贷方登记因向购买单位预收货款所发生的将要提供商品或劳务的义务，借方登记企业提供商品或劳务履行所承担的义务。期末余额如在贷方，表示企业尚未履行或清偿预收货款的义务；期末余额如在借方，表示企业应补付给本企业的款项。该账户应按不同的购货单位名称设置明细账户。

"预收账款"账户的结构如图 5-24 所示。

预收账款

| 预收货款的减少 | 预收货款的增加 |
|---|---|
| 期末余额：购货单位应补付的款项 | 期末余额：预收款的结余 |

图 5-24  "预收账款"账户的结构

## （四）业务举例

假定龙盛公司 12 月发生下列销售业务：

【例 5-26】龙盛公司向西华公司销售 A 产品 150 件，单价为 4 000 元；向东华公司销售 B 产品 100 件，单价为 3 000 元。货已发出，增值税销项税额为 117 000 元，价税合计为 1 017 000 元，已通过银行转账收讫。

该销售业务由于货已发出和货款已收到，符合销售收入实现的条件，因此应确认营业收入。销售收入的实现使企业的货币资产——银行存款增加，应记入"银行存款"账户的借方。

会计分录如下：

借：银行存款                                                    1 017 000
　　贷：主营业务收入——A 产品                                    600 000
　　　　　　　　　　——B 产品                                    300 000
　　　应交税费——应交增值税（销项税额）                          117 000

如果将上例中的货款 1 017 000 元"已通过银行转账收讫"，改为"对方已承诺付款，但款项尚未收到"，或者改为"收到对方转来的承兑商业汇票"，则龙盛公司应在记录主营业务收入的同时记录企业债权的增加。

会计分录如下：

借：应收账款              1 017 000

 贷：主营业务收入——A 产品        600 000

       ——B 产品        300 000

  应交税费——应交增值税（销项税额）   117 000

或：

借：应收票据              1 017 000

 贷：主营业务收入——A 产品        600 000

       ——B 产品        300 000

  应交税费——应交增值税（销项税额）   117 000

【例 5-27】本月初，龙盛公司按合同规定预收购货单位东华公司货款 200 000 元，存入银行。

该业务一方面使企业的货币资产银行存款增加，应记入"银行存款"账户的借方；另一方面使企业要承担的经济义务预收账款增加，应记入"预收账款"账户的贷方。

会计分录如下：

借：银行存款              200 000

 贷：预收账款——东华公司         200 000

【例 5-28】本月末龙盛公司向东华公司发运 A 产品 50 件，单价为 4 000 元，发票上注明的价款为 200 000 元，增值税销项税额为 26 000 元。原预收款不足，其差额部分当即收到并存入银行。

该业务由于龙盛公司向东华公司发运产品，履行了其承担的义务，因此使企业的债务预收账款减少，应记入"预收账款"账户的借方，同时实现销售收入，应记入"主营业务收入"账户的贷方。

会计分录如下：

借：预收账款——东华公司         200 000

  银行存款             26 000

 贷：主营业务收入——A 产品        200 000

   应交税费——应交增值税（销项税额）   26 000

如果龙盛公司向东华公司发出 A 产品的价款不是 200 000 元，而是 300 000 元，则龙盛公司除抵扣预收的 200 000 元外，其差额部分尚未收到。

会计分录如下：

借：预收账款——东华公司         339 000

 贷：主营业务收入——A 产品        300 000

   应交税费——应交增值税（销项税额）   39 000

【例 5-29】龙盛公司对外出售不需用的丁材料 5 000 千克，单价为 12 元，价款为 60 000 元，增值税销项税额为 7 800 元，同时用银行存款代垫运杂费 1 800 元，款项共计 69 600 元，尚未收到。

该业务一方面使企业实现材料销售收入 60 000 元，应记录其他业务收入的增加。代垫运杂费使企业银行存款减少。另一方面，企业销售款项和代垫运杂费尚未收到，使企业的债权增加，应记录应收账款的增加。

会计分录如下：

借：应收账款     69 600

贷：其他业务收入     60 000

银行存款     1 800

应交税费——应交增值税（销项税额）    7 800

## 三、销售成本及费用的核算

### （一）设置的主要账户及其对应关系

1. "主营业务成本"账户

"主营业务成本"账户属于损益类账户，用来核算企业已售出产品、已提供劳务的成本。其借方登记本期已售产品、已提供劳务的成本，一般与"库存商品"等账户的贷方发生对应关系；贷方登记发生销售退货时实际退回产品的成本以及期末为计算损益转入"本年利润"账户的数额；期末结转后，该账户无余额。该账户可按主营业务的种类设置明细账户，进行明细核算。

"主营业务成本"账户的结构如图5-25所示。

主营业务成本

| 已销产品成本的转入（增加） | 销售退货时实际退回产品的成本以及期末转入"本年利润"账户的主营业务成本的净额 |
| --- | --- |
| | |

图5-25 "主营业务成本"账户的结构

2. "其他业务成本"账户

"其他业务成本"账户属于损益类账户，用来核算企业除主营业务以外的其他业务成本的发生及其转销情况。其借方登记其他业务成本，如材料销售成本的发生，即其他业务成本的增加；贷方登记期末转入"本年利润"账户的其他业务成本额；经过结转后，该账户期末无余额。该账户应按照其他业务的种类设置明细账户，进行明细分类核算。其他业务成本核算的内容包括销售材料的成本、出租固定资产的折旧额、出租无形资产的摊销额等。

"其他业务成本"账户的结构如图5-26所示。

其他业务成本

| 其他业务成本发生（增加） | 期末转入"本年利润"账户的其他业务成本 |
| --- | --- |
| | |

图5-26 "其他业务成本"账户的结构

3."税金及附加"账户

"税金及附加"账户属于损益类账户，用来核算企业销售商品、持有特定财产以及发生特定行为应负担的各种税金及附加的计算及结转情况，包括消费税、城市维护建设税、教育费附加等。其借方登记按规定计算交纳各种销售税金和附加，贷方登记期末为计算损益转入"本年利润"账户的转出数，期末结转后无余额。

"税金及附加"账户的结构如图 5-27 所示。

税金及附加

| 按照计税依据计算出的消费税、城市维护建设税等 | 期末转入"本年利润"账户的税金及附加 |
|---|---|

**图 5-27　"税金及附加"账户的结构**

4."应交税费"账户

"应交税费"账户反映企业计算交纳的各种税费。该账户属于负债类账户，贷方登记计算应交纳的各种税费，借方登记税费的交纳数，贷方余额反映企业尚未交纳的税费数额。

(二) 业务举例

【例 5-30】期末计算并结转本月已销产品的销售成本。

(1) 销售成本的计算。该业务首先要计算甲、乙两种产品的单位销售成本。在制造成本法下，所销产品的单位生产成本与单位销售成本是一致的，但是由于各月的生产量和销售量以及各月的单位生产成本往往不一致，这就需要采用一定的方法（先进先出法、个别计价法、加权平均法、移动加权平均法等）计算本月销售产品的销售成本。本书仅介绍加权平均法。

其计算公式如下：

$$\text{某产品月末加权平均单位生产成本} = \frac{\text{月初库存产品的生产成本} + \text{本月入库产品的生产成本}}{\text{月初库存产品数量} + \text{本月入库产品数量}}$$

本月已销某产品的销售成本＝本月已销该产品数量×该产品月末加权平均单位成本

龙盛公司月初结存 A 产品 50 件，单位成本为 2 200 元，总成本为 110 000 元，B 产品月初无库存。【例 5-26】、【例 5-28】提供的产品销售资料和【例 5-25】提供的完工产品成本资料为：本月销售 A 产品 200 件（150+50），B 产品 100 件；本月完工 A 产品 200 件，单位生产成本为 1 907.6 元，总成本为 381 520 元；本月完工 B 产品 100 件，单位生产成本为 2 876.80 元，总成本为 287 680 元。根据以上资料计算如下：

A 产品月末加权平均单位生产成本＝（110 000+381 520）÷（50+200）

$$= 1\ 966.08\ （元）$$

A 产品本月销售成本＝200×1 966.08＝393 216 （元）

由于本月销售的 B 产品全部为本月生产的产品，因此，本月完工产品的单位成本就是本月销售的 B 产品的单位销售成本。

B 产品本月销售成本 = 100×2 876.80 = 287 680（元）

（2）结转已销产品的销售成本。产品销售成本表明为取得销售收入而付出的代价，它是由企业的资产（库存商品）转化而来的，一方面表明企业的费用（销售成本）增加，应记入"主营业务成本"账户的借方；另一方面表明企业的资产（库存商品）减少，应记入"库存商品"的贷方。

会计分录如下：

借：主营业务成本——A 产品        393 216

      ——B 产品        287 680

 贷：库存商品——A 产品          393 216

     ——B 产品          287 680

【例 5-31】分别按本月应交纳的流转税额的 7% 和 3% 计算并结转本月应交的城市维护建设税（简称"城建税"）和教育费附加。

城建税和教育费附加的计算依据是分别按企业应纳流转税之和的 7% 和 3% 计算交纳。假定本企业本月应交纳的流转税为 111 000 元，则：

应交城市维护建设税 = 111 000×7% = 7 770（元）

应交教育费附加 = 111 000×3% = 3 330（元）

该业务一方面使企业的费用（销售税金及附加）增加 11 100 元，应记入"税金及附加"账户的借方；另一方面使企业的负债（应交城建税）增加 7 770 元、应交的教育费附加（税务机关代教育行政机关收取教育经费）增加 3 330 元，应记入"应交税费"账户的贷方。

会计分录如下：

借：税金及附加           11 100

 贷：应交税费——应交城建税        7 770

     ——应交教育费附加      3 330

【例 5-32】结转【例 5-29】所售材料的实际成本 40 000 元。

企业销售材料取得的收入已计入其他业务收入，其代价是已售材料的实际成本，因此应将销售材料的成本作为其他业务成本。

会计分录如下：

借：其他业务成本          40 000

 贷：原材料             40 000

## 第六节 财务成果业务的核算

企业作为一个独立的经济实体，其经营活动的主要目的就是要不断提高企业的盈利水平，增强企业的获利能力。利润就是一个反映企业获利能力的综合指标，利润水平的高低不仅反映企业的盈利水平，而且反映企业向整个社会所做贡献的大小，同时还是各有关方面对企业进行财务预测和投资决策的重要依据。

## 一、财务成果业务核算的内容

### （一）财务成果的概念

财务成果是指企业在一定会计期间实现的最终经营成果，也就是企业实现的利润或亏损总额，俗称损益。利润是按照配比的要求，将一定时期内存在因果关系的收入与费用进行配比而产生的结果，收入大于费用支出的差额部分为利润，反之则为亏损。利润是综合反映企业在一定时期生产经营成果的重要指标。

### （二）财务成果的构成及计算

利润的确认是以企业在生产经营活动过程中产生的收入和费用的确认为基础的，此外还包括通过投资活动而获得的投资收益以及那些与生产经营活动无直接关系的营业外收入和营业外支出。

有关利润的计算公式如下：

营业利润（狭义利润）＝营业收入－营业成本－税金及附加－销售费用－管理费用－
　　　　　　　　　　财务费用－资产、信用减值损失±公允价值变动净损益±投
　　　　　　　　　　资净损益±资产处置净损益

其中：

营业收入＝主营业务收入＋其他业务收入

营业成本＝主营业务成本＋其他业务成本

利润总额＝营业利润＋营业外收入－营业外支出

净利润（广义利润）＝利润总额－所得税费用

### （三）财务成果业务核算的内容

企业实现的净利润，要按照有关规定在各投资者之间进行分配。因此，计算确定企业实现的利润和对利润进行分配，就构成了企业财务成果业务核算的主要内容。

## 二、利润形成的核算

### （一）利润形成的核算内容

企业在一定时期内是实现利润还是发生亏损，取决于该期全部收入与全部费用的对比。其中有关主营业务收入和主营业务成本、其他业务收入和其他业务成本的核算已在本章第五节做了具体介绍，本节主要介绍销售费用、管理费用、财务费用、营业外收入、营业外支出、投资收益以及利润总额和净利润的核算。

### （二）设置的主要账户及对应关系

1. "销售费用"账户

"销售费用"账户属于损益类账户，用来账户是反映企业在销售产品过程中各种销售费用（广告费、运输费、装卸费、包装费、展览费和企业专设销售机构经费等）的发生和结转情况。其借方登记本期发生的销售费用，贷方登记期末为计算损益转入"本年利

润"账户的销售费用,期末结转后无余额。该账户应按费用类别设置明细账户。

"销售费用"账户的结构如图 5-28 所示。

销售费用

| 发生的销售费用(增加) | 期末转入"本年利润"账户的销售费用 |
|---|---|
| | |

图 5-28 "销售费用"账户的结构

2. "管理费用"账户

"管理费用"账户属于损益类账户,用来核算企业行政管理部门为组织和管理企业的生产经营活动而发生的各项费用,包括企业在筹建期间内发生的开办费、董事会和行政管理部门在企业的经营管理中发生的或应由企业统一负担的行政经费(包括行政管理部门的职工薪酬、办公费和差旅费等)、董事会费(包括董事会成员津贴、会议费和差旅费等)、聘请中介机构费、咨询费、诉讼费、业务招待费等。其借方登记发生的各项管理费用,贷方登记期末为计算损益转入"本年利润"账户的管理费用,期末结转后无余额。该账户应按费用项目设置明细账户。

"管理费用"账户的结构如图 5-29 所示。

管理费用

| 发生的管理费用 | 期末转入"本年利润"账户的管理费用额 |
|---|---|
| | |

图 5-29 "管理费用"账户的结构

3. "财务费用"账户

"财务费用"账户属于损益类账户,用来核算企业为筹集生产经营所需资金等而发生的各项筹资费用,包括银行借款利息支出(减存款的利息收入)和手续费等项目。其借方登记本期发生的各项财务费用,贷方登记发生的应冲减财务费用的利息收入以及期末为计算损益转入"本年利润"账户借方的本期财务费用净额,期末结转后无余额。该账户应按费用项目设置明细账户。

"财务费用"账户的结构如图 5-30 所示。

财务费用

| 发生的费用:<br>利息支出<br>手续费<br>汇兑损失 | 利息收入、汇兑收益<br>期末转入"本年利润"账户的财务费用净额 |
|---|---|
| | |

图 5-30 "财务费用"账户的结构

4. "营业外收入"账户

"营业外收入"账户属于损益类账户，用来反映企业发生的与生产经营活动无直接关系的各项收入，包括报废毁损非流动资产利得、盘盈利得、捐赠利得等。其贷方登记本期内发生的各项营业外收入，借方登记期末为计算损益转入"本年利润"账户的营业外收入，期末结转后无余额。该账户应按收入项目设置明细账户。

"营业外收入"账户的结构如图5-31所示。

营业外收入

| 期末转入"本年利润"账户的利得 | 实现的利得（增加） |
| --- | --- |

**图5-31　"营业外收入"账户的结构**

5. "营业外支出"账户

"营业外支出"账户属于损益类账户，用来反映企业发生的与生产经营活动无直接关系的各项支出，包括非流动资产报废毁损损失、公益性捐赠支出、非常损失、盘亏损失等。其借方登记本期内发生的各项营业外支出，贷方登记期末为计算损益转入"本年利润"账户的营业外支出额，期末结转后无余额。该账户应按支出项目设置明细账户。

"营业外支出"账户的结构如图5-32所示。

营业外支出

| 损失的发生（增加） | 期末转入"本年利润"账户的损失 |
| --- | --- |

**图5-32　"营业外支出"账户的结构**

6. "所得税费用"账户

"所得税费用"账户属于损益类账户，用来反映企业按规定从本期损益中扣除的所得税费用。其借方登记根据应税利润额和所得税税率计算的应从本期利润中扣除的所得税费用，贷方登记期末为计算净利润转入"本年利润"账户的所得税费用额，期末结转后无余额。

"所得税费用"账户的结构如图5-33所示。

所得税费用

| 计算出的所得税费用额 | 期末转入"本年利润"账户的所得税费用额 |
| --- | --- |

**图5-33　"所得税费用"账户的结构**

7. "本年利润"账户

"本年利润"账户属于所有者权益类账户，用来归集、累计企业本年度各月取得的各项收入和发生的各项费用，计算本年度实现的利润（亏损）总额和净利润情况。其贷方登记期末从各损益收入类账户转入的本期取得的各项收入；借方登记期末从各损益支出类账户转入的本期发生的各项费用；期末借方余额表示企业本期发生的亏损，贷方余额表示本期实现的利润。

"本年利润"账户的结构如图 5-34 所示。

本年利润

| 期末转入的各项费用：<br>(1) 主营业务成本<br>(2) 其他业务成本<br>(3) 税金及附加<br>(4) 管理费用<br>(5) 财务费用<br>(6) 销售费用<br>(7) 投资净损失<br>(8) 营业外支出<br>(9) 所得税费用 | 期末转入的各项收入：<br>(1) 主营业务收入<br>(2) 其他业务收入<br>(3) 投资净收益<br>(4) 营业外收入 |
|---|---|
| 期末余额：累计亏损 | 期末余额：累计净利润 |

图 5-34　"本年利润"账户的结构

（1）本年利润结转的"账结法"。在"账结法"下，各月月末会计人员要将各月取得的各项收入和发生的各项费用，从各有关损益收入类账户的借方、损益支出类账户的贷方转入"本年利润"账户的贷方或借方。各月月末"本年利润"账户的余额即为截至本月月末本年累积已实现的利润或发生的亏损，并且在年度内该账户的余额一直保留不予结转。但在年末，会计人员应将该账户的贷方（借方）余额转入"利润分配——未分配利润"账户的借方（贷方），该账户年末结转后无余额。本教材对利润的结转采用"账结法"。

（2）本年利润结转的"表结法"。所谓"表结法"，是指各月月末会计人员通过编制"利润表"来计算出本月利润并在年末全部予以结转的一种利润计算方法。在"表结法"下，年内各月均不结转各损益类账户，各损益类账户均保持有月末余额（累计发生额）。只在年末结账时，会计人员才将各损益收入类账户的贷方、各损益支出类账户的借方全年累计余额或发生额反方向一次性转入"本年利润"账户的贷方和借方。"本年利润"账户年末余额的结转方法与"账结法"相同。

8. "应付利息"账户

"应付利息"账户属于负债类账户，用来反映企业按照合同约定应支付的利息，包括吸收存款、分期付息到期还本的长期借款、企业债券等应支付的利息。实际支付的利息记借方；预先提取计入损益的利息记贷方，表示应付未付的利息。期末贷方余额，表示尚未支付的利息。

"应付利息"账户的结构如图 5-35 所示。

应付利息

| 实际支付的利息 | 预先提取计入损益的利息 |
|---|---|
| | 期末余额：已提取未支付的利息 |

**图 5-35 "应付利息"账户的结构**

（三）业务举例

假设龙盛公司 12 月发生下列有关期间费用业务：

【例 5-33】企业用银行存款支付广告费 5 000 元和应由本企业负担的运杂费 2 000 元。

该业务一方面使企业的资产（银行存款）减少 7 000 元，应记入"银行存款"账户的贷方；另一方面使企业的期间费用（销售费用）广告费增加 5 000 元、运杂费增加 2 000 元，应记入"销售费用"账户的借方。

会计分录如下：

借：销售费用——广告费　　　　　　　　　　　　　　　5 000
　　　　　——运杂费　　　　　　　　　　　　　　　2 000
　　贷：银行存款　　　　　　　　　　　　　　　　　　　　　7 000

【例 5-34】企业用银行存款支付应由本企业负担的材料销售运杂费 2 000 元。

该业务一方面使企业的银行存款减少 2 000 元，应记入"银行存款"账户的贷方；另一方面使企业的销售费用增加，应记入"销售费用"账户的借方。

会计分录如下：

借：销售费用——材料销售　　　　　　　　　　　　　　2 000
　　贷：银行存款　　　　　　　　　　　　　　　　　　　　　2 000

【例 5-35】企业以银行存款支付购买厂部用办公用品 1 000 元、审计费 2 000 元、通信费 3 000 元。

该业务一方面使企业的资产减少 6 000 元，应记入"银行存款"账户的贷方；另一方面使企业的期间费用增加 6 000 元，应记入"管理费用"账户的借方。

会计分录如下：

借：管理费用——办公费　　　　　　　　　　　　　　　1 000
　　　　　——审计费　　　　　　　　　　　　　　　2 000
　　　　　——通信费　　　　　　　　　　　　　　　3 000
　　贷：银行存款　　　　　　　　　　　　　　　　　　　　　6 000

【例 5-36】企业预提本季度最后一个月应负担的银行短期借款利息 1 000 元。

由于短期借款利息与银行的结算按季度进行，而企业损益的计算按月进行，因此各月月末利息虽未支付，但它确实属于本月的费用。该业务一方面使企业的期间费用（利息费用）增加，应记入"财务费用"账户的借方；另一方面使企业内部的费用性债务增加，应记入"应付利息"账户的贷方。

会计分录如下：

借：财务费用             1 000

  贷：应付利息            1 000

【例5-37】企业季度末用银行存款支付银行短期借款利息3 000元。

该业务一方面使企业的银行存款减少3 000元，应记入"银行存款"账户的贷方；另一方面使企业内部的费用性债务减少3 000元，应记入"应付利息"账户的借方。

会计分录如下：

借：应付利息            3 000

  贷：银行存款            3 000

【例5-38】采购员李莉出差归来，报销差旅费6 600元，扣除原借款6 400元后，差额以现金支付。

采购员的出差花销，属于企业的期间费用，应记入"管理费用"账户的借方；采购员李莉已报账，原来记在她名下的借款便减少，应记入"其他应收款"账户的贷方；由于她借得少而花得多，以现金200元支付其差额，应记入"库存现金"账户的贷方。

会计分录如下：

借：管理费用            6 600

  贷：库存现金            200

    其他应收款——李莉       6 400

【例5-39】企业摊销应由本月负担的财产保险费8 000元和报纸杂志费2 000元。

该业务由于本月已受益，一方面使企业本月应负担的共同性的期间费用（管理费用）增加10 000元，应记入"管理费用"账户的借方；另一方面也使企业的跨会计期间的费用性资产减少10 000元，应记入"待摊费用"账户的贷方（此账户根据企业的需要和权责发生制的要求而设置）。

会计分录如下：

借：管理费用——保险费        8 000

     ——报刊资料费      2 000

  贷：待摊费用           10 000

【例5-40】企业以银行存款支付生产经营资金集资手续费1 000元。

集资手续费属于财务费用。该业务一方面使企业的银行存款减少1 000元，应记入"银行存款"账户的贷方；另一方面使企业的财务费用增加1 000元，应记入"财务费用"账户的借方。

会计分录如下：

借：财务费用            1 000

  贷：银行存款            1 000

【例5-41】企业通过银行收到新华公司违约的违约金罚款收入2 000元，按规定作为营业外收入处理。

该业务一方面使企业的银行存款增加2 000元，应记入"银行存款"账户的借方；另一方面使企业的营业外收入增加2 000元，应记入"营业外收入"账户的贷方。

会计分录如下：

借：银行存款　　　　　　　　　　　　　　　　　　　2 000

　　贷：营业外收入　　　　　　　　　　　　　　　　　　2 000

【例5-42】期末，企业结转本期各损益类账户（除"所得税费用"账户外）的余额。结转前各损益类账户的余额分别为：主营业务收入1 160 000元、营业外收入2 000元、主营业务成本600 000元、税金及附加11 100元、销售费用7 000元、管理费用73 400元、财务费用2 000元、营业外支出5 500元（说明：各账户余额为已知，与前面的例题数字无关）。

（1）结清本期各损益收入类账户的余额。现有的账户体系是设置专门的损益收入类账户、损益支出类账户，而期末的损益计算则是通过"本年利润"账户借方发生额和贷方发生额的差额来完成的。因此，企业在期末应将损益收入类账户的贷方发生额反方向转出并记入"本年利润"账户的贷方。

会计分录如下：

借：主营业务收入　　　　　　　　　　　　　　　　1 160 000

　　营业外收入　　　　　　　　　　　　　　　　　　2 000

　　贷：本年利润　　　　　　　　　　　　　　　　　1 162 000

（2）结清本期损益支出类账户的余额。企业应在期末将损益支出类账户的借方发生额反方向转出并记入"本年利润"账户的借方。

会计分录如下：

借：本年利润　　　　　　　　　　　　　　　　　　699 000

　　贷：主营业务成本　　　　　　　　　　　　　　　600 000

　　　　税金及附加　　　　　　　　　　　　　　　　11 100

　　　　销售费用　　　　　　　　　　　　　　　　　7 000

　　　　管理费用　　　　　　　　　　　　　　　　　73 400

　　　　财务费用　　　　　　　　　　　　　　　　　2 000

　　　　营业外支出　　　　　　　　　　　　　　　　5 500

损益类账户结转入"本年利润"账户的原则是：凡是有贷方余额的账户全部从借方转出，凡是有借方余额的账户全部从贷方转出，结转后各损益类账户没有余额。

（3）会计利润额的计算。通过以上会计账项结转，本月发生的全部收入1 162 000元、全部费用699 000元，都汇集在"本年利润"账户。企业将"本年利润"账户贷方发生额和借方发生额配比，其贷方差额463 000元，即为本月实现的利润。

【例5-43】假设龙盛公司1~11月累计应纳税所得额为4 520 000元，前三季度累计已交纳所得税为1 100 000元；12月实现的应纳税所得额（利润总额，假设无纳税调整项目）为480 000元，所得税税率为25%。计算并结转本月应交所得税。

（1）所得税的交纳方式。企业所得税是企业为取得一定的生产经营成果（净利润）按税法规定而发生的一项费用支出。因此，按照权责发生制和收入与费用配比的原则，所得税作为一项费用支出，应在净利润前扣除。企业所得税通常是按年计算，按季预交，年终汇算清缴，多退少补。

（2）应交所得税的基本计算公式如下：

应交所得税＝应纳税所得额×适用税率

应纳税所得额＝利润总额±纳税调整项目金额

所得税按季预交时的计算：

某季度累计应交所得税额＝该季度累计应纳税所得额×适用税率

某季度应交所得税额＝该季度累计应纳税所得额－上季度累计已纳所得税额

（3）应交所得税的计算。为简便计算，本教材假设各月无纳税调整项目，即将各期的会计利润额视同为应纳税所得额。

本年应纳税所得额＝4 520 000＋480 000＝5 000 000（元）

本年应交所得税＝5 000 000×25%＝1 250 000（元）

本季度应交所得税＝1 250 000－1 100 000＝150 000（元）

（4）确定所得税费用和应交所得税。该业务一方面使企业的所得税费用增加，应记入"所得税费用"账户的借方；另一方面使企业的负债——应交税费增加，应记入"应交税费"账户的贷方。

会计分录如下：

借：所得税费用　　　　　　　　　　　　　　　　　　　　150 000

　　贷：应交税费——应交所得税　　　　　　　　　　　　　　　150 000

（5）结清本季度"所得税费用"账户的借方发生额，用于计算确定净利润。企业在年末应将损益支出类账户"所得税费用"的借方发生额反方向转出并记入"本年利润"账户的借方。

会计分录如下：

借：本年利润　　　　　　　　　　　　　　　　　　　　　150 000

　　贷：所得税费用　　　　　　　　　　　　　　　　　　　　150 000

【例5-44】企业用银行存款交纳应交所得税150 000元。

该业务一方面使企业的银行存款减少150 000元，应记入"银行存款"账户的贷方；另一方面使企业的负债——应交所得税减少150 000元，应记入"应交税费"账户的借方。

会计分录如下：

借：应交税费——应交所得税　　　　　　　　　　　　　　150 000

　　贷：银行存款　　　　　　　　　　　　　　　　　　　　150 000

### 三、利润分配的核算

#### （一）利润分配的内容

企业实现的净利润，应按照有关规定进行分配。企业进行利润分配的主要内容和顺序如下：

1. 提取法定盈余公积

按照现行制度的规定，公司制企业的法定盈余公积按本年税后利润的10%提取。

当企业提取的法定盈余公积累计数额达到企业注册资本的 50% 以上时，可不再提取。企业的法定盈余公积主要用于弥补亏损或转增资本。当转增资本时，转增后企业盈余公积的数额不得少于其注册资本的 25%。

2. 提取任意盈余公积

公司在提取法定盈余公积后，经股东会或股东大会决议，还可以从税后利润中提取任意盈余公积。任意盈余公积的提取比例由企业视自身的情况而定。

3. 向投资者分配利润

公司在弥补亏损和提取盈余公积后，根据本年可供分配的利润在各投资者之间按照投资额的大小进行分配。本年可供分配的利润的计算公式如下：

本年可供分配的利润=年初未分配利润+本年税后利润-本年提取的盈余公积

公司实现的净利润经过上述分配之后，如果有余额，称为未分配利润，即可留待以后年度分配的利润或待分配的利润。此项未分配利润应在资产负债表上单独反映。

需要说明的是，上述利润分配程序是在企业连年盈利的情况下进行的。如果企业发生亏损，现行制度规定企业可以用以后年度实现的利润弥补，也可以用以前年度提取的盈余公积弥补。企业以前年度亏损未弥补完，不能提取法定盈余公积。在提取法定盈余公积前，企业不得向投资者分配利润。

**（二）留存收益**

未分配利润与企业提取的盈余公积统称为企业的留存收益。它是指企业为经营发展的需要，而留存于企业的那部分利润。

**（三）设置的主要账户及其对应关系**

1. "利润分配"账户

"利润分配"账户属于所有者权益类账户，是用来反映企业按有关规定对利润进行分配的方式及其数额并间接计算其未分配利润数额的账户。其借方登记以各种方式实际分配的利润数额，贷方登记年末从"本年利润"账户转入的全年净利润额，年末余额为未分配利润。该账户应按利润分配的去向设置明细账户。

"利润分配"账户的结构如图 5-36 所示。

利润分配

| 已分配的利润额：<br>（1）提取法定盈余公积<br>（2）应付现金股利<br>（3）转作资本的股利<br>年末转入的亏损额 | （1）盈余公积补亏<br>（2）年末从"本年利润"<br>账户转入的全年净利润额 |
|---|---|
| 年内余额：已分配利润额<br>年末余额：未弥补亏损额 | 年末余额：未分配利润 |

**图 5-36　"利润分配"账户**

设置"利润分配"账户的作用如下：企业进行利润分配，意味着企业利润额的减少，本应借记"本年利润"账户，直接冲减本年实现的利润额，这样"本年利润"账户的期末贷方余额只能是本年的未分配利润额，就不能提供管理上要求的本年已累积实现的利润额和本年已累积分配的利润额。企业设置的"利润分配"账户只反映企业本年分配利润的原始数据，"本年利润"账户只反映企业本年实现利润的原始数据，通过"本年利润"账户和"利润分配"账户有关余额的相抵，反映本年的未分配利润额。

2. "盈余公积"账户

"盈余公积"账户属于所有者权益类账户，是用来反映企业按规定从净利润中提取的盈余公积增减变动和结存情况的账户。其贷方登记从税后利润中提取的盈余公积；借方登记转增资本、弥补亏损等盈余公积的减少；期末余额在贷方，表示期末盈余公积的结余额。

"盈余公积"账户的结构如图 5-37 所示。

盈余公积

| 实际使用的盈余<br>公积（减少） | 年末提取的盈余<br>公积（增加） |
| --- | --- |
| | 期末余额：结余的盈余公积 |

**图 5-37 "盈余公积"账户的结构**

3. "应付股利"账户

"应付股利"账户属于负债类账户，是用来核算企业按照股东大会决议分配给投资人股利（现金股利）或利润的增减变动及其结余情况。其贷方登记企业按规定并宣布应分给出资人的股利；借方登记以现金等方式支付给出资人的股利；期末贷方余额，表示应付而未付的股利。

"应付股利"账户的结构如图 5-38 所示。

应付股利

| 实际支付的利润或股利 | 应付未付的利润或股利 |
| --- | --- |
| | 期末余额：尚未支付的利润或<br>股利 |

**图 5-38 "应付股利"账户的结构**

（四）业务举例

【例 5-45】企业按本季度税后利润的 10% 计提并结转盈余公积。龙盛公司本年度前三个季度已计提盈余公积 241 200 元。

本年度税后利润 = 5 000 000×（1-25%） = 3 750 000（元）

全年应提取的盈余公积 = 3 750 000×10% = 375 000（元）

本季度应补提盈余公积 = 375 000-241 200 = 133 800（元）

该业务一方面使企业的利润分配增加，利润分配的增加实质上是企业净利润的减少，应记入"利润分配——提取盈余公积"账户的借方；另一方面使企业的公共积累盈余公积增加，应记入"盈余公积"账户的贷方。

会计分录如下：

借：利润分配——提取盈余公积    133 800
  贷：盈余公积    133 800

【例5-46】经董事会研究决定，企业向投资者分配利润2 400 000元。

该业务将利润在投资者之间进行分配，一方面使企业的利润分配增加，利润分配的增加实质上是企业净利润的减少，应记入"利润分配——应付利润"账户的借方；另一方面应付给投资者的利润，在支付前形成了企业的债务，应记入"应付利润"账户的贷方。

会计分录如下：

借：利润分配——应付利润    2 400 000
  贷：应付利润    2 400 000

【例5-47】年末，企业结转本年实现的净利润3 750 000元（5 000 000 - 1 250 000）。

这项经济业务是结平"本年利润"账户。由于企业实现了净利润，"本年利润"账户有贷方余额，因此在结平时，"本年利润"账户记借方，"利润分配——未分配利润"账户记贷方。

会计分录如下：

借：本年利润    3 750 000
  贷：利润分配——未分配利润    3 750 000

【例5-48】年末，企业将"利润分配"账户下其他两个明细账户的余额，转入"利润分配——未分配利润"明细账户。

已分配的利润额为2 775 000元（包括提取的盈余公积375 000元和向投资者分配的利润2 400 000元）。

会计分录如下：

借：利润分配——未分配利润    2 775 000
  贷：利润分配——提取盈余公积    375 000
        ——应付利润    2 400 000

"利润分配——未分配利润"账户的年初贷方余额加本期贷方发生额减本期借方发生额，即为截至本年年末企业累计结余的未分配利润。

## 【课程思政——纠正违规征税】

2018年7月，中央首次提出"六稳"方针；2020年4月，中央又提出"六保"方针。税收作为国家调控经济的重要手段，对经济恢复起着重要作用。2020年6月28日，国务院对某县违规摊派征税等一系列问题进行通报批评。该县税务局2020年上半年下达的税收任务比2019年同期增长了15.72%。为了完成税收任务，2020年4月下旬，该县税务局集中清缴辖区内的税收，并联合公安部门加大查处力度，使得该县2020年5月城镇土地增值税比2019年同期增加了24.88倍，耕地占用税比2019年同期增加了2.27倍。该县一基层税务局还强制要求企业2020年5月不能申报进项税额抵扣。

我们首先要理解增值税的计税原理。增值税是对经济交易中的增值额进行征税，因此计算公式为销项税额减去进项税额。案例中的该县一基层税务局不允许企业进项税额抵扣，属违法对企业多征税。

我们要明确税法是保护纳税人合法权益的法律。虽然税法属于义务性法律，但是征纳税双方的法律地位是平等的，征税机关必须是依照税法规定进行征税。《中华人民共和国税收征收管理法》第二十八条规定："税务机关依照法律、行政法规的规定征收税款，不得违反法律、行政法规的规定开征、停征、多征、少征、提前征收、延缓征收或者摊派税款。"

面对国内外发展形势，国家加大了减税降费力度，严厉查处征收过头税的行为，体现了党和国家全心全意为人民服务。

## 【本章小结】

制造业企业的经济业务主要有资金筹集、生产准备、产品生产、产品销售、财务成果形成与分配业务。

企业的资金筹集业务主要有接受投资人投入资本业务和向债权人借入资金业务。投资人投入资本业务仅包括实收资本的核算。实收资本是企业投资者按照章程或合同、协议的约定，实际投入企业的资本金。向债权人借入资金业务包括短期借款和长期借款的核算。短期借款和长期借款的核算可以从借入对象、时间、用途加以区别。

生产准备业务包括生产对象的准备和生产手段的准备。生产对象的准备主要是指材料的采购业务。按照企业会计准则的规定，企业的材料可以按实际成本计价核算，也可以按计划成本计价核算。本书重点介绍按实际成本计价核算。首先，我们要明确实际采购成本＝买价+实际采购费用。其次，我们要明确会计核算使用的账户是"在途物资"账户和"原材料"账户，特别要注意增值税的核算原理。最后，我们要掌握会计处理。生产手段的准备主要是指固定资产的购建业务核算。这里要注意两点：一是固定资产原始价值的具体构成内容，即买价、税金、包装费、运杂费和安装费等。我们要注意购买机器设备等固定资产涉及的增值税是可以作为进项税额予以抵扣的。二是购入的固定资产在核算时一定要区分不需要安装和需要安装两种情况。

产品生产业务的核算是通过"生产成本"账户和"制造费用"账户归集生产费用，计算产品的生产成本。对根据"生产成本"账户核算的各项直接费用或间接费用，我们采用一定的方法即可计算出完工产品的生产成本。随着完工产品的验收入库，其生产成本也随之转入"库存商品"账户。

产品销售业务的核算包括主营业务的核算和其他业务的核算两部分。主营业务的核算的主要内容是主营业务收入的确认与计量、主营业务成本的计算与结转、销售费用的发生与归集、税金及附加的计算与交纳以及货款的收回等。销售过程的核算首先需要解决的就是销售收入的确认与计量的问题，核算标准就是权责发生制和配比原则的运用。企业将产品销售出去，一方面按权责发生制确认收入，另一方面按配比原则将销售发出的产品成本转为主营业务成本。也就是说，主营业务成本的结转不仅应与主营业务收入在同一会计期间加以确认，而且应与主营业务收入在数量上保持一致。

财务成果是企业各项收入与各项支出相互配比的结果。企业利润指标是分层次计算确定的，因此我们必须牢牢记住各项利润指标的计算公式。财务成果的形成在"本年利润"账户核算，采用的核算方法有"账结法"和"表结法"两种。"本年利润"账户的余额表示本年度累计实现的净利润或发生的亏损，该账户余额在年末应转入"利润分配"账户。财务成果的分配在"利润分配"账户核算，该账户用来反映利润的分配（或亏损的弥补）以及历年结存的未分配利润。对财务成果业务的核算，我们必须重点把握"本年利润"账户和"利润分配"账户的全部核算内容，特别是这两个账户的具体运用。

## 【本章习题】

### 资金筹集业务练习题

#### 一、多项选择题

1. 企业筹资过程中资金的主要来源有（　　　）。
   A. 投资者的投资　　　　　　　　　B. 债权人的投资
   C. 经营中形成的利润　　　　　　　D. 捐赠者的捐赠

2. 可以作为投资人出资形式的有（　　　）。
   A. 实物资产　　　B. 无形资产　　　C. 货币资金　　　D. 债权转移投资

3. 按照投资者的性质不同，企业的资本可以分为（　　　）。
   A. 国家资本　　　B. 法人资本　　　C. 个人资本　　　D. 外商资本
   E. 实收资本

4. 下列关于实收资本的选项中，正确的是（　　　）。
   A. 实收资本就是所有者投资
   B. 实收资本除法律、法规另有规定外，不得抽回
   C. 企业生产经营中实现的收益不得直接增加投入资本
   D. 企业的实收资本应按实际投资数额入账
   E. 对实收资本核算时应按投资人分设明细账户进行核算

5. 对于短期借款的利息处理，在期末计提时涉及的账户是（　　　）。
   A. "应付利息"　　B. "长期借款"　　C. "财务费用"　　D. "预提费用"

## 二、判断题

1. 投资人投资企业后，对投入的具体资产具有所有权。　　　　　（　　）
2. 企业的投资人必须是国家或具备法人资格的单位。　　　　　（　　）
3. 企业经营资金的来源只有投资者和债权人的投资，没有其他渠道。（　　）
4. 接受投资的资金流向是从外向内，对外投资的资金流向则相反，因此，接受投资和对外投资是两种不同的会计事项。　　　　　　　　　　（　　）
5. 长期借款和短期借款的核算方法是相同的。　　　　　　　　（　　）
6. 企业取得短期借款的债权人一般是银行、其他金融机构或其他单位和个人。
　　　　　　　　　　　　　　　　　　　　　　　　　　　　（　　）
7. 实收资本应按照不同的投资人设置明细账户。　　　　　　　（　　）

## 三、业务题

[资料] 某企业某年10月发生下列经济业务：

(1) 企业收到国家投入的货币资金5 000 000元存入银行。

(2) 企业从银行取得借款200 000元，期限6个月，年利率为0.5%，利息每季度末结算一次，所得借款存入银行。

(3) 企业向银行借入三年期借款1 000 000元用于经营活动，利率为6%，到期还本付息。

(4) 华成公司投入设备一台，该设备原值150 000元，双方确认价值为145 000元，另外该公司还投入原材料20吨，作价300 000元。出资协议中，华成公司应交出资额为160 000元。

(5) 企业接受华光公司投入一项非专利技术，双方确认价值为5 000元。

(6) 企业接受外商捐赠仪器一台，价值60 000元。

(7) 企业为扩大生产经营规模，决定用资本公积50 000元转增资本金。

[要求]

(1) 根据上述经济业务编制会计分录。

(2) 该企业本月有关账户的期初余额为"实收资本"账户400 000元，"短期借款"账户为30 000元。企业开设"实收资本"和"短期借款"两个账户并根据会计分录进行登记，结出本期发生额及余额。

## 生产准备业务练习题

### 一、单项选择题

1. 反映固定资产因磨损而减少的价值的账户是（　　　）。

　　A. "固定资产"　　B. "累计折旧"　　　C. "财务费用"　　　D. "管理费用"

2. "在途物资"账户的余额表示（　　　）。

　　A. 库存材料成本　　　　　　　　　　B. 欠供货单位的账款

C. 在途材料成本　　　　　　　　　D. 购入材料成本

3. 企业购建固定资产的成本包括（　　　）。

A. 购进的价款和除增值税以外的其他税金

B. 购进时发生的包装费、运杂费等费用

C. 安装成本

D. 以上三项

4. 企业购入原材料发生的运杂费等采购费用，应计入（　　　）。

A. 管理费用　　　　　　　　　　　B. 材料采购成本

C. 生产成本　　　　　　　　　　　D. 产品销售成本

## 二、多项选择题

1. 工业企业生产准备业务核算的主要内容包括（　　　）。

A. 短期借款的核算　　　　　　　　B. 固定资产购入业务的核算

C. 材料采购业务的核算　　　　　　D. 材料发出业务的核算

E. 生产加工业务的核算

2. 固定资产的原始价值应该是购建某项固定资产达到可使用状态前所发生的一切合理、必要的支出，包括（　　　）。

A. 买价　　　　B. 运杂费　　　　C. 保险费及关税

D. 安装费　　　E. 支付的增值税

3. 采购业务中发生的共同性采购费用可选择（　　　）等标准分摊计入各材料的成本。

A. 重量　　　　B. 买价　　　　C. 件数

D. 体积　　　　E. 品种

4. 采购业务中发生的运杂费包括（　　　）。

A. 包装费　　　B. 运输费　　　C. 装卸费　　　　D. 保险费

E. 仓储费

5. 企业采用预付货款的方式购入材料时，可以（　　　）账户。

A. 借记"预付账款"　　　　　　　　B. 借记"应付账款"

C. 贷记"应付账款"　　　　　　　　D. 借记"预收账款"

E. 贷记"预付账款"

6. 与"材料采购"（"在途物资"）账户的借方发生对应关系的账户一般有（　　　）。

A. "银行存款"　　B. "预收账款"　　C. "应付账款"　　D. "应付票据"

E. "预付账款"

7. 下列选项中（　　　）不应列入材料采购成本，而应列入管理费用。

A. 采购机构的经费　　　　　　　　B. 市内采购运杂费

C. 保险费　　　　　　　　　　　　D. 仓储费

E. 采购人员差旅费

8. 作为一般纳税人的工业企业购入原材料的入账价值包括（　　）。

A. 买价 　　　　　　　　　　　B. 运杂费

C. 增值税 　　　　　　　　　　D. 入库前的挑选、整理费用

## 三、判断题

1. 在途材料就是货款已经支付而货物尚在运输途中的材料。　　　　　　（　　）

2. 计提固定资产折旧表示固定资产价值的减少，应贷记"固定资产"账户。

（　　）

3. 企业收到供应单位的材料，冲销已预付的货款时，仅表明企业债权的减少。

（　　）

4. 企业购买固定资产支付的增值税，应记入"应交税费——应交增值税（进项税额）"科目。　　　　　　　　　　　　　　　　　　　　　　　　　（　　）

5. 按照现行制度规定，生产准备业务中购入存货和购入长期资产的成本的内容的主要区别是对增值税的处理不同。　　　　　　　　　　　　　　　　（　　）

## 四、业务题

习题一

[资料] 甲公司为增值税一般纳税人，材料按实际成本计价核算，该企业 2×21 年 7 月发生的经济业务如下：

（1）1 日，甲公司将上月末已收尚未付款的暂估入账材料用红字冲回，金额为 75 000 元。

（2）甲公司购入需要安装的设备一台，支付价款 70 000 元，其中包装费及运杂费 800 元。在安装、调试过程中耗用材料 1 000 元，耗用人工费 1 200 元。设备安装完毕交付使用。

（3）甲公司从长虹公司购入 A 材料 100 千克，每千克单价 30 元；B 材料 50 千克，每千克单价为 20 元，增值税税率为 13%，两种材料共发生运费 300 元。货款及运费尚未支付，材料已验收入库。

（4）甲公司预付华成公司购买 C 材料款 3 000 元。

（5）甲公司开出支票一张，从本市广元公司购入 C 材料 40 千克，每千克单价 50 元，增值税税率为 13%，C 材料尚未入库。

（6）甲公司通过银行偿还前欠长虹公司的货款及运费等 4 300 元。

（7）甲公司收到华成公司发来的 C 材料 40 千克，其中 C 材料的价款为 2 000 元，增值税税率为 13%，代垫运费 100 元，材料已验收入库。

（8）甲公司从冀能公司购入 B 材料 120 千克，每千克单价 20 元，增值税税率为 13%，运杂费 400 元，甲公司开出并承兑了期限为 4 个月的商业承兑汇票一张，但材料尚未到达甲公司。

（9）甲公司接到银行通知，收到华成公司退回的预付款 640 元。

（10）上月已付款的在途 A 材料已验收入库，A 材料成本为 500 000 元。

[要求]

进行上述经济业务的相关会计处理。

习题二

[资料] 某企业有关设备的经济业务如下：

（1）企业购买设备一台，价款 400 000 元，增值税税率为 13%，以银行存款支付，直接进行安装。

（2）企业购买材料 50 000 元，增值税税率为 13%，以银行存款支付，直接用于安装工程。

（3）企业应付安装工程人员工资 50 000 元（应付职工薪酬）。

（4）安装工程完工，交付使用。

[要求] 编制有关会计分录。

# 产品生产业务练习题

## 一、单项选择题

1. 生产费用按计入成本的（　　）不同，可以分为直接成本、间接成本。

    A. 程序　　　　　　B. 方式　　　　　　C. 多少　　　　　　D. 属性

2. "生产成本"账户期末借方余额反映的是（　　）。

    A. 完工产品成本　　　　　　　　B. 期末在产品成本

    C. 本月生产费用合计　　　　　　D. 已入库产品成本

3. 对产品生产过程中发生的间接耗费，先归入（　　）账户，之后计入有关产品成本中去。

    A. "间接费用"　　B. "直接费用"　　C. "制造费用"　　D. "期间费用"

4. 企业生产的产品完工，应将其成本转入（　　）账户。

    A. "主营业务成本"　　　　　　B. "生产成本"

    C. "库存商品"　　　　　　　　D. "本年利润"

5. 产品销售时，其生产成本应转入（　　）账户。

    A. "生产成本"　　　　　　　　B. "本年利润"

    C. "主营业务成本"　　　　　　D. "库存商品"

## 二、多项选择题

1. 制造业的产品成本项目有（　　）。

    A. 直接材料　　　　B. 直接人工　　　　C. 制造费用

    D. 其他直接费用　　E. 管理费用

2. 在工业企业中，期间费用包括（　　）。

    A. 管理费用　　　　B. 销售费用　　　　C. 财务费用

    D. 待摊费用　　　　E. 主营业务成本

3. 下列选项中，影响营业利润的有（　　）。

A. 主营业务收入                B. 管理费用

C. 财务费用                     D. 所得税

E. 其他业务收入

4. 一般情况下，"生产成本"账户的借方登记（　　）。

A. 直接材料                   B. 直接工资

C. 折旧费用                   D. 分配计入的制造费用

E. 直接成本和间接成本

5. 下列选项中，应记入"待摊费用"账户的是（　　）。

A. 预付的保险费             B. 预付的报纸杂志费

C. 预付租金                    D. 预付的购货款

## 三、判断题

1. 企业生产经营过程中发生的各项耗费构成产品的成本，因此成本是对象化的费用。（　　）

2. 直接费用可直接归集到产品成本中，而间接费用则要通过分配之后才能归集到产品成本中。（　　）

3. 会计期末，为了正确计算损益，"制造费用"账户的余额应转入"本年利润"账户。（　　）

4. "生产成本"账户只记录生产产品的直接成本项目。（　　）

5. 企业发生的各种费用和成本都将直接或最终导致企业所有者权益的减少。（　　）

6. "生产成本"和"制造费用"是成本类账户，因此期末都可以有余额，表示在产品的成本，视为是企业的存货。（　　）

7. 产品成本的计算方法只有品种法。（　　）

8. 完全成本法和制造成本法的区别在于是否将期间费用列入产品成本。（　　）

## 四、业务题

习题一

[目的] 练习产品生产业务的核算。

[资料]（1）本月生产车间领用材料及用途汇总如表5-5所示。

表5-5　生产车间领用材料及用途汇总

| 项目 | A 材料 | B 材料 | C 材料 | 合计 |
|---|---|---|---|---|
| 生产产品耗用 | 50 000 | 40 000 | 10 000 | 100 000 |
| 其中：甲产品 | 35 000 | 12 000 | 4 000 | 51 000 |
| 　　　乙产品 | 15 000 | 28 000 | 6 000 | 49 000 |
| 车间一般耗用 | 700 | — | 200 | 900 |
| 合计 | 50 700 | 40 000 | 10 200 | 100 900 |

（2）本月应付职工工资 64 000 元，具体分配如下：

生产工人工资　　　　　　　　　　　　　　　　54 000 元

其中：甲产品工人工资　　　　　　　　　　　　37 800 元

　　　乙产品工人工资　　　　　　　　　　　　16 200 元

车间管理人员工资　　　　　　　　　　　　　　10 000 元

合计　　　　　　　　　　　　　　　　　　　　64 000 元

（3）企业开出一张 64 000 元的现金支票，提取现金准备发放工资。

（4）企业以现金 64 000 元发放本月工资。

（5）企业以银行存款购入车间用办公用品 1 200 元。

（6）企业租入厂房一间，以银行存款支付本月租金 1 500 元。

（7）月末，企业计提本月生产车间的折旧费 1 300 元。

（8）企业以银行存款支付本月车间设备的大修理费 1 000 元。

（9）企业按甲、乙两种产品的生产工时分配本月制造费用，甲产品生产工时 600 小时，乙产品生产工时 400 小时。

（10）企业计算甲、乙两种产品成本。其中，甲产品全部完工，结转完工入库产品生产成本。

［要求］根据所给资料编制会计分录。

习题二

［目的］练习费用的核算。

［资料］某公司发生下列经济业务：

（1）企业购入办公用品 500 元，以支票支付。

（2）企业以现金支付业务招待费 3 000 元。

（3）企业以支票支付排污费 2 000 元，绿化费 1 000 元。

（4）企业支付本季度短期借款利息 3 000 元，其中已预提 2 000 元。

（5）企业以现金支付离退休人员医疗费 1 000 元。

（6）企业以支票支付产品展览费 900 元。

（7）企业以支票支付本月水电费共计 10 000 元，其中生产车间负担 7 000 元，厂部管理部门负担 2 000 元，福利部门负担 1 000 元。

（8）企业购买车间劳保用品 1 500 元，以现金支付。

（9）企业支付销售产品运输费 500 元，以现金支付。

［要求］根据上述资料编制有关会计分录。

## 产品销售业务练习题

### 一、单项选择题

1. 某企业 6 月共增加银行存款 500 000 元。其中，出售商品收入 200 000 元，出售固定资产收入 250 000 元；出租固定资产收入 16 000 元。该月营业收入为（　　）元。

　　A. 500 000　　　　B. 200 000　　　　C. 216 000　　　　D. 466 000

2. 某一般纳税企业销售货物，实现的销售收入为 200 000 元，应交增值税为26 000 元，代垫运杂费为 2 500 元，款项未收到。该企业应记入"应收账款"账户的金额为（　　）元。

A. 200 000
B. 234 000
C. 228 500
D. 202 500

3. 下列选项中，属于企业的主营业务收入的是（　　）。

A. 产品销售收入
B. 原材料销售收入
C. 提供工业性劳务的收入
D. 投资收益

4. 企业按照本期销售应交纳的税金计算出本月应交教育附加费时，应贷记（　　）账户。

A. "其他应付款"
B. "销售费用"
C. "应交税费"
D. "应交税金"

5. 销售原材料、出租企业实物和无形资产使用权获得的收入应列入（　　）。

A. 主营业务收入
B. 其他业务收入
C. 投资收益
D. 营业外收入

## 二、多项选择题

1. 下列选项中，不应该确认销售收入的有（　　）。

A. 商品在发出时预计收回货款的可能性极小
B. 委托代销的商品在商品发出时
C. 预收款销售在商品发出时
D. 附有安装条件商品发出时

2. 下列选项中，不能作为企业收入处理的有（　　）。

A. 企业为第三方代收款项
B. 企业销售商品收取的消费税
C. 提供工业性劳务收入
D. 旅行社代客户购买机票收取的票款

3. 企业销售商品应交的下列各项税金中，需在"税金及附加"科目核算的有（　　）。

A. 教育附加费
B. 所得税
C. 城市维护建设税
D. 消费税

4. 在预收账款销售方式下，公司在发出商品时，记入借方的账户可以是（　　）。

A. "预收账款"
B. "应收账款"
C. "应付账款"
D. "应收票据"
E. "应付账款"

5. 商品销售收入确认与计量的主要步骤有（　　）。

A. 识别与客户订立的合同
B. 识别合同中的单项履约义务
C. 确定交易价格
D. 将交易价格分摊至单项履约义务
E. 履行单项履约义务时确认收入

## 三、判断题

1. 企业实现收入往往表现为货币资产的流入，但是并非所有货币资产的流入都是企业的收入。　　　　　　　　　　　　　　　　　　　　（　　）

2. 为了遵循配比原则的要求，企业应将营业外收入减去营业外支出进而确定营业外利润。　　　　　　　　　　　　　　　　　　　　　　（　　）

3. 企业结转已销售商品的生产成本时，应贷记"生产成本"账户。　（　　）

4. 让渡无形资产使用权所获得的价款，应确认为企业的其他业务收入。（　　）

5. 在预计提供工业劳务的经济利益不能补偿支出成本时，发生的成本应全部列入本期的费用。　　　　　　　　　　　　　　　　　　　　（　　）

## 四、业务题

［资料］甲企业为增值税一般纳税人，适用的增值税税率为13%。甲企业某月发生下列经济业务：

（1）2日，甲企业销售给甲公司一批A产品计20件，价款100 000元，收到一张期限为3个月、票面利率为6%的银行承兑汇票。

（2）6日，甲企业销售给乙公司一批A产品计50件，售价120 000元，用银行存款支付运杂费500元，产品已发出，款项收存银行。

（3）7日，甲企业预收丙公司预付款20 000元。10日，甲企业向丙公司销售B产品30件，价款60 000元，货已发出。15日，甲企业收到丙公司补付的余款。

（4）28日，甲企业向甲公司销售A产品10件，价款25 000元，用现金代垫运杂费100元，货已发出，款项尚未收到。

（5）25日，甲企业用银行存款支付广告费6 000元。

（6）月末，甲企业结转本月销售产品的生产成本，A产品单位成本1 500元，B产品单位成本1 000元。销售产品的数量从上述（1）至（4）中统计。

（7）月末，甲企业计算出本月销售产品应交的城市维护建设税4 690元，教育附加费3 310元。

［要求］对以上发生的业务进行会计核算（以上计算需考虑增值税）。

## 财务成果核算练习题

### 一、单项选择题

1. 损益类账户期末没有余额，因此其本期发生额应于期末结转到（　　）账户。

　　A."利润分配"　　B."本年利润"　　C."盈余公积"　　D."股本"

2. 采用表结法核算时，"本年利润"账户中期末的余额表示（　　）。

　　A. 至本期末累计净利润（税后利润）

　　B. 至本期末累计利润总额（税前利润）

　　C. 本年度获得的净利润（税后利润）

　　D. 本年度获得的利润总额（税前利润）

3. 会计期末计算净利润的程序一般有（　　）步骤。

    A. 一个　　　　　　B. 两个　　　　　　C. 四个　　　　　　D. 五个

4. 非经营活动或偶然发生的利益流入应列入（　　）。

    A. 其他业务收入　　　　　　　　B. 主营业务收入

    C. 补贴收入　　　　　　　　　　D. 营业外收入

5. 非经营活动、自然原因或偶然发生的利益流出应列入（　　）。

    A. 其他业务成本　　　　　　　　B. 主营业务成本

    C. 营业外支出　　　　　　　　　D. 投资损失

6. 利润分配以后，所属明细账户中允许有余额的是（　　）账户。

    A. "弥补以前年度亏损"　　　　　B. "提取法定盈余公积"

    C. "向投资者分配利润"　　　　　D. "未分配利润"

## 二、多项选择题

1. 企业净利润是衡量经营者经营业绩的主要指标，为准确的考核，其组成内容应包括（　　）。

    A. 主营业务利润　　　　　　　　B. 营业利润

    C. 营业外收支净额　　　　　　　D. 利润总额

    E. 投资收益

2. 会计实务中，计算利润的方法一般有（　　）。

    A. 表结法　　　B. 加权平均法　　　C. 分期法　　　D. 账结法

    E. 成本与市价孰低法

3. 下列选项中，存在因果关系的收益和支出有（　　）。

    A. 主营业务收入和主营业务成本

    B. 其他业务收入和其他业务成本

    C. 营业外收入和营业外支出

    D. 投资收益和投资损失

4. 下列选项中，应交的税金记入"管理费用"账户的是（　　）。

    A. 印花税　　　　　　　　　　　B. 车船税

    C. 房产税　　　　　　　　　　　D. 增值税

5. "本年利润"账户贷方对应的账户有（　　）。

    A. "主营业务收入"　　　　　　　B. "投资收益"

    C. "营业外收入"　　　　　　　　D. "其他业务收入"

    E. "利润分配"

## 三、判断题

1. 无论采用账结法还是表结法计算净利润，会计期末损益类账户肯定都没有余额。

    （　　）

2. 企业计算出本期所得税费用时，应借记"所得税"，贷记"银行存款"。（　　）

3. 企业所得税的计税依据就是企业获得的利润总额，因此在会计实务中，利润总额等于应纳税所得额。（　　）

4. 如果某会计期间利润总额为负数，则企业肯定不需交所得税。（　　）

5. 企业的法定盈余公积根据当年净利润的 10% 来计算。（　　）

6. 利润计算和利润分配程序业务核算，都应在"本年利润"账户中进行。（　　）

7. 计算所得税和交纳所得税在会计实务中是两个不同的会计事项，因此在进行会计处理时应分为两个会计处理程序。（　　）

8. 非营业活动产生的收益和损失应记入"营业外收入"账户和"营业外支出"账户，而且两者之间存在内在联系。（　　）

## 四、简答题

1. 制造业企业的主要经济业务内容包括哪些？

2. 实收资本在核算上有哪些要求？

3. 材料采购成本由哪些项目构成？

4. 原材料采用计划成本计价，"材料采购""原材料""材料成本差异"三个账户之间的关系如何？

5. 如何计算、结转材料采购成本？

6. 产品生产成本由哪些成本项目组成？

7. 如何计算、结转完工产品的生产成本？

8. 如何确认和计量商品的销售收入？

9. 什么是财务成果？反映企业财务成果的主要指标有哪些？

10. 如何计算企业的营业利润？

11. 企业的利润总额由哪些项目组成？如何计算企业的净利润？

12. 如何结转收入和费用？

13. 企业进行利润分配的顺序如何？

14. 进行利润分配应如何进行账务处理？

15. 通过对本章的学习，你认为制造业企业主要经济业务核算的重点和难点有哪些？

## 五、业务题

习题一

[资料] 某公司为增值税一般纳税人，适用的增值税税率为 13%。2×21 年 3 月，该公司发生下列业务：

（1）2 日，公司向三兴公司销售乙产品一批计 3 000 件，每件售价 130 元，收到支票一张存入银行。

（2）5 日，公司向明成公司销售甲产品 1 800 件，每件售价 100 元，代垫运费 1 600 元，款项尚未收到。

（3）24 日，公司向报社签发一张金额为 25 000 元的支票，支付本月产品广告费。

（4）25 日，公司用支票向保险公司预付第二季度的财产保险费 4 800 元。

（5）26 日，公司向银行支付本季度短期借款利息 2 700 元，其中已预提 1 800 元。

（6）27 日，职工刘某因严重违反公司制度，公司按照规定对其实施罚款处理，罚款金额为 300 元，刘某已用现金支付了该项罚款。

（7）30 日，根据工资结算汇总表，本月应支付工资总额为 70 000 元。其中，车间生产人员工资为 47 000 元，车间管理人员工资为 8 000 元，公司管理人员工资为 15 000 元。

（8）公司按工资总额的 14% 计提职工福利费。

（9）30 日，本月售出甲产品的单位成本为 50 元，乙产品的单位成本为 80 元，公司结转销售成本。

（10）30 日，公司计提固定资产折旧 15 600 元。其中，生产用固定资产折旧为 10 000元，公司管理部门折旧为 4 400 元，已出租设备折旧为 1 200 元。

（11）30 日，公司经计算本月应交城市维护建设税为 11 760 元。

（12）假设公司适用的所得税税率为 25%，计算本月应交的所得税，并编制相应会计分录。

（13）公司通过"本年利润"账户，计算该公司本月的净利润。

（14）公司按净利润的 10% 计提法定盈余公积。

（15）公司确定本月未分配利润额。

［要求］根据上述业务编制会计分录（以上计算需考虑增值税）。

习题二

［资料］某公司 2×21 年度结账前各损益类账户余额如表 5-6 所示。

表 5-6　各损益类账户余额　　　　　　　　单位：元

| 科目名称 | 方向 | 余额 |
|---|---|---|
| 主营业务收入 | 贷 | 60 000 |
| 主营业务成本 | 借 | 30 000 |
| 税金及附加 | 借 | 2 800 |
| 销售费用 | 借 | 1 200 |
| 其他业务收入 | 贷 | 6 000 |
| 其他业务成本 | 借 | 4 000 |
| 管理费用 | 借 | 7 000 |
| 财务费用 | 借 | 2 400 |
| 投资收益 | 贷 | 2 000 |
| 营业外收入 | 贷 | 3 100 |
| 营业外支出 | 借 | 2 700 |

［要求］该公司所得税税率为 25%，根据上述资料对下列问题进行会计核算：

（1）计算本年度的利润总额。

（2）计算所得税。

（3）编制结转损益类会计科目余额的会计分录。

（4）编制结转本年度净利润的会计分录。

习题三

［资料］某企业年初"利润分配——未分配利润"明细账户余额为150 000元。

（1）企业本年净利润为680 000元，按净利的10%提取法定盈余公积；向投资者分配利润200 000元。

（2）年末，企业将净利润与利润分配明细账户的期末余额转入"利润分配——未分配利润"明细账户。

［要求］

（1）根据上述业务编制会计分录。

（2）计算本年度末未分配利润。

## 本章参考文献

［1］中华人民共和国财政部. 企业会计准则：2021年版［M］. 上海：立信会计出版社，2021.

［2］中华人民共和国财政部. 企业会计准则应用指南：2021年版［M］. 上海：立信会计出版社，2021.

［3］陈国辉，迟旭升. 基础会计［M］. 7版. 大连：东北财经大学出版社，2021.

［4］朱小平，周华，秦玉熙. 初级会计学［M］. 10版. 北京：中国人民大学出版社，2019.

本章习题参考答案

# 第六章　账户分类

## 【学习目标】

通过对本章的学习，学生应明确各个账户在整个账户体系中的地位和作用，掌握各个账户在提供会计核算指标上的规律，明确各个账户之间的内在联系，进一步提高运用账户处理各种经济业务的能力，以达到正确设置和运用账户的目的。

本章重点：账户的分类，包括按经济内容分类、按用途和结构分类。

本章难点：账户分类的作用以及各类账户之间的区别和联系。

## 【关键概念】

账户的经济内容、账户的用途、账户的结构、跨期摊配账户、抵减账户、抵减附加账户、集合分配账户、对比账户、结算账户

## 【引导案例】

账户分类在制造业企业主要经营过程中的运用。

龙盛有限责任公司 2×21 年 10 月末有关会计核算资料汇总列示如下：

(1) 各项财产物资及货币资金的期末余额（单位：元）。

| | |
|---|---|
| ①库存现金 | 1 000 |
| ②银行存款 | 27 000 |
| ③库存材料 | 75 000 |
| ④库存燃料 | 8 000 |

(2) 所有者权益的期末余额（单位：元）。

| | |
|---|---|
| ①实收资本 | 200 000 |
| ②资本公积 | 5 000 |
| ③盈余公积 | 4 000 |

(3) 结算往来款项的期末余额（单位：元）。

| | |
|---|---|
| ①银行短期欠款 | 12 000 |
| ②应付供应单位货款 | 8 100 |
| ③应收购货单位货款 | 2 000 |

(4) 跨期摊配费用的期末余额（单位：元）。

| | |
|---|---|
| ①已预付尚未分配的费用 | 1 200 |
| ②已经预提尚未支付的费用 | 1 100 |

(5) 财务成果的期末余额（单位：元）。

①累计实现利润 40 000

②累计已分配利润 35 000

案例思考题：

（1）指出上述资料的账户名称。

（2）按经济内容和用途结构将账户进行分类。

（3）说明各账户之间的联系。

# 第一节　账户分类的目的、作用与原则

## 一、账户分类的目的

为了满足会计信息使用者使用会计信息的需求，企业就要根据会计科目在账簿中开设一系列的账户。账户是对经济业务分类记录的"门户"，每一个账户都有其特定的核算内容，只能对特定的经济业务进行核算，只能对某项经济业务中某一方面的会计数据进行分类记录，只能从某一个侧面来反映会计要素的变化过程及其结果，一般不能用其他账户来替代。正因为这样，每个账户才有区别于其他账户的特征。

账户与账户之间具有共性，不同的账户群有不同的共性，构成不同的账户类别。要正确地使用账户进行会计管理，就必须弄清各个账户的性质和作用以及同其他账户的关系。研究账户分类，弄清不同账户群的共性和个性，有助于更好地掌握和运用账户，提高对经济业务核算的效率。此外，研究账户分类，弄清如何设置账户体系，确定各账户的核算范围和使用方法，对会计制度设计显然也是十分重要的。总之，掌握账户分类的规律性并用以指导实践，是我们研究账户分类的主要目的。

## 二、账户分类的作用

### （一）便于正确地设置和运用账户，全面反映企业经营活动和资金运动情况

正确地设置和运用账户是会计核算的一种专门方法，企业只有在了解了各个账户特性的基础上，进一步了解和掌握各种账户的共性及其相互关系，才能根据会计核算的具体要求，充分利用账户这一重要工具为有关方面提供完整、系统、有用的会计信息。各单位由于经营活动的特点不同，资金运动的内容不同，所设置的账户体系也就不同。也就是说，要全面地反映企业的经济业务，针对不同类型、不同规模的企业，账户设置应有所区别。要想有效地反映和监督单位的经营活动，本单位就要从经营活动的特点出发，选择能够反映本单位经营活动的账户体系，使它们能全面、系统地记录本单位的经济活动的过程和结果，为会计信息使用者提供所需的信息。

### （二）便于掌握各账户在提供会计核算指标方面的规律性

通过对第四章的学习，我们已经知道，每个账户都有其相应的结构，以不同的方式提供会计核算所需要的各种指标。如果再做进一步的考察，我们还会发现有些账户在结

构上有其相同之处。例如，"原材料"账户和"固定资产"账户的借方都登记增加额，贷方都登记减少额，余额都在借方。又如，"股本"账户和"资本公积"账户的贷方都登记增加额，借方都登记减少额，余额都在贷方。这说明账户在提供诸如增加额、减少额和结余额等会计核算指标方面具有一定的规律性。对账户按其不同的标志进行分类，有助于我们更好地把握这个规律性，从而更好地理解和运用账户。

### （三）便于编制会计报表

从本质上讲，账户是对会计要素的再划分，而会计六要素的增减变动过程及其结果，最终要以会计报表的形式反映出来。编制会计报表所需的相关数据资料是由各个相应的账户提供的。不同的会计报表，反映的经济内容不同（会计要素不同），其相关数据资料的来源也不相同。为了及时、正确地编制会计报表，会计人员要根据特定会计报表所反映的经济内容，正确确定编制每张会计报表所需的数据资料来自哪些账户，这些账户能提供什么样的会计信息。例如，资产负债表是用来反映某一时点上的财务状况的，是对某一时点上企业现存经济资源和它们的来源的说明。它的数据资料由资产、负债和所有者权益三类账户提供。会计人员若不能正确确定为编制会计报表提供数据资料的账户，就不能正确编制会计报表。因此，会计人员掌握账户分类及账户的经济内容、用途和结构，有利于正确地编制会计报表。

### 三、账户分类的原则

企业设置的各个账户共同构成一个完整而严密的账户体系，它们之间既有区别又有联系。为了对账户进行更科学、更有意义的分类，我们在对账户进行分类时，应遵循以下几个原则：

### （一）账户分类标志的确定应能准确体现账户的共性

账户可以选择不同的标志对其进行分类。分类的目的本来就是寻找事物的规律性，以便对纷繁复杂的事物加以整理，使其清晰。这就要求所确定的账户分类标志必须能体现其规律性，类别之间的界限清楚。

### （二）必须适应会计对象的特点

账户是用来核算和控制会计对象的，从本质上说，账户是对会计对象分类的结果，因此对账户进行分类就必须考虑会计对象的特点。我们对账户按其经济内容这个标志进行分类，也就是账户按会计对象的经济特征所进行的分类。

### （三）便于应用

设置账户的目的是及时、完整地反映企业发生的经济业务，更好地加强经济管理，为有关方面提供所需信息。因此，账户的分类应当简明扼要，做到适用性强，便于应用。

## 第二节　账户按经济内容分类

### 一、账户按经济内容分类的意义

账户的经济内容是指账户所反映的会计对象的具体内容，而会计对象的具体内容实质上就是会计要素的内容。因此，按账户的经济内容对账户进行分类，就是按账户所反映的会计对象的具体内容对账户进行分类，也就是按账户所反映的会计要素的具体内容进行分类。在借贷记账法下，不同会计对象增减变动的记账方向是不同的，不同的会计对象有不同的账户结构和用途。账户的经济内容决定了账户的用途和结构，分别渗透在账户的用途和结构之中，明确了账户的经济内容，就为明确账户的用途和结构打下了一个良好的基础。另外，不同的会计报表包含不同的会计要素，明确了账户的经济内容，就能正确掌握会计账户和相应会计报表之间的关系。因此，通过对账户按经济内容的分类，可以为更好地运用借贷记账法，确切地了解每类和每个账户具体应核算和监督的内容，设置出适应本单位的经营管理需要的、科学完整的账户体系，同时为学习账户的其他分类打下基础。

### 二、账户按经济内容分类的具体内容

如前所述，按账户的经济内容分类，实质上是按会计对象的具体内容分类。企业的会计对象就是资金运动，资金运动可以分为静态运动和动态运动两种形式。资产、负债、所有者权益构成资金运动的静态形式，而收入、费用和利润则构成资金运动的动态形式，于是按经济内容分类建立的账户体系，应包括反映资金运动的静态账户和反映资金运动的动态账户两类。反映资金运动的静态账户应由反映资产的账户、反映负债的账户和反映所有者权益的账户组成；反映资金运动的动态账户应由反映收入的账户、反映费用的账户和反映利润的账户组成。

#### （一）资产类账户

资产类账户是用来核算企业各种资产的增减变动及结余额的账户。资产按流动性不同，可以分为流动资产和非流动资产两类，因此资产类账户也相应地分为反映流动资产的账户和反映非流动资产的账户两类。反映流动资产的账户主要有"库存现金""银行存款""应收账款""其他应收款""原材料"和"库存商品"账户等，反映非流动资产的账户主要有"长期股权投资""固定资产""累计折旧""无形资产"和"长期待摊费用"账户等。

## （二）负债类账户

负债类账户是用来核算企业各种负债的增减变动及结余额的账户。按照负债的还款期限不同，负债类账户可以分为核算流动负债的账户和核算非流动负债的账户两类。核算流动负债的账户主要有"短期借款""应付账款""应付票据""预收账款""其他应付款""应付职工薪酬""应交税费"和"应付股利"账户等，核算非流动负债的账户主要有"长期借款""应付债券""长期应付款"账户等。

## （三）所有者权益类账户

所有者权益类账户是用来核算企业所有者权益的增减变动及结余额的账户。按照所有者权益的来源和构成的不同，所有者权益类账户可以分为核算所有者原始投资的账户、核算经营积累的账户以及核算所有者权益其他来源的账户三类。核算所有者原始投资的账户主要有"实收资本（股本）"账户等，核算经营积累的账户主要有"盈余公积"账户等，核算所有者权益其他来源的账户主要有"资本公积"账户等。

## （四）收入类账户

收入类账户是用来核算企业在生产经营过程中取得的各种经济利益的账户。这里的收入，是指广义的收入。按照收入的不同性质和内容，收入类账户又可以分为核算营业收入的账户和核算非营业收入的账户两类。核算营业收入的账户主要有"主营业务收入""其他业务收入""投资收益"账户等，核算非营业收入的账户主要有"营业外收入"账户。

## （五）费用类账户

费用类账户是用来核算企业在生产经营过程中发生的各种费用支出的账户。这里的费用，是指广义的费用。按照费用的不同性质和内容，费用类账户又可以分为核算经营费用的账户和核算非经营费用的账户两类。核算经营费用的账户主要有"生产成本""制造费用""主营业务成本""税金及附加""其他业务成本""管理费用""销售费用""财务费用"账户等，核算非经营费用的账户主要有"营业外支出""所得税费用"账户等。

## （六）利润类账户

利润类账户是用来核算利润的形成和分配情况的账户。这一类账户又可以分为核算利润形成情况的账户和核算利润分配情况的账户两类。核算利润形成情况的账户主要有"本年利润"账户等，核算利润分配情况的账户主要有"利润分配"账户等。

制造业企业按经济内容分类建立的账户体系如表6-1所示。

表 6-1　制造业企业按经济内容分类建立的账户体系

| | | | |
|---|---|---|---|
| 反映资金运动的静态账户 | 资产类账户 | 流动资产账户 | 库存现金、银行存款、应收账款、其他应收款、原材料、库存商品等 |
| | | 非流动资产账户 | 长期股权投资、固定资产、累计折旧、无形资产、长期待摊费用等 |
| | 负债类账户 | 流动负债账户 | 短期借款、应付账款、其他应付款、应付职工薪酬、应交税费、应付股利等 |
| | | 非流动负债账户 | 长期借款、应付债券、长期应付款等 |
| | 所有者权益类账户 | 所有者原始投资账户 | 实收资本 |
| | | 经营积累账户 | 盈余公积等 |
| | | 所有者权益其他来源账户 | 资本公积 |
| 反映资金运动的动态账户 | 收入类账户 | 营业收入账户 | 主营业务收入、其他业务收入、投资收益 |
| | | 非营业收入账户 | 营业外收入 |
| | 费用类账户 | 经营费用账户 | 生产成本、制造费用、主营业务成本、税金及附加、其他业务成本、销售费用、管理费用、财务费用等 |
| | | 非经营费用账户 | 营业外支出、所得税费用 |
| | 利润类账户 | 利润形成账户 | 本年利润 |
| | | 利润分配账户 | 利润分配等 |

# 第三节　账户按用途与结构分类

## 一、账户按用途与结构分类的意义

账户按经济内容分类，可以使我们了解完整的账户体系包括哪些账户、各类账户核算的会计对象的具体内容是什么。这对正确区分账户的经济性质、合理设置和运用账户、满足经营管理的需要具有重要的意义。但是，仅按经济内容对账户进行分类，还不能使我们了解各种账户的作用以及它们是如何向会计信息的使用者提供信息的。为了理解和掌握账户在提供核算指标方面的规律性以及账户结构上的规律性，以便正确地运用账户，就需要在对账户按经济内容分类的基础上，进一步研究账户按用途和结构分类的问题。

账户的用途是指设置和运用账户的目的。例如，我们设置"固定资产""原材料"等实物资产账户的目的是反映相应的实物资产，通过这些账户记录能够提供相应的实物资产的增减变动及结余额方面的核算指标。

账户的结构是指在账户中如何记录经济业务，以取得各种必要的核算指标。在不同的记账方法下，记录经济业务的具体方法是不同的，即反映会计要素的增减变动及结余额（如果有余额的话）的方法不同。在借贷记账法下，账户的结构具体是指账户借方核算什么内容、账户贷方核算什么内容、期末余额（如果有余额的话）在哪一方、具体表示什么内容。

## 二、账户按用途与结构分类的具体内容

本书以制造业企业为例，说明在借贷记账法下，按用途和结构分类的账户体系。按用途和结构分类的账户体系，包括基本账户、调整账户、成本账户和损益计算账户四大类。基本账户具体又可以分为盘存账户、投资权益账户、结算账户和跨期摊配账户；调整账户根据调整方式的不同，具体又可以分为备抵调整账户和备抵附加调整账户；成本账户具体又可以分为集合分配账户、成本计算账户和计价对比账户；损益计算账户具体又可以分为收入计算账户、费用计算账户和财务成果计算账户。以下简要说明各类账户的用途、结构和特点。

### （一）基本账户

基本账户是用来核算资产、负债和所有者权益的增减变动和实有数的账户。这类账户的特点是它们核算的内容是企业经济活动的基础，因此被称为基本账户。基本账户一般都有期末余额，是编制资产负债表的依据。期末余额分别列入资产负债表的资产、负债和所有者权益。

1. 盘存账户

盘存账户是用来反映和监督各项财产物资和货币资金（包括库存有价证券）的增减变动及其实有数的账户。它是任何企业单位都必须设置的基本账户。在这类账户中，借方登记各项财产物资和货币资金的增加数；贷方登记各项财产物资和货币资金的减少数；余额总是在借方，表示期末各项财产物资和货币资金的实有数。这类账户一般都可以通过盘点的方式进行清查，核对账实是否相符。

盘存账户的结构如图6-1所示。

| 借方　　　　　　　　　　　盘存账户　　　　　　　　　　　贷方 |
| --- |
| 期初余额：财产物资、货币资金的期初实有数 |
| 本期发生额：财产物资、货币资金的本期增加数　／　本期发生额：财产物资、货币资金的本期减少数 |
| 期末余额：财产物资、货币资金的期末实有数 |

图6-1　盘存账户的结构

属于盘存账户的主要有"库存现金""银行存款""其他货币资金""原材料""库存商品""固定资产"账户等。盘存账户的特点是可以通过财产清查的方法，即实际盘点或对账的方法，核对货币资金和实物资产的实际结存数与账面结存数是否相符，并检查其经营管理上存在的问题；除"库存现金""银行存款"和"其他货币资金"账户外，其他的盘存账户普遍运用数量金额式等明细分类账，可以提供实物数量和价值两种指标。

2. 投资权益账户

投资权益账户是用来反映和监督投资者投资的增减变动及其实有额的账户。它是任何企业都必须设置的基本账户。在这类账户中，贷方登记投资者投资的增加数或其他所有者权益的增值额，借方登记投资者投资的减少数或其他所有者权益的抵减额。其余额若在贷方，表示投资者权益的实有数额；没有余额或其余额在借方，在有限责任公司的企业组织形式下，表示投资者的权益已降至零。

投资权益账户的结构如图 6-2 所示。

| 借方 | 投资权益账户 | 贷方 |
|---|---|---|
| 本期发生额：本期所有者权益的抵减数 | 期初余额：期初所有者权益余额<br>本期发生额：本期所有者权益的增加数 | |
| | 期末余额：期末所有者权益结余额 | |

**图 6-2　投资权益账户的结构**

属于这一类的账户主要有"实收资本""资本公积""盈余公积"账户等。

资本公积产生的主要原因在于资本（股本）溢价、其他资本公积等。资本（股本）溢价是指企业投资者投入的资金超过其在注册资本中所占份额的部分；其他资本公积是指除资本（股本）溢价项目以外所形成的资本公积，主要包括直接计入所有者权益的利得和损失。盈余公积是留存收益而形成的公积金，是企业经营活动中产生的资本增值。由于所有权属于企业的投资者，本质上是投资者对企业的一种权益性投入，因此"资本公积""盈余公积"账户等归入投资权益账户。

投资权益账户的特点是应按照企业的投资者分别设置明细分类账户，以便反映各投资者对企业实际拥有的所有者权益数额；由于投资权益账户是反映投资人对企业净资产的所有权，因此投资权益账户的总账和明细账只提供价值指标。

3. 结算账户

结算账户是用来反映和监督企业与其他单位和个人之间往来账款结算业务的账户。结算业务性质的不同，决定了结算账户具有不同的用途和结构。结算账户按用途和结构分类，具体又可分为债权结算账户、债务结算账户和债权债务结算账户三类。

（1）债权结算账户。债权结算账户又称资产结算账户，是用来反映和监督企业债权的增减变动和实有数额的账户。在这类账户中，借方登记债权的增加数，贷方登记债权的减少数。期末余额在借方，表示债权的实有数。

债权结算账户的结构如图 6-3 所示。

| 借方 | 债权结算账户 | 贷方 |
|---|---|---|
| 期初余额：债权的期初实有数<br>本期发生额：债权的本期增加数 | 本期发生额：债权的本期减少数 | |
| 期末余额：债权的期末实有数 | | |

**图 6-3　债权结算账户的结构**

属于这一类的账户主要有"应收账款""其他应收款""应收票据""预付账款"账户等。

（2）债务结算账户。债务结算账户又称负债结算账户，是用来反映和监督本企业债务的增减变动和实有数额的账户。在这类账户中，贷方登记债务的增加数，借方登记债务的减少数。期末余额在贷方，表示债务的实有数。

债务结算账户的结构如图6-4所示。

| 借方 | 债务结算账户 | 贷方 |
|---|---|---|
| 本期发生额：债务的本期减少数 | 期初余额：债务的期初实有数<br>本期发生额：债务的本期增加数 | |
| | 期末余额：债务的期末实有数 | |

图6-4　债务结算账户的结构

属于债务结算账户的有"应付账款""其他应付款""应付职工薪酬""应交税费""应付股利""短期借款""长期借款""应付债券"和"长期应付款"等。

（3）债权债务结算账户。债权债务结算账户又称资产负债结算账户，是用来反映和监督本企业与其他单位或个人以及企业内部各单位之间相互往来结算业务的账户。由于这种相互之间往来结算业务经常发生变动，企业有时处于债权人的地位，有时则处于债务人的地位。为了能在同一个账户中反映本企业与其他单位的债权、债务的增减变化，以减少会计科目的使用，简化核算手续，在借贷记账法下，企业可以设置同时能反映债权债务的双重性质结算账户。在这类账户中，借方登记债权的增加或债务的减少数，贷方登记债务的增加或债权的减少数。期末余额如果在借方，为企业债权减去债务后的净债权；期末余额如果在贷方，为企业债务减去债权后的净债务。

债权债务结算账户的结构如图6-5所示。

| 借方 | 债权债务结算账户 | 贷方 |
|---|---|---|
| 期初余额：期初债权大于债务的差额<br>本期发生额：本期债权的增加或债务的减少数 | | 期初余额：期初债务大于债权的差额<br>本期发生额：本期债务的增加或债权的减少数 |
| 期末余额：净债权（债权大于债务的差额） | | 期末余额：净债务（债务大于债权的差额） |

图6-5　债权债务结算账户的结构

这类账户所属的各明细账户，有时是借方余额，表示尚未收回的净债权；有时是贷方余额，表示尚未收回的净债务。所有明细账户借方余额之和与贷方余额之和的差额，应同有关总账的余额相等。由于在总分类账户中，债权和债务能自动抵减，因此总分类账户的余额不能明确反映企业与其他单位债权债务的实际结余情况。这样，企业在编制资产负债表的有关项目时，必须根据总分类账户所属明细账户的余额分析计算填列，将属于债权部分的余额列在资产负债表的资产方，将属于债务部分的余额列在资产负债表的负债和所有者权益方，以便如实反映债权、债务的实际状况。

在借贷记账法下，企业可以将"其他应收款"账户和"其他应付款"账户合并，设置一个"其他往来"账户，用来核算其他应收款和其他应付款的增减变动情况和结果。此时，"其他往来"账户就是一个债权债务结算账户。在企业不单独设置"预付账款""预收账款"账户时，"应付账款""应收账款"账户同样可以成为债权债务结算账户。

结算账户的特点如下：按照结算业务的对方单位或个人设置明细分类账户，以便及时进行结算和核对账目；结算账户只提供价值指标；结算账户要根据期末的方向来判断其性质，当余额在借方时，是债权结算账户，当余额在贷方时，是债务结算账户。

4. 跨期摊配账户

跨期摊配账户是用来反映和监督应由若干个成本计算期共同负担的费用，并将这些费用在各个成本计算期进行摊配的账户。设置跨期摊配账户的目的在于按照权责发生制原则，正确计算各成本计算期的产品成本。

在跨期摊配账户中，用来反映和监督本期已经支付，但应计入本期和以后若干期产品成本的账户，称为"待摊费用"账户；用来反映和监督已计入本期产品成本，但本期尚未支付的费用账户，称为"预提费用"账户。

"待摊费用"账户的借方登记已经支付或发生的待摊费用；贷方登记应由本期产品成本负担的待摊费用；期末如有余额，余额在借方，表示尚未摊销的待摊费用数额。

"预提费用"账户的贷方登记根据计划或定额预先提存应计入本期产品成本的费用；借方登记已经支付的预提费用；期末如有余额，余额在贷方，表示已经预提但尚未支付的预提费用。

跨期摊配账户的结构如图6-6所示。

| 借方　　　　　　　　　　　　　　跨期摊配账户　　　　　　　　　　　　　　贷方 | |
| --- | --- |
| 期初余额：已支付尚未摊配的待摊费用数额<br>本期发生额：本期待摊费用或预提费用预提的<br>　　　　　支付数额 | 期初余额：已预提尚未支付的预提费用数额<br>本期发生额：本期待摊费用的摊配数额费用的<br>　　　　　预提数额 |
| 期末余额：已支付尚未摊配的待摊费用数额 | 期末余额：已预提尚未支付的预提费用数额 |

图6-6　跨期摊配账户的结构

跨期摊配账户的特点是只提供价值指标。

## （二）调整账户

在会计核算过程中，由于管理上的需要，对某些会计要素内容的增减变化和结余情况，企业需要用两个不同的账户来反映：一个账户反映某项经济业务的原始数据，另一个账户反映对原始数据的调整数据。将原始数据与调整数据相加或相减，就可以求得调整后的实有数额。反映原始数据的账户称为被调整账户或主账户，反映原始数据调整数额的账户称为调整账户。调整账户具有以下特点：

第一，调整账户与被调整账户反映的经济内容相同，也就是性质相同，但用途结构不同。

第二，被调整账户反映会计要素的原始数字，而调整账户反映的是同一要素的调整数字。因此，调整账户不能离开被调整账户而独立存在。

第三，调整方式是将原始数字与调整数字相加或相减，以求得具有特定含义的数字。当调整账户与被调整账户余额方向相同时，调整的方式是相加；反之，则相减。

调整账户按调整方式的不同，又可以分为备抵调整账户和备抵附加调整账户两种。

1. 备抵调整账户

备抵调整账户又称抵减调整账户，是用抵减的方式对被调整账户金额进行调整，以求得被调整账户的实际余额的账户。其调整方式可以用下列公式表示：

被调整账户余额－备抵调整账户余额＝被调整账户的实际余额

由于备抵调整账户对被调整账户的调整，实际上是对被调整账户余额的抵减，因此被调整账户余额的方向与备抵调整账户余额的方向必定相反。如果被调整账户余额的方向在借方（贷方），则备抵调整账户余额的方向一定在贷方（借方）。

按照被调整账户的性质，备抵调整账户又可以分为资产备抵调整账户和权益备抵调整账户两种。

（1）资产备抵调整账户。资产备抵调整账户是用来抵减某一资产账户的余额，以求得调整后实际余额的账户。"累计折旧""固定资产减值准备""坏账准备"和"存货跌价准备"等账户是比较典型的资产备抵调整账户，"累计折旧""固定资产减值准备"账户是用来调整"固定资产"账户的。用"固定资产"账户的账面余额（原始价值）与"累计折旧""固定资产减值准备"账户的账面余额相抵减，就可以取得有关固定资产耗损和减值后的数据，其差额就是固定资产现有的实际价值（净额）。通过这三个账户余额的对比分析，企业可以了解固定资产的新旧程度、资金占用状况、减值情况和生产能力等信息。"坏账准备"是用来抵减"应收账款"账户的。用"应收账款"账户的账面余额与"坏账准备"账户的账面余额相抵减，就可以取得有关可收回应收账款方面的数据，其差额就是可收回的应收账款金额。"存货跌价准备"账户是用来抵减存货项目的，用存货项目的账面余额与"存货跌价准备"账户的账面余额相抵减，就可以取得有关存货的实际价值方面的数据，其差额就是存货的实际价值。被调整账户与资产备抵调整账户之间的关系如图6-7所示。

图6-7　被调整账户与资产备抵调整账户之间的关系

被调整账户与资产备抵调整账户之间的调整方式如下：

被调整账户的原有数额…………A

减：备抵调整账户的抵减数……B

调整后的实有数　C＝（A−B）

（2）权益备抵调整账户。权益备抵调整账户是用来抵减某一权益账户余额，以求得该权益账户的实际余额的账户。"利润分配"账户就属于"本年利润"账户的权益备抵调整账户。"本年利润"账户是被调整账户，其期末贷方余额反映期末已实现的利润额，"利润分配"账户的期末借方余额反映企业期末已分配的利润额。将"本年利润"账户的贷方余额抵减"利润分配"账户的借方余额，其差额表示企业期末尚未分配的利润额。权益备抵调整账户与被调整账户之间的关系如图6-8所示。

图6-8　权益备抵调整账户与被调整账户之间的关系

2. 附加账户

附加账户是用来增加被调整账户余额，以求得被调整账户的实际余额的账户。其调整方式可以用以下计算公式表示：

被调整账户余额+附加账户余额＝被调整账户的实际余额

因此，被调整账户与附加账户的余额一定在相同方向。如果被调整账户的余额在借方（或贷方），附加账户的余额一定在借方（或贷方）。在实际工作中，这类账户很少运用。

3. 备抵附加调整账户

备抵附加调整账户又称抵减附加调整账户，是既用来抵减，又用来增加被调整账户余额，以求得被调整账户实际余额的账户。备抵附加调整账户既可以作为抵减账户，又可以作为附加账户来发挥作用，兼有两种账户的功能（在实际工作中，单纯的附加账户很少使用）。这类账户在某一时刻执行的是哪种功能，取决于该账户的余额与被调整账户的余额在方向上是否一致。与其余额与被调整账户的余额在相反方向时，它所起的是抵减作用；当其余额与被调整账户的余额在相同方向时，它所起的是附加的作用。备抵附加调整账户与被调整账户之间的关系如图6-9所示。

备抵附加调整账户与被调整账户之间的调整方式可以表示如下：

被调整账户的原有数额……　　　A

加：附加调整账户的附加数……B

减：备抵调整账户的抵减数……C

调整后的实有数　D＝（A+B−C）

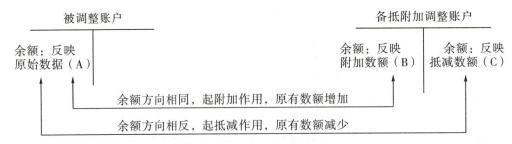

图6-9　备抵附加调整账户与被调整账户之间的关系

"材料成本差异"账户就是"原材料"账户的备抵附加调整账户。当"材料成本差异"账户是借方余额时，表示实际成本大于计划成本的超支数，用"原材料"账户的借方余额加上"材料成本差异"账户的借方余额，就是库存材料的实际成本。当"材料成本差异"账户是贷方余额时，表示实际成本小于计划成本的节约数，用"原材料"账户的借方余额减去"材料成本差异"账户的贷方余额，其差额为库存材料的实际成本。

例如，"材料成本差异"账户与其被调整账户"原材料"之间的关系如图6-10所示。

| 借 | 材料成本差异——甲类 | | 贷 |
|---|---|---|---|
| 期初余额 | 1 200 | | |
| 本期发生额 | 8 000 | 本期发生额 | 5 000 |
| 期末余额 | 4 200 | | |

| 借 | 原材料 | | 贷 |
|---|---|---|---|
| 期初余额： | 260 000 | | |
| 本期发生额 | | 本期发生额 | |
| 甲类 | 160 000 | 甲类 | 80 000 |
| 乙类 | 50 000 | 乙类 | 20 000 |
| 期末余额 | 370 000 | | |

| 借 | 材料成本差异——乙类 | | 贷 |
|---|---|---|---|
| | | 本期发生额 | 4 800 |
| | | | 2 200 |
| | | 期末余额 | 2 600 |

图6-10　"材料成本差异"账户与其被调整账户"原材料"之间的关系

| "原材料"账户的借方余额（计划成本） | 370 000 |
|---|---|
| 加："材料成本差异"账户的借方余额（超支差） | 4 200 |
| 减"材料成本差异"账户的贷方余额（节约差） | 2 600 |
| 库存原材料的实际成本 | 371 600 |

### （三）成本账户

成本账户是用来反映企业存货在取得或形成的过程中，其成本归集和计算过程的账户，反映企业为生产产品、提供劳务而发生的经济利益的流出。它针对一定成本计算对象（某产品、某类产品、某批产品、某生产步骤等），表明了由此发生的企业经济资源的耗费。

成本账户与资产类账户有着密切的联系。资产一经耗用就转化为费用成本：成本账户的期末借方余额属于企业的资产，如材料按计划成本计价时，"材料采购"账户的借方余额为在途物资的实际成本，"生产成本"账户的借方余额为在产品的生产成本，它们都是企业的流动资产。从这种意义上来说，成本账户也是资产类账户，分类时，有的账户，如"材料采购"账户，既可以归入资产类账户，也可以归入成本账户。

1. 集合分配账户

集合分配账户是用来归集和分配经营过程中某一阶段所发生的某种间接费用，借以反映和监督有关间接费用计划执行情况以及间接费用分配情况的账户。企业设置这类账户，一方面可以将某一经营过程中实际发生的间接费用和计划指标进行比较，考核间接费用的超支和节约情况；另一方面便于将这些费用摊配出去。集合分配账户，借方登记费用的发生额，贷方登记费用的分配额。在一般情况下，登记在这类账户中的费用，期末应全部分配出去，通常没有余额。

集合分配账户的结构如图 6-11 所示。

| 借方　　　　　　　　　　　　　集合分配账户　　　　　　　　　　　　　贷方 | |
| --- | --- |
| 本期发生额：归集经营过程中间接费用的本期发生额 | 本期发生额：本期分配到有关成本计算对象上的间接费用额 |

**图 6-11　集合分配账户的结构**

属于集合分配类账户的主要有"制造费用"账户等。

集合分配账户的特点如下：具有明显的过渡性质，会计人员平时用它来归集那些不能直接计入某个成本计算对象的间接费用，期末将费用全部分配出去，由有关成本计算对象负担。经分配之后，集合分配账户期末一般没有余额。

2. 成本计算账户

成本计算账户是用来反映和监督企业经营过程中应计入特定成本计算对象的经营费用，并确定各成本计算对象实际成本的账户。设置和运用成本计算账户，对正确计算材料的采购成本、产品的生产成本和产品的销售成本，考核有关成本计划的执行和完成情况等，都具有重要的作用。成本计算账户的借方汇集应计入特定成本计算对象的全部费用（其中，一部分是在费用发生时直接计入的，另一部分是先计入集合分配账户，在会计期末通过一定的分配方法转到成本计算账户）；贷方反映转出的某一成本计算对象的实际成本。期末余额一般在借方，表示尚未完成工艺过程且在某一阶段的成本计算对象的实际成本。例如，"生产成本"账户的借方余额表示尚未完成生产过程的在产品的实际成本。

成本计算账户的结构如图 6-12 所示。

| 借方　　　　　　　　　　　　　　　成本计算账户　　　　　　　　　　　　　　　贷方 | |
|---|---|
| 期初余额：未转出成本计算对象的实际成本 | 本期发生额：转出成本计算对象的实际成本 |
| 本期发生额：经营过程中发生的应由成本计算对象承担的费用 | |
| 期末余额：期末未转出成本计算对象的成本 | |

**图 6-12　成本计算账户的结构**

属于成本计算账户的有"在途物资""材料采购""生产成本""在建工程"账户等。

成本计算账户的特点如下：除了设置总分类账户外，还应按照各个成本计算对象设置明细分类账户，并按成本项目设置专栏进行明细分类核算；既提供价值指标，又提供实物指标。

3. 计价对比账户

计价对比账户是用来对经营过程中某一阶段某项经济业务按照两种不同的计价标准进行对比，借以确定其业务成果的账户。

按计划成本进行材料日常核算的企业所设置的"材料采购"账户，就属于计价对比账户。该账户的借方登记材料的实际成本，贷方登记按照计划价格核算的材料的计划成本。会计人员通过借贷双方两种计价对比，可以确定物资采购业务成果（超支或节约）。

计价对比账户的结构（以"材料采购"账户为例）如图 6-13 所示。

| 借方　　　　　　　　　　　　　　　计价对比账户　　　　　　　　　　　　　　　贷方 | |
|---|---|
| 期初余额：未入库材料的实际成本<br>本期发生额：本期未入库材料的实际成本及转入"材料成本差异"账户贷方的实际成本小于计划成本的节约差 | 本期发生额：入库材料的计划成本及转入"材料成本差异"账户借方的实际成本大于计划成本的超支差 |
| 在途材料的实际成本 | |

**图 6-13　计价对比账户的结构**

计价对比账户的特点如下：借贷两方的计价标准不一致；期末确定业务成果转出后，该账户的借方余额是剔除了计价差异后的按借方计价方式计价的资产价格。例如，"材料采购"账户的借方余额表示按实际成本计价的在途材料的实际成本。

这里需要特别说明的是，在对材料物资采用计划成本法核算时，"材料采购"账户既是计价对比账户，也是成本计算账户。在采用实际成本法进行核算时，"材料采购"账户是成本计算账户。如果该账户有期末余额，"材料采购"账户也是盘存账户。

**（四）损益计算账户**

损益计算账户是指按照损益类会计科目开设的，用来具体核算和监督企业生产经营过程中的收益、费用、损失，以便计算确定损益的账户，是那些核算内容与损益的计算确定直接相关的账户。该类账户主要是指那些用来反映企业收入和费用的账户。损益计算账户又可以分为收入计算账户、费用计算账户和财务成果计算账户。

1. 收入计算账户

收入计算账户是用来反映和监督企业在一定时期（月、季或年）内所取得的各种收入和收益的账户。收入计算账户的贷方登记取得的收入和收益，借方登记收入和收益的减少数以及期末转入"本年利润"账户的收入和收益额。

由于当期实现的全部收入和收益都要在期末转入"本年利润"账户，因此收入计算账户期末无余额。收入计算账户的结构如图 6-14 所示。

| 借方 | 收入计算账户 | 贷方 |
|---|---|---|
| 本期发生额：收入和收益的减少数<br>期末转入"本年利润"账户的<br>收入和收益额 | 本期发生额：本期收入和收益的增加额 | |

**图 6-14　收入计算账户的结构**

属于收入计算账户的主要有"主营业务收入""其他业务收入""营业外收入"账户等。

收入计算账户的特点如下：除了设置总分类账户外，还应按照业务类别设置明细分类账户，进行明细分类核算。此外，收入计算账户只提供价值指标。

2. 费用计算账户

费用计算账户是用来反映和监督企业在一定时期（月、季或年）内所发生的应计入当期损益的各项费用、成本和支出的账户。费用计算账户的借方登记费用支出的增加额，贷方登记费用支出的减少数和期末转入"本年利润"账户的费用支出数。由于当期发生的全部费用支出数都要于期末转入"本年利润"账户，因此费用计算账户期末无余额。

费用计算账户的结构如图 6-15 所示。

| 借方 | 费用计算账户 | 贷方 |
|---|---|---|
| 本期发生额：本期费用支出的增加数 | 本期发生额：本期费用支出的减少或转销数和<br>期末转入"本年利润"账户的费<br>用支出数 | |

**图 6-15　费用计算账户的结构**

属于费用计算类账户的主要有"主营业务成本""税金及附加""其他业务成本""管理费用""销售费用""财务费用""营业外支出""所得税费用"账户等。

费用计算账户的特点是：除了设置总分类账户外，还应按业务内容、费用支出项目等设置明细分类账户，进行明细分类核算。此外，费用计算账户只提供价值指标。

3. 财务成果计算账户

财务成果计算账户是用来反映和监督企业在一定时期（月、季或年）内全部经营活动最终成果的账户。"本年利润"账户属于财务成果计算账户，财务成果计算账户的贷方登记期末从收入计算账户转入的各种收入和收益数，借方登记期末从费用计算账户转入的各种费用支出数。平常月份（1~11月），贷方余额表示企业实现的利润数，借方余额表示企业发生的亏损数。年终时企业将实现的净利润或发生的亏损转入"利润分配"账户，结转后该账户应无余额。

财务成果计算账户的结构如图 6-16 所示。

| 借方 | 财务成果计算账户 | 贷方 |
|---|---|---|
| 本期发生额：本期从费用账户转入的各项成本、费用支出数 | 本期发生额：本期从收入账户转入的各项收入、收益数 | |
| 期末余额：（1~11月）发生的亏损数 | 期末余额：（1~11月）实现的利润数 | |
| | 年末无余额 | |

**图 6-16 财务成果计算账户的结构**

财务成果计算账户的特点如下：借方和贷方登记的内容应遵循权责发生制和配比原则的要求。一方面，贷方登记的各项收入、收益数与借方登记的各项费用支出数要与相应的会计期间相配合；另一方面，从事某类业务活动所得的收入要与相应的成本费用相配比。也就是说，借方登记的各项费用、成本，是为取得贷方登记的各项收入、收益而发生的；相反，贷方登记的各项收入、收益数是因为支付了借方登记的各项费用、成本而取得的，两者在时间和受益关系上相互配比，会计期间的财务成果才是真实准确的。财务成果计算账户只提供价值指标，1~11月期末有余额，在贷方则是利润数，在借方则是亏损数，年终结账后无余额。

上述四种账户按用途和结构分类，可以归纳为如表 6-2 所示的分类。

**表 6-2 账户按用途和结构分类**

| 基本账户 | 盘存账户 | | 库存现金、银行存款、原材料、库存商品、固定资产等 |
|---|---|---|---|
| | 投资权益账户 | | 实收资本、资本公积、盈余公积 |
| | 结算账户 | 债权结算账户 | 应收账款、其他应收款等 |
| | | 债务结算账户 | 应付账款、应付职工薪酬、应交税费、短期借款、长期借款等 |
| | | 债权债务结算账户 | 其他往来 |
| 调整账户 | 备抵调整账户 | | 坏账准备、累计折旧、存货跌价准备等 |
| | 备抵附加账户 | | 材料成本差异 |

表6-2(续)

| 成本账户 | 集合分配账户 | 制造费用 |
|---|---|---|
| | 成本计算账户 | 生产成本、在途物资、材料采购等 |
| | 对比账户 | 材料采购 |
| 损益计算账户 | 收入计算账户 | 主营业务收入、其他业务收入、营业外收入等 |
| | 费用计算账户 | 主营业务成本、其他业务成本、税金及附加、销售费用、财务费用、营业外支出、所得税费用等 |
| | 财务成果计算账户 | 本年利润 |

## 【课程思政——会计人员的管理思维】

**一、管理思维一：培养分类即管理的科学思维方式**

账户按照不同的分类基础形成了不同的分类结果，即分别按照经济内容、账户用途与结构进行分类，从不同视角呈现了账户的性质和特点。

**二、管理思维二：树立总与分的辩证统一思想**

会计的目标是为会计信息使用者提供决策有用的信息。为了实现这一目标，在财政部统一制定会计科目的基础上，各会计主体在设置账户时，就不能只考虑本单位经济活动的特点，还必须从会计信息使用者的需要出发，始终站在会计信息使用者的立场来确定本主体所应设置的账户体系。

**三、管理思维三：将账户分类思想转化为应对一切突发事件的能力**

不管是日常管理还是面对突发危机，会计人员都必须进行科学合理的分类，明确事件的性质及其严重程度，明确各个责任主体的职责，构建统一科学、相互协调的部门管理体系，建立健全公共事件预警系统，确保日常管理工作和应急管理工作顺利开展。

## 【本章小结】

本章介绍了账户分类的几种基本方法，要求初学者通过研究账户的分类，加深对这些账户之间内在联系的深刻认识。通过学习本章内容，学生应明确各个账户在整个账户体系中的地位和作用，掌握各种账户在提供会计核算指标上的规律，进一步提高运用账户处理各种经济业务的能力。

## 【本章习题】

**一、单项选择题**

1. "坏账准备"账户按会计要素分类属于（　　　）。

  A. 资产类账户  B. 损益类账户  C. 负债类账户  D. 备抵调整账户

2. 下列选项中，不属于盘存账户的是（  ）。

  A. "固定资产" B. "原材料"  C. "应收账款"  D. "库存商品"

3. 下列选项中，反映所有者原始投资的账户是（  ）。

  A. "实收资本" B. "盈余公积"  C. "本年利润"  D. "利润分配"

4. 企业在不单独设"预付账款"账户的情况下，可用（  ）账户代替。

  A. "应收账款" B. "预收账款"  C. "应付账款"  D. "其他往来"

5. "制造费用"账户按用途结构分类属于（  ）。

  A. 负债账户        B. 成本类账户

  C. 集合分配账户      D. 成本计算账户

6. 下列选项中，（  ）账户属于调整账户。

  A. "应付职工薪酬"     B. "应交税费"

  C. "累计折旧"       D. "预提费用"

7. "主营业务收入"账户按其经济内容和用途结构分类，均属于（  ）账户。

  A. 收入类        B. 利润类

  C. 计价对比类       D. 财务成果类

8. 财务成果账户的借方余额表示（  ）。

  A. 利润总额  B. 亏损总额  C. 收益额  D. 费用额

9. （  ）账户属于计价对比账户。

  A. "利润分配"      B. "固定资产"

  C. "材料采购"      D. "材料成本差异"

10. （  ）账户的借方登记债权增加，债务减少。

  A. 债务结算       B. 负债结算

  C. 资产负债结算     D. 资产结算

## 二、多项选择题

1. 下列选项中，属于盘存账户的有（  ）。

  A. "库存现金"      B. "长期股权投资"

  C. "库存商品"      D. "固定资产"

  E. "材料采购"

2. 账户的用途是指通过账户记录，能够（  ）。

  A. 提供什么核算指标    B. 怎样记录经济业务

  C. 开设和运用账户的目的  D. 借贷方登记的内容

  E. 账户期末余额的方向

3. 下列选项中，属于投资权益账户的有（  ）。

  A. "本年利润"      B. "实收资本"

  C. "利润分配"      D. "资本公积"

  E. "盈余公积"

4. 下列选项中，属于调整账户的有（　　）。

  A. "利润分配"     B. "本年利润"

  C. "应收账款"     D. "坏账准备"

  E. "累计折旧"

5. 下列选项中，属于成本计算账户的有（　　）。

  A. "材料采购"     B. "在建工程"

  C. "生产成本"     D. "制造费用"

  E. "管理费用"

6. "生产成本"账户是（　　）账户。

  A. 跨期摊提      B. 成本计算

  C. 费用       D. 计价对比

  E. 集合分配

7. 负债账户按其用途和结构不可能属于（　　）。

  A. 盘存账户      B. 结算账户

  C. 跨期摊提账户    D. 收入账户

  E. 调整账户

8. 下列选项中，不是反映营业费用的账户是（　　）。

  A. "生产成本"     B. "主营业务成本"

  C. "税金及附加"    D. "其他业务成本"

  E. "营业外支出"

9. （　　）类账户又可按其流动性再分类。

  A. 负债   B. 收入   C. 资产

  D. 所有者权益  E. 利润

10. "生产成本"账户是（　　）类账户。

  A. 负债   B. 资产   C. 成本计算

  D. 跨期摊提  E. 费用

## 三、判断题

1. "应付账款"账户的余额总在贷方。        （　　）

2. "主营业务收入"账户是反映营业收入的账户，"其他业务收入"账户是反映非营业收入的账户。              （　　）

3. 调整账户和被调整账户的余额方向正好相反。     （　　）

4. 同类会计要素的账户，用途和结构也相同。     （　　）

5. "生产成本"账户和"制造费用"账户均属于成本计算账户。 （　　）

## 四、简答题

1. 科学地对账户进行分类有哪些作用？

2. 账户按经济内容可以分为哪些类别？

3. 账户按用途结构可以分为哪些类别？

## 五、业务题

习题一

将下列账户名称填入表 6-3 相应栏目内：

"应收账款""应付账款""短期借款""制造费用""银行存款""应付票据""预付账款""本年利润""实收资本""财务费用""管理费用""库存现金""生产成本""累计折旧""盈余公积""库存商品""利润分配""应交税费""固定资产""主营业务收入""主营业务成本""其他业务成本"。

表 6-3　账户归类

| 项目 | 资产类账户 | 负债类账户 | 所有者权益类账户 | 成本账户 | 损益计算账户 |
|---|---|---|---|---|---|
| 盘存账户 | | | | | |
| 结算账户 | | | | | |
| 资本账户 | | | | | |
| 调整账户 | | | | | |
| 集合分配账户 | | | | | |
| 成本计算账户 | | | | | |
| 财务成果计算账户 | | | | | |

习题二

（1）将如图 6-17 所示账户按用途和结构分类。

（2）计算各账户期末余额。

（3）计算"应收账款""固定资产"等账户期末净额。

| 借方 | 应收账款 | 贷方 |
|---|---|---|
| 期初余额　40 000 | | |
| 本期发生额　110 000 | 本期发生额　120 000 | |
| 期末余额 | | |

| 借方 | 坏账准备 | 贷方 |
|---|---|---|
| 本期发生额　500 | 期初余额　400 | |
| | 本期发生额　600 | |
| | 期末余额 | |

| 借方 | 固定资产 | 贷方 |
|---|---|---|
| 期初余额　500 000 | 本期发生额　60 000 | |
| 本期发生额　20 000 | | |
| 期末余额 | | |

| 借方 | 累计折旧 | 贷方 |
|---|---|---|
| 本期发生额　20 000 | 期初余额　200 000 | |
| | 本期发生额　19 000 | |
| | 期末余额 | |

图 6-17　账户

## 本章参考文献

［1］中华人民共和国财政部. 企业会计准则：2021 年版［M］. 上海：立信会计出版社，2021.

［2］中华人民共和国财政部. 企业会计准则应用指南：2021 年版［M］. 上海：立信会计出版社，2021.

［3］陈国辉，迟旭升. 基础会计［M］. 7 版. 大连：东北财经大学出版社，2021.

［4］朱小平，周华，秦玉熙. 初级会计学［M］. 10 版. 北京：中国人民大学出版社，2019.

本章习题参考答案

# 第七章　会计凭证

## 【学习目标】

本章阐述了会计核算的基本方法——填制和审核会计凭证。其目的是使学生明确会计凭证是进行会计核算的依据这一基本问题，掌握填制和审核会计凭证的基本技能。通过对本章的学习，学生应熟悉会计凭证的含义及种类，熟练掌握原始凭证和记账凭证的填制要求与填制方法。

本章重点：会计凭证的含义、分类、基本内容、填制方法、审核。

本章难点：会计凭证按不同标志进行的分类以及凭证的审核等内容。

## 【关键概念】

会计凭证　原始凭证　记账凭证　累计凭证　汇总原始凭证　收款凭证　付款凭证转账凭证　汇总记账凭证　汇总收款凭证　汇总付款凭证　汇总转账凭证　科目汇总表

## 【引导案例】

2×21 年 5 月，广东省广州市国税局在一次税收专项检查中发现，某企业 2×20 年度利用会计凭证造假抵扣增值税税款的现象。经过内查外调确认，该纳税人涉嫌伪造会计付款凭证，虚构支出，抵扣增值税进项税款 150 万元。

根据该纳税人 2×20 年度的纳税凭证记载，购进材料金额计 1 170 万元（不含税），运用农产品收购发票抵扣税款 150 万元，货款以银行存款的形式支付，程序符合规定，一般不会引起注意。可是，税务检查人员丝毫不放过每一个疑点，在核对记账凭证后所附原始单据——工商银行电汇凭证时发现：资金从该纳税人基本账户——中国建设银行某支行某某账号汇到多个"农业生产者"等个人账户。税务检查人员办理相应手续后，到涉及的中国建设银行各网点核对，在对该纳税人的基本账户所有资金往来进行查询时，令人感到意外的事情发生了：该基本账户竟然没有一笔上述各项资金的付出。税务检查人员再认真核对原始单据——建设银行电汇凭证，确认其属于自行填开的，确实无实际的资金支出。该企业涉嫌伪造虚假会计凭证，进行虚假收购，虚抵进项税，要受到法律的严惩！

作为会计人员，请你谈为什么不能伪造虚假会计凭证，在工作中如何才能做到不伪造虚假会计凭证？

# 第一节　会计凭证的作用与种类

## 一、会计凭证的概念

会计凭证是用来记录经济业务发生和完成情况的书面证明，用以明确经济责任，也是登记账簿的依据，简称凭证。

为了保证会计信息的客观性、真实性和可靠性，进入会计核算系统的每一个原始数据都必须有真实的凭据。任何单位在处理任何经济业务时，都必须由执行和完成该项经济业务的有关人员自行填制或从外部单位取得有关凭证，以书面形式记录和证明所发生经济业务的性质、内容、数量、金额等，并在凭证上签名或盖章，以对经济业务的合法性和凭证的真实性、正确性负责。这些会计凭证必须经过有关人员的严格审核、确认无误后，才能作为记账的依据。例如，企业采购人员从外单位购入材料时，必须由供货方的业务经办人员开具销售发票，列明经济业务内容，材料的名称、数量和金额，供货的时间，供货单位名称，经办人等具体数据，并在凭证上加盖单位财务专用章，经办人员签名和盖章，以明确各方的经济责任，作为各方登记账簿的原始数据。审核人员对销售发票进行审核，确认无误后，会计人员方可以根据销售发票所示内容进行会计处理，登记会计账簿。

## 二、会计凭证的作用

会计凭证的填制和审核，是会计核算工作的起点，是如实反映和有效监督企业经济业务的基础，对如实反映和有效监督企业的经营活动，保证会计信息的真实、完整具有重要意义。会计凭证的作用主要体现在以下三个方面：

第一，通过填制会计凭证，会计人员可以全面记录企业日常的经济业务，为登记账簿提供必要的依据，同时为会计检查和会计分析提供具有法律效力的根据。在企业的日常经营过程中，所有的经济业务都应该通过会计凭证记录作为会计核算的基础资料。经办人员按规定所添置或取得的合法会计凭证，是记录和反映经济业务发生或完成的时间、经济业务的内容和数量等情况的基础资料；有关单位和人员在凭证上的签名和盖章对记录的数据的真实性具有证明作用。会计凭证作为书面凭证，也为会计工作的检查和会计分析提供了基础证据。

第二，通过审核会计凭证，会计人员可以对经济业务的合理性和合法性进行监督。由于会计凭证是经济业务的直接反映，记账之前会计人员应对会计凭证进行逐笔审核，即对每一项经济业务进行审核，以检查经济业务是否符合国家有关法律、法规、制度规定，是否符合计划、预算进度，是否有贪污盗窃和其他违反财经纪律的行为等。通过审核会计凭证，会计人员可以保护会计主体财产的安全和合理使用，保证预算和财务制度的贯彻执行，提高企业经营活动的经济效益。

第三，通过填制和审核会计凭证，会计人员可以严格企业内部的经济责任制，发生问题也便查清责任，促进企业内部的分工协作。会计凭证除了记录有关经济业务的基本内容外，还必须由有关部门和经办人员签名和盖章。签名和盖章表明各方对会计凭证所记录经济业务的真实性、正确性、合法性、合理性表示认可，应承担相应的经济责任。会计凭证作为内部控制中重要的一环，要求经办人员在会计凭证上签名和盖章，以防止经济业务中的舞弊行为。会计凭证的审核可以促使有关责任人在其职权范围内各司其职、各负其责。一旦出现问题，会计凭证为合理确定经济责任提供了证据。

### 三、会计凭证的种类

会计凭证按其填制的程序和用途不同，可以分为原始凭证和记账凭证两类。

#### （一）原始凭证

原始凭证又称单据，是在经济业务发生或完成时取得或填制的，用以记录或证明经济业务的发生或完成情况的原始凭据。它不仅能用来记录经济业务发生或完成情况，还可以明确经济责任，是进行会计核算工作的原始资料和重要依据，是会计资料中最具有法律效力的一种文件。工作令号、购销合同、购料申请单等不能证明经济业务发生或完成情况的各种单证不能作为原始凭证并据以记账。

1. 自制原始凭证和外来原始凭证

原始凭证按其来源不同，分为自制原始凭证和外来原始凭证。

自制原始凭证是由本企业经办业务人员，在执行或完成某项经济业务时自行编制的原始凭证。例如，企业仓库保管人员在验收材料入库时所填制的"收料单"（见表7-1），领用材料所编制的"领料单"（见表7-2），定期盘点库存材料所编制的"盘存表"以及本企业对外销售商品或劳务，开给其他单位或个人的发票副联（本企业记账的依据）等，都属于自制原始凭证。自制原始凭证的格式由各单位根据业务特点和内部控制的要求自行设计。

表7-1　收料单

年　月　日

| 起运站 | | 车（船）号 | | | 送货单号 | | | |
|---|---|---|---|---|---|---|---|---|
| 供应单位 | | 发票号码 | | | 提货号码 | | | |
| 仓库号数 | | 检验凭证号 | | | 技术证明号 | | | |
| 付款方式 | | | | | | | | |
| 材料类别 | 材料编号 | 材料名称 | 规格 | 计量单位 | 数量 | | 计划成本 | 实际成本 |
| | | | | | 应收 | 实收 | 单价　金额 | 单价　金额 |
| | | | | | | | | |
| | | | | | | | | |
| | | | | | | | | |
| 备注 | | 合计 | | 合计 | | | | |

仓库主管_____　　质量检验员_____　　收货员_____　　材料核算员_____

表7-2 领料单

年 月 日

领用部门：　　　　　　　　　　　　　　　　　　　　　　凭证编号：

用途：　　　　　　　　　　　　　　　　　　　　　　　发料仓库：

| 材料类别 | 材料编号 | 材料名称 | 规格 | 计量单位 | 数量 | | 单价 | 金额 |
|---|---|---|---|---|---|---|---|---|
| | | | | | 请领 | 实发 | | |
| | | | | | | | | |

审核 _____　　　仓库保管 _____　　　领用 _____　　　制单 _____

外来原始凭证则是在经济业务发生或完成时从其他单位或个人取得的原始凭证，如购买商品时取得的"增值税专用发票"（见图7-1），出差时取得的车船票、飞机票等，与银行办理结算时取得的"结算凭证"等。

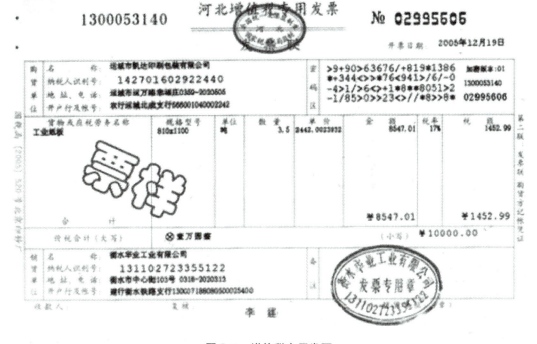

图7-1 增值税专用发票

由于财务会计系统的数据处理对象是过去的经济业务，无论是自制原始凭证还是外来原始凭证，都是证明经济业务已经执行或已经完成，因此在审核后就可以作为会计记账的依据，将其数据输入复式簿记系统。凡是不能证明经济业务已经实际执行或完成的文件，如材料请购单、车间派工单等，只反映预期的经济业务，这些业务既然尚未实际执行，其有关数据自然不能进入复式簿记系统加工处理。因此，这些文件不属于会计的原始凭证，不能单独作为会计记账的根据。

2. 一次凭证、累计凭证、汇总原始凭证和记账编制凭证

原始凭证按其编制方法的不同，分为一次凭证、累计凭证、汇总原始凭证和记账

编制凭证。

（1）一次凭证。一次凭证是指对一项或若干项同类经济业务，于业务发生或完成时一次编制完成的原始凭证。所有的外来原始凭证和大部分的自制原始凭证都属于一次凭证，如"购货发票""销货发票"等。

（2）累计凭证。累计凭证是指在一定时期内连续记载同类经济业务多次，至期末按累计数作为记账依据的原始凭证。通常，对频繁发生的同类经济业务，企业采用累计凭证形式来记录。例如，企业在生产中通常会频繁发生材料领用业务，如果每次领用时均填写完整的领料凭证，手续异常复杂。采用累计凭证的形式，生产部门于每次领用时在凭证上填写本次的领用量，定期进行结算，不仅简化了领料手续，而且便于领料数的随时核算，并与预算数进行比较分析。工业企业的"限额领料单"（见表7-3）就是一种典型的自制累计凭证。

表7-3　限额领料单

年　　月

领料部门：　　　　　用途：　　　　　计划产量：

材料编号：　　　　　名称规格：　　　　计量单位：

单价：　　　　　　　消耗定量：　　　　领用限额：

| 年 | | 请　　领 | | 实　　　　　发 | | | | | |
|---|---|---|---|---|---|---|---|---|---|
| 月 | 日 | 数量 | 供应部门负责人 | 数量 | 累计 | 发料人 | 领料人 | 限额结余 | |
| | | | | | | | | | |
| | | | | | | | | | |
| | | | | | | | | | |
| | | | | | | | | | |
| | | | | | | | | | |
| 累计实发金额（大写） | | | | | | | | | |

供应部门负责人＿＿＿＿　　　　生产计划部门负责人＿＿＿＿　　　　仓库负责人＿＿＿＿

（3）汇总原始凭证。汇总原始凭证是指对一定时期内反映经济业务内容相同的若干张一次凭证或累计凭证，按照一定标准综合编制的原始凭证。对一些经常重复发生的经济业务，企业可以定期将若干份记录同类型业务的原始凭证进行汇总，据此编制汇总原始凭证，作为记账的依据。这样可以大大简化编制记账凭证和登账手续，如"工资结算汇总表"、根据多张收货单编制的"收货汇总表"、根据多张限额领料单编制的"发料凭证汇总表"（见表7-4）等。

表 7-4　发料凭证汇总表

年　月　日

| 领料单位 | 材料名称 | 规格 | 用途 | 单位 | 数量 | 单　价 | 总成本 |
|---|---|---|---|---|---|---|---|
|  |  |  |  |  |  |  |  |
|  |  |  |  |  |  |  |  |
|  |  |  |  |  |  |  |  |
| 合计 |  |  |  |  |  |  |  |

（4）记账编制凭证。记账编制凭证是根据账簿记录，把某一项经济业务加以归类、整理而重新编制的一种自制原始凭证。例如，企业在计算产品成本时编制的"制造费用分配表"就是根据制造费用明细账记录的数字按费用的用途填制的。

(二) 记账凭证

记账凭证是指会计人员根据审核无误的原始凭证或原始凭证汇总表填制的，用来反映经济业务简要内容，确定会计记录并直接作为记账依据的会计凭证。记账凭证种类甚多、格式不一，但其主要作用都在于对原始凭证进行分类、整理，按照复式记账的要求，运用会计科目，编制会计分录，据以登记账簿。

1. 收款凭证、付款凭证和转账凭证

记账凭证按照其反映的经济业务的内容不同，分为收款凭证、付款凭证和转账凭证。

（1）收款凭证。收款凭证是根据库存现金和银行存款收款业务的原始凭证填制的，用来记录库存现金和银行存款收款业务的记账凭证，其格式如表 7-5 所示。

表 7-5　收款凭证

借方科目：　　　　　　　　　年　月　日　　　　　　　　字第　　号

| 摘要 | 贷方科目 | | 金额 | | | | | | | | | | 记账 |
|---|---|---|---|---|---|---|---|---|---|---|---|---|---|
|  | 总账科目 | 明细科目 | 千 | 百 | 十 | 万 | 千 | 百 | 十 | 元 | 角 | 分 |  |
|  |  |  |  |  |  |  |  |  |  |  |  |  |  |
|  |  |  |  |  |  |  |  |  |  |  |  |  |  |
|  |  |  |  |  |  |  |  |  |  |  |  |  |  |
|  |  |  |  |  |  |  |  |  |  |  |  |  |  |
| 附件　　张 | 合　计 |  |  |  |  |  |  |  |  |  |  |  |  |

财务主管：　　　　记账：　　　　出纳：　　　　审核：　　　　制单：

（2）付款凭证。付款凭证是根据库存现金和银行存款付款业务的原始凭证填制的，用来记录库存现金和银行存款付款业务的记账凭证，其格式如表7-6所示。

表7-6  付款凭证

贷方科目：　　　　　　　　　　　　年　月　日　　　　　　　　　　字第　　号

| 摘要 | 借方科目 | | 金额 | | | | | | | | | | 记账 |
| | 总账科目 | 明细科目 | 千 | 百 | 十 | 万 | 千 | 百 | 十 | 元 | 角 | 分 | |
| | | | | | | | | | | | | | |
| | | | | | | | | | | | | | |
| | | | | | | | | | | | | | |
| | | | | | | | | | | | | | |
| 附件　张 | 合　计 | | | | | | | | | | | | |

财务主管：　　　记账：　　　出纳：　　　审核：　　　制单：

在实际经济生活中，会发生从银行提取现金或将现金存入银行等导致库存现金和银行存款彼此增减的经济业务。对这类业务，目前的惯例是统一按减少方填制付款凭证，以避免重复记账，即从银行提取现金业务，编制银行存款付款凭证；将现金存入银行业务，编制库存现金付款凭证。

（3）转账凭证。转账凭证是根据有关转账业务的原始凭证编制，用来记录不涉及现金和银行存款收付业务的记账凭证，其格式如表7-7所示。

表7-7  转账凭证

年　月　日　　　　　　　　　　转字第　　号

| 摘要 | 会计科目 | | 借方金额 | | | | | | | | | | 贷方金额 | | | | | | | | | | 记账 |
| | 总账科目 | 明细科目 | 千 | 百 | 十 | 万 | 千 | 百 | 十 | 元 | 角 | 分 | 千 | 百 | 十 | 万 | 千 | 百 | 十 | 元 | 角 | 分 | |
| | | | | | | | | | | | | | | | | | | | | | | | |
| | | | | | | | | | | | | | | | | | | | | | | | |
| | | | | | | | | | | | | | | | | | | | | | | | |
| | | | | | | | | | | | | | | | | | | | | | | | |
| | | | | | | | | | | | | | | | | | | | | | | | |
| | | | | | | | | | | | | | | | | | | | | | | | |
| 附件　张 | 合　计 | | | | | | | | | | | | | | | | | | | | | | |

财务主管：　　　记账：　　　出纳：　　　审核：　　　制单：

上述凭证专门用来记录某项经济业务，因此统称为专用记账凭证。使用专用记账凭证，有利于区别不同经济业务进行分类管理，有利于经济业务的检查，适用于经济业务复杂、规模较大、收付款业务较多的单位。在实际工作中，为了便于识别及减少差错，专用记账凭证往往采用不同的颜色分别印制。经济业务较简单、规模较小、收付款业务较少的单位，可以使用一种通用格式的记账凭证。这种记账凭证不再区分收款、付款以及转账业务，而是将所有经济业务统一编号，在同一格式的凭证中进行记录，因此称为通用记账凭证。其格式与转账凭证基本相同。

2. 汇总记账凭证和非汇总记账凭证

记账凭证按照是否经过汇总，分为汇总记账凭证和非汇总记账凭证。

（1）汇总记账凭证。汇总记账凭证是根据许多同类的单一记账凭证定期加以汇总而重新编制的记账凭证，目的是简化登记总分类账的手续。汇总记账凭证按其汇总的方法和范围，可以分为分类汇总记账凭证和全部汇总记账凭证。分类汇总记账凭证主要是对收款凭证、付款凭证和转账凭证分别进行汇总，形成汇总收款凭证、汇总付款凭证和汇总转账凭证。全部汇总记账凭证按各会计账户名称分别进行汇总，形成科目汇总表。

（2）非汇总记账凭证。非汇总记账凭证是根据原始凭证编制的，只反映某项经济业务会计分录的记账凭证。上述的收款凭证、付款凭证、转账凭证和通用记账凭证均属于非汇总记账凭证。

## 第二节　原始凭证的填制与审核

### 一、原始凭证的基本要素

原始凭证记录多种多样经济业务发生的数据，各种原始凭证的具体内容不可能完全一致。例如，收料单记录的是接受的某种材料的数量、单价和金额等原始数据，而领料单记录的则是领用某项材料的数量和成本等原始数据，两者的内容显然不同。但所有的原始凭证作为经济数据的载体，都应当起到证明经济业务已发生或实际完成的作用。撇开不同凭证的特殊形式和具体内容，它们都应当具备说明经济业务完成情况和明确有关人员经济责任等若干基本要素。正是这些要素载有会计所需的数据和信息。原始凭证的基本要素包括以下几个方面：

#### （一）原始凭证的名称

原始凭证的名称，如销货发票、购货发票、限额领料单等，通过原始凭证的名称，能基本体现该凭证所代表的经济业务的类型。

#### （二）填制原始凭证的日期

原始凭证上记录的凭证填制日期，表明了业务的发生日期，是经济业务入账时间确定的基础依据。少数不能及时填制凭证的经济业务也应在经济业务发生后尽快填制完成。

### （三）原始凭证的编号

原始凭证的连续编号是内部控制的重要环节，可以有效防止伪造原始凭证。

### （四）交易双方单位名称

任何经济业务的发生都有买卖双方。一份完整的原始凭证应能载明交易双方单位的名称，以便准确地反映双方的经济责任。关于会计信息的客观性或可验证性的检验，一个重要内容是审查原始凭证的真实性。如果一份原始凭证没有明确的交易双方，就很难追查其真实性。

### （五）经济业务的内容

原始凭证对经济业务内容的反映，可以通过凭证内专门的摘要栏等进行，也可以通过凭证本身来体现。例如，一张购货发票本身就代表了购货活动，而不论该发票是否设置专门的摘要栏；同样，一张火车票反映的经济业务也很清楚，当然不需要在火车票上再专门说明这是乘坐火车的经济活动。如果有些原始凭证（通用发票）本身不足以反映经济业务的内容，就需要在专门的摘要栏内注明。

### （六）经济业务涉及的实物数量和金额

经济业务涉及的实物数量和金额，包括经济业务涉及的商品或材料等的型号、数量、单位、单价、总金额等。这是对经济活动予以真实、完整反映所要求的。特别是没有金额的原始凭证（劳务合同等），就不能作为会计的记账依据。

### （七）有关经办人员的签名、盖章

有关经办人员的签名、盖章是为明确具体的经济责任所必需的。如果是外来凭证（购货发票），还需要外单位加盖公章。

## 二、原始凭证的填制

### （一）原始凭证的填制方法

对一次凭证、累计凭证、汇总原始凭证和记账编制凭证，企业应采用不同的填制方法。

1. 一次凭证的填制方法

一次凭证应在业务发生或完成时根据业务的内容直接一次填制完成。自制原始凭证由本单位业务经办人于业务发生或完成时填制完成，外来原始凭证相当于外单位的自制原始凭证，由外单位经办人员根据相同的填制要求一次填制完成。

（1）"收料单"的填制。收料单是在外购的材料验收入库时，由仓库的保管人员根据验收材料的实际数量而填制的凭证。收料单一般一式三联：一联留仓库，由保管人员据以登记明细账；一联随发票账单交财会部门办理有关结算等手续；一联交采购人员存查。

（2）"领料单"的填制。领料单是在领用材料的业务发生或完成时，由领料员（经办人）填制的原始凭证。领用原材料须经领料的车间负责人批准后，领料员根据所需材料的情况填写领料单，仓库保管员根据领料单，审核其用途后，发放材料，并在领料单上签名和盖章。为了便于控制材料的消耗，领料单一般设有领料单位、日期、用途、名称、规格、请领数量、实发数量、单价、金额、领料人、发料人等内容。领料单一般一式三联，一联留领料部门备查，一联留仓库据以登记材料物资明细账，一联转会计部门据以进行总分类核算。

（3）"增值税专用发票"的填制。增值税专用发票是典型的一次凭证。增值税一般纳税人在销售应税商品和提供应税劳务时，一般应填制增值税专用发票。增值税专用发票由税务部门统一印制，企业按规定领用和管理。其基本联次统一规定为四联，各联次必须按规定用途使用：第一联为存根联，由销售方留存备查；第二联为发票联，购货方以此作为付款的记账凭证；第三联为税款抵扣联，购货方以此作为扣税凭证；第四联为记账联，销货方以此作为销售的记账凭证。增值税专用发票的填制方法如表7-8所示。

表7-8 增值税专用发票

开票日期：2×21 年 8 月 10 日

| 购货单位 | 名称 | 中华公司 | | | | 纳税登记号 | | | | | | | 0100110066668 | | | | | | | |
| --- | --- | --- | --- | --- | --- | --- | --- | --- | --- | --- | --- | --- | --- | --- | --- | --- | --- | --- | --- | --- |
| | 地址、电话 | 东山区农林下路 16 号 020-87543522 | | | | 开户银行及账号 | | | | | | | 工行广州市东山支行 323-446-56378912 | | | | | | | |
| 货物或应税劳务名称 | 计量单位 | 数量 | 单价 | 金额 | | | | | | | | 税率 | 税额 | | | | | | | |
| | | | | 百 | 十 | 万 | 千 | 百 | 十 | 元 | 角 | 分 | % | 百 | 十 | 万 | 千 | 百 | 十 | 元 | 角 | 分 |
| A 材料 | Kg | 100 | 800 | | 8 | 0 | 0 | 0 | 0 | 0 | 0 | 17 | | | 1 | 3 | 6 | 0 | 0 | 0 | 0 |
| | | | | | | | | | | | | | | | | | | | | | | |
| | | | | | | | | | | | | | | | | | | | | | | |
| | | | | | | | | | | | | | | | | | | | | | | |
| 合计 | | | | ¥ | 8 | 0 | 0 | 0 | 0 | 0 | 0 | | | ¥ | 1 | 3 | 6 | 0 | 0 | 0 | 0 |
| 价税合计 | | ⊗仟⊗佰⊗拾玖万叁仟陆佰零拾零元零角零分 ¥93 600 | | | | | | | | | | | | | | | | | | | |
| 销货单位 | 名称 | 龙盛公司 | | | | 纳税人识别号 | | | | | | | 0100110055567 | | | | | | | |
| | 地址、电话 | 白云区白云大道 26 号 | | | | 开户银行及账号 | | | | | | | 建行广州市白云支行 626-433-26358918 | | | | | | | |
| | 备注 | | | | | | | | | | | | | | | | | | | |

收款人：王平　　　　　　　　　　　　开票单位（未盖章无效）

2. 累计凭证的填制方法

在一定时期内连续发生多次同类经济业务时，每次会计人员只需在凭证上记录本次业务的内容，期末对业务内容进行累计汇总。例如，生产部门在每次按生产需求量领用原材料时，只需在领料单上登记本次领用量即可。采用累计核算形式简化了领用手续，有助于材料的定期核算。下面以"限额领料单"为例说明累计凭证的填制方法。

限额领料单是由生产、计划部门根据下达的生产任务和材料消耗定额按每种材料用途分别开出的凭证。限额领料单应设计材料的领用限额数量、本次领用数量、限额结余数量、实际领用数量等栏次。一般一料一单，一式三联：一联交仓库据以发料，一联交领料部门据以领料，一联交财会部门据以记账。领料单位领料时，在该单内注明请料数量，经负责人签名和盖章批准后，持往仓库领料。仓库发料时，根据材料的品名、规格在限额内发料，同时将实发数量及限额余额填写在领料单内，领发料双方在单内签名和盖章。月末，仓库在单内结出实发数量和金额转交会计部门，据以计算材料费用，并用于材料减少的核算。限额领料单的填制方法如表7-9所示。

### 表7-9 限额领料单
2×21年8月

领料部门：基本生产车间　　　　用途：生产产品　　　　计划产量：300件
材料编号：　　　　　　　　　　名称规格：A　　　　　　计量单位：kg
单价：1 000元　　　　　　　　消耗定量：　　　　　　领用限量：1 200件

| 2×21年 | | 请领 | | 实发 | | | | |
| 月 | 日 | 数量 | 领料部门负责人 | 数量 | 累计 | 发料人 | 领料人 | 限额结余 |
|---|---|---|---|---|---|---|---|---|
| | 8 | 200 | 张力 | 200 | 200 | 李敏 | 周梅 | 1 000 |
| | 13 | 100 | 张力 | 100 | 300 | 李敏 | 王丰 | 900 |
| | 18 | 300 | 张力 | 300 | 600 | 李敏 | 汪敏 | 600 |
| | 22 | 200 | 张力 | 200 | 800 | 李敏 | 李莉 | 400 |
| | 31 | 350 | 张力 | 350 | 1 150 | 李敏 | 周文洲 | 50 |
| 累计实发金额（大写）壹佰壹拾伍万元整　　　　　¥1 150 000 | | | | | | | | |

供应部分负责人　张平化　　　　生产计划部门负责人　袁建　　　　仓库负责人　周媛

**3. 汇总原始凭证的填制方法**

汇总原始凭证的填制方法是将一定时间内反映同类经济业务的若干张凭证或累计凭证，按照规定的标准综合汇总填制在一张凭证上，其汇总的时间可以根据业务量的大小自行确定，按旬或月汇总一次。

**4. 记账编制凭证的填制方法**

记账编制凭证的填制方法是按照一定的标准和会计核算方法，将会计数据通过归类、整理和计算后填制。例如，在计算产品成本时编制的"制造费用分配表"就是根据制造费用相关数据，按费用分配方法计算填制的。

### （二）原始凭证的填制要求

原始凭证是具有法律效力的证明文件，是进行会计核算的依据，必须认真填制。为了保证原始凭证能够正确、完整、清晰、及时地反映各项经济业务的实际情况，原始凭证的填制，必须符合下列要求：

**1. 填制及时**

经济业务一经发生或完成，就应及时填制原始凭证，并按规定程序递交会计部门审核、记账。

2. 记录真实

会计凭证必须如实地记录经济业务的真实情况，凭证上填列的日期、业务内容和数字必须真实可靠，不得弄虚作假。

3. 内容完整

原始凭证的各项内容，必须根据实际情况，按照原始凭证的要素，填写齐全，不得遗漏或随意省略。如果原始凭证的项目填写不全，则不能作为经济业务的合法证明，也不能作为有效的会计凭证。

4. 填制手续完备

（1）从外单位取得的原始凭证，必须有该填制单位的公章；从个人取得的原始凭证，必须有填制人员的签名或盖章。自制原始凭证必须有经办单位领导人或由单位领导人指定的人员签名或盖章。对外开出的原始凭证，必须加盖本单位公章。

（2）凡填有大写和小写金额的原始凭证，大写和小写金额必须相符。购买实物的原始凭证，必须有验收证明。支付款项的原始凭证，必须有收款单位和收款人的收款证明。

（3）一式几联的原始凭证，应当注明各联的用途，只能以一联作为报销凭证。一式几联的发票和收据，必须用双面复写纸（发票和收据本身具备复写纸功能的除外）套写，并连续编号；作废时应当加盖"作废"戳记，连同存根一起保存，不得撕毁。

（4）发生销货退回的，企业除填制退货发票外，还必须有退货验收证明。退款时，企业必须取得对方的收款收据或汇款银行的凭证，不得以退货发票代替收据。

（5）职工出差的借款凭据，必须附在记账凭证之后。收回借款时，会计人员应另开收据或者退还借据副本，不得退还原借款收据。

（6）经上级有关部门批准的经济业务，应将批准文件作为原始凭证附件。批准文件需要单独归档的，应在凭证上注明批准机关名称、日期和文件字号。

5. 书写清楚

原始凭证只能用蓝色或黑色笔填写，不准使用圆珠笔和铅笔填写；字迹必须清晰、工整；文字、数字必须书写清楚。

（1）阿拉伯数字应当一个一个地写，不得连笔写。阿拉伯金额数字前面应当书写货币币种符号或货币名称简写和币种符号。币种符号和阿拉伯金额数字之间不得留有空白。凡阿拉伯数字前写有币种符号的，数字后面不再写货币单位。

（2）所有以元为单位（其他货币种类为货币基本单位，下同）的阿拉伯数字，除表示单价等情况外，一律填写到角、分；无角、分的，角位和分位可分别写"0"，或者用符号"—"代替；有角无分的，分位应当写"0"，不得用符号"—"代替。

（3）汉字大写数字金额，如零、壹、贰、叁、肆、伍、陆、柒、捌、玖、拾、佰、仟、万、亿等，一律用正楷或行书书写，不得用0、一、二、三、四、五、六、七、八、九、十等简化字代替，不得任意自造简化字。大写金额数字到元或角为止的，在"元"或"角"字之后应当写"整"或"正"字；大写金额数字有分的，"分"字后面不写"整"或"正"字。

（4）大写金额数字前未印有货币名称的，应当加填货币名称，货币名称与金额数字之间不得留有空白。

（5）阿拉伯金额数字中间有"0"时，汉字大写金额要写"零"字；阿拉伯金额数字中间连续有几个"0"，汉字大写金额中可以只写一个"零"字；阿拉伯金额数字元位是"0"，或者数字中间连续有几个"0"，元位也是"0"，但角位不是"0"时，汉字大写金额可以只写一个"零"字，也可以不写"零"字。

（6）外来原始凭证不得涂改、挖补。原始凭证有错误的，应当由开出单位重开或更正，更正处应当加盖开出单位的公章。

（7）更正规范。发生错误需要更正时，会计人员应采用正确、规范的更正方法。具体要求如下：凭证不得随意涂改、刮接、挖补。填写错误需要更正时，必须划线更正，即将写错的文字或数字，用红线划掉，再将正确的数字或文字写在划线部分的上方，并加盖经手人印章。提交银行的各种结算凭证的大小写一律不得更改，如果填写错误，应加盖"作废"戳记，另换凭证重新填写。

## 三、原始凭证的审核

只有经过审核无误的原始凭证，才能作为记账的依据。为了保证原始凭证内容的真实性和合法性，一切原始凭证填制或取得后，都应按规定的程序及时送交会计部门，由会计主管或具体处理该事项的会计人员进行审核。

### （一）原始凭证的审核内容

对原始凭证应主要从以下三个方面进行审核：

1. 合规性审核

相关人员根据有关的政策、法规、制度、计划和合同等，审核原始凭证所记录的经济业务是否合理、合法，有无违反制度和不按规定办事的行为。对不真实、不合法的原始凭证，会计人员有权不予接受，并向单位负责人报告；尤其对那些滥用职权、违法乱纪、伪造涂改凭证、弄虚作假、贪污浪费、营私舞弊等行为，会计人员应当拒绝受理，情节严重的，还应报请单位负责人或上级处理，并追究其法律责任。

2. 完整性审核

根据原始凭证的要素，会计人员逐项审核原始凭证的内容是否完整、原始凭证的各项目是否按规定填写齐全、原始凭证是否按规定手续办理。对记载不准确、不完整的原始凭证，会计人员予以退回，并要求经办人员按照国家统一的会计制度的规定更正、补充。对内容填写不全、手续不完备的凭证，会计人员应退还给经办人员补办完整后，再予以受理。

3. 技术性审核

根据原始凭证的填制要求，会计人员审核原始凭证的摘要和数字及其他项目是否填写正确、齐全，大小写金额是否相等，原始凭证记录的经济业务是否真实，原始凭证记载的各项内容是否有涂改现象。原始凭证有错误的，应当由出具单位重开或更正，更正处应当加盖出具单位印章。原始凭证金额有错误的，应当由出具单位重开，不得在原始凭证上更正。

**（二）原始凭证的审核处理**

在审核原始凭证的过程中，会计人员要认真执行《中华人民共和国会计法》赋予的职责、权限，坚持原则，执行制度。

（1）对违反国家规定的收支、超过计划或预算的各项支出、超过规定标准的各项支出，违反制度规定的预付款项，非法出售材料、物资，任意出借、变卖、报废和处理财产物资以及不按国家关于成本开支范围和费用划分的规定乱挤乱摊生产成本的凭证，会计人员应拒绝办理。

（2）对内容不完全、手续不完备、数字有差错的凭证，会计人员应予以退回，要求经办人员补办手续或进行更正。

（3）对伪造或涂改等弄虚作假、严重违法的原始凭证，会计人员在拒绝办理的同时，应当予以扣留，并及时向单位主管或上级主管报告，请求查明原因，追究当事人的责任。

# 第三节　记账凭证的填制与审核

## 一、记账凭证的基本要素

取得或编制原始凭证经审核确认无误后，会计人员应按经济业务的性质加以归类整理，据以编制记账凭证。记账凭证的作用在于将已审核的原始凭证数据，运用账户和复式记账方法，形成会计分录，使之转换为初始会计信息，以确保账簿记录的准确性。无论是哪一种记账凭证，一般都应具备下列基本要素：

**（一）记账凭证的名称**

记账凭证的名称按所记录经济内容不同一般分为收款凭证、付款凭证和转账凭证。当企业只使用一种记账凭证，该记账凭证称为通用记账凭证。

**（二）填制单位**

记账凭证的填制单位就是会计主体。

**（三）填制日期**

记账凭证的填制日期就是填写记账凭证的当日。

**（四）凭证编号**

记账凭证的连续编号，可以用于分清会计事项处理的先后顺序，便于记账凭证与会计账簿核对，确保记账凭证的完整无误。编号同样要考虑企业采用的记账凭证类型。如果企业采用一种格式的通用记账凭证，按凭证编制的先后顺序连续编号即可；如果企业采用收款、付款、转账三种格式的记账凭证，需要分别按"收字×××号""付字×××号""转字×××号"各自独立连续编号；如果企业对收款、付款又区分为现金收款、银行存款收款、现金付款、银行存款付款凭证则记账凭证的编号也需要分别按"现收字×××号""银收字×××号""现付字×××号""银付字×××号""转字×××号"等各自独立连续编号。如果取得一笔经济业务同时涉及两种不同类型的凭证，如购入材料一批，以银行存款支付部分货款，其余暂欠，这就需要同时填制付款凭证和转账凭证。这两张凭证按各自所在序列连续编号，但需要在摘要栏注明相互间的联系。

### （五）会计分录

会计分录是记账凭证的主体部分，即会计科目（各级明细科目）的借贷方向和金额。

### （六）摘要说明

会计人员在记账凭证摘要栏应简明、扼要地说明所记录经济业务的类型及一些备注信息，以便日后查阅。

### （七）所附原始凭证张数

为了表明记账凭证所登载的会计分录有确实凭据，会计人员应将原始凭证附在记账凭证后；同时，在记账凭证上注明所附原始凭证张数。通过核对记账凭证和所附的原始凭证，会计人员可以确定会计的处理是否正确。

### （八）有关人员的签名、盖章

签名和盖章有助于明确会计主管、记账、审核、出纳、制单等有关人员应负的责任，防止记账过程出现差错。

## 二、记账凭证的填制

### （一）记账凭证的填制方法

1. 收款凭证的填制

收款凭证是根据有关现金或银行存款收款业务的原始凭证填制的。在一般情况下，收款凭证的左上角设有"借方科目"栏（也有设在右上角的），应按收款的性质填写"库存现金"或"银行存款"。日期填写编制记账凭证的日期，右上角填写编制收款凭证的顺序号，"摘要"栏内填写所记录的经济业务的简要说明。"贷方总账科目"栏应填写"银行存款"或"库存现金"科目的明细科目。会计人员为了便于登记各种总账和明细账，在此栏中应注明一级科目、二级科目和明细科目。会计人员在"记账"栏注明是否记账，已记账的画"√"。会计人员在"金额"栏按规定的位数填写该项经济业务的发生额。会计人员在"附单据　张"栏填写记账凭证所附原始凭证张数。会计人员在"合计"栏填列各项目金额之和，表明借贷双方的记账总金额。凭证下方分别由会计主管、记账、稽核、制单、出纳等人员签名和盖章，以明确经济责任。收款凭证的填制方法见表7-10。

表 7-10 收款凭证

借方科目：银行存款　　　　　　　　　2×21 年 11 月 2 日　　　　　　　　　银收字第 1 号

| 摘要 | 贷方科目 | | 金额 | | | | | | | | | | 记账 |
|---|---|---|---|---|---|---|---|---|---|---|---|---|---|
| | 总账科目 | 明细科目 | 千 | 百 | 十 | 万 | 千 | 百 | 十 | 元 | 角 | 分 | |
| 收到东华公司投入资本金 | 实收资本 | 东华公司 | 1 | 0 | 0 | 0 | 0 | 0 | 0 | 0 | 0 | 0 | √ |
| | | | | | | | | | | | | | |
| | | | | | | | | | | | | | |
| | | | | | | | | | | | | | |
| 附件 2 张 | 合 计 | | ¥ | 1 | 0 | 0 | 0 | 0 | 0 | 0 | 0 | 0 | |

财务主管：（签章）　　记账：（签章）　　出纳：（签章）　　审核：（签章）　　制单：（签章）

## 2. 付款凭证的填制

付款凭证是根据有关现金或银行存款付款业务的原始凭证填制的。付款凭证格式与收款凭证有两个栏次的内容不同，即它的左上角应填列贷方科目，凭证内第二栏应填制借方总账科目。除此之外，付款凭证的填制方法均与收款凭证相同。付款凭证的填制方法见表 7-11。

表 7-11 付款凭证

贷方科目：银行存款　　　　　　　　　2×21 年 11 月 2 日　　　　　　　　　银付字第 5 号

| 摘要 | 借方科目 | | 金额 | | | | | | | | | | 记账 |
|---|---|---|---|---|---|---|---|---|---|---|---|---|---|
| | 总账科目 | 明细科目 | 千 | 百 | 十 | 万 | 千 | 百 | 十 | 元 | 角 | 分 | |
| 支付采购材料货款及运杂费 | 在途物资 | A 材料 | 1 | 0 | 0 | 0 | 0 | 0 | 0 | 0 | 0 | 0 | √ |
| | | | | | | | | | | | | | |
| | | | | | | | | | | | | | |
| | | | | | | | | | | | | | |
| 附件 6 张 | 合 计 | | ¥ | 1 | 0 | 0 | 0 | 0 | 0 | 0 | 0 | 0 | |

财务主管：（签章）　　记账：（签章）　　出纳：（签章）　　审核：（签章）　　制单：（签章）

## 3. 转账凭证的填制

转账凭证是根据现金和银行存款收付业务以外的原始凭证填制的记账凭证。转账凭证的格式与收、付款凭证不同，它不设主体科目栏，按会计分录将某项经济业务所涉及的会计科目和金额分别记入"总账科目"和"明细科目"栏以及"借方金额"或"贷方金额"栏。编制时，会计人员必须划清科目性质，不能相互混淆。其他项目的填写与收、付款凭证相同。转账凭证的填制方法见表 7-12。

表7-12　转账凭证

2×21年11月7日　　　　　　　　　　　　　　　　转字第3号

| 摘要 | 会计科目 | | 借方金额 | | | | | | | | | | 贷方金额 | | | | | | | | | | 记账 |
|---|---|---|---|---|---|---|---|---|---|---|---|---|---|---|---|---|---|---|---|---|---|---|---|---|
| | 总账科目 | 明细科目 | 千 | 百 | 十 | 万 | 千 | 百 | 十 | 元 | 角 | 分 | 千 | 百 | 十 | 万 | 千 | 百 | 十 | 元 | 角 | 分 | |
| 收到材料验收入库 | 原材料 | A材料 | 1 | 0 | 3 | 0 | 0 | 0 | 0 | 0 | 0 | 0 | | | | | | | | | | | |
| | 在途物资 | A材料 | | | | | | | | | | | 1 | 0 | 3 | 0 | 0 | 0 | 0 | 0 | 0 | 0 | |
| | | | | | | | | | | | | | | | | | | | | | | | |
| | | | | | | | | | | | | | | | | | | | | | | | |
| | | | | | | | | | | | | | | | | | | | | | | | |
| | | | | | | | | | | | | | | | | | | | | | | | |
| | | | | | | | | | | | | | | | | | | | | | | | |
| 附件2张 | 合　计 | | ¥ | 1 | 0 | 3 | 0 | 0 | 0 | 0 | 0 | 0 | ¥ | 1 | 0 | 3 | 0 | 0 | 0 | 0 | 0 | 0 | |

财务主管：（签章）　　　记账：（签章）　　　出纳：（签章）　　　审核：（签章）　　　制单：（签章）

### 4. 通用凭证的填制

通用凭证的填制方法与转账凭证的填制方法基本相同，所不同的是，在凭证的编号上，通用凭证采用按照发生经济业务的先后顺序编号的方法。

## （二）记账凭证的填制要求

记账凭证的质量直接影响到会计信息的质量，因此记账凭证必须按照规定的格式，正确、及时地填制。记账凭证的填制在原始凭证填制要求的基础上，还应注意以下填制要求：

### 1. 摘要简明

在记账凭证的“摘要”栏内，会计人员简明扼要地写清楚经济业务内容的要点，文字要简练概括，以便于查阅凭证和登记账簿。

### 2. 分录正确

在记账凭证中，编制的会计分录必须正确，账户对应关系清晰，记账符号运用要符合记账规则，金额数字必须正确且符合数字书写规范。

### 3. 逐项填写

记账凭证应按行次逐项填写，不能跳行，如果金额栏的最后一笔数字与合计数之间有空行，应当划斜线或“S”行线注销。

### 4. 标明附件

除期末结账和更正错误的记账凭证可以不附原始凭证外，其他记账凭证必须附有原始凭证，并在记账凭证的附单据栏内，应标明原始凭证的张数。如果一张原始凭证涉及几张记账凭证，可以把原始凭证附在一张主要的记账凭证后面，并在其他记账凭证上注明附有该原始凭证的记账凭证的编号或附原始凭证复印件。一张原始凭证所列支出需要几个单位共同负担的，应当将其他单位负担的部分，开给对方原始凭证分割单，进行结算。原始凭证分割单必须具备原始凭证的基本内容：凭证名称、填制凭证日期、填制凭证单位名称或填制人姓名、经办人签名或盖章、接受凭证单位名称、经济业务内容、数量、单价、金额和分摊情况等。

5. 连续编号

记账凭证应按业务发生顺序，按不同种类的记账凭证连续编号。编号的方法有两种：如果企业采用收款、付款、转款三种格式的记账凭证，需要分别按"收字×××号""付字×××号""转字×××号"各自独立连续编号；如果企业采用通用格式的记账凭证，每月从第1号记账凭证起，按经济业务发生的顺序，依次按1、2、3、4等连续编号。一笔经济业务涉及两张以上记账凭证时，可以以"1/3"表示该笔业务有三张凭证，这是其中的第一张。若一笔经济业务事项需要填制两张或两张以上记账凭证时，应采取分数编号法，即在原编记账凭证号码后面用分数的形式表示。例如，某企业采用三类编号的记账凭证，某月某日发生一笔转账业务，需要填制三张记账凭证，凭证的顺序号为30时，则这笔经济业务所编凭证的编号应分别是转字 $30\frac{1}{3}$、转字 $30\frac{2}{3}$、转字 $30\frac{3}{3}$。当月记账凭证的编号，可以在填写记账凭证的当日填写，也可以在月末或装订凭证时填写，但应在月末最后一张记账凭证编号的旁边加注"全"字，表示该月的记账凭证已经处理完毕。

### 三、记账凭证的审核

为了保证记账凭证的编制质量和账簿记录的正确性，稽核人员必须对记账凭证进行严格认真的审核。只有经审核无误后的记账凭证，才能作为记账的依据。记账凭证的审核包括以下两项内容：

#### （一）完整性审核

稽核人员根据记账凭证的要素逐项审核记账凭证的内容是否按规定要求填制，各项目是否按规定填写齐全并按规定手续办理，有关人员是否都已签名和盖章。记账凭证是否附有审核无误的原始凭证，所附原始凭证张数及其内容是否与记账凭证一致。

#### （二）技术性审核

稽核人员根据执行的会计准则的规定，审核记账凭证所确定的会计分录是否合规、正确。这就要求审核人员必须根据记账凭证所附原始凭证的经济内容，按照会计核算方法的要求，审核会计分录编制（主要是确定会计科目及其金额）是否准确无误。根据记账凭证的填制要求，稽核人员审核记账凭证的摘要、应借、应贷会计科目及金额的账户对应关系是否清晰、完整，核算内容是否符合国家统一会计准则的要求。

在审核中若发现差错，稽核人员应查明原因予以重填或更正，并由更正人员在更正处签名和盖章。记账凭证经审核无误后方能据以登记账簿。

# 第四节　会计凭证的传递与保管

## 一、会计凭证的传递

会计凭证的传递是指从会计凭证的填制或取得开始，经过稽核、记账、装订到归档保管的过程中，在单位内部有关部门和人员之间按照规定时间和路线进行传送的手续。会计凭证的传递，要求能够满足内部控制制度的要求，使传递程序有效，同时尽量节约传递时间，减少传递的工作量。由于企业生产组织特点不同、经济业务内容不同和管理要求不同，会计凭证的传递也有所不同。会计凭证的传递是否科学、合理、有效，对加强企业管理、提高会计信息质量具有十分重要的影响。

科学、合理、有效的传递程序应使会计凭证沿着最短的线路，以最快的速度流转。企业在设计会计凭证传递程序时，应遵循以下原则：

### （一）合理确定会计凭证传递应经过的环节

各单位应根据经营规模、行业特点、内部机构组织和人员分工情况以及经营管理的需要等，规定各种会计凭证的联数和所经过的必要环节，既要保证有关部门能对经济业务进行审核和处理，又要尽可能减少不必要的环节和手续，以免造成"公文旅行"，影响速度，影响工作进程。

### （二）合理确定会计凭证在各环节停留的时间

各单位要根据各环节办理手续所必需的时间，规定凭证在各环节停留的合理时间，以确保凭证的及时传递。此外，所有会计凭证的传递必须在报告期内完成，不允许因此影响会计核算的及时性和真实性。

### （三）加强会计凭证传递的管理

会计凭证传递涉及单位内部各个部门和环节。因此，这要求会计部门与有关部门和人员共同协调，统一建立凭证传送制度；将若干主要业务的会计凭证传递程序、路线和时间绘制成流程图，监督各部门和人员遵守执行，使凭证传递工作有条不紊、迅速有效地进行。

## 二、会计凭证的保管

会计凭证是重要的经济档案和历史资料，必须采用科学的方法妥善保管，不得丢失、随意抽取或任意销毁。任何企业在完成经济业务手续和记账之后，必须按规定建立立卷归档制度，形成会计档案资料，妥善保管。根据财政部 1999 年 1 月 1 日颁布执行的《会计档案管理办法》，各单位应建立会计凭证的立卷、归档、保管、查阅和销毁等管理制度，保证会计凭证妥善保管、有序存放、方便查阅，严防毁损、散失和涉密。会计凭证保管的主要方法和要求如下：

（一）定期整理、装订成册

会计部门在记账以后，应及时将本月的各种记账凭证，连同所附的原始凭证，按照分类和编号顺序，折叠整齐，定期（每天、每旬或每月）装订成册，加具封面封底。其要点如下：

（1）装订的范围包括原始凭证、记账凭证、科目汇总表、银行对账单等。

（2）整理装订凭证。记账凭证应当连同所附的原始凭证或原始凭证汇总表，按照编号顺序，折叠整齐，按期装订成册，并加具封面，注明单位名称、年度、月份、起讫日期、凭证种类、起讫号码，由装订人在装订线封签处签名或盖章。业务量大的企业，如果一个月内凭证数量过多，可分成若干册进行装订，在封面上注明共几册等字样。

（3）装订方法。对纸张面积大于记账凭证的原始凭证，会计人员可以按记账凭证的面积尺寸，先自右向后，再自下向后两次折叠，注意应把凭证的左上角或左侧面让出来，以便装订，还可以展开查阅。纸张面积过小的原始凭证一般不能直接装订，会计人员可以先按一定次序和类别排列，再粘在一张和记账凭证大小相同的白纸上。小票应分张排列，同类、同金额的单据尽量粘在一起；同时，在一旁注明张数和合计金额。对纸张面积略小于记账凭证的原始凭证，会计人员可以用回形针或大头针别在记账凭证后面，待装订凭证时，抽去回形针或大头针。对数量过多的原始凭证，会计人员可以单独装订保管，在封面上注明记账凭证日期、编号、种类，同时在记账凭证上注明"附件另订"和原始凭证名称及编号。对各种经济合同、存出保证金收据以及涉外文件等重要原始凭证，会计人员应当另编目录，单独登记保管，并在有关的记账凭证和原始凭证上相互注明日期和编号。对原始凭证附在记账凭证后的顺序应与记账凭证所记载的内容顺序一致，不应按原始凭证的面积大小来排序。

（4）凭证封面。会计人员在凭证封面与背脊处填写单位名称、年度、月份、起止日期、凭证种类、起止号码，并在封面与背脊的接缝处，加盖财务专用章和装订人的印章。

（二）专人保管、期满归档

会计人员必须做好会计凭证的保管工作，严格防止会计凭证错乱不全或丢失。在一般情况下，原始凭证不得外借，其他单位因特殊原因需要借阅原始凭证，必须经本单位负责人、会计机构负责人、会计主管人员批准，必要时可以复制。会计人员向外单位提供原始凭证复印件，应当确保会计凭证的完整无缺，便于引用。装订成册的会计凭证应指定专人负责保管，年度终了后可暂由本会计部门保管1年。期满之后，会计凭证在原则上要移交本单位的档案部门保管。

（三）按期归档，整理立卷

各单位每年形成的会计档案，应当由会计机构按照归档要求，负责整理立卷，装订成册，编制会计档案保管清册。当年形成的会计档案，在会计年度终了后，可暂由会计机构保管1年，期满之后，应当由会计机构编制移交清册，移交本单位档案机构统一保管；未设立内部指定档案机构的，应当在会计机构内部指定专人保管。出纳人员不得兼管会计档案。移交本单位档案机构保管的会计档案，原则上应当保持原卷册的封装。个别需要拆封重新整理的，档案机构应当会同会计机构和经办人员共同拆封整理，以分清责任。

### （四）保管期满，按规销毁

各类会计凭证，包括原始凭证、记账凭证和汇总凭证，最低保管期限为15年；银行存款余额调节表、银行对账单的最低保管期限为5年。会计档案的保管期限，从会计年度终了后的第一天算起。保管期满但未结清的债权债务原始凭证和涉及其他未了事项的原始凭证，不得销毁，应当单独抽出立卷，保管到未了事项完结时为止。单独抽出立卷的会计档案，应当在会计档案销毁清册和会计档案保管清册中列明。正在项目建设期间的建设单位，其保管期满的会计档案不得销毁。

其他保管期满的会计档案，可以按照以下程序销毁：

（1）由本单位档案机构会同会计机构提出销毁意见，编制会计档案销毁清册，列明销毁会计档案的名称、卷号、册数、起止年度、档案编号、应保管期限、已保管期限、销毁时间等内容。

（2）单位负责人在会计档案销毁清册上签署意见。

（3）销毁会计档案时，应当由档案机构和会计机构共同派员参加监销。国家机关销毁会计档案时，应当由同级财政部门、审计部门派员参加监销。财政部门销毁会计档案时，应当由同级审计部门派员参加监销。

（4）监销人在销毁会计档案前，应当按照会计档案销毁清册所列内容清点，核对所要销毁的会计档案；销毁后，应当在会计档案销毁清册上签名、盖章，并将监销情况向本单位负责人报告。

### （五）会计凭证不得外借

其他单位如果因特殊原因（配合税务机关、监察机构查账等）需要使用原始凭证时，经本单位会计机构负责人、会计主管人员批准，可以复印。向外单位提供的原始凭证复印件，应在专设的登记簿上登记，并由提供人员和收取人员共同签名或盖章。查阅或复印会计档案的人员，严禁在会计档案上涂画、拆封和抽换。

### （六）保存打印的会计档案

采用计算机软件进行会计核算的单位，应当保存打印出的纸质会计档案。具备采用磁带、磁盘、光盘、微缩胶片等介质保存会计档案条件的，由国务院业务主管部门统一规定，并报财政部、国家档案局备案。

## 【课程思政——新时代会计人员的"工匠精神"】

2016年，国务院《政府工作报告》中提出"培育精益求精的工匠精神"。工匠精神就是一种做事情严谨认真、精益求精、追求完美，同时还要勇于创新的精神。会计人员在处理日常经济业务及编制会计报表的过程中应该严谨认真，否则一旦某个环节出现问题，将直接导致编制的会计报表不准确，进而使对外提供信息不真实，影响会计信息使用者的决策。

填制与审核会计凭证十分重要，它是会计核算工作的起点和基础，也是登记账簿的前提和依据，在整个会计核算过程中起着至关重要的作用。一方面，财务人员应具备基本的职业素养，即对待该项业务时的细心和耐心，不能有丝毫的马虎；另一方面，财务人员必须遵守会计职业道德，遵守会计法律法规，坚决不做假账，维护经济秩序。

新时代会计人员的"工匠精神"至少应具有以下特征：

第一，爱岗敬业。爱岗就是热爱自己的工作岗位，热爱本职工作。爱岗是对人们工作态度的一种普遍要求。敬业就是用一种严肃的态度对待自己的工作，勤勤恳恳、兢兢业业、忠于职守、尽职尽责。一个人一旦爱上了自己的职业，他的身心就会融合在职业工作中，就能在平凡的岗位上，作出不平凡的事业。这就是常说的"干一行，爱一行，钻一行，精一行"。每个人都可以在各自的工作岗位上发光发热，从工作中找到归属感。

第二，坚守底线。会计从业人员要公私分明、不贪不占、遵纪守法，经得起考验，不贪污挪用、不监守自盗。会计人员要按一定的标准自我约束、自我控制。会计人员不仅要知法、懂法、守法，还要不断加强职业道德修养，正心明道、防微杜渐，在工作中自觉抵制各种各样的诱惑，做到遵纪守法，淡泊名利。

"工匠精神"除了包括爱岗敬业和坚守底线外，还包括精益、专注和创新，它是一种职业精神，是职业道德、职业能力、职业品质的体现。随着人们的就业观念、用人单位的用人观念的转变，"工匠精神"成为普遍追求。

## 【本章小结】

会计凭证是记录经济业务发生和完成情况、明确经济责任的书面证明，也是登记账簿的重要依据。为了正确认识和运用会计凭证，需要对会计凭证进行分类。会计凭证按其填制的程序和用途，分为原始凭证和记账凭证两大类。原始凭证是用来记载和证明有关经济业务实际执行与完成情况、明确经济责任的书面文件。原始凭证有若干种类。记账凭证是会计人员根据审核后的原始凭证编制的，用来确定会计分录，作为登记账簿的依据。记账凭证分为通用记账凭证和专用记账凭证，其中专用记账凭证又分为收款凭证、付款凭证和转账凭证三种。会计凭证的填制必须符合有关的规定和要求。会计人员必须履行会计的监督职能，对原始凭证和记账凭证进行审核。只有审核无误的会计凭证才能作为登记账簿的依据。各单位还应规定会计凭证从取得或填制时起至归档保管止止，在内部各有关部门和人员之间的传递程序与传递时间。会计凭证作为重要的经济档案，必须按规定妥善保管。

## 【本章习题】

### 一、单项选择题

1. 属于外来原始凭证的是（　　）。
   A. 入库单　　　　　　　　　　B. 发料汇总表
   C. 银行收账通知单　　　　　　D. 出库单

2. 严格来讲，填制记账凭证的依据应是（　　）。
   A. 真实的原始凭证　　　　　　B. 自制的原始凭证
   C. 外来的原始凭证　　　　　　D. 审核无误的原始凭证

3. 制造业企业的"限额领料单"属于（　　）。
   A. 外来原始凭证　　　　　　　B. 自制累计原始凭证
   C. 自制一次原始凭证　　　　　D. 自制汇总原始凭证

4. 对将现金送存银行的业务，会计人员应填制的记账凭证是（　　）。
   A. 银行收款凭证　　　　　　　B. 现金付款凭证
   C. 银行收款凭证和现金付款凭证　D. 转账凭证

5. 企业销售商品50 000元，当即收到转账支票一张，计30 000元，其余暂欠。该笔经济业务应编制（　　）。
   A. 一张转账凭证和一张收款凭证
   B. 两张转账凭证
   C. 一张银行收款凭证
   D. 一张收款凭证和一张付款凭证

6. 下列选项中，应编制转账凭证的是（　　）。
   A. 支付购买材料价款　　　　　B. 支付材料运杂费
   C. 收回出售材料款　　　　　　D. 车间领用材料

7. 下列选项中，可能是收款凭证借方科目的是（　　）。
   A. "材料采购"　　　　　　　　B. "应收账款"
   C. "银行存款"　　　　　　　　D. "待摊费用"

8. 填制原始凭证时应做到大小写数字符合规范，填写正确。例如，大写金额"壹仟零壹元伍角整"，其小写应为（　　）。
   A. 1 001.50元　　　　　　　　B. ¥1 001.50
   C. ¥1 001.50元　　　　　　　D. ¥1 001.5

9. 企业记账凭证的编制人员是（　　）。
   A. 出纳人员　　　　　　　　　B. 会计人员
   C. 经办人员　　　　　　　　　D. 主管人员

10. 对记账凭证进行审核时，一般不需要审核的是（　　）。
    A. 记账凭证是否附有原始凭证，原始凭证内容是否与记账凭证内容相符

B. 记账凭证是否附有原始凭证，原始凭证时间是否与记账凭证时间相符

C. 根据原始凭证所编制会计分录是否正确

D. 记账凭证中规定的项目是否已填列齐全

11. 企业所编制的会计分录不体现在（　　）上。

    A. 收款凭证　　　　B. 付款凭证　　　　C. 转账凭证　　　　D. 原始凭证

12. 外来原始凭证一般都是（　　）。

    A. 一次凭证　　　　　　　　　　　B. 累计凭证

    C. 汇总原始凭证　　　　　　　　　D. 记账凭证

13. 制造费用分配表是（　　）。

    A. 外来原始凭证　　　　　　　　　B. 通用记账凭证

    C. 累计凭证　　　　　　　　　　　D. 记账编制凭证

14. 下列选项中，关于会计凭证的传递与保管，不正确的是（　　）。

    A. 保证会计凭证在传递过程中的安全、及时、准确和完整

    B. 要建立会计凭证交接的签收手续

    C. 会计凭证记账完毕后，应当按分类和编号装订成册

    D. 原始凭证不得外借，也不得复印

15. 下列选项中，不正确的是（　　）。

    A. 会计凭证是记账、查账的重要依据和经济业务完成情况的书面证明

    B. 会计凭证是编制会计报表的重要依据

    C. 会计凭证是记录经济业务的书面证明

    D. 会计凭证是明确经济责任的书面证明

## 二、多项选择题

1. 下列选项中，属于原始凭证的有（　　）。

    A. 发出材料汇总表　　　　　　　　B. 汇总收款凭证

    C. 购料合同　　　　　　　　　　　D. 限额领料单

    E. 收料单

2. 下列选项中，属于汇总原始凭证的有（　　）。

    A. 发料汇总表　　　　　　　　　　B. 制造费用分配表

    C. 发货票　　　　　　　　　　　　D. 现金收入汇总表

    E. 工资结算汇总表

3. 下列选项中，属于外来凭证的有（　　）。

    A. 购入材料的发票　　　　　　　　B. 出差住宿费收据

    C. 银行结算凭证　　　　　　　　　D. 收款凭证

    E. 转账凭证

4. 收款凭证和付款凭证是（　　）。

    A. 登记现金、银行存款日记账的依据　B. 编制报表的直接依据

    C. 调整和结账有关账项的依据　　　D. 成本计算的依据

E. 出纳人员办理收、付款项的依据

5. 下列选项中，属于记账凭证填制基本要求的是（　　）。

A. 摘要简明　　　　　　　　　　　　B. 会计分录正确

C. 连续编号　　　　　　　　　　　　D. 标明附件

6. 如果某一笔经济业务需要填制两张记账凭证，该凭证顺序号为50号，则此两张记账凭证的编号应为（　　）号。

A. 50　　　　　　　B. 51　　　　　　　C. $50\frac{1}{2}$　　　　　　D. $50\frac{2}{2}$

7. 会计凭证的传递是指从原始凭证的填制或取得开始，经过（　　）直到归档保管为止。

A. 填制　　　　　B. 稽核　　　　　C. 记账　　　　　D. 装订

8. 下列选项中，各单位不得自行设计和印刷的是（　　）。

A. 银行汇票、本票　　　　　　　　　B. 支票

C. 发票　　　　　　　　　　　　　　D. 入库单

9. 下列选项中，属于领用材料应填制的原始凭证为（　　）。

A. 入库单　　　　　　　　　　　　　B. 发出材料汇总表

C. 送货单　　　　　　　　　　　　　D. 领料单

E. 购货发票

10. 办公室职员李明报销差旅费800元，交回剩余现金200元，对此经济业务应填制的专用记账凭证有（　　）。

A. 库存现金收款凭证，金额为200元

B. 管理费用转账凭证，金额为800元

C. 可以只填制一张转账凭证

D. 必须填制两张专用凭证

E. 库存现金付款凭证，金额为200元

## 三、判断题

1. 原始凭证不得外借，其他单位如果有特殊原因需要使用原始凭证时，经本单位领导批准后，方可外借。（　　）

2. 企业每项交易或事项的发生都必须从外部取得原始凭证。（　　）

3. 为简化核算，会计人员可以将反映同类交易或事项的原始凭证，汇总编制一张汇总原始凭证。（　　）

4. 所有的会计凭证都是登记账簿的直接依据。（　　）

5. 记账凭证的填制日期应是交易或事项发生或完成的日期。（　　）

6. 一次凭证是指只反映一项经济业务的凭证，如"领料单"。（　　）

7. 汇总原始凭证是指在会计审核工作中，为简化记账凭证编制工作，将一定时期若干份同类经济业务的记账凭证加以汇总，用以集中反映某项经济业务总括发生情况的会计凭证。（　　）

8. 登记总账的依据只能是科目汇总表。　　　　　　　　　　（　　）

9. 各种原始凭证的填制，都应由会计人员填写，非会计人员不能填写，以保证原始凭证填制的正确性。　　　　　　　　　　　　　　　　　　（　　）

10. 所有保管期满的原始凭证均可由本单位自行销毁。　　　　（　　）

## 四、简答题

1. 取得和填制会计凭证在会计核算中有何作用？

2. 原始凭证和记账凭证在内容要素和作用方面有何不同？

3. 填制原始凭证和记账凭证应遵循哪些要求？

4. 记账凭证应具备哪些内容？

5. 如何审核原始凭证？如何审计记账凭证？两者在审核上有何不同？

6. 企业为什么要制定会计凭证传递程序？制定会计凭证传递程序应遵循哪几项基本原则？

## 五、业务题

习题一

［目标］练习专用记账凭证的确定。

［资料］龙盛公司 2×21 年 7 月发生以下经济业务：

（1）龙盛公司从银行提取现金。

（2）龙盛公司销售商品一批，货款暂未收到。

（3）龙盛公司购买材料一批，货款已经从银行账户上划走。

（4）车间领用原材料一批，用于生产产品。

（5）龙盛公司用银行存款支付广告费。

（6）龙盛公司销售产品一批，货款已经存入银行。

［要求］说明上述经济业务应编制哪种专用记账凭证。

习题二

［目标］练习记账凭证的填制。

［资料］龙盛公司 2×21 年 8 月发生以下经济业务：

（1）8 月 2 日，龙盛公司以银行存款归还东华公司货款 1 000 元和前欠西华公司货款 3 000 元。

（2）8 月 2 日，龙盛公司购入 1 台机器设备，共计 14 000 元，以银行存款支付。

（3）8 月 5 日，龙盛公司从东华公司购入甲材料 1 000 千克，单价为 4 元，共 4 000 元；乙材料 300 千克，单位为 5 元，共 1 500 元。材料验收入库，款项通过银行支付。

（4）8 月 15 日，龙盛公司从银行提取现金 20 000 元，备发工资。

（5）8 月 15 日，龙盛公司以现金发放工资 20 000 元。

（6）8 月 18 日，龙盛公司从西华公司购入甲材料 2 000 千克，单价为 4 元，共 8 000元，以银行存款支付 6 000 元，余款暂欠，材料已验收入库。

（7）8 月 20 日，龙盛公司因生产领用甲材料 1 500 千克，共计 6 000 元；车间领用乙材料 100 千克，共计 500 元。

(8) 8 月 25 日，龙盛公司以银行存款偿还前欠西华公司货款 2 000 元。

(9) 8 月 26 日，采购员李伟预支差旅费 200 元，财务科以现金支付。

(10) 8 月 30 日，龙盛公司从新华公司购入甲材料 500 千克，每千克 4 元，共 2 000元；乙材料 200 千克，每千克 5 元，共 1 000 元，货款暂欠，材料已验收入库。

(11) 8 月 31 日，采购员李伟出差归来，报销差旅费 175 元，余款以现金支付。

[要求] 根据以上资料，分别填制收款凭证、付款凭证和转账凭证，并列出明细科目（假设不考虑增值税）。

## 本章参考文献

[1] 中华人民共和国财政部. 企业会计准则：2021 年版 [M]. 上海：立信会计出版社，2021.

[2] 中华人民共和国财政部. 企业会计准则应用指南：2021 年版 [M]. 上海：立信会计出版社，2021.

[3] 陈国辉，迟旭升. 基础会计 [M]. 7 版. 大连：东北财经大学出版社，2021.

[4] 朱小平，周华，秦玉熙. 初级会计学 [M]. 10 版. 北京：中国人民大学出版社，2019.

本章习题参考答案

# 第八章 会计账簿

## 【学习目标】

本章阐述了会计核算的基本方法——登记账簿。其目的是使学生在了解会计账簿相关知识的基础上，掌握运用账簿登记经济业务的基本技能。通过对本章的学习，学生应了解会计账簿的含义、会计账簿的设置原则和会计账簿的种类，熟练掌握序时账簿、分类账簿的格式及其登记方法以及账簿的登记规则、错账的更正方法、结账与对账的方法等。

本章重点：会计账簿的种类以及日记账、总分类账、明细分类账的格式与登记方法，账簿登记的基本规则。

本章难点：错账的查找与更正方法及期末对账、结账的内容与方法。

## 【关键概念】

账簿　序时账簿　分类账簿　备查账簿　总分类账　明细分类账　三栏式账簿多栏式账簿　数量金额式账簿　对账　结账　红字更正法　划线更正法　补充登记法

## 【引导案例】

### "帐"和"账"的由来

"帐"字本身与会计核算无关。在商代，人们把账簿叫"册"；从西周开始，人们又把账簿更名为"籍"；战国时代又有了"籍书"这个称呼；在西汉，人们把登记会计事项的账册称为"簿"。据现有史料考察，"帐"字引申到会计方面起源于南北朝。

南北朝时，皇帝和高官显贵都习惯到外地巡游作乐。每次出游前，沿路派人张设帷帐，帐内备有各种生活必需品及装饰品，可谓奢侈豪华。此种帷帐称为"供帐"。供帐内所用之物价值均相当昂贵。为了维护这些财产的安全，朝廷指派专门的官吏掌管并实行专门核算。在核算过程中，人们逐渐把登记这部分财产及供应之费的簿书称为"簿帐"或"帐"，把登记供帐内的经济事项称为"记帐"。

以后"簿帐"或"帐"之称又逐渐扩展到整个会计核算领域，后来的财务官员便把登记日用款目的簿书通称为"簿帐"或"帐"，又写为"账簿"或"账"。

从此，"帐"和"账"就取代了一切传统的名称，现在又统一改为"账"。

思考：企业应如何设置和使用账簿？

# 第一节　账簿的作用与种类

## 一、账簿的概念与作用

会计账簿简称账簿，是由具有一定格式且又相互联系的账页组成的，用来全面、系统、连续地记录各项经济业务的簿记。账簿不同于账户，账簿的外表形式是簿籍，是由账页组成的，是记录会计信息的载体，是积累和储存经济活动情况的数据库。账户是按规定会计科目在账页中开设的户头，账户记录是账簿的内容。会计核算工作中的记账，是指在账簿中根据已审核的记账凭证按账户进行登记的工作。

我们知道，一个单位发生的经济业务首先是通过各种会计凭证来反映的，但是会计凭证对经济业务的反映是零星的、分散的，而不能把一个单位一定时期内发生的全部经济业务全面地、连续地、分类地反映出来。为了便于了解单位在某一时期内的全部经济活动情况，会计人员必须设置和登记会计账簿，借以取得经营管理上所需的各种会计核算资料。账簿的作用可以概括如下：

### (一) 通过账簿的设置和登记记载、储存会计信息

将会计凭证所记录的经济业务一一记入有关账簿，可以完全反映会计主体在一定时期内发生的各项资金运动，储存所需要的各项会计信息。

### (二) 通过账簿的设置和登记分类、汇总会计信息

账簿由不同的、相互关联的账户所组成。账簿记录一方面可以分门别类地反映各项会计信息，提供一定时期内经济活动的详细情况；另一方面可以通过发生额、余额的计算，提供各方面所需的总括会计信息，反映财务状况及经营成果的综合价值指标。

### (三) 通过账簿的设置和登记检查、校正会计信息

账簿记录是会计凭证信息的进一步整理。例如，在永续盘存法下，会计人员通过有关盘存账户余额与实际盘存或核查结果的核对，可以确认财产的盘盈或盘亏，并根据实际结存数额调整账簿记录，做到账实相符，提供如实、可靠的会计信息。

### (四) 通过账簿的设置和登记编报、输出会计信息

为了反映一定日期的财务状况及一定时期的经营成果，会计人员应定期开展结账工作，进行有关账簿之间的核对，计算出本期发生额和余额，据以编制会计报表，向有关各方面提供所需的会计信息。

## 二、账簿的种类

会计账簿的种类很多，通常可以按用途、外表形式和账页格式不同进行分类。

（一）账簿按用途分类

账簿按用途不同，一般可以分为日记账簿、分类账簿、联合账簿和备查账簿。

1. 日记账簿

日记账簿又称序时账簿，是按照经济业务发生时间的先后顺序，逐日逐笔登记的账簿。在实际工作中，时间的先后顺序通常是指会计凭证的编号顺序，即按会计部门收到会计凭证的先后顺序逐日逐笔登记。

日记账簿按其记录经济业务内容的不同，分为普通日记账和特种日记账。普通日记账又称通用日记账，是根据经济业务发生的先后顺序，逐日逐笔登记全部经济业务的会计账簿。普通日记账产生于记账凭证之前，通常把每天发生的经济业务，按照时间的先后顺序，直接根据原始凭证在普通日记账上逐笔编制会计分录，因此又称分录簿。特种日记账是用来记录单位某些需要特别关注、大量发生的经济业务，并起汇总作用的会计账簿。特种日记账按记录经济业务的内容不同，可以分为现金日记账、银行存款日记账、销货日记账、购货日记账、应收账款日记账、应付账款日记账，此外还有转账日记账等。

2. 分类账簿

分类账簿是指全部经济业务按照总分类账户和明细分类账户进行分类登记的账簿。分类账簿可以系统归纳、综合并集中反映经济业务的发生情况。会计人员从分类账簿的每个账户里可以得到各个会计要素及其构成内容增减变动的资料，进而为编制会计报表和加强经营管理提供有关资产、负债、所有者权益、收入、费用、利润总括和详细的分类资料。分类账簿按其记载内容繁简程度的不同，可以分为总分类账和明细分类账。总分类账又称总账，是指按照总分类账户开设，用来反映和监督各种资产、负债、所有者权益、收入、费用和利润等总括核算资料的账簿。明细分类账又称明细账，是指按照明细分类账户开设，用来反映和监督有关资产、负债、所有者权益、收入、费用和利润等明细核算资料的账簿。明细分类账的格式分为三栏式、数量金额式、多栏式和平行式等多种。

3. 联合账簿

联合账簿是指日记账簿和分类账簿结合在一起的账簿，它兼有日记账簿和分类账簿的特点。在经济业务比较简单、总分类账户为数不多的企业，为了简化记账工作，企业可以在同一账簿中既序时又分类地登记经济业务，日记总账便是典型的联合账簿。

4. 备查账簿

备查账簿又称辅助登记簿，是对某些在日记账簿和分类账簿中未能记载或记载不全的事项进行补充登记的账簿。设置和登记这种账簿的目的是在正式账簿之外，对某些经济业务的内容提供有用的参考资料或补充信息。备查账簿有固定资产登记簿、委托加工材料登记簿、代管商品物资登记簿等。备查账不是真正的账簿，它不受总账的控制，没有固定的账页格式，与其他账簿之间也没有严密的勾稽关系，各单位可以根据需要灵活设置。

## （二）账簿按外表形式分类

账簿按外表形式不同，一般可以分为订本式账簿、活页式账簿、卡片式账簿和磁性介质式"账簿"。

### 1. 订本式账簿

订本式账簿又称订本账，是指账簿在启用前就将许多张账页订成册并连续编号的账簿。这种账簿账页固定，能够避免账页散失和人为抽换账页，保证账页记录的安全性。但由于账页是固定的，订本式账簿就没有随意增减的弹性，因此会计人员在使用前必须先估计每一个账户需要使用的账页，留出足够的空页。如果预留账页过多，会造成浪费；如果预留账页过少，会影响账簿记录的连续性。另外，在同一时期，一本账簿只能由一个人登记，不便于分工记账。一般带有统驭和控制作用的账簿及重要的账簿选用订本式账簿，如总分类账簿、现金日记账和银行存款日记账等均选用订本式账簿。

### 2. 活页式账簿

活页式账簿又称活页账，是指平时使用零散账页记录经济业务并将已使用的账页用账夹固定，年末再将本年所登记的账页装订成册并连续编号的账簿。这种账簿可以根据记账的实际需要，随时增加账页，便于记账分工，节省账页，而且登记也方便，但容易出现账页散失和人为抽换等问题。因此，会计人员在使用时应预先对账页连续编号，并由有关人员在账页上加盖印章，年末应将其装订成册，以便保存。活页式账簿一般适用于明细分类账。

### 3. 卡片式账簿

卡片式账簿又称卡片账，是指用印有记账格式和特定内容的卡片登记经济业务的账簿。这是一种特殊的活页式账簿，卡片不固定在一起，卡片的数量可以随经济业务的多少而增减，使用比较灵活，保管比较方便，有利于详细记录经济具体内容，可跨年度使用，无需经常更换，但容易散失。卡片平时一般应放置在卡片箱内，使用完毕不再登账时，会计人员应将卡片穿孔固定保管。卡片式账簿一般适用于所记内容比较固定的明细账，如固定资产明细账等。

### 4. 磁性介质式"账簿"

磁性介质式"账簿"是存储在电脑中的账簿。这类形式的账簿不具有传统簿籍的形式。在会计电算化企业，账簿是存放在磁性介质（磁盘）上的，在作为文件打印输出前是看不见、摸不着的。打印输出后，"账簿"虽然也具有书面形式，但已经不存在完整严密的账簿体系，只是根据需要打印输出会计记录和数据，可以是部分的记录和数据，也可以是全部的记录和数据。

## （三）账簿按账页格式分类

账簿按账页格式不同，一般可以分为三栏式账簿、多栏式账簿、数量金额式账簿和平行登记式账簿。

### 1. 三栏式账簿

三栏式账簿是由设置借方、贷方和余额三个金额栏的账页组成的账簿，适用于只提供价值核算指标的项目，如总账、现金日记账、银行存款日记账、债权或债务类明细账等。

2. 多栏式账簿

多栏式账簿是在借方和贷方的某一方或两方下面分设若干栏目，详细反映借、贷方金额组成情况的账簿。多栏式账簿只设金额栏，不设数量栏，适用于核算项目较多，且在管理上要求提供各核算项目详细信息的明细分类账簿，如收入、费用、成本类明细账等。

3. 数量金额式账簿

数量金额式账簿是在借方、贷方和余额栏下分设数量、单价、金额三个栏目，从而使账簿记录既提供金额指标又提供数量指标的账簿。数量金额式账簿适用于既需要提供价值信息，又需要提供实物数量信息的明细分类账簿，如材料明细账和产成品明细账等。

4. 平行登记式账簿

平行登记式账簿是指前后密切相关的经济业务的借方和贷方登记在同一行的账簿，目的是加强对这类业务的监督，如材料采购明细分类账等。

会计账簿分类如图 8-1 所示。

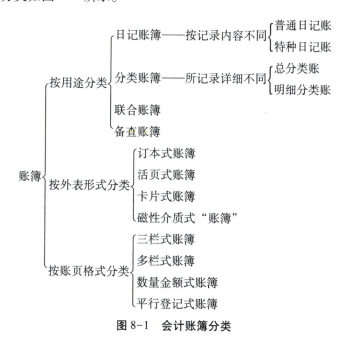

图 8-1　会计账簿分类

## 第二节　会计账簿的设置与登记

正确设置和登记账簿是记账工作的关键。账簿的设置包括确定账簿的种类，设计账簿的格式、内容和登记方法等事项。为了科学地记录和反映经济活动内容，账簿的设置必须根据各单位业务工作的特点进行，必须保证能够全面系统地核算和监督经济活动情况，有科学严密的结构和简明实用的应用格式，以便科学地使用和保管。账簿的登记方法应根据不同的账簿有所区别。

## 一、设置账簿的基本原则

设置账簿在于为一个会计主体建立一套账簿体系。一个会计主体应设置账簿，选用账页，在符合国家统一规定的前提下，根据本企业经济业务的性质、特点以及经营管理的需要来确定，同时也要受该企业选择的会计核算形式的影响。具体来讲，设置账簿应遵循以下原则：

（1）账簿的设置要能确保全面、系统、及时、完整地反映和监督单位经济活动情况，为经营管理和经济核算提供系统、分类的核算资料，以满足会计信息使用者对会计信息的需求。

（2）账簿的设置既要确保账簿体系科学、严密，又要考虑单位的规模、业务的繁杂程度、会计工作的分工协作以及内部控制等因素，使各账簿之间既分工明确，又联系密切，在避免重复和遗漏的同时，考虑人力、物力的节约。

（3）账簿的设置应简便实用，便于查账。

## 二、账簿的基本构成及内容

账簿通常由封面、扉页和账页构成。

### （一）封面

封面用以标明账簿名称和记账单位的名称，如总分类账、现金日记账、原材料明细账等。

### （二）扉页

扉页主要列明科目索引及账簿使用登记表。无论是订本账还是活页账，会计人员在使用之前首先填列账簿使用登记本，登记账簿的启用日期和截止日期、页数、册次、经管账簿人员姓名和签章、会计主管人员签章、账户目录等内容。账簿使用登记表的一般格式如表8-1所示（以下各表"金额单位：元"略）。

表8-1　账簿使用登记表

| 使用者名称 | | | | 印鉴 |
|---|---|---|---|---|
| 账簿名称 | | | | |
| 账簿编号 | | | | |
| 账簿页数 | 本账页共计　　页 | | | |
| 启用日期 | 年　月　日 | | | |
| 责任者 | | 主管 | 会计 | 记账 | 审核 |
| | | | | | |

表8-1(续)

| 经管人员姓名 | | 经管 | 年 月 日 | |
| --- | --- | --- | --- | --- |
| | | 交出 | 年 月 日 | |
| | | 接管 | 年 月 日 | |
| | | 交出 | 年 月 日 | |

## （三）账页

账页是账簿构成的主体。账页的格式虽因记录的经济业务的内容不同而有所不同，但应具备的基本要素是相同的。账页的基本要素包括：

（1）账户的名称（总账科目、二级或三级明细科目）。

（2）登记日期栏。

（3）凭证种类和编号栏。

（4）摘要栏，用于记录经济业务内容的简要说明。

（5）金额栏，用于记录账户的增减变动情况。

（6）总页次和分户页次。

由于账簿所记录的经济业务不同，其结构和登记方法也有所不同。

## 三、日记账的设置和登记

日记账分为普通日记账和特种日记账两种。普通日记账是两栏式日记账，是序时的逐笔登记各项经济业务的账簿。它逐笔登记每一分录的借方账户和贷方账户的名称和金额，其格式及内容见表8-2所示。

表8-2 普通日记账

| 2×21年 | | 凭证 | | 摘要 | 会计科目 | 借方金额 | 贷方金额 | 过账 |
| --- | --- | --- | --- | --- | --- | --- | --- | --- |
| 月 | 日 | 字 | 号 | | | | | |
| 1 | 2 | 银收 | 1 | 收到投资款 | 银行存款<br>实收资本 | 10 000 000 | <br>10 000 000 | √<br>√ |
| | 8 | 转 | 1 | 收到投入固定资产 | 固定资产<br>实收资本 | 10 000 000 | <br>10 000 000 | √<br>√ |
| | 18 | 银付 | 1 | 支付采购<br>材料款项 | 材料采购<br>银行存款 | 2 000 000 | <br>2 000 000 | √<br>√ |
| | 22 | 转 | 2 | 材料验收入库 | 原材料<br>材料采购 | 2 000 000 | <br>2 000 000 | √<br>√ |

特种日记账一般设有现金日记账和银行存款日记账，有的单位还设置转账日记账等。

## （一）现金日记账

现金日记账是由出纳人员根据审核无误的现金收、付款凭证，序时逐笔登记的账簿。有的企业则分别设置现金收入日记账和现金支出日记账。

现金日记账的基本结构分为"收入""支出"和"结余"三栏。出纳人员每日在业务终了后将现金收、付款项逐笔登记，并结出余额，同时与现金相核对。其格式见表8-3。

表8-3　现金日记账

| 2×21年 | | 凭证 | | 摘要 | 对方科目 | 收入 | 支出 | 结余 |
|---|---|---|---|---|---|---|---|---|
| 月 | 日 | 字 | 号 | | | | | |
| 2 | 1 | | | 期初余额 | | | | 800 |
| | 1 | 银付 | 1 | 从银行提现 | 银行存款 | 6 000 | | 6 800 |
| | 1 | 现付 | 1 | 购办公用品 | 管理费用 | | 600 | 6 200 |
| | 2 | 现付 | 2 | 借差旅费 | 其他应收款 | | 1 500 | 4 700 |
| | 2 | 现付 | 3 | 报销招待费 | 管理费用 | | 700 | 4 000 |
| | 3 | 现收 | 1 | 零星销售 | 其他业务收入 | 900 | | 4 900 |

现金收入日记账和现金支出日记账一般采用多栏式。现金收入要按对应科目的金额填入有关的"贷方科目"栏，并计算"收入合计"栏；现金支出要按对应科目的金额填入有关"借方科目"栏，并计算"支出合计"栏。每日终了，会计人员要将现金支出日记账的支出合计数登入现金收入日记账的"支出合计"栏，并结出余额，填入"余额"栏。现将以上经济业务举例说明，参见表8-4、表8-5。

表8-4　现金收入日记账

| 2×21年 | | 凭证 | | 摘要 | 贷方科目 | | | 收入合计 | 支出合计 | 余额 |
|---|---|---|---|---|---|---|---|---|---|---|
| 月 | 日 | 字 | 号 | | 银行存款 | 其他应收款 | 其他业务收入 | | | |
| 2 | 1 | | | 期初余额 | | | | | | 800 |
| | 1 | 银付 | 1 | 从银行提现 | 6 000 | | | 6 000 | | 6 800 |
| | 1 | | | 转记 | | | | | 600 | 6 200 |
| | 2 | | | 转记 | | | | | 1 500 | 4 700 |
| | 2 | | | 转记 | | | | | 700 | 4 000 |
| | 3 | 现收 | 1 | 零星销售 | | | 900 | 900 | | 4 900 |

表8-5　现金支出日记账

| 2×21年 | | 凭证 | | 摘要 | 借方科目 | | | 支出合计 |
|---|---|---|---|---|---|---|---|---|
| 月 | 日 | 字 | 号 | | 银行存款 | 管理费用 | 其他应收款 | |
| 2 | 1 | 现付 | 1 | 购办公用品 | | 600 | | 600 |
| | 2 | 现付 | 2 | 借差旅费 | | | 1 500 | 1 500 |
| | 2 | 现付 | 3 | 报销招待费 | | 700 | | 700 |

表8-4中所记2月1日从银行提现6 000元，为了防止重复，只填制银行存款付款凭证，不填制现金收款凭证，因此这笔现金收入是根据银行存款付款凭证登记的。

（二）银行存款日记账

银行存款日记账应根据不同开户银行分别设置，通常由出纳人员根据审核无误的各种银行存款收、付款凭证，逐日逐笔进行登记。对将现金存入银行的业务，会计人员由于只填现金付款凭证，因此应根据现金付款凭证登记。每日逐笔登记完毕，会计人员应结出银行存款余额，月底与银行对账单进行核对，以检查各项收支的记载是否正确。银行存款日记账的格式见表8-6。

表8-6　银行存款日记账

| 2×21 年 | | 凭证 | | 摘要 | 对方科目 | 收入 | 支出 | 结余 |
|---|---|---|---|---|---|---|---|---|
| 月 | 日 | 字 | 号 | | | | | |
| 2 | 1 | | | 期初余额 | | | | 60 000 |
| | 1 | 银付 | 1 | 从银行提现 | 库存现金 | | 6 000 | 54 000 |
| | 2 | 银收 | 1 | 收到银行贷款 | 短期借款 | 1 000 000 | | 1 054 000 |
| | 2 | 银付 | 2 | 支付水电费 | 管理费用 | | 12 000 | 1 042 000 |
| | 2 | 银付 | 3 | 购办公用品 | 管理费用 | | 1 500 | 1 040 500 |
| | 3 | 银付 | 4 | 支付采购材料款 | 材料采购 | | 200 000 | 840 500 |
| | 3 | 银收 | 2 | 销售 | 营业收入 | 150 000 | | 990 500 |

银行存款日记账可以根据需要分为银行存款收入日记账和银行存款支出日记账，其格式与表8-4、表8-5相似。

（三）转账日记账

转账日记账是根据转账凭证登记除现金、银行存款收付业务以外的经济业务的一种序时账簿。设置转账日记账是为了便于反映转账业务的发生情况，但一般企业通常不单独设立转账日记账。转账日记账采用两栏式，格式与普通日记账基本相同，可参见表8-2。

## 四、分类账的设置和登记

分类账是对全部经济业务按照总分类科目和明细分类科目进行分类登记的账簿。按照总分类科目登记的分类账称为总分类账，按照明细科目登记的分类账称为明细分类账。

（一）总分类账的设置和登记

总分类账能全面、总括地反映经济活动情况，并为编制会计报表提供可靠的依据。因此，总分类账应按照会计科目的编码顺序设立账户，一般要求采用订本式账簿。

总分类账的格式一般采用"借""贷""余"三栏式账页，可以直接根据记账凭证按经济业务的先后顺序逐笔登记（见表8-7），也可以按不同的方法汇总后分次或一次汇总登记（见表8-8）。

**表8-7　总分类账（逐笔登记）**

会计科目：原材料　　　　　　　　　　　　　　　　　　　　　　　　　　　　第　页

| 2×21年 | | 凭证 | | 摘要 | 借方 | 贷方 | 借或贷 | 余额 |
|---|---|---|---|---|---|---|---|---|
| 月 | 日 | 字 | 号 | | | | | |
| 2 | 1 | | | 期初余额 | | | 借 | 800 000 |
| | 1 | 转 | 1 | 材料验收入库 | 1 000 000 | | 借 | 1 800 000 |
| | 2 | 转 | 2 | 车间领用材料 | | 1 200 000 | 借 | 600 000 |
| | 2 | 转 | 3 | 材料验收入库 | 900 000 | | 借 | 1 500 000 |
| | 3 | 转 | 4 | 材料验收入库 | 500 000 | | 借 | 2 000 000 |
| | 3 | 转 | 5 | 领用材料 | | 1 000 000 | 借 | 1 000 000 |

**表8-8　总分类账（汇总登记）**

会计科目：原材料　　　　　　　　　　　　　　　　　　　　　　　　　　　　第　页

| 2×21年 | | 凭证 | | 摘要 | 借方 | 贷方 | 借或贷 | 余额 |
|---|---|---|---|---|---|---|---|---|
| 月 | 日 | 字 | 号 | | | | | |
| 2 | 1 | | | 期初余额 | | | 借 | 800 000 |
| | 5 | 转 | 1-10 | 1-5日汇总 | 4 500 000 | 3 200 000 | 借 | 2 100 000 |
| | 10 | 转 | 11-22 | 11-22日汇总 | 8 000 000 | 6 200 000 | 借 | 3 900 000 |

### (二) 明细分类账的设置和登记

明细分类账是按照二级科目或明细科目设立的。各明细分类账根据记账凭证和原始凭证的内容登记入账，可以为企业提供有关经济活动的详细资料，并对总分类账提供的总括资料做一定的补充。明细分类账的格式一般有三栏式、数量金额式、多栏式和平行式四种。

1. 三栏式明细分类账

三栏式明细分类账的格式与总分类账基本相同，金额栏分为"借方""贷方"和"余额"三栏。反映的经济业务只需用货币作为计量单位，且不需要在账簿上直接分析该类业务的发生和完成情况。例如，用来记录各项所有者权益的实收资本明细账，用来记录各项债权、债务结算情况的往来明细账一般采用此格式。三栏式明细分类账由会计人员根据审核无误的记账凭证或原始凭证，按经济业务发生的时间先后顺序逐笔进行登记（见表8-9）。

**表 8-9  实收资本明细账**

投资单位：A 公司                              第　页

| 2×21 年 | | 凭证 | | 摘要 | 借方 | 贷方 | 借或贷 | 余额 |
|---|---|---|---|---|---|---|---|---|
| 月 | 日 | 字 | 号 | | | | | |
| 1 | 1 | | 1 | 月初余额 | | | 贷 | 1 000 000 |
| | 8 | 银收 | 6 | 收到追加投资 | | 200 000 | 贷 | 1 200 000 |
| | 20 | 转 | 11 | 收到投入设备 | | 500 000 | 贷 | 1 700 000 |

**2. 数量金额式明细分类账**

数量金额式明细分类账的格式是在"收入""发出"和"结余"栏内分别设置"数量""单位"和"金额"栏目，分别登记实物的数量和金额，如原材料明细分类账、库存商品明细分类账。数量金额式明细分类账不但要根据有关的记账凭证进行金额项目的登记，还要根据记账凭证所附的原始凭证或汇总原始凭证进行数量等项目的登记。其基本格式如表 8-10 所示。

**表 8-10  原材料明细分类账**

类别：A 材料                              储备定额：
品名及规格：                              最高储备量：
存储地点：                              最低储备量：
计量单位：千克                              第　页

| 2×21 年 | | 凭证 | | 摘要 | 收入 | | | 发出 | | | 结余 | | |
|---|---|---|---|---|---|---|---|---|---|---|---|---|---|
| 月 | 日 | 字 | 号 | | 数量 | 单价 | 金额 | 数量 | 单价 | 金额 | 数量 | 单价 | 金额 |
| 2 | 1 | | 1 | 月初余额 | | | | | | | 300 | 1 000 | 300 000 |
| | 1 | 转 | 1 | 材料入库 | 1 000 | 1 000 | 1 000 000 | | | | 1 300 | 1 000 | 1 300 000 |
| | 2 | 转 | 2 | 车间领用 | | | | 500 | 1 000 | 500 000 | 800 | 1 000 | 800 000 |
| | 3 | 转 | 3 | 材料入库 | 600 | 1 000 | 600 000 | | | | 1 400 | 1 000 | 14 00 000 |
| | 5 | 转 | 6 | 车间领用 | | | | 700 | 1 000 | 700 000 | 700 | 1000 | 700 000 |

**3. 多栏式明细分类账**

多栏式明细分类账的格式是根据管理需要在一张账页内分设若干专栏，以集中反映有关明细项目的核算资料。这类账页适用于只记录金额，不记录数量，而且在管理上需要了解其构成内容的费用、成本、收入、利润等明细账的登记。

成本、费用明细账一般按借方设专栏，这种明细账称为借方多栏式明细账。例如，"生产成本明细账"按成本项目设专栏，"制造费用明细账""管理费用明细账"等按费用项目设专栏。当这些账户出现贷方发生额时，可用红字金额在借方栏中冲转。借方多栏式明细账的一般格式如表 8-11 所示。

表 8-11　制造费用明细账

车间：基本生产车间　　　　　　　　　　　　　　　　　　　　　　　　　第　页

| 2×21 年 | | 凭证 | | 摘要 | 借方 | | | | | | | 余额 |
| 月 | 日 | 字 | 号 | | 材料 | 职工薪酬 | 水电费 | 办公费 | 修理费 | 差旅费 | 其他 | 合计 | |
| 2 | 1 | 现付 | 1 | 购办公品 | | | | 600 | | | | 600 | 800 |
| | 2 | 现付 | 2 | 报招待费 | | | | | | | 700 | 700 | 1 300 |
| | 5 | 现付 | 5 | 报差旅费 | | | | | | 1 200 | | 1 200 | 2 500 |
| | 25 | 银付 | 8 | 付水电费 | | | 6 000 | | | | | 6 000 | 8 500 |
| | 26 | 转 | 7 | 一般领料 | 5 000 | | | | | | | 5 000 | 13 500 |
| | 28 | 转 | 9 | 分配工资 | | 8 200 | | | | | | 8 200 | 21 700 |
| | 28 | | | 本月合计 | 5 000 | 8 200 | 6 000 | 600 | | 1 200 | 700 | 21 700 | 21 700 |
| | 28 | 转 | | 转生产成本 | 5 000 | 8 200 | 6 000 | 600 | | 1 200 | 700 | 21 700 | 0 |
| | 28 | | | 月末余额 | 0 | 0 | 0 | 0 | | 0 | 0 | 0 | 0 |

收入明细账一般按贷方设多栏，这种明细账称为贷方多栏式明细账。例如营业收入明细账，按收入的来源设专栏。当这些账户出现借方发生额时，会计人员可用红字在贷方栏内冲转。贷方多栏式明细账的一般格式如表 8-12 所示。

表 8-12　营业收入明细账

第　页

| 2×21 年 | | 凭证 | | 摘要 | 借方 | 贷方 | | | | 余额 |
| 月 | 日 | 字 | 号 | | | 产品销售 | 劳务收入 | 其他 | 合计 | |
| 2 | 1 | 银收 | 3 | 销售甲产品 | | 400 000 | | | 400 000 | 400 000 |
| | 3 | 银收 | 8 | 销售甲产品 | | 700 000 | | | 700 000 | 1 100 000 |
| | 3 | 现收 | 1 | 零星销售 | | | | 900 | 900 | 1 100 900 |
| | 12 | 银收 | 8 | 提供运输 | | | 20 000 | | 20 000 | 1 120 900 |
| | 23 | 银付 | 7 | 退甲产品 | | 50 000 | | | 50 000 | 1 070 900 |

### 4. 平行式明细分类账

平行式明细分类账又称为横线登记式明细分类账，其特点是将前后密切相关的经济业务，于核销账项时在同一横格内进行登记，以检查每笔业务的完成及变动情况。以"材料采购"账户为例，当办理结算付款时，会计人员将金额记入"材料采购"账户的借方；当材料验收入库后，会计人员从"材料采购"账户的同一格内贷记这笔金额，由此可以查明哪几笔材料尚未验收入库。其基本格式如表 8-13 所示。

**表 8-13  材料采购明细账**

材料类别：B 材料                                                           第　页

| 2×21年 | | 凭证 | | 摘要 | 借方 | | | 贷方 | | | | 结余金额 |
| 月 | 日 | 字 | 号 | | 买价 | 采购费用 | 合计 | 月 | 日 | 凭证号 | 金额 | |
|---|---|---|---|---|---|---|---|---|---|---|---|---|
| 2 | 1 | | | 期初余额 | | | | | | | | 0 |
| | 2 | 银付 | 1 | 采购 | 50 000 | 5 000 | 55 000 | 2 | 12 | 转 2 | 55 000 | |
| | 5 | 银付 | 5 | 采购 | 70 000 | 5 000 | 75 000 | | 15 | 转 5 | 75 000 | |
| | 8 | 银付 | 8 | 采购 | 80 000 | 6 000 | 86 000 | | | | | |
| | 16 | 银付 | 13 | 采购 | 63 000 | 3 200 | 66 200 | | 26 | 转 12 | 66 200 | |

## 五、备查账的设置和登记

设置备查账是对日记账和分类账的补充，能够为加强经营管理提供必要的补充资料。备查账没有固定的格式，可以由各会计主体根据其经营管理的实际需要自行设计，根据有关业务内容进行登记，如对租入固定资产就需要设置备查账进行登记反映。其一般格式如表 8-14 所示。

**表 8-14  租入固定资产登记簿**

| 固定资产名称 | 租约号数 | 出租单位 | 租入日期 | 每月租金 | 归还日期 | 备注 |
|---|---|---|---|---|---|---|
| 车床 | 2×21—1 | 中华公司 | 2×21.2.2 | 2 600 元 | 2×23.2.2 | |
| 钻床 | 2×21—2 | 新华公司 | 2×21.3.1 | 3 000 元 | 2×23.2.28 | |

## 六、账簿的登记规则

第一，为了保证账簿记录的准确、整洁，企业应当根据审核无误的会计凭证登记会计账簿。登记时，会计人员应将会计凭证日期、编号、业务内容摘要、余额和其他有关资料逐项登记入账，书写的文字和数字上面要留有适当空格，一般应占格距的 1/2。发生错误时，会计人员应按规定的方法进行更正，不得刮、擦、挖、补以及随意涂改或用褪色药水更改字迹，务求数字准确、摘要清楚、登记及时、字迹工整。

第二，为了使账簿记录清晰有效，企业人员登记账簿时要用蓝黑墨水或碳素墨水书写，不得使用圆珠笔或铅笔书写。用红色墨水记账只限于下列情况按照红字冲账的记账凭证，冲销错误记录；在不设借、贷等栏的多栏式账页中，登记减少数；在三栏式账户的余额栏前，如未印明余额方向的，在余额栏内登记负数余额；统一会计制度规定的其他内容。

第三，各种账簿按页次顺序连续登记，不得跳行或隔页登记。如果发生跳行、隔页，会计人员应将空行、空页划线注销，或者注明"此行空白""此页空白"字样，并由记账人员在更正处盖章。会计人员对各种账簿的账页不得任意抽掉或撕毁，以防舞弊。

第四，账簿登记完毕后，会计人员应在"过账"栏内注明账簿的页数或作出"√"符号，表示已经登记入账，并在记账凭证上签名或盖章。

第五，各账户结出余额后，会计人员应在"借或贷"栏内写明"借"或"贷"。没有余额的账户，会计人员在"借或贷"栏内写"平"字，在"余额"栏内写"0"。

第六，每一账页登记完毕，会计人员应在账页的最末一行加计本页发生额及余额，并在摘要栏内注明"过此页"；同时在新账页的首行记入上页加计的发生额和余额，并在摘要栏内注明"承前页"。如果不需要结计累计额的，会计人员可以只将每页末的余额结转至此页。对需要结计本页发生额的账户，结计"过次页"的本页合计数应当为本月初起至本页止的发生额合计数；对需要结计本年累计发生额的账户，结计"过次页"的本页合计数应当为自年初起至本页末止的累计数。

第七，会计账簿的各种记录应定期与有关账簿、凭证和实物相核对，并定期进行结账。

## 第三节　错账的更正方法

会计人员在记账过程中可能发生账簿记录错误。对账簿记录中发生的错误，会计人员必须要视具体情况的不同，按照规定的方法来进行更正。错账更正的方法一般有划线更正法、红字更正法和补充登记法三种。

### 一、划线更正法

划线更正法又称红线更正法，是指用红线划销账簿的错误记录，并在划线上方写出正确记录的一种方法。这种方法适用于期末结账前发现账簿记录有错误，而记账凭证并无错误，只是过账时不慎，发生文字或数字记录笔误的情况。更正的方法如下：会计人员先在错误的文字或数字上划一条红色横线，表示注销；之后将正确的文字或数字用蓝字或黑字写在被注销的文字或数字的上方，并由记账人员在更正处盖章，以明确责任。但应注意，错误的数字应当全部划销，会计人员不能只划销写错的个别数字，并且对划销的数字，不允许全部涂抹，应当使原有字迹仍能辨认，以备日后查考。

【例8-1】龙盛公司2×21年6月4日以现金支付行政管理部门购买的文具用品1 357元，已编制现金付款凭证，借记"管理费用"科目1 357元，贷记"库存现金"科目1 357元。会计人员根据记账凭证登记管理费用明细账时，将1 357元误记为1 537元。

更正的方法如下：会计人员将管理费用明细账中错误数字"1 537"全部用红线划销，之后用蓝字在其上方写上正确的数字"1 357"，并加盖会计人员名章，不能只删改"53"两个数字。

| 正确的更正方法 | 错误的更正方法 |
| --- | --- |
| 1 357（盖章） | 35（盖章） |
| 1 537 | 1 537 |

## 二、红字更正法

红字更正法又称红字冲销法，是指用红字冲销原来的错误记录，以更正和调整账簿记录的一种方法。这种方法适用于以下两种情况：

第一种情况：记账后，会计人员发现记账凭证中的应借、应贷的会计科目有错误，致使账簿记录错误。

更正的方法如下：会计人员先用红字填制一张与原错误记账会计科目、借贷方向和金额完全相同的记账凭证，在摘要栏注明"冲销某月某日第×号记账凭证的错账"，并据以用红字登记入账，以冲销原账簿的错误记录；之后用蓝字填制一张正确的记账凭证，在摘要栏内写明"更正某月某日记账凭证"，并据以登记入账。

【例8-2】龙盛公司2×21年6月5日专设销售机构领用5 600元材料。会计人员在编制"转字1号"记账凭证时将应记入"销售费用"科目5 600元误记为"管理费用"科目5 600元，并已登记入账。

借：管理费用               5 600
 贷：原材料                5 600

更正时，会计人员先用红字金额（以下用方框"□"表示红字）填制一张与原错误记账凭证相同的记账凭证，并用红字登记入账。

（1）冲销2×21年6月5日转字1号记账凭证错误时：

借：管理费用              &boxed{5 600}
 贷：原材料               &boxed{5 600}

之后，会计人员再用蓝字填制一张正确的记账凭证，并据以登记入账。

（2）更正2×21年6月5日转字1号记账凭证时：

借：销售费用               5 600
 贷：原材料                5 600

以上有关账户的更正记录，即红字更正法示意图如图8-2所示。

图8-2 红字更正法示意图（1）

第二种情况：记账后，会计人员发现记账凭证所记金额大于应记金额，而应借、应贷的会计科目并无错误，致使账簿记录错误，这时也应采用红字更正法予以更正。

更正的方法如下：会计科目借贷方向不变，会计人员只将正确数字与错误数字之间的差额，即多记的金额用红字填制一张记账凭证，在摘要栏内写明"冲销某月某日第×号记账凭证多记金额"，并据以登记入账，以冲销多记的金额。

【例8-3】龙盛公司2×21年6月8日购买材料2 500元，货款尚未支付。在编制"转字3号"记账凭证时，记账人员将应记入"材料采购"和"应付账款"科目2 500元误记为25 000元，并已登记入账。

借：材料采购 25 000

　　贷：应付账款 25 000

更正时，会计人员应将多记的22 500元（25 000-2 500）用红字填制一张记账凭证，并据以登记入账。

冲销2×21年6月8日转字3号记账凭证多记金额时：

借：材料采购 <u>22 500</u>

　　贷：应付账款 <u>22 500</u>

以上有关账户的更正记录，即红字更正法示意图如图8-3所示。

| 应付账款 | | 材料采购 | |
| --- | --- | --- | --- |
| 本期发生：<br>　　25 000<br>（1）<u>22 500</u> | | 本期发生：<br>　　25 000<br>（1）<u>22 500</u> | |

**图8-3　红字更正法示意图（2）**

### 三、补充登记法

补充登记法又称蓝字补记法，是指用补记金额以更正原来错误的账簿记录的一种方法。这种方法适用于记账后发现记账凭证中所记金额小于应记金额，而应借、应贷的会计科目并无错误，致使账簿记录错误的情况。更正的方法如下：会计科目、借贷方向不变，会计人员只将正确数字与错误数字之间的差额，即少记的金额用蓝字填制一张记账凭证，在摘要栏内写明"补记某月某日第×号记账凭证少记金额"，并据以登记入账，补充少记的金额。

【例8-4】龙盛公司2×21年6月15日购入机器设备一台，用银行存款支付价款46 000元。编制"银付8号"记账凭证时，会计人员将应记入"固定资产"和"银行存款"科目46 000元误记为4 600元，并已登记入账。

借：固定资产 4 600

　　贷：银行存款 4 600

更正时，会计人员应将少记的41 400元（46 000-4 600）用蓝字填制一张记账凭证，并据以登记入账。

补充2×21年6月15日银付8号记账凭证少记金额时：

借：固定资产　　　　　　　　　　　　　　　　　　41 400
　　贷：银行存款　　　　　　　　　　　　　　　　　　　41 400

以上有关账户的更正记录，即补充登记法示意图如图8-4所示。

| 银行存款 | | 固定资产 | |
|---|---|---|---|
| 期初余额××× | 本期发生：<br>　　　4 600<br>　　41 400 | 期初余额×××<br>本期发生：<br>　　　4 600<br>　　41 400 | |

**图8-4　补充登记法示意图**

## 第四节　对账与结账

### 一、对账

对账，简单来说，就是对账簿记录的有关数据加以检查和核对。会计账簿是根据审核无误的会计凭证登记的，一般来讲，不应出现错误。然而有时可能发生诸如凭证编制错误、漏记、重记、误记等情况，这样势必影响会计账簿记录的正确性。因此，在记账以后、结账以前，会计人员必须将账簿中所记内容进行核对，以做到账证相符、账账相符、账实相符，从而保证会计信息的可靠性。

对账的内容包括账证核对、账账核对和账实核对，基本要求是确保账证相符、账账相符和账实相符。

#### （一）账证核对

账证核对是指将账簿记录与有关的记账凭证或原始凭证（汇总原始凭证）进行核对，核对其中账簿记录与原始凭证、记账凭证的时间、凭证字号、内容、金额是否一致，记账方向是否相符。一旦发现账证有不相符的情况，会计人员应采用适当的更正方法进行更正。此项工作在平时即应随时开展，以减轻月末核对工作量。如果月末会计人员进行账账核对时，发现账账出现不相符的情况，还应回过头来进一步进行账证核对。

#### （二）账账核对

账账核对是利用账簿与账簿之间的勾稽关系来检查账簿记录是否正确的一种核对方法。账账核对的主要内容包括以下几个方面：

（1）总分类账各账户本期借方发生额之和与本期贷方发生额之和的核对。总分类账各账户本期借方发生额之和与本期贷方发生额之和应相等，总分类账各账户借方期末余额之和与贷方期末余额之和应相等。

（2）各分类账与所属明细分类账的核对。由于总账与所属明细分类账是进行平行登记的，因此总账期末余额应与所属明细分类账期末余额之和相等，总账本期借（贷）方发生额应与所属明细分类账借（贷）方发生额之和相等。

（3）现金（银行存款）日记账本期收入合计数、期末结余数与现金（银行存款）总账借方本期发生额、贷方发生额、期末余额的核对。现金（银行存款）日记账本期收入合计数、支出合计数、期末结余数应与现金（银行存款）总账借方本期发生额、贷方发生额、期末余额相等。

（4）会计部门的财产物资明细账与财产物资保管和使用部门的有关明细账的核对。会计部门的财产物资明细账与财产物资保管和使用部门的有关明细账的期末余额应相等。

### （三）账实核对

账实核对是将账簿记录与有关财产物资的实存数量进行定期或不定期的核对。核对的主要内容包括以下几个方面：

（1）现金日记账余额与库存现金进行核对。

（2）银行存款日记账余额与银行对账单定期进行核对，每月至少一次。

（3）应收、应付款明细账账面余额与有关债务、债权单位或个人核对。

（4）各种财产物资明细账账面余额与财产物资实存数进行核对。

账实核对一般要结合财产清查进行。有关财产清查的内容、方法将在本书第九章专门介绍。

为了便于对账工作的进行，在对账前，会计人员可以先用铅笔结算账户的记录；对账后，如无错误，会计人员再用钢笔按要求填写。如果对账中出现问题，会计人员应及时查清原因，并运用适当的方法进行更正。

## 二、结账

会计核算的基本前提之一是会计分期。通常，会计按年度分期，但为了计算季度、月份的盈亏，提供季度、月份的会计报告，以便于详细、具体地反映企业的资产、负债以及所有者权益变化情况，及时为经营管理提供必备的信息资料，会计也需按季度、月份分期。因此，会计在每一个会计期间（一个月、一个季度、一个年度）期末必须结账。所谓结账，就是结算账户记录，即将一定时期内发生的经济业务登记入账后，结算出账户本期发生额和余额，结束本期账簿记录。

### （一）结账前的准备工作

为了及时、正确地进行结账，会计人员在结账前必须做好以下准备工作：

（1）会计人员检查本期发生的所有经济业务是否已全部填制记账凭证，并已登记入账，如发现漏记，应及时补记。会计人员不得把将要发生的经济业务提前入账，也不得把已经在本期发生的经济业务延至以后入账。

（2）会计人员检查期末所有转账事项是否已编制转账凭证，并已登记入账。为了确保结账的正确，在本期发生的各项经济业务全部入账的基础上，会计人员按权责发生制原则，应将所有的收入、应摊销和预提的费用进行调整后入账。对发生的债权、债务，已完工入库的产品成本，财产清查中发现的财产物资的盘盈、盘亏，会计人员应及时入账。同时，会计人员对各种收入、成本、费用等账户的余额，在有关账户中结转。

（二）结账的方法

结账的内容包括月末结账（月结）、季末结账（季结）、年末结账（年结）。结账在会计期末进行，不能提前或推后结账。结账的标志是划线。一般来讲，月结、季结划单红线，年结划双红线。

1. 月结

一般来讲，月结时，会计人员首先将借贷双方月内发生额合计数用蓝字填到账页中最末一行记录的下一行；同时，在"摘要"栏内加盖红色"本月合计"或"月计"戳记。之后，会计人员用红笔在"月计"栏的下面划一通栏单红线。注意，对不需要结算月度发生额的账户，在结账时，会计人员在最后一笔记录下划一单红线，之后在红线下一栏的"摘要"栏填写"本月合计"，结出本月发生额；再转下一栏"摘要"栏填写"本年累计"，结出自年初至本月止的累计发生额；在累计额下面再划一条红线，以与下月相区别。

2. 季结

季结的结账方法与月结相同，但在"摘要"栏内注明"本季合计"字样。

3. 年结

年结是将11月的本年累计发生额与12月的本月发生额相加后，填入12月"本月合计"的下一栏，并在"摘要"栏内加盖"本年合计"的红色戳记；同时，在"本年合计"栏下面划通栏双红线。在"本年合计"的下边一行，会计人员将本年年末余额以反方向填入有关借贷方栏内，并在"摘要"栏内加盖"结转下年"戳记，在"借或贷"栏填列"平"或"0"，表示借贷双方平衡和年度记账工作结束。会计人员在下一会计年度新建有关会计账簿的第一行金额栏内填写上年结转的余额，并在摘要栏内注明"上年结转"字样。

结账的方法如表8-15所示。

表8-15　材料总分类账

| 2×21年 | | 凭证 | | 摘要 | 发生额 | | 借或贷 | 余额 |
| 月 | 日 | 字 | 号 | | 借方 | 贷方 | | |
| | 1 | | | 上年结转 | | | 借 | 30 000 |
| | 2 | | | 入库 | 20 000 | | 借 | 50 000 |
| 1 | 12 | 略 | | 发出 | | 24 000 | 借 | 26 000 |
| | … | | | … | … | … | | … |
| | 31 | | | 本月合计 | 48 000 | 34 000 | 借 | 44 000 |
| 2 | 1 | | | 入库 | 5 000 | | 借 | 49 000 |
| | 5 | | | 发出 | | 5 000 | 借 | 44 000 |
| | 10 | | | 发出 | | 29 000 | 借 | 15 000 |
| | … | | | … | … | … | | … |

表8-15（续）

| 2×21年 | | 凭证 | | 摘要 | 发生额 | | 借或贷 | 余额 |
|---|---|---|---|---|---|---|---|---|
| 月 | 日 | 字 | 号 | | 借方 | 贷方 | | |
| | 28 | | | 本月合计 | 29 000 | 52 000 | 借 | 21 000 |
| ⋮ | ⋮ | | | ⋮ | ⋮ | ⋮ | | ⋮ |
| 12 | … | | | … | … | … | | … |
| | 31 | | | 本月合计 | 53 000 | 64 000 | 借 | 28 000 |
| | | | | 本年合计 | 763 000 | 765 000 | 借 | 28 000 |
| | | | | 结转下年 | | 28 000 | 平 | 0 |

注：

（1）1月月末余额="上年结转"借方余额+"本月合计"借方发生额－"本月合计"贷方发生额。

（2）2月"本月合计"余额=1月借方余额+"本月合计"借方发生额－"本月合计"贷方发生额。

（3）12月"本年合计"余额="上年结转"借方余额+12月"本月合计"借方发生额－12月"本月合计"贷方发生额。

（4）账簿月结用单红线，年结用双红线。

# 第五节 账簿的更换与保管

## 一、账簿的更换

账簿的更换是指在会计年度终了时，将上年度的账簿更换为次年度的新账簿。在每一会计年度结束，新会计年度开始时，企业应按会计制度的规定，更换一次总账、日记账和大部分明细账。一小部分明细账还可以继续使用，年初可以不必更换账簿，如固定资产明细账等。

更换账簿时，企业应将上年度各账户的余额直接记入新年度相应的账簿中，并在旧账簿中各账户年终余额的摘要栏内加盖"结转下年"戳记；同时，在新账簿中相关账户的第一行摘要栏内加盖"上年结转"戳记，并在余额栏内记入上年余额。

## 二、账簿的保管

会计账簿是会计工作的重要历史资料，也是重要的经济档案，在经营管理中具有重要的作用。因此，每一个企业、单位都应按照国家有关规定，加强对会计账簿的管理，做好账簿的管理工作。

账簿的保管应该明确责任，保证账簿的安全和会计资料的完整，防止交接手续不清和可能发生的舞弊行为。在账簿交接保管时，会计人员应将该账簿的页数、记账人员姓名、启用日期、交接日期等列表附在账簿的扉页上，并由有关方面签名、盖章。账簿要定期（一般为年终）收集，审查核对，整理立卷，装订成册，专人保管，严防丢失、损坏。

账簿应按照规定期限保管。各账簿的保管期限分别为：日记账一般为30年；固定资产卡片在固定资产报废清理后应继续保存5年；其他总分类账、明细分类账和辅助账簿应保存30年。保管期满后，会计人员要按照《会计档案管理办法》的规定，由财会部门和档案部门共同鉴定，经报批准后进行处理。

合并、撤销单位的会计账簿，要根据不同情况，分别移交给并入单位、上级主管部门或主管部门指定的其他单位接收保管，并由交接双方在移交清册上签名、盖章。

账簿平常应由各自分管的记账人员专门保管，未经领导和会计负责人或有关人员批准，不许非经管人员翻阅、查看、摘抄和复制，会计账簿除非特殊需要或司法介入要求，一般不允许携带外出。

在新会计年度，会计人员对更换下来的旧账簿应进行整理、分类，对有些缺少手续的账簿，应补办必要的手续，之后装订成册，并编制目录，办理移交手续，按期归档保管。

对会计账簿的保管既是会计人员应尽的职责，又是会计工作的重要组成部分。

## 【课程思政——诚实守信是会计人员应有的品质】

伴随着经济高速发展的同时，一些财务造假事件令会计行业面临严重的诚信危机。经济高质量发展更强调诚实守信等职业道德的重要性。在会计实务中，现金日记账要日清月结，会计人员做事情更强调要今日事今日毕。会计人员要经常进行账账核对、账实核对，发现错误要及时更正。人生亦是如此，犯了错误也要及时改正。

会计信息是投资者、债权人、政府有关部门和社会公众的决策依据，会计信息的质量在一定程度上决定了利益相关者的决策水平，甚至影响整个经济发展的质量。不难想象，如果会计人员失去诚信势必假账盛行，真实、客观、公允的会计信息就无从谈起，相关决策也就失去了可靠的依据。这不仅会使会计行业出现信任危机，也将导致整个经济发展陷入无序状态。因此，当代大学生在校就要将诚信作为准则，以诚信对待他人，与他人友好相处。日后走入社会，大学生也要时刻用诚信原则来要求自己，在工作中不弄虚作假。

## 【本章小结】

会计账簿是会计信息的重要载体，是编制会计报表的重要依据。登记账簿是会计核算的一项基本工作。本章主要讲述了会计账簿的分类、会计账簿的格式和登记方法、会计账簿的启用和登记规则以及对账、结账和错账的查找与更正方法。

## 【本章习题】

### 一、单项选择题

1. 下列关于账簿的选项中，不正确的是（　　）。
   A. 设置和登记账簿是连接会计凭证与会计报表的中间环节
   B. 会计账簿是以经过审核的记账凭证为依据，全面、系统、连续地记录各项经济业务的簿籍
   C. 各单位应该按照国家统一的会计制度的规定和会计业务的需要设置会计账簿
   D. 会计账簿是由一定格式的账页组成的

2. 总分类账的外表形式适用于采用（　　）。
   A. 订本式　　　　　　B. 活页式　　　　　　C. 多栏式　　　　　　D. 数量金额式

3. 日记账的最大特点是（　　）。
   A. 按现金和银行存款设置账户
   B. 可以提供现金和银行存款的每日发生额
   C. 随时逐笔顺序登记现金和银行存款的发生额并逐日结出余额
   D. 主要提供现金和银行存款的每日余额

4. 应收账款总分类账应采用的格式是（　　）。
   A. 多栏式　　　　　　B. 三栏式　　　　　　C. 数量金额式　　　　D. 横线登记式

5. 用于分类记录单位的全部交易或事项，提供总括核算资料的账簿是（　　）。
   A. 总分类账　　　　　B. 明细分类账　　　　C. 日记账　　　　　　D. 备查账

6. 下列选项中，应采用数量金额式的是（　　）。
   A. 银行存款　　　　　B. 应收账款　　　　　C. 原材料　　　　　　D. 实收资本

7. 下列选项中，需要开设日记账的是（　　）。
   A. 应收票据　　　　　　　　　　　　　B. 银行存款
   C. 短期借款　　　　　　　　　　　　　D. 应付职工薪酬

8. 下列选项中，应设置备查账簿进行登记的是（　　）。
   A. 经营性租出的固定资产　　　　　　　B. 经营性租入的固定资产
   C. 无形资产　　　　　　　　　　　　　D. 资本公积

9. 现金日记账和银行存款日记账，每一账页登记完毕结转下页时，结计"过此页"的本页合计数应当为（　　）的发生额合计数。
   A. 本页　　　　　　　　　　　　　　　B. 自本月初至本页末止
   C. 本月　　　　　　　　　　　　　　　D. 自本年初起至本页末止

10. 记账凭证上记账栏中的"√"记号表示（　　）。
    A. 已经登记入账　　　　　　　　　　　B. 不许登记入账
    C. 此凭证作废　　　　　　　　　　　　D. 此凭证编制正确

11. 下列选项中，应采用多栏式格式的是（　　）。

　　A. 库存现金　　　　　　　　　　　B. 固定资产

　　C. 原材料　　　　　　　　　　　　D. 生产成本

12. 在记账后，会计人员如果发现记账凭证中应借应贷科目发生错误，或者科目正确但所记金额大于应记金额，应采用（　　）更正。

　　A. 划线更正法　　　　　　　　　　B. 补充登记法

　　C. 红字更正法　　　　　　　　　　D. 蓝字更正法

13. 能够避免账页散失和防止抽换账页的账簿是（　　）。

　　A. 三栏式账簿　　　　　　　　　　B. 活页式账簿

　　C. 卡片式账簿　　　　　　　　　　D. 订本式账簿

14. 为了保证账簿记录的正确性和完整性，必须进行的工作是（　　）。

　　A. 过账　　　　　B. 对账　　　　　C. 结账　　　　　D. 转账

15. 可以作为编制会计报表直接依据的账簿是（　　）。

　　A. 序时账簿　　　B. 备查账簿　　　C. 分类账簿　　　D. 特种日记账

## 二、多项选择题

1. 企业到银行提取现金 500 元，此项业务应登记在（　　）。

　　A. 库存现金日记账　　　　　　　　B. 银行存款日记账

　　C. 总分类账　　　　　　　　　　　D. 明细分类账

2. 可以作为库存现金日记账依据的有（　　）。

　　A. 现金收款凭证　　　　　　　　　B. 现金付款凭证

　　C. 银行存款收款凭证　　　　　　　D. 银行存款付款凭证

3. 红字更正法的方法要点是（　　）。

　　A. 用红字金额填写一张与错误记账凭证完全相同的记账凭证并用红字记账

　　B. 用红字金额填写一张与错误原始凭证完全相同的记账凭证并用红字记账

　　C. 用蓝字金额填写一张与错误原始凭证完全相同的记账凭证并用蓝字记账

　　D. 再用红字重新填写一张正确的记账凭证，登记入账

　　E. 再用蓝字重新填写一张正确的记账凭证，登记入账

4. 登记账簿的要求有（　　）。

　　A. 账簿书写的文字和数字上面要留适当空距，一般应占格长的 1/2

　　B. 登记账簿要用圆珠笔，蓝黑或黑色墨水书写

　　C. 不得用铅笔

　　D. 各种账簿按页面顺序连续登记，不得跳行、隔页

　　E. 登记后要在记账凭证上签名或盖章，并注明已登账的符号，表示已记账

5. 采用划线更正法，其要点是（　　）。

　　A. 在错误的文字和数字（单个数字）上画一条红线注销

　　B. 在错误的文字和数字（整个数字）上画一条红线注销

　　C. 在错误的文字和数字上画一条蓝线将正确的文字注销

　　D. 将正确的文章或数字用蓝字写在划线的上端

E. 更正人在划线上盖章

6. 可使用补充登记法更正差错的情况有（　　　）。

    A. 在记账后

    B. 所填金额大于应记金额

    C. 发现记账凭证中应借、应贷科目有错

    D. 发现记账凭证中应借、应贷科目无错

    E. 所填金额小于应记金额

7. 在会计工作中红色墨水可应用于（　　　）。

    A. 记账        B. 结账        C. 对账        D. 冲账

8. 下列选项中，适于采用活页式账簿的有（　　　）。

    A. 管理费用明细账        B. 现金日记账

    C. 固定资产明细账        D. 材料明细账

9. 账簿按用途不同，可分为（　　　）。

    A. 序时账簿        B. 分类账簿

    C. 联合账簿        D. 备查账簿

    E. 活页式账簿

10. 年度结束后，对账簿的保管应该做到（　　　）。

    A. 装订成册        B. 加上封面

    C. 统一编号        D. 当即销毁

    E. 归档保管

11. 账账核对的内容包括（　　　）。

    A. 所有总分类账借、贷方期末余额合计数核对

    B. 现金、银行存款总账余额与现金、银行存款日记账余额核对

    C. 总分类账余额与所属明细分类账余额合计数核对

    D. 有关明细分类账余额核对

12. 下列选项中，属于账实核对的内容是（　　　）。

    A. 现金日记账账面余额与现金实际库存数核对

    B. 固定资产明细账账面余额与固定资产实物核对

    C. 财产物资明细账账面结存数与财产物资实存数核对

    D. 原材料总账账面余额结存数与原材料明细账账面余额核对

### 三、判断题

1. 在整个账簿体系中，日记账和分类账是主要账簿，备查账为辅助账簿。（　　　）

2. 总分类账、现金及银行存款日记账一般都采用活页式账簿。（　　　）

3. 总分类账可采用三栏式账页，而明细账则应根据其经济业务的特点采用不同格式的账页。（　　　）

4. 明细分类账简称明细账，它根据二级科目或明细账科目开设，用以分类、连续记录和反映有关资产、负债、所有者权益、收入、费用、利润等各会计要素的总体

情况，为编制会计报表提供所需的总体资料。 （ ）

5. 现金和银行存款日记账必须采用订本式。 （ ）

6. 总分类账户与其所属的明细分类账户所反映的经济内容是不相同的。 （ ）

7. "应付账款"应设置多栏式明细账。 （ ）

8. 对于现金业务而言，目前我国企业设库存现金日记账和现金总分类账，同时还应设现金明细分类账。 （ ）

9. 分类账簿是对企业全部业务按收款业务、付款业务和转账业务进行分类登记的账簿。 （ ）

10. 订本式账簿是指在记完账后，把记过账的账页装订成册的账簿。 （ ）

## 四、简答题

1. 什么是会计账簿？设置会计账簿有哪些作用？会计账簿是如何分类的？

2. 如何登记三栏式现金日记账和银行存款日记账？

3. 明细账的设置有哪几种？试举例说明分别适用于哪些账户。

4. 结账过程中存在哪些平衡关系？

5. 错账的更正方法有几种？各适用于什么情况？如何运用它们更正错账？

## 五、业务题

习题一：

[目的] 练习总分类账与明细分类账的平行登记。

[资料] 龙盛公司"原材料"账户 2×21 年 6 月 1 日余额为 36 500 元。其中：甲材料为 650 千克，单价为 20 元；乙材料为 2 350 千克，单价为 10 元。本月发生下列原材料收发业务：

（1）龙盛公司购入甲材料 480 千克，单价为 20 元；乙材料 1 000 千克，单价为 10 元。材料已经验收，贷款已付。

（2）仓库发出材料各类用途如下：生产产品领用甲材料 360 千克、乙材料 1 500 千克，车间领用甲材料 200 千克，行政管理部门领用乙材料 500 千克。

[要求]

（1）编制本月业务的会计分录。

（2）开设并登记原材料总账（丁字账户）和明细分类账户。

（3）编制总分类账户与明细分类账户发生额及余额对照表。

习题二

[目的] 练习错账更正方法。

[资料] 龙盛公司 2×21 年 6 月查账时发现下列错账：

（1）龙盛公司向银行提取现金 3 500 元。过账后，记账凭证没错，账簿错将金额记为 5 300 元。

（2）龙盛公司接受某企业投资固定资产，评估确认价值为 70 000 元。查账时发现凭证与账簿均记为"借：固定资产 70 000；贷：资本公积 70 000"。

（3）龙盛公司用银行存款 5 000 元购入 5 台小型计算器，查账时发现凭证与账簿均记为"借：固定资产 5 000；贷：银行存款 5 000"。

（4）龙盛公司用银行存款 2 400 元预付明年财产保险费，查账时发现凭证与账簿均将"待摊费用"账户错记为"预提费用"账户。

（5）龙盛公司以银行存款偿还短期借款 4 000 元，查账时发现凭证与账簿中科目没有记错，但金额均记为 40 000 元。

（6）龙盛公司以一张商业承兑汇票抵付账款，查账时发现科目没错，但凭证与账簿均多记 54 000 元。

（7）龙盛公司将一部分盈余公积按规定程序转为实收资本，查账时发现凭证与账簿均将金额少记 72 000 元。

〔要求〕按正确的方法更正以上错账。

# 本章参考文献

[1] 中华人民共和国财政部. 企业会计准则：2021 年版 [M]. 上海：立信会计出版社，2021.

[2] 中华人民共和国财政部. 企业会计准则应用指南：2021 年版 [M]. 上海：立信会计出版社，2021.

[3] 陈国辉，迟旭升. 基础会计 [M]. 7 版. 大连：东北财经大学出版社，2021.

[4] 朱小平，周华，秦玉熙. 初级会计学 [M]. 10 版. 北京：中国人民大学出版社，2019.

本章习题参考答案

# 第九章　财产清查与期末账项调整

## 【学习目标】

本章阐释了会计核算的基本方法——财产清查。通过对本章的学习，学生应了解财产清查的一般程序，理解财产清查的含义与种类、财产清查的意义，熟悉确定实物资产账面结存数量的永续盘存制和实地盘存制两种方法，掌握财产清查的内容和方法以及期末账项调整方法，重点掌握财产清查结果的账务处理。

本章重点：财产清查的含义与种类、财产清查的内容和方法、财产清查结果的账务处理。

本章难点：期末账项调整、银行存款余额调节表的编制、存货盘存制度。

## 【关键概念】

财产清查　全部清查　局部清查　定期清查　不定期清查　实地盘存制
永续盘存制　未达账项

## 【引导案例】

小李是龙盛公司财务部职员，主要负责该公司资产核算工作。龙盛公司计划与一家公司进行合并重组，财务经理要求对公司的全部资产情况进行清查，并将该项工作交由小李统筹负责。作为会计人员，小李已熟悉财产清查的相关要求与方法，能够有针对性地设计合适的财产清查程序与方法，并对财产清查结果进行账务处理。

如果你是小李，你清楚财产清查的要求是什么吗？财产清查包括哪些具体工作呢？你会如何有条不紊地开展财产清查工作？你将如何记录清查结果？你将如何对清查结果进行账务处理？本章内容将为你一一揭开财产清查之谜。

## 第一节　财产清查概述

### 一、财产清查的概念与意义

企业的各项财产包括货币资金、存货、固定资产和各种债权。各项财产物资的增减变动和结存情况都是通过账簿记录如实反映的。为了保证账簿记录的正确，企业必须对财产物资进行定期或不定期的清点和审查工作，即财产清查。

所谓财产清查，是通过对货币资金、实物资产和往来款项的盘点或核对，确定其实存数，查明账存数与实存数是否相符的一种专门方法，是为定期编制会计报表提供准确、完整、系统的核算信息的一种方法。

　　企业日常发生的大量经济业务，都需要经过会计人员通过填制和审核会计凭证、登记账簿、试算平衡和对账等一系列严密的会计处理方法，以此保证账证相符和账账相符。但在实际操作中，由于种种主客观原因，如在财产运输、保管或收发过程中有时会发生自然损耗或计量不准确；财产物资在保管过程中因火灾、水灾等自然灾害造成损失；由于工作人员玩忽职守和不法分子的偷盗等原因导致财产物资的损失等，致使财产物资的账簿记录数和实际结存数出现差异，造成账实不符。因此，为了保证账簿记录真实反映单位的实际财产数额，确保财产物资的真实完整，会计人员就必须运用财产清查方法，对各项财产物资进行清查，保证账实相符。财产清查的意义体现在以下几个方面：

### （一）确保会计核算资料的真实可靠

　　财产清查可以查明各项财产物资的实际结存数，并与账簿记录相核对，以确定账实不符的数量和原因，及时调整账面记录，使账存数与实存数一致，从而确保会计核算资料真实可靠。

### （二）保护财产物资的安全完整

　　财产清查可以发现财产管理上存在的问题，采取措施，不断改进财产物资管理工作，健全财产物资的管理制度，确保财产物资的安全完整

### （三）促进财产物资的有效使用

　　财产清查可以查明各项财产物资的保管情况，如是否完整，有无毁损、变质、被非法挪用、贪污、盗窃等；可以查明各项财产物资的储备和利用情况，如有无储备不足，有无超储、积压、呆滞现象等，以便及时采取措施，堵塞漏洞，加强管理，建立健全有关内部控制制度。

### （四）促进资金加速周转

　　财产清查，特别是对债权债务的清查，可以促进企业及时结算，及时发现坏账并予以处理。同时，企业可以及时发现财产物资超储积压、占用不合理等情况，以尽早采取措施利用或处理，促进企业合理占用资金，加速资金周转。

## 二、财产清查的种类

　　财产清查可以按清查的范围标准、清查的时间标准进行分类。

### （一）财产清查按清查的范围分类

　　财产清查按清查的范围不同，可以分为全面清查和局部清查。

　　1. 全面清查

　　全面清查是指对所有财产进行全面盘点和核对。其清查对象主要包括库存现金、银行存款等各种货币资金；原材料、包装物、在产品、半产品、库存商品等各种存货；

房屋、建筑物、机器设备等各种固定资产；应收、预付等各种债权；股票、债券等各种有价证券及其他对外投资；短期借款、长期借款、应付账款等各种债务。

全面清查的范围广、工作量大、清查时间长、涉及人员多，为不影响正常生产经营活动，全面清查只在下列情况下进行：

（1）为确保年终决算会计信息的真实和准确，在年终决算时。

（2）企业关停并转或改变隶属关系时。

（3）按国家规定进行清产核资时。

（4）企业主要负责人调离或离任时。

2. 局部清查

局部清查又称重点清查，是指根据需要对企业的部分财产进行盘点和核对。由于全面清查费时费力，难以经常进行，因此企业时常采用局部清查。局部清查的对象大多是流动性较强的资产。

局部清查一般在下列情况下进行：

（1）存货中流动性较大，或者易发生溢余或损耗的，除在年终决算时进行全面清查外，还应在每月、每季轮流盘点或重点抽查。

（3）贵重物资至少每月清查盘点一次。

（3）库存现金由出纳员在每日终了时自行清查一次。

（4）银行存款每月应与银行核对一次。

（5）各种债权债务每年至少核对一至两次。

（二）财产清查按清查的时间分类

财产清查按清查的时间不同，可以分为定期清查和不定期清查。

1. 定期清查

定期清查是指按事先规定的时间对财产物资及往来款项的清查。定期清查一般安排在年末、季末、月末结账前进行。根据实际需要，定期清查的对象可以是全面清查，也可以是局部清查。

2. 不定期清查

不定期清查是指根据实际需要对财产物资进行临时的清查，一般在下列情况下进行：

（1）为明确经济责任，财产物资和现金保管人员更换时。

（2）为查明损失情况，发生自然灾害和意外损失时。

（3）监管部门对企业进行审计查账时。

（4）按规定进行临时清产核资时。

不定期清查通常为局部清查，如有必要也可进行全面清查。

## 三、财产清查前的准备工作

财产清查是一项复杂而又细致的工作，涉及面广、政策性强、工作量大。因此，为了保证财产清查工作的顺利进行，企业在财产清查之前，应做好相关的准备工作，主要包括：

### （一）组织准备

为了保证财产清查工作有序、按时、按质完成，财产清查时必须成立专门领导小组，该小组应在企业主管负责人和总会计师的领导下，由会计、生产、设备、技术、行政等部门的相关人员组成。清查小组的主要工作职责是制订财产清查计划，确定清查范围，安排清查工作程序，配备清查工作人员；检查清查工作进度，监督清查工作过程，解决清查工作中的问题；总结清查工作的经验教训，撰写清查工作总结，提出清查结果处理意见。

### （二）业务准备

为使财产清查工作顺利开展，会计部门和财产物资管理部门应做好以下业务准备工作：

（1）会计部门的准备工作。会计部门应将截至清查日的所有经济业务登记入账，结出总分类账和明细分类账的余额并进行相互核对，做到账证相符和账账相符，为财产清查提供正确可靠的证据，并准备好清查登记盘点表、盘点盈亏报告单等清查登记用的表格。

（2）财产物资管理部门的准备工作。财产物资保管人员应将保管物资加以清理、整理，按类别有序地排列好并挂上标签，在标签上注明名称、品种、规格和结存数量，以方便盘点人员核对。

## 第二节　财产清查的内容与方法

根据不同的清查对象的特点，采用切实可行的清查步骤和技术方法，是确保财产清查工作顺利进行的关键。货币资金、实物资产和往来款项等各有不同的特点，在财产清查时，应采用不同的方法。

### 一、财产清查的内容

财产清查的内容主要是各种财产物资、货币资金和债权债务。具体有如下内容：

（1）企业拥有的各种财产物资。这些财产物资包括原材料、在产品、半成品、产成品、库存商品、在途材料、委托加工物资、固定资产等。

（2）企业拥有的各种货币资金和证券，如库存现金、银行存款、股票、债券等。

（3）企业拥有的各种债权，包括应收款项、其他应收款项等。

### 二、财产清查的方法

财产清查应针对不同的清查内容而采取不同的方法。

## （一）货币资金的清查

### 1. 库存现金的清查

库存现金清查的基本方法是实地盘点法，盘点库存现金的实有数，并与库存现金日记账的余额相互核对，查明账实是否相符。

库存现金的清查有以下两种情况：

（1）出纳自查。出纳应每日终了清点库存现金实有数，并及时与库存现金日记账的余额相核对。这实际上是出纳每天业务结束后应做的分内工作。

（2）专门人员的清查。专门人员进行清查时，为了明确经济责任，出纳必须在场。清查人员要认真审核收付凭证和账簿记录，检查经济业务的合理性和合法性，清楚确定库存现金实有数与现金日记账的余额是否一致。在现金清查过程中，清查人员还应注意是否有挪用现金、白条抵库等违反财经纪律和现金管理条例以及超出库存限额等情况。库存现金盘点结束后，清查人员应根据盘点的结果及时填制库存现金盘点报告表。该表是重要的原始凭证，既有实物资产清查盘存单的作用，又有账存实存对比表的作用。库存现金盘点报告表填制完毕，应由盘点人和出纳共同签字。库存现金盘点报告表的格式如表9-1所示。

**表9-1　库存现金盘点报告表**

单位名称：　　　　　　　　　　年　月　日

| 实存金额 | 账存金额 | 实存账存对比 | | 备注 |
| --- | --- | --- | --- | --- |
| | | 盘亏金额 | 盘盈金额 | |
| | | | | |
| | | | | |
| | | | | |
| | | | | |

盘点人签章：　　　　　　　　　　　　　　　出纳签章：

### 2. 银行存款的清查

银行存款的清查通常采用将开户银行每月送来的对账单与银行存款日记账逐笔进行核对的方法。企业应当把截至清查日的所有银行存款的收、付业务登记入账，如发现企业银行存款日记账出现错账，应及时更正，再与银行提供的"对账单"逐步核对。当双方的记账差错都已更正，而企业银行存款日记账余额与对账单余额仍不相符时，则可能存在未达账项。

未达账项是指企业与银行之间，由于凭证传递时间不同而导致双方记账时间不一致，即一方已接到有关结算凭证并登记入账，另一方由于尚未接到有关结算凭证而未入账的款项。通常，未达账项存在以下四种情况：

（1）银行已收款入账，企业未收款入账。

例如，银行定期支付给企业的存款利息，银行已经登记企业存款的增加，企业因尚未接到银行的转账通知还未登记银行存款的增加，形成了银行已记收、企业未记收的未达账项。

（2）银行已付款入账，企业未付款入账。

例如，银行代企业支付通信费等费用，银行根据付款凭证已登记企业存款的减少，而企业因尚未接到有关凭证还未登记银行存款减少，形成银行已记付、企业未记付的未达账项。

（3）企业已收款入账，银行未收款入账。

例如，企业将收到的转账支票送存银行。企业根据经银行盖章退回的进账单回单联直接登记银行存款日记账，银行则要在款项收妥后才能记账。若银行在编制对账单时尚未办妥收款手续，则对账时会出现企业已记收、银行未记收的未达账项。

（4）企业已付款入账，银行未付款入账。

例如，企业开出支票付款，已登记银行存款的减少，银行因尚未办妥支付或转账手续还未登记企业存款的减少，形成企业已记付款、银行未记付款的未达账项。

以上任何一种情况的存在，都会使银行存款日记账与对账单余额不符。对未达账项，企业应查明后编制银行存款余额调节表。银行存款余额调节表是在银行存款日记账余额和银行存款对账单余额的基础上加减双方各自的未达账项，使双方余额达到平衡。其调节公式如下：

$$\text{银行存款}\atop\text{日记账余额} + \text{银行已收}\atop\text{企业未收款项} - \text{银行已付}\atop\text{企业未付款项} = \text{银行}\atop\text{对账单余额} + \text{企业已收}\atop\text{银行未收款项} - \text{企业已付}\atop\text{银行未付款项}$$

现举例说明银行存款余额调节表的具体编制方法。

【例9-1】龙盛公司2×21年6月的银行存款日记账如表9-2所示，银行送来的6月银行对账单如表9-3所示。

表9-2　银行存款日记账

单位名称：龙盛公司　　　　　　　　　　　　　　　　　　　　　　　　单位：元

| 2×21 年 | | 凭证号数 | 摘要 | 结算凭证 | 对方科目 | 收入 | 支出 | 结余 |
|---|---|---|---|---|---|---|---|---|
| 6 | 1 | 略 | 期初余额 | | | | | 630 000 |
| | 3 | | 销售商品 | 支票00512 | 主营业务收入 | 430 000 | | 1 060 000 |
| | 5 | | 收到销货款 | 支票00537 | 应收账款 | 80 000 | | 1 140 000 |
| | 10 | | 支付货款 | 支票00324 | 材料采购 | | 520 000 | 620 000 |
| | 15 | | 销售产品 | 支票00723 | 主营业务收入 | 100 000 | | 720 000 |
| | 21 | | 提现 | 支票00812 | 库存现金 | | 3 000 | 717 000 |
| | 29 | | 支付货款 | 支票00123 | 应付账款 | | 32 000 | 685 000 |
| | 30 | | 销售产品 | 支票00804 | 主营业务收入 | 8 000 | | 693 000 |
| 6 | 30 | | 本月发生额及余额 | | | 618 000 | 555 000 | 693 000 |

表9-3　银行对账单

单位名称：龙盛公司　　　　　　　　　　　　　　　　　　　　　　　　　　单位：元

| 2×21 年 | | 摘要 | 结算凭证 | 收入 | 支出 | 结余 |
|---|---|---|---|---|---|---|
| 月 | 日 | | | | | |
| 6 | 1 | 结余 | | | | 630 000 |
| | 3 | 存入 | 支票 00512 | 430 000 | | 1 060 000 |
| | 11 | 支取 | 支票 00324 | | 520 000 | 540 000 |
| | 17 | 存入 | 支票 00723 | 100 000 | | 640 000 |
| | 25 | 支取 | 支票 00123 | | 32 000 | 608 000 |
| | 27 | 存入 | 支票 00830 | 40 000 | | 648 000 |
| | 30 | 支取 | 支票 00850 | | 25 000 | 623 000 |
| 6 | 30 | 本月发生额及余额 | | 570 000 | 577 000 | 623 000 |

经核对，双方存在以下未达账项：

（1）银行已收款、企业未收款，即支票00830号40 000元。

（2）银行已付款、企业未付款，即支票00850号25 000元。

（3）企业已收款、银行未收款两笔款项，即支票00537号80 000元和支票00804号8000元，共88 000元。

（4）企业已付款、银行未付款，即支票00812号3 000元。

企业根据银行存款日记账余额和银行对账单余额以及双方核对后发现的未达账项，编制银行存款余额调节表（见表9-4）。

表9-4　银行存款余额调节表

单位名称：龙盛公司　　　　　　　　2×21 年6 月30 日　　　　　　　　　　单位：元

| 项目 | 金额 | 项目 | 金额 |
|---|---|---|---|
| 企业银行存款日记账余额 | 693 000 | 银行对账单余额 | 623 000 |
| 加：银行已收企业未收 | 40 000 | 加：企业已收银行未收 | 88 000 |
| 减：银行已付企业未付 | 25 000 | 减：企业已付银行未付 | 3 000 |
| 调节后存款余额 | 708 000 | 调节后存款余额 | 708 000 |

若调节后双方的余额相等，则表明账簿基本正确；若双方余额不等，则表明有一方记账错误，应及时查明原因，予以更正。

注意：

（1）编制银行存款余额调节表的目的是检查账簿记录的正确性，不能根据银行存款余额调节表做任何账务处理。对未达账项，企业应等以后有关原始凭证到达后再做账务处理。

（2）企业在对银行存款项目进行清查的过程中，要特别注意长期存在的未达账项，这样的账项可能是错账，应对时间较长的未达账项进行分析，查明原因以便采取措施及时处理。

（3）企业如果没有发现未达账项，也应当逐笔核实每一笔款项，以保证账簿记录的正确性。

### （二）往来款项的清查

往来款项是指本单位与外单位间发生的债权债务的往来，包括应收账款、预付账款、其他应收款、应付账款、预收账款、其他应付款等。往来款项的清查重点是应收、应付款项，大多采用询证核对法，即同对方核对账目的方法。

在核对前，清查单位应先检查各往来账项的正确性及完整性，查明账上记录无误后，编制往来款项对账单（见表9-5），寄发送交对方单位进行核对。往来款项对账单一式两联：一份由对方留存，另一份作为回单。对方单位如核对相符，应将回单确认后盖章返回；如发现数额不符，应在回单上注明不符情况并退回，作为进一步核对的依据。

表9-5　往来款项对账单

＿＿＿＿＿＿＿＿单位：

你单位 2×21 年 6 月 5 日购入我单位×产品 500 件，货款 10 000 元尚未支付，请核对后将回单联寄回。

清查单位：（盖章）
2×21 年 12 月 5 日

沿此虚线裁开，将以下回联单寄回！

- - - - - - - - - - - - - - - - - - - - - - - - - - - - - - - - - - - - - - - - - - - - - - - - - - - - - - - - - -

往来款项对账单（回联）

＿＿＿＿＿＿＿＿清查单位：

你单位寄来的"往来款项对账单"已经收到，经核对相符无误

××单位（盖章）
2×21 年 12 月 15 日

往来款项清查结束后，财务人员根据清查结果编制往来款项清查报告表（见表9-6所示），对其中有争议的或无法收回、无法清偿的款项应详细说明清楚，报请财产清查小组或上级处理，避免或减少坏账损失。

表 9-6　往来款项清查报告表

年　月　日

| 债权、债务单位 | 账面结存金额 | 对方结存金额 | 对比结果 | | 差异原因和金额 | | 备注 |
| | | | 大于对方数额 | 小于对方数额 | 争议中的账项 | 未达账项 | |
| --- | --- | --- | --- | --- | --- | --- | --- |
| | | | | | | | |
| | | | | | | | |
| | | | | | | | |
| | | | | | | | |

单位主管：　　　　　　　　　　主管会计：　　　　　　　　　　　制表：

## （三）实物资产的清查

实物资产的清查首先应确定实物资产的账面结存数量，再确定实际结存数量，最后根据账存数和实存数确定差异，如果两者存在差异，需寻找产生差异的原因，并进行账务处理。

1. 确定实物资产账面结存数量的方法

实物资产清查的重要环节是确定实物资产的账存数量。为使盘点工作顺利进行，企业应建立一定的盘存制度。按照确定实物资产账面结存数量的依据不同，实物资产的盘存制度可以分为永续盘存制和实地盘存制两种。不同的盘存制度，在账簿中记录实物资产的方法和反映的内容是有差别的。

（1）永续盘存制。永续盘存制又称账面盘存制，是指通过设置存货明细账，逐日或逐笔登记实物资产收入数、发出数，并能随时计算出结存数的一种存货盘存制度。

永续盘存制对各种存货的规格、品名都应设置数量金额式明细账，并详细记录，以便及时地反映各项实物资产的收入、发出和结存情况。

永续盘存制的优点是能及时反映各种存货的收入、发出和结存情况，加强了对存货的管理；同时通过存货明细账上的结存数可以随时与预定的最高库存限额或最低库存限额进行对照，从而确定库存是积压还是不足，以便及时采取措施使存货数量合理，加速资金周转。这种方法的缺点是核算工作量大，需要较多的人力和费用，但与实地盘存制相比较，在管理上有明显的优势，因此除特殊情况外企业一般采用永续盘存制。

（2）实地盘存制。实地盘存制通常又称以存计耗制，是指期末通过盘点实物来确定期末存货的结存数，并以此来推算本期发出存货数量的方法。

采用这种方法，企业平时只登记存货的收入数量和金额，不登记发出存货的数量和金额，期末结账时，通过实物盘点确定期末结存数量，再倒挤推算出本期发出数量，并进而计量本期发出存货的成本。其计算公式如下：

存货期末成本＝期末存货盘存数量×存货单位成本

本期发出存货数量＝期初数量＋本期入库数量－期末盘存数量

本期发出存货成本＝期初结存存货成本＋本期入库存货成本－期末结存存货成本

企业采用实地盘存制对各项存货的发出和结存不用随时记账，可以大大简化会计核算工作，但不能随时反映各项存货的发出和结存的情况，不能及时反映各项财产物资的管理情况，不利于保护企业财产物资的安全与完整，因此只适用于核算那些单位价值低、损耗小、收发频繁的存货。

2. 实物资产清查的方法

实物资产的清查包括对原材料、半成品、在产品、产成品、固定资产等的清查。由于各种实物资产在物质形态、体积、重量、价值和存放方式等方面不同，因此采取的清查方法也有所不同。通常采用的方法有实地盘点法和技术推算法。

（1）实地盘点法。实地盘点法是指对各项实物资产逐一盘点或用计量器具来确定其实存量的方法。这种方法一般适用于对机器设备、包装好的原材料、在产品和库存商品等的清点。这种方法适用面广且易于操作，但工作量大。

（2）技术推算法。技术推算法是指利用技术方法对财产的实存数进行推算的一种方法。这种方法适用于大量成堆、难以逐一清点的实物资产，如对煤炭、矿砂、石子等的清查。

对实物资产的清查应注意以下几个方面：清查时实物保管人员必须在场，以明确经济责任；清查中要注意防止重复盘点或漏盘点；清查时除盘点各种财产物资实物的数量外，还应注意其质量是否完好，有无缺陷、霉烂、变质、过时物资等情况；清查过程中应填制有关凭证，作为记录清查情况和会计调整账面记录的依据。

根据需要，实物资产清查的方法一般可以填制以下两种凭证：

（1）盘存单。盘存单是财产盘点结果的书面证明，也是如实反映实物资产实有数的原始凭证。盘存单的格式如表9-7所示。

表9-7　盘存单

财产类别：　　　　　　　　　　　日期：　　　　　　　　　　　存放地点：

| 编号 | 名称 | 规格 | 计量单位 | 数量 | 单价 | 金额 | 备注 |
|---|---|---|---|---|---|---|---|
|  |  |  |  |  |  |  |  |
|  |  |  |  |  |  |  |  |
|  |  |  |  |  |  |  |  |
|  |  |  |  |  |  |  |  |
| 合计 |  |  |  |  |  |  |  |

盘点人签章：　　　　　　　　　实物保管人签章：

盘存单是记录盘点财产物资实有数的原始凭证，一式两联：一联交实物保管人，一联交会计部门与账面记录核对。当盘存单与账面记录不符时，企业应编制实存账存对比表。

（2）实存账存对比表。实存账存对比表是用来记录和反映各种财产的账存数与实存数及其差异数的原始凭证。该表是调整账面记录的原始凭证，又是分析差异原因、明确责任以及进行账务处理的重要依据。其格式如表9-8所示。

表 9-8　实存账存对比表

单位名称：　　　　　　　　　　　　年　月　日

| 编号 | 类别及名称 | 计量单位 | 单价 | 账存 | | 实存 | | 盘盈 | | 盘亏 | | 备注 |
|---|---|---|---|---|---|---|---|---|---|---|---|---|
| | | | | 数量 | 金额 | 数量 | 金额 | 数量 | 金额 | 数量 | 金额 | |
| | | | | | | | | | | | | |
| | | | | | | | | | | | | |
| | | | | | | | | | | | | |
| | | | | | | | | | | | | |

单位负责人：　　　　　　　　　　　　　　　制表人：

# 第三节　财产清查结果的处理

## 一 、财产清查结果的处理要求

财产清查是保证账实相符、加强财产管理的一项重要工作。财产清查结果如果是账实相符，则不必调整账簿记录。企业如果发现账实不符，账面数大于实有数时为盘亏，账面数小于实有数时为盘盈。对清查结果，企业应当按照国家有关会计准则、制度的规定认真处理。财产清查结果的处理要求如下：

### （一）分析产生差异的原因和性质，提出处理意见

企业通过对财产清查所确定的各种差异，如财产的盘盈、盘亏或毁损等，企业要认真查明其性质和发生的原因，以明确责任并提出相应处理办法，按规定程序呈报有关部门和领导批准。

### （二）总结经验教训，建立健全各项管理制度

对财产清查过程中发现的问题，企业要认真分析其原因，总结经验。如果是属于管理制度的不健全，企业要切实改进工作，修正有关规章制度。如果是由于制订计划的不完善，企业应及时调整计划。如果是因为制度或计划执行不彻底，企业应加强执行力度，力保财产物资的完整和安全。

### （三）根据批准进行账务处理

在有关部门对呈报的财产清查结果处理意见作出批准后，企业应严格按照批复意见编制有关的记账凭证，登记有关账簿，及时进行批准后的账务处理。

## 二、财产清查结果的账务处理

财产清查结果如果是账实相符，则不必调整账簿记录。如果发现账实不符，账面

数小于实有数时为盘盈，账面数大于实有数时为盘亏。

为了反映和监督各单位在财产清查过程中查明的各种财产的盈亏或毁损及其报经批准后的转销数额，企业应该设置"待处理财产损溢"账户。该账户属于双重性质账户，下设"待处理流动资产损溢"和"待处理固定资产损溢"两个明细分类账户，以进行明细分类核算。该账户借方登记各项财产的盘亏或毁损数额以及各项盘盈财产报经批准后的转销数；贷方登记各项财产的盘盈数额和各项盘亏或毁损财产报经批准后的转销数。按规定，企业对发生的各项盘盈、盘亏应及时报批处理，并在期末结账前处理完毕。因此，该账户期末一般无余额。"待处理财产损溢"账户反映的有关内容如表9-9所示。

表9-9　待处理财产损溢

| ①盘亏、毁损的财产物资数额<br>②批准结转的盘盈财产物资转销 | ①盘盈的财产物资数额<br>②批准、核销的盘亏毁损的财产物资转销 |
| --- | --- |
| | |

财产清查结果的账务处理分为两个阶段：一是在领导审批之前，应根据账存实存对比表等原始凭证编制记账凭证，调整财产物资账面数，使账实相符；二是根据领导对差异形成的不同原因作出的处理意见进行相应的账务处理。

现举例说明财产清查结果的账务处理。

### （一）库存现金清查结果的账务处理

1. 库存现金盘盈的处理

企业发现库存现金盘盈时，应及时根据库存现金盘点报告表办理入账手续，调整库存现金账簿记录，按盘盈的金额，借记"库存现金"账户，贷记"待处理财产损溢——待处理流动资产损溢"账户。

对盘盈的库存现金，企业应及时查明原因，按管理权限报经批准后，按盘盈的金额借记"待处理财产损溢——待处理流动资产损溢"账户，按需要支付或退还他人的金额贷记"其他应付款"账户，无法查明原因的金额，贷记"营业外收入"账户。

【例9-2】龙盛公司2×21年11月末进行库存现金清查时，发现长款200元。

报经批准前，企业根据库存现金盘点报告表编制记账凭证。账务处理如下：

借：库存现金　200

　　贷：待处理财产损溢——待处理流动资产损溢　200

经查，其中50元是漏支付给某客户的，另外的150元无法查明原因。批准后，企业应编制如下会计分录：

借：待处理财产损溢——待处理流动资产损溢　200

　　贷：其他应付款　50

　　营业外收入　150

2. 库存现金盘亏的处理

库存现金盘亏时，企业应及时根据库存现金盘点报告表调整库存现金账簿记录，按盘亏的金额，借记"待处理财产损溢——待处理流动资产损溢"账户，贷记"库存现金"账户。

对盘亏的库存现金，企业应及时查明原因，按管理权限报经批准后，按可收回的保险赔偿和过失人赔偿的金额，借记"其他应收款"账户。如果是管理不善的原因造成的净损失的金额，借记"管理费用"账户；如果是意外事故等原因造成的净损失的金额，借记"营业外支出"账户。企业按盘亏的金额贷记"待处理财产损溢——待处理流动资产损溢"账户。

【例 9-3】龙盛公司 2×21 年 12 月末进行库存现金清查中发现短缺 3 000 元，根据库存现金盘点报告表编制记账凭证。账务处理如下：

借：待处理财产损溢——待处理流动资产损溢　　　　　　　　　3 000
　　贷：库存现金　　　　　　　　　　　　　　　　　　　　　　　3 000

经反复核查，其中 200 元是出纳李某的责任，应由出纳李某赔偿；2 500 元应由保险公司赔偿；其余 300 元未查明原因，经批准处理。账务处理如下：

借：其他应收款——应收现金短缺款（李某）　　　　　　　　　200
　　其他应收款——应收保险公司赔款　　　　　　　　　　　　2 500
　　管理费用——现金短缺　　　　　　　　　　　　　　　　　　300
　　贷：待处理财产损溢——待处理流动资产损溢　　　　　　　　3 000

## （二）实物资产清查结果的账务处理

对实物资产盘盈或盘亏，企业应将实物资产的账面价值转入"待处理财产损溢"账户，经批准处理后，再予以转销。具体处理如下：

1. 存货清查结果的账务处理

（1）存货盘盈的账务处理。存货盘盈时，在报经批准前，企业应根据实存账存对比表所确定的盘盈金额，编制记账凭证如下：

借：原材料（库存商品等）
　　贷：待处理财产损溢——待处理流动资产损溢

上述盘盈材料经查明原因并报经批准后，应冲减管理费用，编制记账凭证如下：

借：待处理财产损溢——待处理流动资产损溢
　　贷：管理费用

【例 9-4】龙盛公司在财产清查中，丙种材料经过称量发现多出 24 千克，每千克 15 元。

在批准之前，企业根据实存账存对比表编制记账凭证如下：

借：原材料——丙材料　　　　　　　　　　　　　　　　　　　360
　　贷：待处理财产损溢——待处理流动资产损溢　　　　　　　　360

企业经查明是收料时多收，经批准冲减管理费用，编制记账凭证如下：

借：待处理财产损溢——待处理流动资产损溢　　　　　　　　　360
　　贷．管理费用　　　　　　　　　　　　　　　　　　　　　　360

（2）存货盘亏的账务处理。存货盘亏的原因是多方面的，企业应根据不同的原因作出不同的账务处理。盘亏时，企业在批准前应根据实存账存对比表所确定的盘亏金额，编制记账凭证如下：

借：待处理财产损溢——待处理流动资产损溢
　　贷：原材料（库存商品等）

经查明原因并报经批准后，企业应根据不同原因进行相应处理：

①属于自然损耗产生的定额内的合理损耗，经批准后记入"管理费用"账户。

②属于计量收发差错和管理不善等原因造成的存货短缺或毁损，应先扣除残料价值、可以收回的保险赔偿和过失人的赔偿，之后将净损失记入"管理费用"账户。

③属于意外事故、自然灾害造成的毁损，先扣除保险公司赔款和残料收入后的余额，应记入"营业外支出"账户。

会计分录编制如下：

借：管理费用（其他应收款或营业外支出）
　　贷：待处理财产损溢——待处理流动资产损溢

【例9-5】龙盛公司盘亏C材料一批，实际成本为5 500元。经查明，属于非常事故造成的损失，保险公司应给予4 000元赔偿。会计分录编制如下：

批准前：

借：待处理财产损溢——待处理流动资产损溢　　　　　　　　　　6 215
　　贷：原材料——C材料　　　　　　　　　　　　　　　　　　5 500
　　　　应交税费——应交增值税（进项税额转出）　　　　　　　715

批准后，分不同情况进行处理：

①应由保险公司赔偿的部分：

借：其他应收款——保险公司　　　　　　　　　　　　　　　　4 000
　　贷：待处理财产损溢——待处理流动资产损溢　　　　　　　　4 000

②净损失计入营业外支出：

借：营业外支出　　　　　　　　　　　　　　　　　　　　　　2 215
　　贷：待处理财产损溢——待处理流动资产损溢　　　　　　　　2 215

2. 固定资产清查结果的账务处理

（1）固定资产盘盈的账务处理。根据《企业会计准则第4号——固定资产》及其应用指南的有关规定，固定资产盘盈应作为前期差错记入"以前年度损益调整"科目，固定资产出现由于企业无法控制的因素而造成盘盈的可能性极小甚至是不可能的。企业出现了固定资产的盘盈必定是企业以前会计期间少计、漏计而产生的，应当作为会计差错进行更正处理，这样也能在一定程度上控制人为调解利润的可能性。会计分录编制如下：

借：固定资产
　　贷：以前年度损益调整

【例9-6】龙盛公司在财产清查中发现一台包装机，七成新，该设备同类产品市场价值为200 000元。

相应的会计分录编制如下：

借：固定资产　　　　　　　　　　　　　　　　　　　　　　140 000

贷：以前年度损溢调整　　　　　　　　　　　　　　　　　　　140 000

（2）固定资产盘亏的账务处理。固定资产出现盘亏的原因主要有以下几个方面：自然灾害、责任事故、失窃等。对不同情况造成的固定资产盘亏，企业应进行不同的账务处理。

①自然灾害造成的固定资产盘亏，在扣除保险公司赔款和残料收入后，应列为营业外支出。

②责任事故造成的固定资产盘亏，应由责任人赔偿损失。

③失窃的固定资产，应列为营业外支出。

企业进行固定资产盘亏的账务处理时，在批准前应编制会计分录如下：

借：待处理财产损溢——待处理固定资产损溢

　　累计折旧

　　贷：固定资产

报经批准后，根据不同的原因，进行账务处理如下：

借：营业外支出（其他应收款）

　　贷：待处理财产损溢——待处理固定资产损溢

【例9-7】龙盛公司在财产清查中，盘亏设备一台。该设备账面价值8 000元，其中设备原价12 000元，已提累计折旧4 000元。

报经批准前，企业根据账存实存对比表，编制会计分录如下：

借：待处理财产损溢——待处理固定资产损溢　　　　　　　　8 000

　　累计折旧　　　　　　　　　　　　　　　　　　　　　　4 000

　　贷：固定资产　　　　　　　　　　　　　　　　　　　　　　12 000

经查，该设备系管理不善造成的设备丢失，根据审批意见，企业将其转入"营业外支出"账户，编制会计分录如下：

借：营业外支出　　　　　　　　　　　　　　　　　　　　　8 000

　　贷：待处理财产损溢——待处理固定资产损溢　　　　　　　　8 000

## （三）往来款项清查结果的账务处理

在财产清查过程中发现的长期未结算的往来款项，应及时清查。对确实无法支付的应付款项，企业可以按规定程序经批准后，转作营业外收入。

无法收回的应收款项作为坏账损失处理。坏账是指企业无法收回或收回的可能性极小的应收款项。因发生坏账而产生的损失，称为坏账损失。

企业应将符合下列条件之一的应收款项确认为坏账：

（1）债务人死亡以及遗产清偿后仍然无法收回。

（2）债务人破产以及破产财产清偿后仍然无法收回。

（3）债务人较长时间内未履行其偿债义务，并有足够的证据表明无法收回或收回的可能性极小。

企业对有确凿证据表明确实无法收回的应收款项，经批准后列为坏账损失。对已确认为坏账的应收款项，并不意味企业放弃了追索权，一旦重新收回应及时入账。

坏账损失不需要通过"待处理财产损溢"账户核算。转销方法通常采用备抵法。备抵法是指按期估计坏账损失，形成坏账准备，当某一应收款项全部或部分被确认为坏账时，企业应根据其金额冲减坏账准备，同时转销相应金额的应收款项的一种核算方法。估计坏账损失的方法有应收账款余额百分比法、账龄分析法、销货百分比法等。下面介绍常用的应收账款余额百分比法。

企业应设置"坏账准备"账户、"信用减值损失"账户，用来核算和监督应收款项的减值情况。期末，企业按应收账款余额的一定比例计提坏账准备时，借记"信用减值损失"账户，贷记"坏账准备"账户；实际发生坏账时，借记"坏账准备"账户，贷记"应收账款"账户。如果确认并转销的坏账以后又收回，企业应按收回金额借记"应收账款"账户，贷记"坏账准备"账户，以恢复企业债权、冲回已转销的坏账准备金额；同时，借记"银行存款"账户，贷记"应收账款"等账户，以反映款项收回情况。"坏账准备"账户在年终之前各月末账户余额可能在借方，也可能在贷方，但年末余额一定在贷方。

【例9-8】龙盛公司2×20年首次提取坏账准备，2×21年年末的应收账款余额为2 000 000元，提取坏账准备的比例为0.5%。2×21年发生坏账损失为8 000元。2×21年年末应收账款余额为2 800 000。2×22年收回2×21年已转销的应收账款为5 000元，2×22年年末应收账款余额为1 500 000元。

（1）2×20年年末提取坏账准备10 000元（2 000 000×0.5%）。

| | |
|---|---|
| 借：信用减值损失 | 10 000 |
| 　贷：坏账准备 | 10 000 |

（2）2×21年发生的坏账损失8 000元。

| | |
|---|---|
| 借：坏账准备 | 8 000 |
| 　贷：应收账款 | 8 000 |

（3）2×21年年末的坏账准备余额应为贷方14 000元（2 800 000×0.5%）。

期初坏账准备余额为10 000元，本期发生坏账损失为8 000元。

在未提取2×21年坏账准备时，"坏账准备"账户的余额为贷方余额2 000元，而截至2×21年年末，"坏账准备"账户应有的余额为贷方14 000元。因此，企业需要在原有金额的基础上补提12 000元（14 000−10 000+8 000）。

| | |
|---|---|
| 借：信用减值损失 | 12 000 |
| 　贷：坏账准备 | 12 000 |

（4）2×22年收回2×21年已转销的坏账5 000元。

①恢复之前已冲销的坏账准备：

| | |
|---|---|
| 借：应收账款 | 5 000 |
| 　贷：坏账准备 | 5 000 |

②收回该笔应收账款：

| | |
|---|---|
| 借：银行存款 | 5 000 |
| 　贷：应收账款 | 5 000 |

（5）2×22年期末计提坏账准备。

2×22 年坏账准备余额应为贷方 7 500 元（1 500 000×0.5%）。

期初坏账准备余额为 14 000 元，本期收回已转销坏账为 5 000 元。

在未提取 2×22 年坏账准备时，"坏账准备"账户的余额为贷方余额 19 000 元，而 2×22 年年末坏账准备只需贷方余额 7 500 元，因此冲销坏账准备 11 500 元（7 500－14 000－5 000）。

借：坏账准备　　　　　　　　　　　　　　　　　　11 500

　　贷：信用减值损失　　　　　　　　　　　　　　　　11 500

## 第四节　期末账项调整

### 一、期末账项调整的意义

在持续经营假设下，为了准确、及时地提供会计信息，企业需要将持续不断的生产经营活动划分为一定的会计期间，按照权责发生制来划分收入和费用的归属期。由于日常账簿记录仅根据有关原始凭证反映的交易或事项来记录收入和费用，而有些交易事项虽然在本期没有收到或支付款项，没有取得原始凭证，但根据权责发生制应在本期确认收入或费用，应记入相关的账户；有的款项虽然本期收到但是不属于本期的收入，不应记入本期的收入账；有些款项虽然本期支付但是不属于本期的费用，不应记入本期的费用账。因此，企业需要在期末结账前，按照权责发生制要求对日常的账簿记录进行调整，从而为决策者提供真实、可靠的信息，便于管理者作出正确的经营决策。

期末账项调整是指会计期末结账前，为比较真实地反映企业的经营成果和财务状况，按照权责发生制要求，对有关会计事项予以调整的会计行为。

会计期末进行账项调整，虽然主要是为了能正确地反映本期的经营成果，但是在对收入和费用的调整过程中，必然也会造成资产或负债的增减变化。因此，合理、正确地进行期末账项调整，不仅关系到利润表能否正确反映，而且关系到资产负债表能否正确反映。

### 二、期末账项调整的内容

期末结账前，应予调整的项目一般可以分为以下三大类：

第一，应计项目。应计项目包括应计收入、应计费用等。

第二，递延项目。递延项目包括预收收入的分配、预付费用的摊销等。

第三，应提项目。应提项目包括固定资产折旧的计提、各种资产减值的计提等。

### 三、期末账项的调整

#### （一）应计项目的调整

应计项目主要包括应计收入和应计费用。应计项目调整与否，直接关系到收入、费用能否合理配比，进而影响到能否正确、合理地反映企业本期的经营成果。

1. 应计收入

应计收入是本期收入已经发生，应入账而未入账的收入。例如，应入账的营业收入、应收的租金收入、应收的银行存款利息收入等。应计收入的调整一方面增加收入，另一方面增加资产。

【例9-9】2×21年1月末、2月末、3月末，龙盛公司根据在银行的存款余额和存款利率计算，各月应计银行存款利息收入分别为2 000元、3 000元、1 500元。4月3日，银行已将利息6 500元转入公司存款户。

银行对企业的存款通常按季结息，但根据权责发生制要求，企业在每个月月末应确认利息收入，确认的利息收入应冲减"财务费用"。

会计处理如下：

（1）1月末计提银行存款利息的处理。

| | |
|---|---:|
| 借：应收利息 | 2 000 |
| 　贷：财务费用 | 2 000 |

（2）2月末计提银行存款利息的处理。

| | |
|---|---:|
| 借：应收利息 | 3 000 |
| 　贷：财务费用 | 3 000 |

（3）3月末计提银行存款利息的处理。

| | |
|---|---:|
| 借：应收利息 | 1 500 |
| 　贷：财务费用 | 1 500 |

（4）4月3日收到银行利息的处理。

| | |
|---|---:|
| 借：银行存款 | 6 500 |
| 　贷：应收利息 | 6 500 |

【例9-10】龙盛公司上月发给某公司商品价款50 000元（增值税税率为13%，成本为38 000元），本期得到对方承诺付款，符合确认收入条件，期末予以转账。

会计处理如下：

（1）收入的处理。

| | |
|---|---:|
| 借：应收账款 | 56 500 |
| 　贷：主营业务收入 | 50 000 |
| 　　　应交税费——应交增值税（销项税额） | 6 500 |

（2）结转发出商品成本。

| | |
|---|---:|
| 借：主营业务成本 | 38 000 |
| 　贷：发出商品 | 38 000 |

2. 应计费用

应计费用是本期费用已经发生，应入账而未入账的费用，如借款利息、租用的房租等。应计费用的调整一方面增加费用，另一方面会增加负债。

【例9-11】月初，龙盛公司向东华租赁公司租赁一台生产设备（当即投入使用），租期为半年，每月租金为1 000元（约定租赁期满租金一次付清）。

月末，龙盛公司应做如下账务处理：

借：制造费用——租赁费　　　　　　　　　　　　　　　　　1 000

　　贷：其他应付款——固定资产租金　　　　　　　　　　　　　1 000

## （二）递延项目的调整

企业产品在市场紧缺的情况下，会预先收到购买方的货款。企业虽然收到货款，但尚未交付产品或提供服务。按照权责发生制，收入的实现不以收到货款为标准，在采用预收货款结算方式下，应在商品发出或劳务提供时，作为营业收入的实现。预收收入不能作为企业已经实现的收入，只有在以后交付产品或提供劳务后，才可以转为收入。因此，每期的会计期末，企业都要对预收项目进行调整，将已经实现的部分转入本期的收入账户，未实现部分递延到以后的会计期间。

预收项目于现金收取时记为负债，如预收货款、预收利息、预收房租等，随着产品的交付、劳务的提供，已经实现的部分从负债账户调整到收入账户。发生预收项目在"预收账款"账户反映。预先收到现金时，企业借记"银行存款"账户，贷记"预收账款"账户；等到义务实际履行后，再相应地冲减"预收账款"账户。

【例9-12】年初，龙盛公司出租房屋，租期为1年，收到1年的租金72 000元（每月6 000元）。

年初收到租金时会计处理如下：

借：银行存款　　　　　　　　　　　　　　　　　　　　　72 000

　　贷：预收账款　　　　　　　　　　　　　　　　　　　　　72 000

1~11月，各月月末龙盛公司都应进行预收租金的期末账项调整如下：

借：预收款项　　　　　　　　　　　　　　　　　　　　　　6 000

　　贷：其他业务收入——租金收入　　　　　　　　　　　　　　6 000

## （三）应提项目的调整

应提项目与前述账项调整的不同之处在于调整的金额具有不确定性，如应收款项坏账准备的提取、固定资产折旧的计提、各种资产减值的计提等。

【例9-13】应收账款余额为800 000元，估计大约有0.3%无法收回。

会计处理如下：

借：信用减值损失　　　　　　　　　　　　　　　　　　　　2 400

　　贷：坏账准备　　　　　　　　　　　　　　　　　　　　　2 400

结账时，信用减值损失转入本期利润账户计算盈亏；以后，若应收账款确认无法收回时，企业借记"坏账准备"账户，贷记"应收账款"账户。

# 【课程思政——案例警示】

零容忍：一张游戏卡拍出8 700万元天价 原主人侵吞公款近7 000万元挥霍一空①

2021年6月，一场司法拍卖引爆网络热议。一张没有任何实际功能的青眼白龙游戏卡，竞价就被抬到了8 700万元。虽然这只是网友抱着凑热闹心态胡乱出价的结果，无人真的买单，导致流拍，但是这张游戏卡和它曾经的主人张某杰，却由此吸引了社会高度关注。

张某杰是某市不动产登记中心的一名工作人员，2020年3月被留置。他的具体工作是在政务服务中心大厅窗口接待市民，收取买房托管资金，填写托管协议，开具银行存款凭证和资金托管凭证。经调查，张某杰在2016—2019年采取收款不入账、伪造收款事实等方式，陆续侵吞公款竟达6 900多万元。

张某杰之所以产生侵吞公款的念头，就和玩网游有关。2016年的一天，一名买房人带着几万元现金来办理资金托管。由于按规定只能刷卡付款，张某杰就先为该买房人办理了手续，将现金存到自己卡里，打算第二天帮对方刷卡支付。谁知当晚打游戏时，由于充值买装备，张某杰控制不住，把这几万元全花光了。

张某杰靠不断充值买顶级装备，登上了一款网游某赛区的排行榜榜首。他沉醉于在虚拟世界里用金钱买到的成就感，继而发展到在现实世界里也用金钱来满足各种欲望。

调查发现，张某杰贪污的近7 000万元，到案发时几乎被挥霍一空，花在游戏上的钱还是少数，大多数钱被用在了各种高端消费上。经调查，从该市房产交易主管部门到不动产登记中心、交易管理科，都存在失职失责。按照该市2011年出台的相关制度，资金托管窗口必须岗位分设，一人收件、一人审核、一人办理凭证，相互监督。但不动产登记中心从未按制度执行，从主要领导到科长，甚至没有一个人知道有这项制度，连基本的对账都没有认真做过。此外，按照制度规定，放款之前，全套资料必须经房产交易管理科的副科长、科长，不动产登记中心分管副主任三级审核、三级签字，但实际中也变成了只签字不审核。

案发后，该市监委在调查中发现，资金托管账户财务管理极其混乱，大量原始资金凭证、会计资料都已丢失，历史账目极不健全，一个管理大量资金的部门竟然是这种情况，令人震惊。早在2016年8月，住房和城乡建设部、国家发展和改革委员会等七部门就联合发文要求各地主管部门对二手房资金的监管情况、监管制度要进行检查评估，该市主管部门却只是下发文件要求各单位自查。

2020年11月，张某杰被判处无期徒刑。需要深刻反思的，绝不仅仅是他个人。被挥霍的巨额资金大部分难以追回，给国家造成巨大损失。调查认定，各级共19名领导干部、公职人员负有不同程度责任，都被追责问责。其中，交易管理科科长、副科长更是已构成玩忽职守罪，被判处有期徒刑。

---

① 零容忍｜一张游戏卡拍出8 700万天价 原主人侵吞公款近7 000万挥霍一空［EB/OL］.（2022-01-19）［2023-07-31］. https://baijiahao.baidu.com/s? id=1722387264469368292&wfr=spider&for=pc.

# 【本章小结】

财产清查是会计核算的专门方法之一，也是财产管理的一项重要制度，是为了核算和监督账簿记录的真实性与财产保管使用的合理性而进行的。

财产清查按清查范围可以分为全面清查和局部清查，按清查时间可以分为定期清查和不定期清查。财产清查的内容主要包括货币资金的清查、银行存款的清查、实物资产和往来款项的清查。银行存款的清查是重点内容之一。对在银行存款清查时出现的未达账项，企业可以编制银行存款余额调节表调整。对在财产清查中发现的盘盈、盘亏或毁损，企业应按照国家有关会计制度的规定进行处理。为了反映和记录财产的盘盈、盘亏和毁损情况，企业需要正确运用"待处理财产损溢"账户。

会计期末，为了正确反映本期的收入和费用，企业需要按权责发生制对应计项目、递延项目、应提项目进行账项调整。

# 【本章习题】

## 一、单项选择题

1. 对现金的清查采用的方法是（　　）。
   A. 实地盘点法　　　　　　　　　　B. 账面价值法
   C. 技术推算法　　　　　　　　　　D. 查询核实法

2. 在一般情况下，企业单位撤销、合并或改变隶属关系时，要进行（　　）。
   A. 全面清查　　　　　　　　　　　B. 局部清查
   C. 实地盘点　　　　　　　　　　　D. 技术推算

3. 技术推算法适用于（　　）。
   A. 流动性较大的物资　　　　　　　B. 固定资产
   C. 大量成堆难以逐一清点的存货　　D. 检查账表是否相符

4. 银行存款的清查是将（　　）进行核对。
   A. 银行存款日记账与总账
   B. 银行存款日记账与银行存款收、付款凭证
   C. 银行存款日记账与银行对账单
   D. 银行存款总账与银行存款收、付款凭证

5. 存货发生定额内损耗，在批准处理前，应记入（　　）账户。
   A. "待处理财产损溢"　　　　　　　B. "管理费用"
   C. "营业外支出"　　　　　　　　　D. "其他应收款"

6. 盘盈现金时，批准前，应借记（　　）科目。
   A. "待处理财产损溢"　　　　　　　B. "其他应付款"
   C. "库存现金"　　　　　　　　　　D. "营业外收入"

7. 在财产清查中填制的账存实存对比表是（　　　）。

    A. 登记总分类账的直接依据　　　　　　B. 调整账面记录的原始凭证

    C. 调整账面记录的记账凭证　　　　　　D. 登记日记账的直接依据

8. 某企业在财产清查中，盘亏电脑一台，原价为 8 000 元，已提折旧为 2 000 元，在批准处理以前的会计分录为（　　　）。

    A. 借：待处理财产损溢　　　　　　　　　　　　　　　　　8 000

        贷：固定资产　　　　　　　　　　　　　　　　　　　　8 000

    B. 借：待处理财产损溢　　　　　　　　　　　　　　　　　6 000

        累计折旧　　　　　　　　　　　　　　　　　　　　　2 000

        贷：固定资产　　　　　　　　　　　　　　　　　　　　8 000

    C. 借：累计折旧　　　　　　　　　　　　　　　　　　　　2 000

        贷：待处理财产损溢　　　　　　　　　　　　　　　　　2 000

    D. 借：营业外支出　　　　　　　　　　　　　　　　　　　6 000

        贷：待处理财产损溢　　　　　　　　　　　　　　　　　6 000

9. 由于管理不善导致存货的盘亏一般应作为（　　　）处理。

    A. 营业外支出　　　　　　　　　　　　B. 管理费用

    C. 财务费用　　　　　　　　　　　　　D. 其他应收款

10. 在各种实物的清查过程中，（　　　）必须在场，参加盘点，但不宜单独承担财产清查工作。

    A. 单位行政领导　　　　　　　　　　　B. 会计主管人员

    C. 出纳人员　　　　　　　　　　　　　D. 实物保管人员

## 二、多项选择题

1. 全面清查适用于（　　　）。

    A. 年终决算前　　　　　　　　　　　　B. 单位撤销

    C. 更换出纳人员　　　　　　　　　　　D. 单位合并

2. 不定期清查适用于（　　　）。

    A. 更换财产保管人　　　　　　　　　　B. 发生自然灾害损失

    C. 发生意外损失　　　　　　　　　　　D. 更换现金保管人

3. 财产清查按照清查时间，可以分为（　　　）。

    A. 全面清查　　　B. 局部清查　　　C. 定期清查　　　　D. 不定期清查

4. 下列选项中，可以用作原始凭证的是（　　　）。

    A. 实存账存对比表　　　　　　　　　　B. 现金盘点报告表

    C. 未达账项登记表　　　　　　　　　　D. 结算款项核对登记表

5. 对固定资产和存货等各项财产物资的数量清查，一般采用（　　　）。

    A. 账面价值法　　　　　　　　　　　　B. 实地盘点法

    C. 技术推算法　　　　　　　　　　　　D. 查询核实法

6. 实地盘点法一般适用于（　　）的清查。

  A. 各项实物资产      B. 银行存款

  C. 库存现金        D. 应付账款

7. 未达账项包括（　　）。

  A. 企业已经入账，银行尚未入账的收入事项

  B. 企业已经入账，银行尚未入账的付款事项

  C. 银行已经入账，企业尚未入账的收入事项

  D. 银行已经入账，企业尚未入账的付款事项

8. 对账工作包括（　　）。

  A. 账证核对  B. 账实核对  C. 账账核对  D. 财产清查

9. 对财产物资数量的清查一般采用（　　）。

  A. 实地盘存制  B. 实地盘点法  C. 技术推算法  D. 全面清查

10. 对库存现金进行清查盘点时，应该（　　）。

  A. 清查现金实有数，并与日记账余额核对

  B. 盘点结果应填列库存现金盘点报告表

  C. 出纳人员必须在场，并且由出纳亲自盘点

  D. 检查库存限额的遵守情况及有无白条抵库情况

## 三、简答题

1. 什么是财产清查？为什么要进行财产清查？

2. 财产清查有哪几种分类？

3. 财产清查应设置哪些账户？

4. 什么是未达账项？未达账项有几种？

## 四、业务题

习题一

［资料］利和公司2×21年6月30日银行存款日记账余额为71 040元，银行对账单余额为86 410元。经逐笔核对后，未达账项如下：

（1）6月29日企业支付材料采购款，开出支票一张，金额19 500元，并已作为银行存款付出，登记入日记账，银行因未收到凭证而未入账。

（2）6月29日企业因销售产品，取得转账支票一张，金额23 200元，并已登记入日记账，银行因未收到凭证而未入账。

（3）6月30日银行收到企业客户偿还货款25 600元，已办妥入账，企业因未收到收账通知而未入账。

（4）6月30日银行支付企业厂房租金5 420元，企业因未收到付款通知而未入账。

（5）6月30日企业收到购货单位转账支票一张，金额1 110元，已开具送款单送存应收，银行尚未入账。

［要求］编制2×21年6月30日银行存款余额调节表。

习题二

［资料］华昌公司 2×21 年 3 月 31 日存货实存账存对比表如表 9-9 所示。

表 9-9  实存账存对比表

2×21 年 3 月 31 日

| 名称 | 单位 | 单价 | 数量 | | 盘盈 | | 盘亏 | | 原因 |
|---|---|---|---|---|---|---|---|---|---|
| | | | 实存 | 账存 | 数量 | 金额 | 数量 | 金额 | |
| 甲材料 | 千克 | 12 | 1 200 | 1 150 | 50 | 600 | | | 计量不准 |
| 乙材料 | 件 | 20 | 680 | 690 | | | 10 | 200 | 保管员过失 |
| A 产品 | 件 | 150 | 865 | 868 | | | 3 | 450 | 水灾 库房漏水 |

［要求］根据上述资料，进行存货盘盈、盘亏的账务处理。

习题三

［资料］某企业 2×21 年 12 月对固定资产进行一次全面清查，清查中发现如下情况：

（1）盘盈铣床一台，经鉴定为七成新，同类设备的市场价值为 18 500 元。

（2）盘亏运输工具一部，账面价值为 8 700 元，已提折旧 2 400 元，经批准按其净值转为营业外支出。

［要求］编制固定资产盘盈、盘亏的账务处理。

# 本章参考文献

［1］中华人民共和国财政部. 企业会计准则：2021 年版［M］. 上海：立信会计出版社，2021.

［2］中华人民共和国财政部. 企业会计准则应用指南：2021 年版［M］. 上海：立信会计出版社，2021.

［3］陈国辉，迟旭升. 基础会计［M］. 7 版. 大连：东北财经大学出版社，2021.

［4］朱小平，周华，秦玉熙. 初级会计学［M］. 10 版. 北京：中国人民大学出版社，2019.

本章习题参考答案

# 第十章　财务会计报告

## 【学习目标】

本章阐述了会计核算的基本方法——编制财务会计报告。其目的是使学生能够了解财务会计报告的基本概念，掌握财务会计报告的基本编制方法。通过对本章的学习，学生应能够了解财务会计报告的概念、作用以及财务会计报告的构成，较为熟练地掌握资产负债表及利润表的基本编制方法。

本章重点：财务会计报告的定义、作用及构成，财务会计报告包括的内容，财务会计报告的基本要求，资产负债表和利润表的概念、结构和内容，利润表的编制方法。

本章难点：资产负债表期末余额的编制方法。

## 【关键概念】

会计报表　静态会计报表　动态会计报表　资产负债表　利润表　现金流量表

## 【引导案例】

对于 ST 生态农业的 15 万名投资者来说，2002 年上半年是坏消息不断：先是 ST 生态 2001 年年报显示，"三连亏"成为定局，接着是公司暂停上市。根据有关规定，如果 ST 生态 2002 年中报不能实现扭亏，那么公司将摘牌退市。熟悉 ST 生态背景的人都知道，ST 生态就是更名前的蓝田股份，蓝田股份曾经创造了中国股市长盛不衰的绩优神话。

蓝田股份曾是中国证券市场上一只老牌的绩优股，1996 年发行上市以后，其财务数字一直保持着神奇的增长速度：总资产规模从上市前的 2.66 亿元发展到 2000 年末的 28.38 亿元，增长了近 10 倍；历年年报的业绩都在每股 0.60 元以上，最高达到每股 1.15 元，即使遭遇了 1998 年特大洪灾，每股收益也达到了不可思议的 0.81 元。蓝田股份创造了中国农业企业罕见的"蓝田神话"，被称为"中国农业第一股"。

蓝田股份 2000 年年报显示：蓝田股份的固定资产已达 21.69 亿元，占总资产的 76.4%，公司经营收入和其他资金来源大部分转化为固定资产。蓝田股份真的把这么多的资金作为固定资产投入吗？如果这些固定资产投入是虚假的，那资金又转移到哪里去了呢？按照蓝田股份公布的数据：饮料的毛利率达 46%，而承德露露的毛利率不足 30%。蓝田股份又一次创造出了同行业两倍以上的利润率。2000 年，蓝田股份靠卖野莲汁、野藕汁等饮料收入 5 亿多元，如果数字是真的，意味着蓝田股份一年卖了两三亿罐饮料。按蓝田股份公布的财务数据，其主营业务收入高得让人难以置信，而其应收账款又低得让人不可思议。蓝田股份 2000 年主营业务收入是 18.4 亿元，而应收账款只有区区 800 多万元。

真正揭开蓝田股份业绩之谜的是 ST 生态 2001 年年报。三年来的财务指标来了一个"大变脸"：主营业务收入，1999 年调整前是 18.5 亿多元，调整后是 2 400 多万元；2000 年调整前是 18.4 亿多元，调整后不到 4 000 万元；2001 年是 5 500 多万元，调整后的主营业务收入不到调整前的零头。净利润，1999 年调整前是 5.1 亿多元，调整后是亏损 2 200 多万元；2000 年，调整前是 4.3 亿多元，调整后是亏损 1 000 多万元；2001 年是亏损 8 000 多万元。每股收益，1999 年调整前是 1.15 元，调整后是负的 0.004 9 元；2000 年调整前是 0.97 元，调整后是负的 0.023 9 元；2001 年是负的 0.18 元。净利润和每股收益调整后来了一个"乾坤大挪移"，数据全都由正变负了，蓝田股份也由一只"绩优股"变成了"垃圾股"。

以上内容是中央电视台《经济半小时》节目的资料。大家可能会问：这些资料是怎么得到的？是不是只有中央电视台才能得到，而一般人无从得知？答案是否定的，几乎任何人都可以得到以上的数据，而数据的来源就是企业对外公布的财务会计报告。

# 第一节　财务会计报告概述

## 一、财务会计报告的定义与种类

### （一）财务会计报告的定义

财务会计报告又称财务报告，是指企业对外提供的反映企业某一特定日期财务状况和某一会计期间经营成果、现金流量等会计信息的文件。它是企业根据日常的会计核算资料进行归集、加工和汇总后编制而成的，是企业对外提供财务会计信息的主要形式。

### （二）财务会计报告的种类

《企业财务会计报告条例》规定，按照编报期间的不同，企业的财务会计报告分为年度、半年度、季度和月度财务会计报告。月度、季度财务会计报告是指月度和季度终了提供的财务会计报告；半年度财务会计报告是指在每个会计年度的前 6 个月结束后对外提供的财务会计报告；年度财务会计报告是指年度终了对外提供的财务会计报告。半年度、季度和月度财务会计报告统称为中期财务会计报告。

在通常情况下，企业年度财务会计报告的会计期间是指公历每年的 1 月 1 日至12 月 31 日；半年度财务会计报告的会计期间是指公历每年的 1 月 1 日至 6 月 30 日，或者 7 月 1 日至 12 月 31 日；季度财务会计报告的会计期间是指公历每一季度；月度财务会计报告的会计期间是指公历每月 1 日至最后一日。

## 二、财务会计报告的作用

财务会计报告是适应于企业有关各方面的要求产生的，主要面对企业外部的单位，为信息使用者进行决策提供会计信息。企业编制财务会计报告主要有以下几个目的：

### （一）提供决策有用的信息

财务会计报告的主要作用是向财务会计报告使用者提供真实、公允的信息，用于落实和考核企业领导人经济责任的履行情况，并有助于包括所有者在内的财务会计报告使用者的经济决策。企业可以通过财务会计报告提供有关企业持续、稳定经营能力的信息，促使经营伙伴作出保持长期业务关系的决策。国家政府部门可以对企业财务会计报告的有关信息加以汇总分类，形成有关宏观经济的各类信息，有利于国家制定宏观经济政策，保持国民经济的健康高速发展。同时，财务会计报告可以帮助企业的管理者发现经营中存在的各种问题，激励其改善经营管理，促进企业快速、稳定、健康发展。

### （二）促进资源的合理配置

首先，企业进行生产经营要占有一定的经济资源。这些资源从根本上说来自两个方面：所有者投入的资本和向债权人借入的资本。无论是所有者还是债权人，其在作出投资决策时，都会考察企业的财务状况、获利能力以及其他相关情况，预测企业未来的发展，判断投资的风险和可以达到的报酬率并对其做出取舍。风险较高的企业必须同时提供较高的报酬率，而报酬较低的企业则要把风险降低到合理的水平；否则，企业将无法吸引到足够的资金来维持正常的生产经营从而被淘汰。其次，企业在发展扩张的过程中通常需要补充大量的资金。一个极具成长潜力的企业可以在财务会计报告中提供有关信息以吸引大量的投资者，从而达到筹建完成和迅速扩展的目的。最后，企业在进行合并决策时，可以通过分析财务会计报告，判断与合并的企业是否存在互补的优势，并预测合并后的前景好坏。总之，财务会计报告可以为已经进行投资和正在寻找投资机会的投资者提供有用的信息，从而使其资金投入可以带来更多利益，进而引导经济资源合理流动，促使资源合理配置。

## 三、财务会计报告的构成

《企业会计准则——基本准则》第四十四条规定："财务会计报告包括会计报表及其附注和其他应当在财务会计报告中披露的相关信息和资料。"企业对外提供的财务会计报告的内容、会计报表种类和格式、会计报表附注的主要内容等由企业会计准则规定，企业内部管理需要的会计报表由企业自行规定。

### （一）会计报表

会计报表是财务会计报告的主要组成部分，它是在日常会计核算资料的基础上，按规定的表格形式定期加工整理而成的，根据《企业会计准则第 30 号——财务报表列报》的规定，财务报表是对企业财务状况、经营成果和现金流量的结构性表述。企业对外提供的财务报表至少包括资产负债表、利润表、现金流量表、所有者权益（或股东权益）变动表和附表。

## （二）会计报表附注

会计报表附注是对在资产负债表、利润表、现金流量表和所有者权益变动表等报表中列示项目的文字描述或明细资料以及对未能在这些报表中列示项目的说明等。会计报表附注是财务会计报告的一个重要组成部分，它有利于增进会计信息的可理解性，提高会计信息的可比性和突出重要的会计信息。

## （三）其他财务会计报告

其他财务会计报告的编制基础与方式可以不受会计准则的约束，提供的信息十分广泛，并且提供相关信息的形式灵活多样，包括定性信息和非会计信息。根据国际惯例，其他财务会计报告的内容主要包括管理当局的分析与讨论预测报告、物价变动影响报告、社会责任报告等。

## 四、财务会计报告的编制要求

财务会计报告作为企业传递信息的基本形式，为了确保其提供的信息能够准确、真实、及时地反映企业的财务状况和经营成果，尽可能地满足企业有关各方的经济决策需要。企业在编制财务会计报告时，应当做到真实可靠、相关可比、全面完整、编报及时以及便于理解，符合国家统一会计制度的有关规定。

## （一）真实可靠

真实可靠是对企业会计信息最基本的质量要求，失去了真实性和可靠性，会计就失去其最基本的反映和监督功能。因此，企业财务会计报告必须如实地反映企业的财务状况、经营成果和现金流量情况。企业在日常的会计核算和编制会计报表的过程中，往往会涉及大量的数字计算，难免会出现一定的差错。这就要求编报人员必须根据经核实无误的账簿记录和有关资料编制财务会计报告，不能随意估计或推算数据，更不能弄虚作假、提供虚假的会计数据。

## （二）相关可比

相关可比是对财务会计报告编制的又一项基本要求。财务会计报告提供的信息必须与财务会计报告使用者决策需要的信息有关；同时，要有助于财务会计报告使用者在不同企业之间及同一企业的不同时期之间进行横向和纵向的比较分析。只有提供了相关可比的会计信息，财务会计报告使用者才可以知己知彼，既能了解企业的过去和现在，又能合理预测企业未来发展趋势，从而提高决策的效率。这就要求会计人员在编制财务会计报告时，必须严格按照统一规定填写各项指标，在会计计量和填报方法上，应保持前后会计期间的一致性。

## （三）全面完整

企业财务会计报告作为一种总括性的会计信息，应当全面地披露企业的财务状况、经营成果和现金流量情况，完整地反映企业经营活动的全貌，如此才能满足各方面对会计信息的需要。目前，我国的会计准则和会计制度对企业财务会计报告的种类、内容及填写格式、会计指标的计算方法等重要问题都有统一的规定。因此，为了按规定编制财务会计报告，会计人员不得随意漏报，对应各项具体会计指标，不管是作为基本会计报表的内容还是有关附表的内容，都必须完整地填列，特别是对企业的某些重要会计事项，应当按要求同时在会计报表和会计报表附注中分别说明，不得漏编漏报。

### （四）编报及时

现代社会瞬息万变，会计信息是否及时，已经越来越成为相关经济决策成败的关键所在。企业财务会计报告提供的会计信息具有很强的时效性，只有及时编制和报送财务会计报告，才能为使用者提供决策所需的信息资料；否则，即使是真实可靠、全面完整的信息，也可能于事无补。企业为了做到财务会计报告的及时编报，必须做到在平时认真做好会计核算工作，坚持日清月结，到期末时，有关会计人员要积极配合协调各自的工作，这样才不至于临阵磨枪，影响财务会计报告的及时编制。

### （五）便于理解

可理解性是指财务会计报告提供的信息可以为普通的使用者所理解，或者理解财务会计报告的成本处于可接受的水平。可理解性是所有信息为使用者所接受的前提，如果财务会计报告的描述晦涩难懂、模棱两可，则财务会计报告的使用者不可能或很难从中获取有助于决策的信息。这就要求会计人员在严格遵守会计制度规定的同时，尽可能地用通俗易懂、清晰的语言描述企业的财务状况和经营成果，以便让具有一般理解能力的财务会计报告的使用者充分了解和吸收会计信息。

## 第二节　资产负债表

### 一、资产负债表的概念及作用

资产负债表是反映企业某一特定时点（月末、季末、年末）全部资产、负债和所有者权益及其构成情况的报表，又称财务状况表。资产负债表是一张静态的报表。资产负债表是根据"资产＝负债+所有者权益"这一基本会计等式，依照一定的分类标准和一定的次序，把企业在一定日期的资产、负债和所有者权益项目予以适当排列，按照一定的编制要求编制而成的。通过资产负债表，投资者可以全面综合地了解企业资产、负债和所有者权益的构成情况。这有助于投资者解释、评价、预测企业的偿债能力，有助于投资者解释、评价、预测企业的财务弹性，有助于投资者解释、评价、预测企业的经营绩效。

### 二、资产负债表的结构

资产负债表的结构，一般有表首、正表两部分。其中，表首概括地说明报表名称、编制单位、报表日期、报表编号、货币名称、计量单位等。正表则列示了用以说明企业财务状况的各个项目，一般按资产、负债和所有者权益三类项目进行排列。

**(一) 资产**

按流动性不同，资产分为流动资产和非流动资产两类。

流动资产类由货币资金、交易性金融资产、应收账款、预付账款、其他应收款和存货等项目组成。

非流动资产类由债权投资、其他债权投资、长期股权投资、固定资产、无形资产和长期待摊费用等项目组成。

**(二) 负债**

按负债的流动性不同，负债分为流动负债和非流动负债两类。

流动负债类由短期借款、应付账款、预收账款、应付职工薪酬、应交税费、应付股利、其他应付款等项目组成。

非流动负债类由长期借款和应付债券等项目组成。

**(三) 所有者权益**

按所有者权益的来源不同，所有者权益由实收资本、资本公积、盈余公积和未分配利润等项目组成。

## 三、资产负债表的格式

资产负债表的格式，通常有报告式和账户式两种。报告式资产负债表是上下结构，上半部分列示资产，下半部分列示负债和所有者权益。具体排列形式又有两种：一是按"资产=负债+所有者权益"的原理排列，二是"资产-负债=所有者权益"的原理排列。其格式如表 10-1 所示。

表 10-1　资产负债表

编制单位：××公司　　　　　　　　2×21 年×月×日　　　　　　　　单位：元

| 项目 | 期末余额 | 年初余额 |
|---|---|---|
| 流动资产 | 4 751 400 | |
| 非流动资产 | 3 650 000 | |
| 资产合计 | 8 401 400 | |
| 流动负债 | 2 651 400 | |
| 非流动负债 | 600 000 | |
| 股东权益 | 5 150 000 | |
| 负债及股东权益合计 | 8 401 400 | |

账户式资产负债表是按照"T"形账户的形式设计资产负债表，采用左右结构将资产列在报表的左方（借方），负债及所有者权益列在报表的右方（贷方），左（借）右（贷）两方总额相等。其格式如表 10-2 所示。

表 10-2　资产负债表

编制单位：××公司　　　　　　　　　2×21 年×月×日　　　　　　　　　单位：元

| 资产 | 期末余额 | 年初余额 | 负债和所有者权益（股东权益） | 期末余额 | 年初余额 |
|---|---|---|---|---|---|
| 流动资产： | | （略） | 流动负债： | | （略） |
| 货币资金 | 1 406 300 | | 短期借款 | 300 000 | |
| 交易性金融资产 | 15 000 | | 交易性金融负债 | 0 | |
| 应收票据 | 246 000 | | 应付票据 | 200 000 | |
| 应收账款 | 299 100 | | 应付账款 | 953 800 | |
| 预付款项 | 100 000 | | 预收款项 | 0 | |
| 应收利息 | 0 | | 应付职工薪酬 | 110 000 | |
| 应收股利 | 0 | | 应交税费 | 36 600 | |
| 其他应收款 | 5 000 | | 应付利息 | 1 000 | |
| 存货 | 2 580 000 | | 应付股利 | 0 | |
| 一年内到期的非流动资产 | 0 | | 其他应付款 | 50 000 | |
| 其他流动资产 | 100 000 | | 一年内到期的非流动负债 | 1 000 000 | |
| 流动资产合计 | 4 751 400 | | 其他流动负债 | 0 | |
| 非流动资产： | | | 流动负债合计 | 2 651 400 | |
| 其他债权投资 | 0 | | 非流动负债： | | |
| 债权投资 | 0 | | 长期借款 | 600 000 | |
| 长期应收款 | 0 | | 应付债券 | 0 | |
| 长期股权投资 | 250 000 | | 长期应付款 | 0 | |
| 投资性房地产 | 0 | | 专项应付款 | 0 | |
| 固定资产 | 1 100 000 | | 预计负债 | 0 | |
| 在建工程 | 1 500 000 | | 递延所得税负债 | 0 | |
| 工程物资 | 0 | | 其他非流动负债 | 0 | |
| 固定资产清理 | 0 | | 非流动负债合计 | 600 000 | |
| 生产性生物资产 | 0 | | 负债合计 | 3 251 400 | |
| 油气资产 | 0 | | 所有者权益（股东权益）： | | |
| 无形资产 | 600 000 | | 实收资本（股本） | 5 000 000 | |
| 开发支出 | 0 | | 资本公积 | 0 | |
| 商誉 | 0 | | 减：库存股 | 0 | |

表10-2(续)

| 资产 | 期末余额 | 年初余额 | 负债和所有者权益<br>（股东权益） | 期末余额 | 年初余额 |
|---|---|---|---|---|---|
| 长期待摊费用 | 0 | | 盈余公积 | 100 000 | |
| 递延所得税资产 | 0 | | 未分配利润 | 50 000 | |
| 其他非流动资产 | 200 000 | | 所有者权益（股东权益）合计 | 5 150 000 | |
| 非流动资产合计 | 3 650 000 | | | | |
| 资产总计 | 8 401 400 | | 负债和所有者权益（股东权益）总计 | 8 401 400 | |

　　不管采取什么格式，资产各项目的合计等于负债和所有者权益各项目的合计这一等式都不变。在我国，资产负债表采用账户式，资产负债表左右双方平衡，即资产总计等于负债和所有者权益总计。

## 四、资产负债表的编制方法

### （一）年初余额栏的填列方法

　　资产负债表"年初余额"栏内各项数字，应根据上年年末资产负债表"期末余额"栏内所列数字填列。如果上年度资产负债表规定的各个项目的名称和内容同本年度不相一致，应对上年年末资产负债表各项目的名称和数字按照本年度的规定进行调整，填入"年初余额"栏内。

### （二）期末余额栏的填列方法

　　资产负债表"期末余额"栏内各项目数字，一般应根据资产、负债和所有者权益类科目的期末余额填列。它主要包括以下方式：

　　1. 根据总账科目余额填列

　　资产负债表中的有些项目可以直接根据有关总账科目的余额填列，如"交易性金融资产""应付票据""短期借款""应付职工薪酬"等项目；有些项目则需要根据几个总账科目的期末余额计算填列，如"货币资金"项目需要根据"库存现金""银行存款""其他货币资金"三个总账科目的余额的合计数填列。

　　2. 根据明细账科目余额计算填列

　　例如，"应付账款"项目需要根据"应付账款"和"预付账款"两个科目所属的相关明细科目的期末贷方余额计算填列；"应收账款"项目需要根据"应收账款"和"预收账款"两个科目所属的相关明细科目的期末借方余额计算填列。

　　3. 根据总账科目和明细账科目余额分析计算填列

　　例如，"长期借款"项目需要根据"长期借款"总账科目余额扣除"长期借款"科目所属的明细科目中将在一年内到期，企业不能自主地将清偿义务展期的长期借款后的金额计算填列。

4. 根据有关科目余额减去其备抵科目余额后的净额填列

例如，资产负债表中的"应收账款"项目应当根据"应收账款"科目的期末余额减去"坏账准备"科目余额后的净额填列；"固定资产"项目应当根据"固定资产"科目的期末余额减去"累计折旧""固定资产减值"备抵科目余额后的净额填列等。

5. 综合运用上述填列方法分析填列

例如，资产负债表中的"存货"项目需要根据"原材料""库存商品""委托加工物资""周转材料""材料采购""在途物资""发出商品""材料成本差异"等总账科目期末余额的分析汇总数，再减去"存货跌价准备"科目余额后的净额填列。

【例 10-1】龙盛公司 2×21 年 1 月 31 日的科目余额表如表 10-3 所示。

表 10-3　科目余额表　　　　　　　　　　　　单位：元

| 科目名称 | 借方余额 | 科目名称 | 贷方余额 |
|---|---|---|---|
| 库存现金 | 2 000 | 短期借款 | 50 000 |
| 银行存款 | 776 135 | 应付票据 | 100 000 |
| 其他货币资金 | 7 300 | 应付账款 | 953 800 |
| 交易性金融资产 | 0 | 其他应付款 | 50 000 |
| 应收票据 | 66 000 | 应付职工薪酬 | 180 000 |
| 应收账款 | 600 000 | 应交税费 | 226 731 |
| 坏账准备 | −1 800 | 应付利息 | 0 |
| 预付账款 | 100 000 | 应付股利 | 32 215.85 |
| 其他应收款 | 5 000 | 一年内到期的长期负债 | 0 |
| 材料采购 | 275 000 | 长期借款 | 1 160 000 |
| 原材料 | 45 000 | 股本 | 5 000 000 |
| 周转材料 | 38 050 | 盈余公积 | 124 770.40 |
| 库存商品 | 2 122 400 | 利润分配（未分配利润） | 190 717.75 |
| 材料成本差异 | 4 250 | | |
| 其他流动资产 | 100 000 | | |
| 长期股权投资 | 250 000 | | |
| 固定资产 | 2 401 000 | | |
| 累计折旧 | −170 000 | | |
| 固定资产减值准备 | −30 000 | | |
| 工程物资 | 300 000 | | |
| 在建工程 | 428 000 | | |
| 无形资产 | 600 000 | | |
| 累计摊销 | −60 000 | | |

表10-3(续)

| 科目名称 | 借方余额 | 科目名称 | 贷方余额 |
|---|---|---|---|
| 递延所得税资产 | 9 900 | | |
| 其他长期资产 | 200 000 | | |
| 合计 | 8 068 235 | 合计 | 8 068 235 |

根据上述资料，龙盛公司2×21年1月31日的资产负债表如表10-4所示。

**表10-4 资产负债表**

编制单位：龙盛公司　　　　　　　　2×21年1月31日　　　　　　　　单位：元

| 资产 | 期末余额 | 年初余额 | 负债和所有者权益（股东权益） | 期末余额 | 年初余额 |
|---|---|---|---|---|---|
| 流动资产： | | 略 | 流动负债： | | 略 |
| 货币资金 | 785 435 | | 短期借款 | 50 000 | |
| 交易性金融资产 | 0 | | 交易性金融负债 | 0 | |
| 应收票据 | 66 000 | | 应付票据 | 100 000 | |
| 应收账款 | 598 200 | | 应付账款 | 953 800 | |
| 预付款项 | 100 000 | | 预收款项 | 0 | |
| 应收利息 | 0 | | 应付职工薪酬 | 180 000 | |
| 应收股利 | 0 | | 应交税费 | 226 731 | |
| 其他应收款 | 5 000 | | 应付利息 | 0 | |
| 存货 | 2 484 700 | | 应付股利 | 32 215.85 | |
| 一年内到期的非流动资产 | 0 | | 其他应付款 | 50 000 | |
| 其他流动资产 | 100 000 | | 一年内到期的非流动负债 | 0 | |
| 流动资产合计 | 4 139 335 | | 其他流动负债 | 0 | |
| 非流动资产： | | | 流动负债合计 | 1 592 746.85 | |
| 其他债权投资 | 0 | | 非流动负债： | | |
| 债权投资 | 0 | | 长期借款 | 1 160 000 | |
| 长期应收款 | 0 | | 应付债券 | 0 | |
| 长期股权投资 | 250 000 | | 长期应付款 | 0 | |
| 投资性房地产 | 0 | | 专项应付款 | 0 | |
| 固定资产 | 2 201 000 | | 预计负债 | 0 | |
| 在建工程 | 428 000 | | 递延所得税负债 | 0 | |
| 工程物资 | 300 000 | | 其他非流动负债 | 0 | |

表10-4(续)

| 资产 | 期末余额 | 年初余额 | 负债和所有者权益（股东权益） | 期末余额 | 年初余额 |
|---|---|---|---|---|---|
| 固定资产清理 | 0 | | 非流动负债合计 | 1 160 000 | |
| 生产性生物资产 | 0 | | 负债合计 | 2 752 746.85 | |
| 油气资产 | 0 | | 所有者权益（股东权益）： | | |
| 无形资产 | 540 000 | | 实收资本（股本） | 5 000 000 | |
| 开发支出 | 0 | | 资本公积 | 0 | |
| 商誉 | 0 | | 减：库存股 | 0 | |
| 长期待摊费用 | 0 | | 盈余公积 | 124 770.40 | |
| 递延所得税资产 | 9 900 | | 未分配利润 | 190 717.75 | |
| 其他非流动资产 | 200 000 | | 所有者权益（股东权益）合计 | 5 315 484.15 | |
| 非流动资产合计 | 3 928 900 | | | | |
| 资产总计 | 8 068 235 | | 负债和所有者权益（股东权益）总计 | 8 068 235 | |

## 第三节　利润表

### 一、利润表的概念及作用

利润表又称损益表，是反映企业在一定会计期间经营成果的报表，主要提供有关企业经营成果方面的信息。利润表是一张动态的报表。外部使用者通过利润表可以从总体上了解企业收入、费用和净利润（亏损）的实现及构成情况，用以分析企业的盈利能力和亏损原因。外部使用者可以根据利润表提供的信息，进行各自的经济决策。内部使用者根据利润表提供的信息，可以加强和改善企业的经营管理。国家经济管理部门可以依据利润表提供的信息，对经济的运行进行宏观调控和管理。利润表提供的资料无论是对政府税收，还是对投资者处置其投资都有重要意义，并且有助于预计企业在现有资源基础上产生现金流量的能力和预计新增资源可能取得的效益。

### 二、利润表的结构

利润表一般有表首、正表两部分。其中，表首概括地说明报表名称、编制单位、报表所属期间、报表编号、货币名称、计量单位等；正表反映形成经营成果的各个项目和计算过程。利润表正表的格式一般有单步式和多步式两种。单步式是将所有收入和所有费用分别加以汇总，用收入合计减去费用合计，从而得出本期利润。由于其只有一个相减的步骤，因此称为单步式利润表。其格式如表 10-5 所示。

表 10-5　利润表

编制单位：××公司　　　　　　　　2×21 年×月　　　　　　　　单位：元

| 项目 | 本期金额 | 上期金额（略） |
|---|---|---|
| 一、收入 | | |
| 　主营业务收入 | 1 000 000 | |
| 　其他业务收入 | 85 000 | |
| 　投资收益 | 7 600 | |
| 　营业外收入 | 0 | |
| 收入合计 | 1 092 600 | |
| 二、费用 | | |
| 　主营业务成本 | 680 000 | |
| 　其他业务成本 | 0 | |
| 　税金及附加 | 35 300 | |
| 　销售费用 | 44 700 | |
| 　管理费用 | 70 000 | |
| 　财务费用 | 20 000 | |
| 　资产、信用减值损失 | 0 | |
| 　营业外支出 | 4 000 | |
| 　所得税费用 | 71 580 | |
| 费用合计 | 925 580 | |
| 三、净利润 | 167 020 | |

单步式利润表编制方式简单，收入、支出归类清楚；其缺点则是反映不出企业利润的构成内容，把企业所有的收入和费用等内容掺和在一起，不分层次和步骤，不利于报表分析。因此，单步式利润表主要适用于业务比较简单的服务咨询行业。

在我国，企业利润表采用的基本上是多步式结构，即通过对当期的收入、费用、支出项目按性质加以归类，按利润形成的主要环节列示一些中间性利润指标，分步计算当期净损益。其格式如表 10-6 所示。

利润表主要反映以下几方面的内容：第一，构成营业利润的各项要素，从营业收入出发，减去营业成本、税金及附加、销售费用、管理费用、财务费用等项目后得到营业利润。第二，构成利润总额的各项要素，在营业利润的基础上，加上营业外收入，减去营业外支出等项目后得出。第三，构成净利润的各项要素，在利润总额的基础上，减去所得税费用后得出。第四，每股收益，普通股或潜在普通股已公开交易的企业以及正处于公开发行普通股或潜在普通股过程中的企业，还应当在利润表中列示每股收益信息，包括基本每股收益和稀释每股收益两项指标。

表 10-6　利润表

编制单位：××公司　　　　　　　2×21 年×月　　　　　　　　单位：元

| 项目 | 本期金额 | 上期金额（略） |
|---|---|---|
| 一、营业收入 | 1 250 000 | |
| 减：营业成本 | 750 000 | |
| 税金及附加 | 2 000 | |
| 销售费用 | 20 000 | |
| 管理费用 | 157 100 | |
| 财务费用 | 41 500 | |
| 资产减值损失 | 30 900 | |
| 加：公允价值变动收益 | 0 | |
| 投资收益 | 31 500 | |
| 二、营业利润 | 280 000 | |
| 加：营业外收入 | 50 000 | |
| 减：营业外支出 | 19 700 | |
| 三、利润总额 | 310 300 | |
| 减：所得税费用 | 112 596 | |
| 四、净利润 | 197 704 | |
| 五、每股收益 | （略） | |
| （一）基本每股收益 | | |
| （二）稀释每股收益 | | |

## 三、利润表的编制方法

### （一）本期金额栏的填列方法

利润表"本期金额"栏内各项数字一般应根据损益类科目的发生额分析填列。

### （二）上期金额栏的填列方法

利润表"上期金额"栏内各项数字应根据上年该期利润表"本期金额"栏内所列数字填列。如果上年该期利润表规定的各个项目的名称和内容同本期不一致，企业应对上年该期利润表各项目的名称和数字按本期的规定进行调整，填入利润表"上期金额"栏内。

【例 10-2】龙盛公司 2×21 年 1 月损益类科目发生额表如表 10-7 所示。

表 10-7　损益类科目本期发生额表

2×21 年 1 月　　　　　　　　　　　　　　　　　单位：元

| 科目名称 | 借方发生额 | 贷方发生额 |
|---|---|---|
| 主营业务收入 | | 1 250 000 |
| 主营业务成本 | 750 000 | |
| 税金及附加 | 2 000 | |
| 销售费用 | 20 000 | |
| 管理费用 | 157 100 | |
| 财务费用 | 41 500 | |
| 资产减值损失 | 30 900 | |
| 投资收益 | | 31 500 |
| 营业外收入 | | 50 000 |
| 营业外支出 | 19 700 | |
| 所得税费用 | 112 596 | |

根据上述资料，龙盛公司 2×21 年 1 月的利润表如表 10-8 所示。

表 10-8　利润表

编制单位：龙盛公司　　　　　　　　2×21 年 1 月　　　　　　　　　　单位：元

| 项目 | 本期金额 | 上期金额（略） |
|---|---|---|
| 一、营业收入 | 1 250 000 | |
| 减：营业成本 | 750 000 | |
| 税金及附加 | 2 000 | |
| 销售费用 | 20 000 | |
| 管理费用 | 157 100 | |
| 财务费用 | 41 500 | |
| 资产减值损失 | 30 900 | |
| 加：公允价值变动收益 | 0 | |
| 投资收益 | 31 500 | |
| 二、营业利润 | 280 000 | |
| 加：营业外收入 | 50 000 | |
| 减：营业外支出 | 19 700 | |
| 三、利润总额 | 310 300 | |
| 减：所得税费用 | 112 596 | |
| 四、净利润 | 197 704 | |

表10-8（续）

| 项目 | 本期金额 | 上期金额（略） |
|---|---|---|
| 五、每股收益 | （略） | |
| （一）基本每股收益 | | |
| （二）稀释每股收益 | | |

# 第四节　现金流量表

## 一、现金流量表的概念及作用

现金流量表是反映企业在一定会计期间现金流入与流出情况的报表。这里现金的概念是指现金及现金等价物。其中，现金是指企业库存现金以及可以随时用于支付的存款，包括库存现金、银行存款和其他货币资金；现金等价物是指企业持有的期限短、流动性强、易于转换为已知金额现金、价值风险变动很小的投资，如国库券等。现金流量表是一张年度报表，也是一张动态报表。

现金流量表主要提供一个会计主体某一特定报告期的现金流入和现金流出的信息。现金流量表提供了该会计个体经营活动、投资活动和筹资活动所引起的现金流量以及揭示了不直接影响现金的投资、筹资活动。对于报表使用者来说，现金流量表主要有以下几个方面的作用：

（1）评价该企业在将来产生现金净流入量的能力。

（2）评价该企业偿还债务、支付股利的能力以及对外筹资的能力。

（3）分析本期净利润与经营活动现金流量差异的原因。

（4）分析报告期内与现金有关和无关的投资及筹资活动。

## 二、现金流量表的结构及内容

现金流量表分为两部分：第一部分为表首，第二部分为正表。表首概括地说明报表名称、编制单位、报表所属年度、报表编号、货币名称、计量单位等。正表反映现金流量表的各项目内容。其根据企业业务活动的性质和现金流量的来源，分为经营活动产生的现金流量、投资活动产生的现金流量、筹资活动产生的现金流量、汇率变动对现金及现金等价物的影响、现金及现金等价物净增加额。其中，经营活动产生的现金流量是按直接法编制的。现金流量表的具体格式如表10-9所示。

表10-9　现金流量表

编制单位：××公司　　　　　　　　　2×21年　　　　　　　　　单位：元

| 项目 | 本期金额 | 上期金额 |
|---|---|---|
| 一、经营活动产生的现金流量 | | 略 |

表10-9（续）

| 项目 | 本期金额 | 上期金额 |
|---|---|---|
| 销售商品、提供劳务收到的现金 | 1 312 500 | |
| 收到的税费返还 | 0 | |
| 收到其他与经营活动有关的现金 | 0 | |
| 经营活动现金流入小计 | 1 312 500 | |
| 购买商品、接受劳务支付的现金 | 392 266 | |
| 支付给职工以及为职工支付的现金 | 300 000 | |
| 支付的各项税费 | 204 399 | |
| 支付其他与经营活动有关的现金 | 80 000 | |
| 经营活动现金流出小计 | 976 665 | |
| 经营活动产生的现金流量净额 | 335 835 | |
| 二、投资活动产生的现金流量 | | |
| 收回投资收到的现金 | 16 500 | |
| 取得投资收益收到的现金 | 30 000 | |
| 处置固定资产、无形资产和其他长期资产收回的现金净额 | 300 300 | |
| 处置子公司及其他营业单位收到的现金净额 | 0 | |
| 收到其他与投资活动有关的现金 | 0 | |
| 投资活动现金流入小计 | 346 800 | |
| 购建固定资产、无形资产和其他长期资产支付的现金 | 601 000 | |
| 投资支付的现金 | 0 | |
| 取得子公司及其他营业单位支付的现金净额 | 0 | |
| 支付其他与投资活动有关的现金 | 0 | |
| 投资活动现金流出小计 | 601 000 | |
| 投资活动产生的现金流量净额 | −254 200 | |
| 三、筹资活动产生的现金流量 | | |
| 吸收投资收到的现金 | 0 | |
| 取得借款收到的现金 | 560 000 | |
| 收到其他与筹资活动有关的现金 | 0 | |
| 筹资活动现金流入小计 | 560 000 | |
| 偿还债务支付的现金 | 1 250 000 | |
| 分配股利、利润或偿付利息支付的现金 | 12 500 | |
| 支付其他与筹资活动有关的现金 | 0 | |

表10-9（续）

| 项目 | 本期金额 | 上期金额 |
|---|---|---|
| 筹资活动现金流出小计 | 1 262 500 | |
| 筹资活动产生的现金流量净额 | −702 500 | |
| 四、汇率变动对现金及现金等价物的影响 | 0 | |
| 五、现金及现金等价物净增加额 | −620 865 | |
| 加：期初现金及现金等价物余额 | 1 406 300 | |
| 六、期末现金及现金等价物余额 | 785 435 | |

## （一）经营活动产生的现金流量

经营活动是指企业投资活动和筹资活动以外的所有交易和事项。经营活动的现金流量包括经营活动流入的现金和经营活动流出的现金。

1. 经营活动流入的现金

（1）销售商品、提供劳务收到的现金。

（2）收到的税费返还。

（3）收到其他与经营活动有关的现金。

2. 经营活动流出的现金

（1）购买商品、接受劳务支付的现金。

（2）支付给职工以及为职工支付的现金。

（3）支付的各项税费。

（4）支付其他与经营活动有关的现金。

## （二）投资活动产生的现金流量

投资活动是指企业长期资产的购建和不包括在现金等价物范围内的投资及其处置活动。

1. 投资活动流入的现金

（1）收回投资收到的现金。

（2）取得投资收益收到的现金。

（3）处置固定资产、无形资产和其他长期资产收回的现金净额。

（4）处置子公司及其他营业单位收到的现金净额。

（5）收到其他与投资活动有关的现金。

2. 投资活动流出的现金

（1）购建固定资产、无形资产和其他长期资产支付的现金。

（2）投资支付的现金。

（3）取得子公司及其他营业单位支付的现金净额。

（4）支付其他与投资活动有关的现金。

### （三）筹资活动产生的现金流量

筹资活动是指导致企业资本及债务规模和构成发生变化的活动。这里所说的资本，既包括实收资本（股本），也包括资本溢价（股本溢价）；这里所说的债务，是指对外举债，包括向银行借款、发行债券以及偿还债务等。在通常情况下，应付账款、应付票据等商业应付款等属于经营活动，不属于筹资活动。

1. 筹资活动流入的现金

（1）吸收投资收到的现金。

（2）取得借款收到的现金。

（3）收到其他与筹资活动有关的现金。

2. 筹资活动流出的现金

（1）偿还债务支付的现金。

（2）分配股利、利润或偿付利息支付的现金。

（3）支付其他与筹资活动有关的现金。

## 三、现金流量表的编制方法

### （一）直接法和间接法

对于特定的会计期间来说，企业的利润与经营活动的现金流量并不一致。企业要确认经营活动的现金流量，就必须将按权责发生制确认的利润转换为按收付实现制确认的利润。这种转化有两种不同的方式：直接法和间接法。

1. 直接法

直接法是通过现金收入和现金支出的重要类别反映来自企业经营活动的现金流量。采用直接法反映企业经营活动的现金流量时，一般以利润表中的营业收入为起点，计算与经营活动有关的项目的增减变动，之后计算出经营活动的现金流量。

2. 间接法

企业采用间接法编制现金流量表时，应以本期利润（亏损）为起点，调整不涉及现金的收入与费用和营业外收支以及与经营活动有关的流动资产和流动负债的增减变化，从而得到经营活动的现金流量。

采用直接法编制的现金流量表，便于分析企业经营活动产生的现金流量的来源和用途，预测企业现金流量的未来前景；采用间接法编制的现金流量表，便于将净利润与经营活动产生的现金流量净额进行比较，了解净利润与经营活动产生的现金流量差异的原因，从现金流量的角度分析净利润的质量。因此，我国企业会计准则规定企业应当采用直接法编制现金流量表；同时要求在附注中提供以净利润为基础调节到经营活动现金流量的信息。

### （二）工作底稿法和 T 形账户法

在具体编制现金流量表时，企业可以采用工作底稿法或"T"形账户法，也可以根据有关科目记录分析填列。

1. 工作底稿法

采用工作底稿法编制现金流量表，是以工作底稿为手段，以资产负债表和利润表数据为基础，对每一项目进行分析并编制调整分录，从而编制现金流量表。工作底稿法的程序是：

第一步，会计人员将资产负债表的期初数和期末数过入工作底稿的期初数栏和期末数栏。

第二步，会计人员对当期业务进行分析并编制调整分录。编制调整分录时，企业要以利润表项目为基础，从"营业收入"开始，结合资产负债表项目逐一进行分析。在调整分录中，有关现金和现金等价物的事项，会计人员并不直接借记或贷记"库存现金"账户，而是分别记入"经营活动产生的现金流量""投资活动产生的现金流量""筹资活动产生的现金流量"有关项目，借记表示现金流入，贷记表示现金流出。

第三步，会计人员将调整分录过入工作底稿中的相应部分。

第四步，会计人员核对调整分录，借方、贷方合计数均已经相等，资产负债表项目期初数加减调整分录中的借贷金额以后，也等于期末数。

第五步，会计人员根据工作底稿中的现金流量表项目部分编制正式的现金流量表。

2. T形账户法

采用"T"形账户法编制现金流量表，是以"T"形账户为手段，以资产负债表和利润表数据为基础，对每一项目进行分析并编制调整分录，从而编制现金流量表。"T"形账户法的程序如下：

第一步，会计人员为所有的非现金项目（资产负债表项目和利润表项目）分别开设"T"形账户，并将各自的期末期初变动数过入该账户。如果项目的期末数大于期初数，会计人员将差额过入和项目余额相同的方向；反之，过入相反的方向。

第二步，会计人员开设一个大的"现金及现金等价物""T"形账户，每边分为经营活动、投资活动和筹资活动三个部分，左边记现金流入，右边记现金流出。与其他账户一样，会计人员过入期末期初变动数。

第三步，会计人员以利润表项目为基础，结合资产负债表分析每一个非现金项目的增减变动，并据此编制调整分录。

第四步，会计人员将调整分录过入各"T"形账户，并进行核对。该账户借贷相抵后的余额与原先过入的期末期初变动数应当一致。

第五步，会计人员根据大的"现金及现金等价物""T"形账户编制正式的现金流量表。

3. 分析填列法

分析填列法是直接根据资产负债表、利润表和有关会计科目明细账的记录，分析计算出现金流量表各项目的金额，并据以编制现金流量表的一种方法。

## 四、现金流量表的编制举例

【例10-3】沿用【例10-1】和【例10-2】的资料，龙盛公司其他相关资料如下：

（1）2×21 年 1 月利润表有关项目的明细资料如下：

①管理费用的组成：职工薪酬 17 100 元，无形资产摊销 60 000 元，折旧费 20 000 元，支付其他费用 60 000 元。

②财务费用的组成：计提借款利息 11 500 元，支付应收票据（银行承兑汇票）贴现利息 30 000 元。

③资产减值损失的组成：计提坏账准备 900 元，计提固定资产减值准备 30 000 元。上年年末坏账准备余额为 900 元。

④投资收益的组成：收到股息收入 30 000 元，与本金一起收回的交易性股票投资收益 500 元，自公允价值变动损益结转投资收益 1 000 元。

⑤营业外收入的组成：处置固定资产净收益 50 000 元（其所处置固定资产原价为 400 000 元，累计折旧为 150 000 元，收到处置收入 300 000 元）。假定不考虑与固定资产处置有关的税费。

⑥营业外支出的组成：报废固定资产净损失 19 700 元（其所报废固定资产原价为 200 000 元，累计折旧为 180 000 元，支付清理费用 500 元，收到残值收入 800 元）。

⑦所得税费用组成：当期所得税费用为 122 496 元，递延所得税收益为 9 900 元。

除上述项目外，利润表中的销售费用 20 000 元至期末已经支付。

（2）资产负债表有关项目的明细资料如下：

①本期收回交易性股票投资本金 15 000 元、公允价值变动 1 000 元，同时实现投资收益 500 元。

②存货中生产成本、制造费用的组成：职工薪酬 324 900 元，折旧费 80 000 元。

③应交税费的组成：本期增值税进项税额 42 466 元，增值税销项税额 212 500 元，已交增值税 100 000 元；应交所得税期末余额 20 097 元，应交所得税期初余额为 0；应交税费期末数中应由在建工程负担的部分为 100 000 元。

④应付职工薪酬的期初数无应付在建工程人员的部分，本期支付在建工程人员职工薪酬 200 000 元。应付职工薪酬的期末数中应付在建工程人员的部分为 28 000 元。

⑤应付利息均为短期借款利息，其中本期计提利息 11 500 元，支付利息 12 500 元。

⑥本期用现金购买固定资产 101 000 元，购买工程物资 300 000 元。

⑦本期用现金偿还短期借款 250 000 元，偿还一年内到期的长期借款 1 000 000 元，借入长期借款 560 000 元。

根据上述资料，采用分析填列的方法，龙盛公司 2×21 年 1 月的现金流量表如表 10-10 所示。

表 10-10　现金流量表

编制单位：龙盛公司　　　　　　　　　2×21 年 1 月　　　　　　　　　单位：元

| 项目 | 本期金额 | 上期金额 |
|---|---|---|
| 一、经营活动产生的现金流量 | | 略 |
| 销售商品、提供劳务收到的现金 | 1 312 500 | |
| 收到的税费返还 | 0 | |

表10-10(续)

| 项目 | 本期金额 | 上期金额 |
|---|---|---|
| 收到其他与经营活动有关的现金 | 0 | |
| 经营活动现金流入小计 | 1 312 500 | |
| 购买商品、接受劳务支付的现金 | 392 266 | |
| 支付给职工以及为职工支付的现金 | 300 000 | |
| 支付的各项税费 | 204 399 | |
| 支付其他与经营活动有关的现金 | 80 000 | |
| 经营活动现金流出小计 | 976 665 | |
| 经营活动产生的现金流量净额 | 335 835 | |
| 二、投资活动产生的现金流量 | | |
| 收回投资收到的现金 | 16 500 | |
| 取得投资收益收到的现金 | 30 000 | |
| 处置固定资产、无形资产和其他长期资产收回的现金净额 | 300 300 | |
| 处置子公司及其他营业单位收到的现金净额 | 0 | |
| 收到其他与投资活动有关的现金 | 0 | |
| 投资活动现金流入小计 | 346 800 | |
| 购建固定资产、无形资产和其他长期资产支付的现金 | 601 000 | |
| 投资支付的现金 | 0 | |
| 取得子公司及其他营业单位支付的现金净额 | 0 | |
| 支付其他与投资活动有关的现金 | 0 | |
| 投资活动现金流出小计 | 601 000 | |
| 投资活动产生的现金流量净额 | −254 200 | |
| 三、筹资活动产生的现金流量 | | |
| 吸收投资收到的现金 | 0 | |
| 取得借款收到的现金 | 560 000 | |
| 收到其他与筹资活动有关的现金 | 0 | |
| 筹资活动现金流入小计 | 560 000 | |
| 偿还债务支付的现金 | 1 250 000 | |
| 分配股利、利润或偿付利息支付的现金 | 12 500 | |
| 支付其他与筹资活动有关的现金 | 0 | |
| 筹资活动现金流出小计 | 1 262 500 | |
| 筹资活动产生的现金流量净额 | −702 500 | |

表10-10(续)

| 项目 | 本期金额 | 上期金额 |
|---|---|---|
| 四、汇率变动对现金及现金等价物的影响 | 0 | |
| 五、现金及现金等价物净增加额 | −620 865 | |
| 加：期初现金及现金等价物余额 | 1 406 300 | |
| 六、期末现金及现金等价物余额 | 785 435 | |

# 第五节 所有者权益（股东权益）变动表

## 一、所有者权益（股东权益）变动表的内容

所有者权益（股东权益）变动表是指反映构成所有者权益（股东权益）各组成部分当期增减变动情况的报表。所有者权益（股东权益）变动表应当全面反映一定时期所有者权益（股东权益）变动的情况，不仅包括所有者权益（股东权益）总量的增减变动，还包括所有者权益（股东权益）增减变动的重要结构性信息，特别是要反映直接计入所有者权益的利得和损失，让报表使用者准确理解所有者权益（股东权益）增减变动的根源。

在所有者权益（股东权益）变动表中，企业至少应当单独列示反映下列信息的项目：第一，净利润；第二，直接计入所有者权益（股东权益）的利得和损失项目及其总额；第三，会计政策变更和差错更正的累积影响金额；第四，所有者投入资本和向所有者分配利润等；第五，提取的盈余公积；第六，实收资本或股本、资本公积、盈余公积、未分配利润的期初和期末余额及其调节情况。

## 二、所有者权益（股东权益）变动表的结构

为了清楚地表明构成所有者权益（股东权益）的各个组成部分当期的增减变动情况，所有者权益（股东权益）变动表应当以矩阵的形式列示：一方面，列示导致所有者权益（股东权益）变动的交易或事项，改变了以往仅仅按照所有者权益（股东权益）的各组成部分反映所有者权益（股东权益）变动情况，而是从所有者权益（股东权益）变动的来源对一定时期所有者权益（股东权益）变动情况进行全面反映；另一方面，按照所有者权益（股东权益）各组成部分（包括实收资本、资本公积、盈余公积、未分配利润和库存股）及其总额列示交易或事项对所有者权益（股东权益）的影响。此外，企业还需要提供比较所有者权益（股东权益）变动表。所有者权益（股东权益）变动表还就各项目再分为"本年金额"和"上年金额"两栏分别填列。所有者权益（股东权益）变动表的具体格式及填列方法在后续课程中会详细讲述。

# 第六节 会计报表附注

## 一、会计报表附注的意义

会计报表附注是对资产负债表、利润表、现金流量表和所有者权益（股东权益）变动表等报表中列示项目文字描述或说明资料以及未能在这些报表中列示项目的说明等。会计报表附注是财务报表的重要组成部分。

## 二、会计报表附注的内容

会计报表附注应当按照如下顺序披露有关内容：

### （一）企业的基本情况

（1）企业注册地、组织形式和总部地址。

（2）企业的业务性质和主要经营活动。

（3）母公司以及集团最终母公司的名称。

（4）财务会计报告的批准报出者和财务会计报告的批准报出日。

### （二）财务报表的编制基础

会计报表附注应披露财务报表的编制基础。

### （三）遵循企业会计准则的声明

企业应当明确说明编制的财务报表符合企业会计准则的要求，真实、公允地反映企业的财务状况、经营成果和现金流量等有关信息，以此明确企业编制财务报表所依据的编制基础。如果企业编制的财务报表只是部分地遵循了企业会计准则，会计报表附注中不得作出这种表述。

### （四）重要会计政策和会计估计

企业应当披露采用的重要会计政策和会计估计，不重要的会计政策和会计估计可以不披露。重要会计政策包括财务报表项目的计量基础和会计政策的确定依据等。重要会计估计包括下一个会计期间内很可能导致资产、负债账面价值重大调整的会计估计的确定依据等。

### （五）会计政策和会计估计变更以及差错更正的说明

企业应当按照《企业会计准则第28号——会计政策、会计估计变更和差错更正》及其应用指南的规定，披露会计政策和会计估计变更以及差错更正的有关情况。

### （六）重要报表项目的说明

企业应当以文字和数字描述相结合，尽可能以列表形式披露重要报表项目的构成或当期增减变动情况，并与报表项目相互参照。在披露顺序上，企业一般应当按照资产负债表、利润表、现金流量表、所有者权益（股东权益）变动表的顺序及其报表项目列示的顺序。

（七）其他需要说明的重要事项

这主要包括承诺事项、资产负债表日后非调整事项、关联方关系及其交易等。

## 【课程思政——会计的社会责任】

会计报表作为财务会计报告的重要组成部分，其编制和披露涉及企业的财务状况、经营成果和现金流量等信息，进而反映出企业的社会责任和道德风险。

某药业企业的会计造假事件是中国资本市场近年来的一件重大事件。2018 年年底，中国证监会在日常监管中发现，某药业企业的财务会计报告的真实性存疑，涉嫌虚假陈述等违法违规行为，随即展开立案调查。2018 年 4 月 29 日，该药业企业公告披露，因核算账户资金时存在错误，2017 年度报告中货币资金多计金额 299.44 亿元，该药业企业期末的货币资金从调整前的 341.5 亿元，减少至 42 亿元。该药业企业披露其 2017 年度财报后，被证实存在严重的会计造假行为，如虚增收入、隐瞒关联交易等。

还有一些企业在编制年度财务会计报告时，对减值准备和存货折旧等项目存在虚假披露行为，导致会计报表中的利润和资产负债表中的资产水平被过分夸大。这种行为不仅影响了投资者和债权人的判断，也违背了企业的社会责任和道德准则。

会计从业人员应当认识到，会计造假是一种极端的不道德行为，不仅损害了投资者的利益，也会影响到整个行业的声誉和形象。某药业企业的会计造假事件对会计从业人员、企业和监管部门都提出了更高的要求。只有保持诚信、坚守职业道德，才能为投资者提供可靠的财务信息。因此，会计从业人员要加强职业道德和风险意识的培养，将保持财务会计报告真实性、合法性和可靠性作为职业道德的核心内容。同时，会计从业人员对虚假披露行为要进行批判性思考，并分析可能产生的风险和后果，进而增强对财务会计报告真实性和透明度的重视。

## 【本章小结】

会计报表是企业对反映在各种账簿中的会计事项的资料，进行汇总整理成的一个完整的报告体系，用以反映其资产、负债和所有者权益情况及一定期间的经营成果和现金流动情况的信息。会计报表主要包括资产负债表、利润表和现金流量表。

资产负债表是反映企业某一特定日期全部资产、负债和所有者权益及其构成情况的报表，是一张静态的报表。资产负债表的格式，使用较多的是账户式。其基本结构是左方反映资产情况，右方反映负债及所有者权益情况。它的编制根据总分类账户的期末余额填列，有的可以直接填列，有的则需要整理、汇总、计算后填列。

利润表是反映企业在某一时期内经营成果的报表，是一张动态的报表。利润表的格式一般采用多步式，其基本结构分为四段。它的编制根据收入、费用类账户的净发生额和其他有关资料填列。

现金流量表是反映企业在一定会计期间现金流入与流出情况的报表，它也是一张动态报表。现金流量表的基本内容分为三部分：经营活动的现金流量、投资活动的现金流量和筹资活动的现金流量。它的编制根据资产负债表、利润表及其他有关账簿分析、汇总后填列。

## 【本章习题】

### 一、单项选择题

1. 年度财务会计报告应当于年度终了后（　　）内对外提供。

    A. 1 个月          B. 2 个月          C. 3 个月          D. 4 个月

2. （　　）是反映企业在某一特定日期财务状况的报表。

    A. 资产负债表                 B. 利润表

    C. 现金流量表                 D. 财务状况变动表

3. 资产负债表中资产的排列顺序是（　　）。

    A. 项目重要性                 B. 项目流动性

    C. 项目收益性                 D. 项目时间性

4. 我国企业的资产负债表采用（　　）结构。

    A. 账户式       B. 报告式          C. 单步式          D. 多步式

5. 在资产负债表项目中，其金额是根据某个总分类账户余额直接填列的是（　　）。

    A. 货币资金      B. 应收账款       C. 短期借款       D. 应付账款

6. 我国企业利润表的格式为（　　）。

    A. 账户式       B. 报告式          C. 单步式          D. 多步式

7. 静态报表是（　　）。

    A. 资产负债表                 B. 利润表

    C. 现金流量表                 D. 所有者权益变动表

8. 利润表的主要项目不包括（　　）。

    A. 营业利润      B. 利润总额       C. 流动资产       D. 净利润

9. 在资产负债表项目中，必须根据总账科目和明细账科目两者的余额分析计算填列的是（　　）。

    A. 短期借款      B. 长期借款       C. 应收账款       D. 应付账款

10. （　　）不属于企业的会计报表附注应披露的内容。

    A. 重要会计政策和会计估计          B. 或有事项

    C. 报表所有项目的说明              D. 关联方关系及其交易

## 二、多项选择题

1. 企业中期财务会计报告包括（    ）。
   A. 月度财务会计报告
   B. 半年度财务会计报告
   C. 季度财务会计报告
   D. 年度财务会计报告

2. 资产负债表的"货币资金"项目应根据（    ）科目的期末余额合计填列。
   A. "库存现金"
   B. "银行存款"
   C. "其他货币资金"
   D. "交易性金融资产"

3. 资产负债表的"应付账款"项目应根据（    ）科目所属各明细科目的期末借方余额合计填列。
   A. "应收账款"    B. "预付账款"    C. "应付账款"    D. "预收账款"

4. 资产负债表的"存货"项目应根据（    ）科目的期末余额合计填列。
   A. "材料采购"    B. "原材料"    C. "固定资产"    D. "生产成本"

5. 资产负债表的"未分配利润"项目应根据（    ）科目的余额计算填列。
   A. "实收资本"    B. "盈余公积"    C. "本年利润"    D. "利润分配"

6. 在营业利润的基础上，加或减（    ）得出利润总额。
   A. 营业外收入
   B. 管理费用
   C. 营业外支出
   D. 投资收益

7. （    ）属于现金流量表的现金范畴。
   A. 企业的库存现金
   B. 不能随时支取的定期存款
   C. 提前通知金融企业便可支取的定期存款
   D. 可在证券市场上流通的从购买日起3个月内到期的短期债券投资

8. （    ）属于企业的会计报表附注应披露的内容。
   A. 重要会计政策和会计估计
   B. 或有事项
   C. 资产负债表日后事项
   D. 关联方关系及其交易

9. 现金流量表的内容主要包括（    ）。
   A. 经营活动现金流量
   B. 管理活动现金流量
   C. 投资活动现金流量
   D. 筹资活动现金流量

10. 资产负债表可以提供进行财务分析的基本资料，据以判断企业的（    ），从而有助于会计报表的使用者作出经济决策。
   A. 变现能力
   B. 偿债能力
   C. 资金的周转能力
   D. 盈利能力

## 三、判断题

1. 企业的财务会计报告指的就是企业会计报表。（    ）
2. 一套完整的会计报表至少应当包括资产负债表、利润表、现金流量表、所有者权益变动表以及报表附注。（    ）

3. 企业为了及时编报财务会计报告，可以提前结账。　　　　　（　　）

4. 为了满足不同使用者的需要，企业可以向有关各方提供编制基础、编制依据、编制原则和方法不同的财务会计报告。　　　　　　　　　　　（　　）

5. 资产负债表属于静态会计报表。　　　　　　　　　　　　　　（　　）

6. 利润表属于静态会计报表。　　　　　　　　　　　　　　　　（　　）

7. 资产负债表的"货币资金"项目应根据"库存现金"科目的期末余额直接填列。
　　　　　　　　　　　　　　　　　　　　　　　　　　　　　　（　　）

8. 资产负债表的"应收账款"项目应根据"应收账款"科目的期末余额直接填列。
　　　　　　　　　　　　　　　　　　　　　　　　　　　　　　（　　）

9. 现金流量表反映的现金指的就是企业的库存现金。　　　　　　（　　）

10. 企业购建固定资产属于现金流量表上反映的经营活动。　　　　（　　）

## 四、简答题

1. 什么是财务会计报告？编制财务会计报告的目的是什么？

2. 编制财务会计报告有哪些基本要求？

3. 什么是资产负债表？资产负债表的结构是怎样的？

4. 资产负债表各项目的数据的取得方法有哪些？试举例说明。

5. 什么是利润表？怎样编制利润表？

6. 什么是现金流量表？现金流量表的目的和作用是什么？

7. 何谓现金及现金等价物？试解释之。

8. 如果你已经掌握了某公司所有会计科目的年末余额，能否编制出该公司的资产负债表？能否编制出该公司的利润表和现金流量表？

## 五、业务题

习题一

[资料] 中兴公司 2×21 年 12 月 31 日的科目余额表如表 10-11 所示。

表 10-11　科目余额表　　　　　　　　　　　　　　　　单位：元

| 科目名称 | 借方余额 | 贷方余额 | 科目名称 | 借方余额 | 贷方余额 |
| --- | --- | --- | --- | --- | --- |
| 库存现金 | 60 000 | | 短期借款 | | 300 000 |
| 银行存款 | 405 000 | | 应付票据 | | 75 000 |
| 其他货币资金 | 165 000 | | 应付账款 | 15 000 | 157 500 |
| 交易性金融资产 | 75 000 | | 预收账款 | | 15 000 |
| 应收票据 | 75 000 | | 其他应付款 | | 7 500 |
| 应收账款 | 900 000 | | 应付职工薪酬 | | 67 500 |
| 坏账准备 | | 45 000 | 应交税费 | | 60 000 |
| 预付账款 | 22 500 | 15 000 | 应付利息 | | 30 000 |

表10-11（续）

| 科目名称 | 借方余额 | 贷方余额 | 科目名称 | 借方余额 | 贷方余额 |
|---|---|---|---|---|---|
| 其他应收款 | 22 500 | | 应付股利 | | 105 000 |
| 材料采购 | 90 000 | | 长期借款 | | 727 500 |
| 原材料 | 675 000 | | 其中1年内到期 | | 7 500 |
| 周转材料 | 150 000 | | 应付债券 | | 450 000 |
| 库存商品 | 277 500 | | 长期应付款 | | 75 000 |
| 材料成本差异 | 7 500 | | 实收资本 | | 1 500 000 |
| 长期股权投资 | 750 000 | | 资本公积 | | 150 000 |
| 固定资产 | 1 650 000 | | 盈余公积 | | 750 000 |
| 累计折旧 | | 60 000 | 利润分配 | | 1 080 000 |
| 工程物资 | 105 000 | | | | |
| 在建工程 | 120 000 | | | | |
| 无形资产 | 105 000 | | | | |

［要求］根据上述资料编制中兴公司2×21年12月31日的资产负债表。

习题二

［资料］中兴公司2×21年12月损益类科目发生额表如表10-12所示（所得税税率为25%）。

表10-12　损益类科目本期发生额表　　　　　单位：元

| 科目名称 | 借方发生额 | 贷方发生额 |
|---|---|---|
| 主营业务收入 | | 1 350 000 |
| 主营业务成本 | 750 000 | |
| 税金及附加 | 67 500 | |
| 销售费用 | 30 000 | |
| 管理费用 | 127 500 | |
| 财务费用 | 30 000 | |
| 其他业务收入 | | 45 000 |
| 其他业务成本 | 15 000 | |
| 投资收益 | | 22 500 |
| 营业外收入 | | 52 500 |
| 营业外支出 | 27 000 | |

［要求］根据上述资料编制中兴公司2×21年12月的利润表。

# 本章参考文献

［1］中华人民共和国财政部. 企业会计准则：2021 年版 ［M］. 上海：立信会计出版社，2021.

［2］中华人民共和国财政部. 企业会计准则应用指南：2021 年版 ［M］. 上海：立信会计出版社，2021.

［3］陈国辉，迟旭升. 基础会计 ［M］. 7 版. 大连：东北财经大学出版社，2021.

［4］朱小平，周华，秦玉熙. 初级会计学 ［M］. 10 版. 北京：中国人民大学出版社，2019.

本章习题参考答案

# 第十一章  账务处理程序

## 【学习目标】

本章阐述了会计核算方法的综合应用问题，目的是使初学者加深对所学会计核算方法的认识，提高综合运用会计核算方法的能力。通过对本章的学习，学生应在熟悉专用记账凭证有关知识内容的基础上，熟练掌握专用记账凭证的编制方法、科目汇总表和汇总记账凭证的编制方法。

本章重点：记账凭证账务处理程序、科目汇总表账务处理程序。

本章难点：汇总记账凭证账务处理程序。

## 【关键概念】

会计核算组织程序 会计循环  记账凭证账务处理程序  科目汇总表账务处理程序 汇总记账凭证账务处理程序

## 【引导案例】

怎样快速反映一个企业最基本、最核心的财务状况？

表 11-1 是龙盛公司某月总分类账各账户余额表。

表 11-1  龙盛公司某月总分类账各账户余额表

| 账户名称 | 借方余额 | 账户名称 | 贷方余额 |
|---|---|---|---|
| 库存现金 | 400 | 累计折旧 | 8 500 |
| 银行存款 | 21 000 | 短期借款 | 25 000 |
| 原材料 | 45 000 | 应付账款 | 8 200 |
| 库存商品 | 83 000 | 应交税费 | 900 |
| 生产成本 | 1 200 | 应付利息 | 800 |
| 应收账款 | 1 600 | 长期借款 | 70 000 |
| 其他应收款 | 1 200 | 实收资本 | 120 000 |
| 固定资产 | 104 300 | 利润分配 | 18 000 |
| 本年利润 | 6 300 | | |
| 合计 | 257 700 | 合计 | 257 700 |

案例思考题：

（1）怎样才能从原始凭证到记账凭证、从记账凭证到各种分类账和日记账，并最终整理出以上资料，为编制报表奠定基础？思考这些工作的组织过程。

（2）怎样将以上资料整理成报表，提供给需要了解这个企业财务状况和经营成果的人？

（3）企业如何把账簿数据和报表中的数据建立起一种计算关系？

# 第一节　账务处理程序概述

任何一个单位在进行会计核算时，都要填制和审核会计凭证、登记账簿和编制会计报表。为了使会计工作有条不紊地进行，保证正确、及时、完整地提供管理上所需要的信息，企业就必须将各种凭证、账簿、会计报表科学地加以组织，构成一个有机的整体，形成合适的账务处理程序。

## 一、账务处理程序的概念

账务处理程序又称会计核算形式或会计核算组织程序，是指在会计循环中，会计凭证、会计账簿和会计报表相结合的方式，即从填制、审核会计凭证开始，到登记账簿并据以编制会计报表为止的处理程序。它包括凭证与账簿的种类、格式和各种账簿之间的关系以及账簿与会计凭证之间的关系。它是记账和生成会计数据与信息的步骤和方法。

不同的会计凭证、会计账簿、会计报表的结合方式，就会形成不同的账务处理程序，不同的账务处理程序又有不同的特点和适用范围，各单位应根据所处行业的性质、生产经营活动的特点、经营规模的大小、经济业务的繁简程度，科学合理地选择适用于本单位的账务处理程序。这对有效组织会计核算具有重要的意义。

### （一）它有利于会计工作程序的规范化

企业通过选择科学、合理的账务处理程序，确定会计凭证、会计账簿与会计报表之间的联系方式、处理顺序，保证会计信息记录、加工过程的完整性和严密性，提高会计信息质量。

### （二）它有利于会计工作的分工协调，强化会计人员的岗位责任制

企业通过账务处理程序明确会计工作、会计人员的分工协调，提高账务处理的效率，强化会计人员的岗位责任制。

### （三）它有利于提高会计信息的真实性和可靠性

企业通过账务处理程序确定的会计凭证、会计账簿与会计报表之间的勾稽关系和牵制作用，增强会计信息的真实性和可靠性。

### （四）它有利于减少不必要的会计核算环节

企业通过井然有序的账务处理程序，可以减少不必要的会计核算环节和手续，避免繁琐的重复劳动，节约人力、物力，提高会计核算工作效率。

（五）它有利于发挥会计监督职能

企业通过账务处理程序确定的会计分工与协调，可以发现错误，明确责任，充分发挥会计的监督职能。

## 二、账务处理程序的种类

目前，常用的账务处理程序主要如下：

第一，记账凭证账务处理程序。

第二，科目汇总表账务处理程序。

第三，汇总记账凭证账务处理程序。

上述三种账务处理程序有许多相同之处，如都有根据原始凭证编制记账凭证，根据原始凭证、记账凭证登记日记账和明细分类账，根据账簿记录编制会计报表等。但是，三种账务处理程序之间存在根本的区别，那就是登记总分类账的依据和程序不同。

## 三、组织账务处理程序的基本要求

各单位在决定采用何种账务处理程序时，要从本单位的具体情况出发，选择适合自身特点的账务处理程序。选用的基本要求如下：

第一，账务处理程序要与本单位的经济性质、经营规模、业务繁简和管理要求相适应，便于分工协作。

第二，账务处理程序要能正确、及时、完整地提供会计核算资料，满足企业内部和外部各有关方面对会计信息的需要。

第三，账务处理程序要在保证会计核算质量的前提下，力求简化核算手续，节约人力、物力，提高工作效率。

# 第二节　记账凭证账务处理程序

## 一、记账凭证账务处理程序的特点

记账凭证账务处理程序是指对发生的经济业务都要根据原始凭证或原始凭证汇总表编制记账凭证，之后根据记账凭证逐笔登记总账的一种账务处理程序。它是基本的账务处理程序。其他各种账务处理程序都是在此基础上演变而成的。记账凭证账务处理程序的主要特点就是直接根据各种记账凭证逐笔登记总账。

## 二、记账凭证处理程序下凭证和账簿的设置

### （一）记账凭证

记账凭证可以采用通用记账凭证格式，也可以分设收款凭证、付款凭证、转账凭证三种格式。

（二）会计账簿

会计账簿需要设置日记账（现金日记账和银行存款日记账）、总分类账、明细分类账。

（1）日记账：现金日记账、银行存款日记账均采用三栏式账簿。

（2）分类账：总分类账采用三栏式账簿，明细分类账可以根据需要采用三栏式、数量金额式或多栏式账簿。

## 三、记账凭证账务处理程序

第一，会计人员根据原始凭证编制汇总原始凭证。

第二，会计人员根据原始凭证、汇总原始凭证编制记账凭证。

第三，会计人员根据收款凭证、付款凭证逐笔登记现金日记账和银行存款日记账。

第四，会计人员根据原始凭证、汇总原始凭证和记账凭证，登记各种明细分类账。

第五，会计人员根据各种记账凭证登记总分类账。

第六，期末，现金日记账、银行存款日记账和明细分类账的余额与有关总分类账的余额核对相符。

第七，期末，会计人员根据总分类账和明细分类账的记录编制会计报表。

记账凭证账务处理程序图如图 11-1 所示。

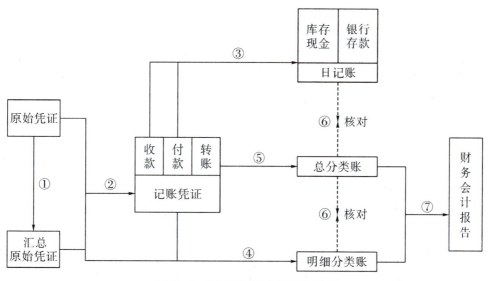

图 11-1　记账凭证账务处理程序图

## 四、记账凭证账务处理程序的优缺点及适用范围

（一）优点

（1）记账凭证上能够清晰地反映账户之间的对应关系。

（2）总账比较详细地反映经济业务的发生情况。

（3）总账登记方法简单，易于掌握。

## （二）缺点

（1）总账登记工作量过大。

（2）账页耗用多，预留账页多少难以把握。

## （三）适用范围

记账凭证账务处理程序适用于规模较小、经济业务量小、凭证不多的会计主体。

## 五、记账凭证账务处理程序举例

## （一）资料

（1）龙盛公司2×21年8月初各类总账账户余额如表11-2所示。

表 11-2　总账账户余额表　　　　　单位：元

| 账户名称 | 借方余额 | 账户名称 | 贷方余额 |
|---|---|---|---|
| 库存现金 | 400 | 累计折旧 | 8 500 |
| 银行存款 | 21 000 | 短期借款 | 25 000 |
| 原材料 | 45 000 | 应付账款 | 8 200 |
| 库存商品 | 83 000 | 应交税费 | 900 |
| 生产成本 | 1 200 | 应付利息 | 800 |
| 应收账款 | 1 600 | 长期借款 | 70 000 |
| 其他应收款 | 1 200 | 实收资本 | 120 000 |
| 固定资产 | 104 300 | 利润分配 | 18 000 |
| 本年利润 | 6 300 | | |
| 合计 | 257 700 | 合计 | 257 700 |

（2）8月初"原材料"明细账余额如下：

甲材料　　600千克　每千克4元　金额2 400元

乙材料　1 300千克　每千克2元　金额2 600元

（3）龙盛公司8月发生下列经济业务：

①1日龙盛公司购入甲材料2 000千克，每千克4元；乙材料3 000千克，每千克2元；增值税额为1 820元，货款以存款支付。

②2日，上述甲、乙材料到达验收入库，龙盛公司按实际采购成本入账。

③4日，龙盛公司生产A产品领用甲材料1 000千克，每千克4元；乙材料1 500千克，每千克2元。

④6日，龙盛公司向上海工厂销售A产品500件，每件售价300元，货款150 000元，增值税额为19 500元，货款已收到并存入银行。

⑤9日，龙盛公司以存款支付A产品广告费200元。

⑥ 10 日，龙盛公司从银行提取现金 20 000 元，准备发放本月工资。

⑦ 11 日，龙盛公司以现金 20 000 元发放本月职工工资。

⑧ 31 日，龙盛公司分配本月应付职工薪酬 20 000 元，其中 A 产品生产工人工资 10 000 元，车间管理人员工资 6 000 元，厂部管理人员工资 4 000 元。

⑨ 31 日，龙盛公司提取本月固定资产折旧费 3 000 元，其中生产车间固定资产折旧 2 000 元，行政管理部门固定资产折旧 1 000 元。

⑩ 31 日，龙盛公司预提本月短期银行借款利息 500 元。

⑪ 31 日，龙盛公司结转本月应负担的制造费用。

⑫ 31 日，本月 A 产品全部完工，结转完工产品成本。

⑬ 31 日，龙盛公司结转已售产品成本（单位成本 93 元）。

⑭ 31 日，龙盛公司结转本月损益类账户至"本年利润"账户。

## （二）根据资料按时间顺序填制简化记账凭证

记账凭证如表 11-3 所示。

表 11-3 记账凭证　　　　　单位：元

| 2×21 年 月 | 日 | 凭证号码 | 摘要 | 一级科目 | 明细科目 | 借方金额 | 贷方金额 |
|---|---|---|---|---|---|---|---|
| 12 | 1 | 银付1 | 购材料付款 | 在途物资 | 甲材料 | 8 000 | |
| | | | | 在途物资 | 乙材料 | 6 000 | |
| | | | | 应交税费 | 应交增值税（进） | 1 820 | |
| | | | | 银行存款 | | | 15 820 |
| 12 | 2 | 转1 | 材料验收入库 | 原材料 | 甲材料 | 8 000 | |
| | | | | 原材料 | 乙材料 | 6 000 | |
| | | | | 在途物资 | 甲材料 | | 8 000 |
| | | | | 在途物资 | 乙材料 | | 6 000 |
| 12 | 4 | 转2 | 生产产品领用材料 | 生产成本 | A 产品 | 7 000 | |
| | | | | 原材料 | 甲材料 | | 4 000 |
| | | | | 原材料 | 乙材料 | | 3 000 |
| 12 | 6 | 银收1 | 销售产品 款项收存银行 | 银行存款 | | 169 500 | |
| | | | | 主营业务收入 | A 产品 | | 150 000 |
| | | | | 应交税费 | 应交增值税（销） | | 19 500 |

表11-3(续)

| 2×21年 | | 凭证号码 | 摘要 | 一级科目 | 明细科目 | 借方金额 | 贷方金额 |
|---|---|---|---|---|---|---|---|
| 月 | 日 | | | | | | |
| 12 | 9 | 银付2 | 支付广告费 | 销售费用 | 广告费 | 200 | |
| | | | | 银行存款 | | | 200 |
| 12 | 10 | 银付3 | 提现 | 库存现金 | | 20 000 | |
| | | | | 银行存款 | | | 20 000 |
| 12 | 11 | 现付1 | 发放职工工资 | 应付职工薪酬 | | 20 000 | |
| | | | | 库存现金 | | | 20 000 |
| 12 | 31 | 转3 | 分配本月职工工资 | 生产成本 | A产品 | 10 000 | |
| | | | | 制造费用 | 工资 | 6 000 | |
| | | | | 管理费用 | 工资 | 4 000 | |
| | | | | 应付职工薪酬 | | | 20 000 |
| 12 | 31 | 转4 | 提取固定资产折旧费 | 制造费用 | 折旧费 | 2 000 | |
| | | | | 管理费用 | 折旧费 | 1 000 | |
| | | | | 累计折旧 | | | 3 000 |
| 12 | 31 | 转5 | 预提短期银行借款利息 | 财务费用 | 利息 | 500 | |
| | | | | 应付利息 | | | 500 |
| 12 | 31 | 转6 | 结转制造费用 | 生产成本 | A产品 | 8 000 | |
| | | | | 制造费用 | | | 8 000 |
| 12 | 31 | 转7 | 结转完工产品成本 | 库存商品 | A产品 | 26 200 | |
| | | | | 生产成本 | A产品 | | 26 200 |
| 12 | 31 | 转8 | 结转已售产品成本 | 主营业务成本 | A产品 | 93 000 | |
| | | | | 库存商品 | A产品 | | 93 000 |
| 12 | 31 | 转9 | 结转收入类账户 | 主营业务收入 | A产品 | 150 000 | |
| | | | | 本年利润 | | | 150 000 |
| 12 | 31 | 转10 | 结转费用类账户 | 本年利润 | | 98 700 | |
| | | | | 主营业务成本 | A产品 | | 93 000 |
| | | | | 管理费用 | | | 5 000 |

表11-3(续)

| 2×21年 | | 凭证号码 | 摘要 | 一级科目 | 明细科目 | 借方金额 | 贷方金额 |
| 月 | 日 | | | | | | |
| | | | | 销售费用 | | | 200 |
| | | | | 财务费用 | | | 500 |
| 12 | 31 | 转11 | 计算本期应交所得税 | 所得税费用 | | 12 825 | |
| | | | | 应交税费 | 应交所得税 | | 12 825 |
| 12 | 31 | 转12 | 结转本期所得税费用 | 本年利润 | | 12 825 | |
| | | | | 所得税费用 | | | 12 825 |
| 12 | 31 | 转13 | 本年净利润 | 本年利润 | | 44 775 | |
| | | | | 利润分配 | 未分配利润 | | 44 775 |
| 12 | 31 | 转14 | 提取法定盈余公积 | 利润分配 | 提取盈余公积 | 4 477.5 | |
| | | | | 盈余公积 | 法定盈余公积 | | 4 477.5 |
| 12 | 31 | 转15 | 向投资者分配利润 | 利润分配 | 应付股利 | 5 000 | |
| | | | | 应付股利 | | | 5 000 |
| 12 | 31 | 转16 | 转销利润分配明细科目余额 | 利润分配 | 未分配利润 | 9 477.50 | |
| | | | | 利润分配 | 提取盈余公积 | | 4 477.5 |
| | | | | 利润分配 | 应付股利 | | 5 000 |

## （三）根据收款凭证、付款凭证逐笔登记日记账

银行存款日记账如表11-4所示。

表11-4　银行存款日记账　　　　　　　　　单位：元

| 2×21年 | | 凭证号码 | 摘要 | 一级科目 | 明细科目 | 借方金额 | 贷方金额 |
| 月 | 日 | | | | | | |
| 12 | 1 | | 期初余额 | | | | 21 000 |
| | 1 | 银付1号 | 购材料付款 | 在途物资 | | 14 000 | 7 000 |
| | | | | 应交税费 | | 1 820 | 5 180 |
| | 6 | 银收1号 | 销售产品收款 | 主营业务收入 | | 150 000 | 155 180 |
| | | | | 应交税费 | | 19 500 | 174 680 |
| | 9 | 银付2号 | 支付广告费 | 销售费用 | | 200 | 174 480 |

表11-4（续）

| 2×21年 | | 凭证号码 | 摘要 | 一级科目 | 明细科目 | 借方金额 | 贷方金额 |
|---|---|---|---|---|---|---|---|
| 月 | 日 | | | | | | |
| | 10 | 银付3号 | 提现 | 库存现金 | | 20 000 | 154 480 |
| | | | 本月合计 | | 169 500 | 36 020 | 154 480 |

（四）登记各种明细分类账

原材料明细账如表11-5所示。

表11-5　原材料明细账

类别：甲材料　　　　　　　　　　　　　　　　　　　　　　　　单位：元

| 2×21年 | | 凭证号码 | 摘要 | 收入 | | | 发出 | | | 结存 | | |
|---|---|---|---|---|---|---|---|---|---|---|---|---|
| 月 | 日 | | | 数量 | 单价 | 金额 | 数量 | 单价 | 金额 | 数量 | 单价 | 金额 |
| 12 | 1 | | 期初余额 | | | | | | | 6 000 | 4 | 24 000 |
| | 2 | 转1 | 材料入库 | 2 000 | 4 | 8 000 | | | | 8 000 | 4 | 32 000 |
| | 4 | 转2 | 生产领用 | | | | | 4 | 4 000 | 7 000 | 4 | 28 000 |
| | | | 本月合计 | 2 000 | | 8 000 | 1 000 | | 4 000 | 7 000 | 4 | 28 000 |

（五）根据记账凭证登记总分类账

生产成本总账、银行存款总账分别如表11-6、表11-7所示。

表11-6　生产成本总账　　　　　　　　　单位：元

| 2×21年 | | 凭证号码 | 摘要 | 借方 | 贷方 | 借或贷 | 余额 |
|---|---|---|---|---|---|---|---|
| 月 | 日 | | | | | | |
| 12 | 1 | | 期初余额 | | | 借 | 1 200 |
| | 4 | 转2 | 生产产品领用材料 | 7 000 | | 借 | 8 200 |
| | 31 | 转3 | 分配本月职工工资 | 10 000 | | 借 | 18 200 |
| | 31 | 转5 | 结转制造费用 | 8 000 | | 借 | 26 200 |
| | 31 | 转7 | 结转完工产品成本 | | 26200 | 平 | 0 |
| | | | 本月合计 | 25 000 | 26 200 | 平 | 0 |

表11-7　银行存款总账　　　　　　　　　单位：元

| 2×21年 | | 凭证号码 | 摘要 | 借方 | 贷方 | 借或贷 | 余额 |
|---|---|---|---|---|---|---|---|
| 月 | 日 | | | | | | |
| 12 | 1 | | 期初余额 | | | 借 | 21 000 |
| | 1 | 银付1号 | 购材料付款 | | 15 820 | 借 | 5 180 |

表11-7(续)

| 2×21年 | | 凭证号码 | 摘要 | 借方 | 贷方 | 借或贷 | 余额 |
|---|---|---|---|---|---|---|---|
| 月 | 日 | | | | | | |
| | 6 | 银收1号 | 销售产品收款 | 169 500 | | 借 | 174 680 |
| | 9 | 银付2号 | 支付广告费 | | 200 | 借 | 174 480 |
| | 10 | 银付3号 | 提现 | | 20 000 | 借 | 154 480 |
| | | | 本月合计 | 169 500 | 36 020 | 借 | 154 480 |

(六) 将日记账和明细分类账的余额与有关总分类账的余额核对

(略)

(七) 编制试算平衡表

试算平衡表如表11-8所示。

表 11-8 试算平衡表                                          单位：元

| 账户名称 | 期初余额 | | 本期发生额 | | 期末余额 | |
|---|---|---|---|---|---|---|
| | 借方 | 贷方 | 借方 | 贷方 | 借方 | 贷方 |
| 库存现金 | 400 | | 20 000 | 20 000 | 400 | |
| 银行存款 | 21 000 | | 169 500 | 36 020 | 154 480 | |
| 在途物资 | | | 14 000 | 14 000 | 0 | |
| 原材料 | 45 000 | | 14 000 | 7 000 | 52 000 | |
| 库存商品 | 83 000 | | 26 200 | 93 000 | 16 200 | |
| 生产成本 | 1 200 | | 25 000 | 26 200 | 0 | |
| 制造费用 | | | 8 000 | 8 000 | | |
| 应收账款 | 1 600 | | | | 1 600 | |
| 其他应收款 | 1 200 | | | | 1 200 | |
| 固定资产 | 104 300 | | | | 104 300 | |
| 利润分配 | | 18 000 | 18 955 | 54 252.5 | | 53 297.5 |
| 累计折旧 | | 8 500 | | 3 000 | | 11 500 |
| 短期借款 | | 25 000 | | | | 25 000 |
| 应付账款 | | 8 200 | | | | 8 200 |
| 应交税费 | | 900 | 1 820 | 32 325 | | 31 405 |
| 应付利息 | | 800 | | 500 | | 1 300 |
| 长期借款 | | 70 000 | | | | 70 000 |
| 本年利润 | | 6 300 | 156 300 | 150 000 | | 0 |

表11-8(续)

| 账户名称 | 期初余额 | | 本期发生额 | | 期末余额 | |
|---|---|---|---|---|---|---|
| | 借方 | 贷方 | 借方 | 贷方 | 借方 | 贷方 |
| 实收资本 | | 120 000 | | | | 120 000 |
| 应付职工薪酬 | | | 20 000 | 20 000 | | 0 |
| 盈余公积 | | | | 4 477.5 | | 4 477.5 |
| 应付股利 | | | | 5 000 | | 5 000 |
| 主营业务收入 | | | 150 000 | 150 000 | | |
| 主营业务成本 | | | 93 000 | 93 000 | | |
| 管理费用 | | | 5 000 | 5 000 | | |
| 销售费用 | | | 200 | 200 | | |
| 财务费用 | | | 500 | 500 | | |
| 所得税费用 | | | 12 825 | 12 825 | | |
| 合计 | 257 700 | 257 700 | 735 300 | 735 300 | 330 180 | 330 180 |

（八）编制会计报表

（略）

# 第三节　科目汇总表账务处理程序

## 一、科目汇总表账务处理程序的特点

科目汇总表账务处理程序又称记账凭证汇总表账务处理程序，是对发生的经济业务，根据原始凭证或原始凭证汇总表编制记账凭证，之后根据记账凭证定期编制科目汇总表，再根据科目汇总表登记总账的一种账务处理程序。科目汇总表账务处理程序的特点是根据科目汇总表登记总账。

## 二、科目汇总表处理程序下凭证和账簿的设置

科目汇总表账务处理程序与记账凭证账务处理程序相同，一般应设置记账凭证和会计账簿。

### （一）记账凭证

记账凭证可以采用通用记账凭证格式，也可以分设收款凭证、付款凭证、转账凭证三种格式。

### （二）会计账簿

会计账簿需要设置日记账、总分类账、明细分类账。

（1）日记账：库存现金日记账、银行存款日记账均采用三栏式账簿。

（2）分类账：总分类账采用三栏式账簿，明细分类账可以根据需要采用三栏式、数量金额式或多栏式账簿。

同时，企业还应设置科目汇总表。

## 三、科目汇总表账务处理程序

第一，会计人员根据原始凭证编制汇总原始凭证。

第二，会计人员根据原始凭证、汇总原始凭证编制记账凭证。

第三，会计人员根据收款凭证、付款凭证逐笔登记现金日记账和银行存款日记账。

第四，会计人员根据原始凭证、汇总原始凭证和记账凭证，登记各种明细分类账。

第五，会计人员根据各种记账凭证编制科目汇总表。

第六，会计人员根据科目汇总表登记总分类账。

第七，期末，现金日记账、银行存款日记账和明细分类账的余额与有关总分类账的余额核对相符。

第八，期末，根据总分类账和明细分类账的记录编制会计报表。

科目汇总表账务处理程序程序图如图 11-2 所示。

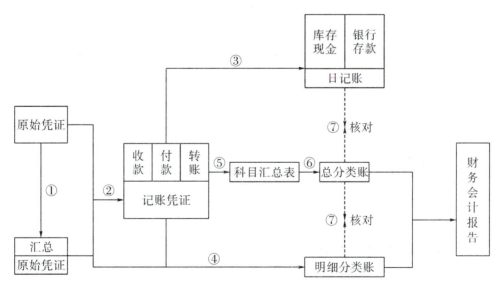

图 11-2　科目汇总表账务处理程序图

## 四、科目汇总表的编制方法

定期编制科目汇总表是组织科目汇总表账务处理程序的关键。科目汇总表是根据一定时期内（10 天、15 天或一个月）的全部记账凭证，按科目名称分类，定期汇总出每一个科目的本期借方发生额合计和贷方发生额合计，将其编入科目汇总表的同一总账科目栏内，所编制的科目汇总表内的全部账户借方发生额合计数必须与全部账户贷方发生额合计数相等。具体编制方法如下：

第一，会计人员将一定时期内（10天、15天或一个月）的全部记账凭证，按相同科目归类汇总（可借助于"T"形账户作为工作底稿）。

第二，会计人员计算出每一个科目的借方本期发生额和贷方本期发生额。

第三，会计人员将计算结果填入科目汇总表相应科目的"本期发生额"栏内。

科目汇总表的格式如表11-9所示。

表11-9  科目汇总表

年　月　日至　　年　月　日

凭证起讫号数：自　　号起至　　号　编号：　　　　　　　　　　　　单位：元

| 会计科目 | 借方发生额 | 贷方发生额 |
| --- | --- | --- |
|  |  |  |
|  |  |  |
|  |  |  |
|  |  |  |
|  |  |  |
|  |  |  |
|  |  |  |
|  |  |  |

## 五、科目汇总表账务处理程序的优缺点及适应范围

### （一）优点

（1）根据科目汇总表登记总账，大大减少了登记总账的工作量。

（2）编制科目汇总表可以进行试算平衡，减少错账的发生，保证了记账工作的质量。

### （二）缺点

（1）不能反映各科目之间的对应关系。

（2）不便于对经济业务进行分析和检查。

### （三）适用范围

科目汇总表账务处理程序适用于规模较大，经济业务较多的单位都可采用，是目前最为流行的账务处理程序。

## 六、科目汇总表账务处理程序举例

资料同本章第二节例题。

第一，按时间顺序填制记账凭证如表 11-3 所示。

第二，根据收款凭证、付款凭证逐笔登记日记账。银行存款日记账如表 11-4 所示。

第三，登记各种明细分类账。原材料明细账如表 11-5 所示。

第四，根据记账凭证编制科目汇总表（见表 11-10）。

### 表 11-10 科目汇总表

2×21 年 12 月 1 日至 2×21 年 12 月 31 日

银收 1 号

银付 1 号起至 3 号

现付 1 号

转账 1 号起至 16 号

单位：元

| 会计科目 | 本期发生额 | 本期发生额 |
|---|---|---|
| | 借方 | 贷方 |
| 库存现金 | 20 000 | 20 000 |
| 银行存款 | 169 500 | 36 020 |
| 在途物资 | 14 000 | 14 000 |
| 原材料 | 14 000 | 7 000 |
| 库存商品 | 26 200 | 93 000 |
| 生产成本 | 25 000 | 26 200 |
| 制造费用 | 8 000 | 8 000 |
| 累计折旧 | | 3 000 |
| 应付职工薪酬 | 20 000 | 20 000 |
| 应交税费 | 1 820 | 32 325 |
| 应付利息 | | 500 |
| 应付利润 | | 5 000 |
| 本年利润 | 156 300 | 150 000 |
| 盈余公积 | | 4 477.5 |
| 利润分配 | 18 955 | 54 252.5 |
| 主营业务收入 | 150 000 | 150 000 |
| 主营业务成本 | 93 000 | 93 000 |
| 管理费用 | 5 000 | 5 000 |
| 销售费用 | 200 | 200 |
| 财务费用 | 500 | 500 |
| 所得税费用 | 12 825 | 12 825 |
| 合计 | 735 300 | 735 300 |

第五，根据科目汇总表登记总账。生产成本总账、银行存款总账分别如表 11-11、表 11-12 所示。

表 11-11　生产成本总账　　　　　　　单位：元

| 2×21年 | | 凭证号码 | 摘要 | 借方 | 贷方 | 借或贷 | 余额 |
|---|---|---|---|---|---|---|---|
| 月 | 日 | | | | | | |
| 12 | 1 | | 期初余额 | | | 借 | 1 200 |
| | 31 | 科汇 | 汇总 1-31 日凭证 | 25 000 | 26 200 | 平 | 0 |
| | | | 本月合计 | 25 000 | 26 200 | 平 | 0 |

表 11-12　银行存款总账　　　　　　　单位：元

| 2×21年 | | 凭证号码 | 摘要 | 借方 | 贷方 | 借或贷 | 余额 |
|---|---|---|---|---|---|---|---|
| 月 | 日 | | | | | | |
| 8 | 1 | | 期初余额 | | | 借 | 21 000 |
| | 31 | 科汇 | 汇总 1-31 日凭证 | 175 500 | 36 580 | 借 | 159 920 |
| | | | 本月合计 | 175 500 | 36 580 | 借 | 159 920 |

第六，将日记账和明细分类账的余额与有关总分类账的余额核对（略）。

第七，编制余额试算平衡表如表 11-13 所示。

表 11-13　余额试算平衡表

2×21 年 12 月 31 日　　　　　　　单位：元

| 账户名称 | 期末余额 | |
|---|---|---|
| | 借方 | 贷方 |
| 库存现金 | 400 | |
| 银行存款 | 154 480 | |
| 应收账款 | 1 600 | |
| 其他应收款 | 1 200 | |
| 原材料 | 52 000 | |
| 库存商品 | 16 200 | |
| 固定资产 | 104 300 | |
| 累计折旧 | | 11 500 |
| 短期借款 | | 25 000 |
| 应付账款 | | 8 200 |
| 应交税费 | | 31 405 |
| 应付利息 | | 1 300 |
| 应付利润 | | 5 000 |
| 长期借款 | | 70 000 |

表11-13(续)

| 账户名称 | 期末余额 | |
|---|---|---|
| | 借方 | 贷方 |
| 利润分配 | | 53 297.5 |
| 实收资本 | | 120 000 |
| 盈余公积 | | 4 477.5 |
| 合计 | 330 180 | 330 180 |

第八，编制会计报表。

# 第四节　汇总记账凭证账务处理程序

## 一、汇总记账凭证账务处理程序的特点

汇总记账凭证账务处理程序是指对发生的经济业务，根据原始凭证或原始凭证汇总表编制记账凭证，之后根据记账凭证定期编制汇总记账凭证，再根据汇总记账凭证登记总账的一种账务处理程序。汇总记账凭证账务处理程序的特点是根据汇总记账凭证登记总账。

## 二、汇总记账凭证账务处理程序下凭证和账簿设置

这种账务处理程序对会计凭证、会计账簿的要求，与记账凭证账务处理程序基本相同。

第一，记账凭证：必须设置收款凭证、付款凭证、转账凭证，同时还须设置汇总收款凭证、汇总付款凭证、汇总转账凭证（不能使用通用记账凭证）。在各种汇总凭证中都要反映账户的对应关系。在这种核算程序下，总账应增设"对方科目"栏，以便于清晰地反映科目之间的对应关系。

第二，其他账簿的设置与记账凭证账务处理程序相同。

## 三、汇总记账凭证账务处理程序

第一，会计人员根据原始凭证编制汇总原始凭证。

第二，会计人员根据原始凭证、汇总原始凭证编制收款凭证、付款凭证、转账凭证。

第三，会计人员根据收款凭证、付款凭证逐笔登记现金日记账和银行存款日记账。

第四，会计人员根据原始凭证、汇总原始凭证和记账凭证，登记各种明细分类账。

第五，会计人员根据收款凭证、付款凭证、转账凭证分别编制汇总收款凭证、汇总付款凭证、汇总转账凭证。

第六，会计人员根据各种汇总记账凭证登记总分类账。

第七，期末，现金日记账、银行存款日记账和明细分类账的余额与有关总分类账的余额核对相符。

第八，期末，根据总分类账和明细分类账的记录编制会计报表。

汇总记账凭证账务处理程序图如图11-3所示。

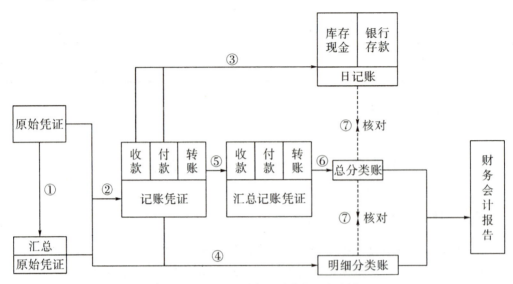

图11-3　汇总记账凭证账务处理程序图

### 四、汇总记账凭证的编制方法

为了便于汇总，企业应分别设置汇总收款凭证、汇总付款凭证、汇总转账凭证。

#### (一) 汇总收款凭证

汇总收款凭证按照"库存现金""银行存款"科目的借方设置，按其对应的贷方科目分设专行，定期（一般为5天或10天）按照科目的对应关系汇总填列一次，每月填制一张，月终计算出合计数，据以登记总账。

#### (二) 汇总付款凭证

汇总付款凭证按照"库存现金""银行存款"科目的贷方设置，按其对应的借方科目分设专行，定期（一般为5天或10天）按照科目的对应关系汇总填列一次，每月填制一张，月终计算出合计数，据以登记总账。

#### (三) 汇总转账凭证

汇总转账凭证按照每一贷方科目分别设置，并根据转账凭证按借方科目归类，定期（一般为5天或10天）汇总填列一次，每月填制一张，月终计算出合计数，据以登记总账。

为了便于编制汇总转账凭证，企业在编制转账凭证时，应注意一借一贷或多借一贷，应避免出现多贷的情况。

## 五、汇总记账凭证处理程序的优缺点及适用范围

### （一）优点

（1）汇总记账凭证上能够清晰地反映账户之间的对应关系，便于查账和用账。

（2）汇总记账凭证大大减少了登记总账的工作量。

### （二）缺点

（1）定期编制汇总记账凭证的工作量较大，不利于会计工作的合理分工。

（2）汇总记账凭证处理程序对汇总过程中可能存在的错误不易发现。

### （三）适用范围

汇总记账凭证处理程序适用于规模较大、经济业务较多、记账凭证较多的会计主体。

## 六、汇总记账凭证处理程序举例

资料同第二节例题。

第一，按时间顺序填制记账凭证，如表11-3所示。

第二，根据收款凭证、付款凭证逐笔登记日记账。银行存款日记账如表11-3所示。

第三，登记各种明细分类账。原材料明细账如表11-5所示。

第四，根据记账凭证编制汇总记账凭证。银行存款汇总收款凭证、银行存款汇总付款凭证、生产成本汇总转账凭证分别如表11-14、表11-15、表11-16所示。其余从略。

表11-14　汇总收款凭证

借方账户：银行存款　　　　　　　　　　2×21年12月　　　　　　　　　　单位：元

| 贷方账户 | 金额 | | | | 总账页数 | |
|---|---|---|---|---|---|---|
| | 2—10日收款凭证 | 11—20日收款凭证 | 21—31日收款凭证 | 合计 | 借方 | 贷方 |
| 主营业务收入 | 150 000 | | | 150 000 | （略） | （略） |
| 应交税费 | 19 500 | | | 19 500 | | |
| 合计 | 169 500 | | | 169 500 | | |

表11-15　汇总付款凭证

贷方账户：银行存款　　　　　　　　　　　2×21年12月　　　　　　　　　　　单位：元

| 借方账户 | 金额 | | | | 总账页数 | |
|---|---|---|---|---|---|---|
| | 1—10日付款凭证 | 11—20日付款凭证 | 21—31日付款凭证 | 合计 | 借方 | 贷方 |
| 在途物资 | 14 000 | | | 14 000 | （略） | （略） |
| 应交税费 | 1 820 | | | 1 820 | | |
| 销售费用 | 200 | | | 200 | | |
| 库存现金 | | 20 000 | | 20 000 | | |
| 合计 | 16 020 | 20 000 | | 36 020 | | |

表11-16　汇总转账凭证

贷方账户：生产成本　　　　　　　　　　　2×21年12月　　　　　　　　　　　单位：元

| 借方账户 | 金额 | | | | 总账页数 | |
|---|---|---|---|---|---|---|
| | 1—10日转账凭证 | 11—20日转账凭证 | 21—31日转账凭证 | 合计 | 借方 | 贷方 |
| 库存商品 | | | 26 200 | 26 200 | （略） | （略） |
| | | | | | | |
| 合计 | | | 26 200 | 26 200 | | |

第五，根据各种汇总记账凭证登记总分类账。

第六，将总分类账与日记账和明细分类账核对。

第七，根据总分类账和明细分类账编制会计报表。

## 【课程思政——树立规则意识】

无规矩，不成方圆。规范化的账务处理程序可以保障会计工作有条不紊地进行，保证会计信息加工过程的严密性，提高会计信息质量。因此，牢固树立规则意识，严格遵守账务处理程序，是每一位会计从业人员必备的基本职业素养。同时，会计从业人员还应遵循分工和合作的原则，做到责任明确、互相监督，这对提高会计工作效率具有重要意义。

各会计主体根据经济活动的特点、规模、业务复杂程度以及会计机构和会计人员设置等相关因素，可以选择与本单位具体条件相适应的会计核算组织程序。科目汇总表账务处理程序具有账务处理程序清楚、能够进行账户发生额的试算平衡、减少总分类账登记工作量等优点，因此会计实务中，不论规模大还是规模小的会计主体都可以采用科目汇总表账务处理程序。

在设计科目汇总表账务处理程序时，企业需要充分考虑自身的直接利益和对社会的影响，实现经济效益与社会效益的平衡。科目汇总表账务处理程序需要融合责任意识和创新精神，不断探索新的会计核算方法和技术手段，提高财务数据处理和管理的精准度与效率。

在科目汇总表账务处理程序中，企业需要秉承诚信经营理念，坚持真实、准确、全面、及时的财务信息披露原则，加强内部控制和风险管理，提高企业的整体管理水平和运营效率。同时，企业需要注重企业文化建设和员工素质提高，通过开展各种培训活动、激励机制和人才引进计划等，提高员工的职业素养和综合素质，增加企业的人力资源储备和竞争优势。

企业会计核算能否高效率、高质量，在一定程度上取决于企业能否基于本单位具体情况来选择会计核算组织程序，并对凭证和账簿组织作出恰当取舍。

# 【本章小结】

会计核算组织程序又称会计核算形式或财务处理程序，是指会计凭证、会计账簿、会计报表相结合的方式。它包括会计凭证和账簿的种类、格式、会计凭证与账簿之间的联系方法，由原始凭证到编制记账凭证、登记明细分类账和总分类账、编制会计报表的工作程序和方法。科学合理地选择适用本单位的账务处理程序，对有效地组织会计核算具有重要意义。常用的会计核算组织程序有记账凭证核算组织程序、科目汇总表核算组织程序、汇总记账凭证核算组织程序和多栏式日记账核算组织程序四种形式。各种会计核算组织程序在填制记账凭证、登记现金日记账和银行存款日记账及各种明细分类账这些环节的依据和方法上是基本相同的，主要区别在于登记总分类账的依据和方法。本章分别对常用的四种会计核算组织程序的概念、方法步骤、特点、优缺点以及适用范围做了详细的介绍。

# 【本章习题】

## 一、单项选择题

1. 直接根据记账凭证逐笔登记总分类账称为（　　）账务处理程序。
   A. 日记总账　　　　　　　　　　　B. 记账凭证
   C. 汇总记账凭证　　　　　　　　　D. 科目汇总表

2. 在汇总记账凭证账务处理程序下登记总分类账的依据是（　　）。
   A. 汇总原始凭证　　　　　　　　　B. 汇总记账凭证
   C. 记账凭证　　　　　　　　　　　D. 原始凭证

3. 各种账务处理程序的区别主要在于（　　）。
   A. 填制记账凭证的依据不同　　　　B. 登记明细账的依据和方法不同
   C. 登记总分类账的依据和方法不同　D. 编制会计报表的依据和方法不同

4. 在科目汇总表账务处理程序下登记总分类账的依据是（　　）。

    A. 记账凭证　　　　　　　　　　　B. 科目汇总表

    C. 汇总记账凭证　　　　　　　　　D. 原始凭证

5. 记账凭证账务处理程序适用于（　　）企业。

    A. 大型　　　　　　　　　　　　　B. 中型

    C. 规模较小且业务量较少　　　　　D. 规模较大且业务量较多

6. 在汇总记账凭证账务处理程序下，对平时所编制的转账凭证上的科目对应关系应保持（　　）。

    A. 一借二贷　　　　　　　　　　　B. 一借多贷

    C. 多借多贷　　　　　　　　　　　D. 一借一贷或多借一贷

7. 汇总记账凭证账务处理程序的主要缺点是（　　）。

    A. 登记总账的工作量较大　　　　　B. 编制汇总记账凭证的工作量较大

    C. 不利于分析经济业务的来龙去脉　D. 不能反映各科目之间对应关系

8. 汇总记账凭证账务处理程序与科目汇总表账务处理程序的相同点是（　　）。

    A. 记账凭证的汇总方法相同　　　　B. 汇总凭证的格式相同

    C. 登记总账的依据相同　　　　　　D. 记账凭证都需要汇总

9. 编制科目汇总表直接依据的凭证是（　　）。

    A. 原始凭证　　　　　　　　　　　B. 汇总原始凭证

    C. 记账凭证　　　　　　　　　　　D. 汇总记账凭证

10. 汇总付款凭证的贷方科目可能是（　　）。

    A. "应收账款"或"应付账款"　　　B. "固定资产"或"实收资本"

    C. "管理费用"或"其他应收款"　　D. "库存现金"或"银行存款"

11. 汇总记账凭证账务处理程序的主要优点是（　　）。

    A. 详细反映经济业务的发生情况　　B. 可以做到试算平衡

    C. 便于了解账户之间的对应关系　　D. 处理手续简便

12. 科目汇总表账务处理程序的缺点是（　　）。

    A. 不利于会计核算分工　　　　　　B. 不能进行试算平衡

    C. 不能反映账户的对应关系　　　　D. 会计科目数量受限制

## 二、多项选择题

1. 总账的登记方法有（　　）。

    A. 根据记账凭证逐笔登记

    B. 根据原始凭证或原始凭证汇总表逐笔登记

    C. 根据记账凭证汇总表汇总登记

    D. 根据明细账、日记账汇总登记

2. 下列有关记账凭证账务处理程序的选项中，正确的是（　　）。

    A. 缺点是登记总分类账的工作量较大

    B. 优点是简单明了，易于理解

    C. 适用于规模较小、经济业务量较少的单位

    D. 能进行试算平衡

3. 登记总账的依据有（　　　）。

    A. 记账凭证　　　　　　　　　　B. 科目汇总表

    C. 原始凭证汇总表　　　　　　　D. 汇总记账凭证

4. 各种账务处理程序的相同之处在于（　　　）。

    A. 根据原始凭证或汇总原始凭证编制记账凭证

    B. 根据收、付款凭证登记日记账

    C. 根据记账凭证和有关原始凭证登记各种明细账

    D. 根据记账凭证逐笔登记总账

    E. 根据总账和明细账的记录编制会计报表

5. 在记账凭证账务处理程序中，应设置（　　　）。

    A. 收付款和转账凭证或通用记账凭证

    B. 科目汇总表或汇总记账凭证

    C. 现金、银行存款日记账

    D. 总账与明细账

6. 科目汇总表（　　　）。

    A. 按总账科目汇总编制　　　　　B. 起到试算平衡的作用

    C. 汇总总账科目的发生额　　　　D. 可作为登记总账的依据

7. 科目汇总表账务处理程序的优点是（　　　）。

    A. 能详细反映经济业务的发生情况

    B. 便于了解账户之间的对应关系

    C. 减轻了登记总分类账的工作量

    D. 便于试算平衡

8. 在各种不同的账务处理程序下，明细账登记的依据都可以是（　　　）。

    A. 原始凭证　　　　　　　　　　B. 汇总原始凭证

    C. 收款凭证　　　　　　　　　　D. 付款凭证

9. 汇总记账凭证账务处理程序的优点是（　　　）。

    A. 便于会计核算的日常分工

    B. 便于了解账户之间的对应关系

    C. 减轻了登记总分类账的工作量

    D. 便于试算平衡

10. 记账凭证账务处理程序与汇总记账凭证账务处理程序的区别有（　　　）。

    A. 明细账簿的登记依据不同　　　B. 原始凭证的种类不同

    C. 总账的记账依据不同　　　　　D. 记账凭证的种类不同

11. 记账凭证账务处理程序的优点是（　　　）。

    A. 简单明了、手续简便

    B. 便于了解账户之间的对应关系

    C. 减轻了登记总分类账的工作量

    D. 适用于规模较小、业务量少、记账凭证不多的单位

12. 以记账凭证为依据，按科目贷方设置，将借方科目归类汇总的编制方法有（　　）。

    A. 汇总收款凭证编制方法　　　　　B. 汇总付款凭证编制方法

    C. 汇总转账凭证编制方法　　　　　D. 科目汇总表编制方法

13. 在汇总记账凭证账务处理程序下，应设置的凭证及账簿有（　　）。

    A. 收、付款凭证　　　　　　　　　B. 通用记账凭证

    C. 汇总转账凭证　　　　　　　　　D. 科目汇总表

14. 在记账凭证账务处理程序下，不能作为登记总账直接依据的有（　　）。

    A. 原始凭证　　　　　　　　　　　B. 记账凭证

    C. 汇总记账凭证　　　　　　　　　D. 科目汇总表

## 三、判断题

1. 不同的会计凭证、会计账簿、记账程序和记账方法结合在一起，就会形成不同的账务处理程序。　　　　　　　　　　　　　　　　　　　　　　　（　　）

2. 记账凭证账务处理程序的主要缺点是登记总账的工作量较大。　（　　）

3. 根据科目汇总表登记总账，这种账务处理程序是汇总记账凭证账务处理程序。
　　　　　　　　　　　　　　　　　　　　　　　　　　　　　　（　　）

4. 科目汇总表可以每汇总一次就编制一张，也可以每旬汇总一次或每月编制一张。
　　　　　　　　　　　　　　　　　　　　　　　　　　　　　　（　　）

5. 科目汇总表可以起到试算平衡的作用，而汇总记账凭证能够反映账户之间的对应关系。　　　　　　　　　　　　　　　　　　　　　　　　　　　（　　）

6. 为了便于编制汇总转账凭证，在编制转账凭证时，账户的对应关系应是一借一贷或多借一贷。　　　　　　　　　　　　　　　　　　　　　　　　（　　）

7. 在汇总记账凭证账务处理程序下记账凭证必须使用收、付、转三种格式，不能使用通用记账凭证。　　　　　　　　　　　　　　　　　　　　　　（　　）

8. 在各种不同的账务处理程序下，会计报表的编制依据都是相同的。（　　）

9. 采用科目汇总表账务处理程序，记账凭证必须使用收、付、转三种格式。
　　　　　　　　　　　　　　　　　　　　　　　　　　　　　　（　　）

10. 科目汇总表账务处理程序以科目汇总表作为登记总账和明细账的依据。
　　　　　　　　　　　　　　　　　　　　　　　　　　　　　　（　　）

11. 汇总记账凭证账务处理程序中，其账簿的设置与记账凭证账务处理程序是基本相同的。　　　　　　　　　　　　　　　　　　　　　　　　　　　（　　）

## 四、业务题

习题一

［目的］练习记账凭证账务处理程序。

［资料］龙盛公司 2×21 年 3 月初各账户余额如表 11-17 所示。

表 11-17　各账户余额　　　　　　　　　　　　单位：元

| 账户名称 | 期末余额 | 账户名称 | 期末余额 |
|---|---|---|---|
| 库存现金 | 3 000 | 累计折旧 | 23 860 |
| 银行存款 | 250 000 | 应付账款 | 56 800 |
| 原材料 | 32 800 | 应交税费 | 4 670 |
| 其他应收款 | 1 500 | 本年利润 | 74 300 |
| 固定资产 | 950 000 | 实收资本 | 1 000 000 |
| 利润分配 | 77 670 | | |
| 合计 | 1 237 300 | 合计 | 1 237 300 |

龙盛公司 2×21 年 3 月发生下列有关的经济业务：

（1）1 日，龙盛公司收到国家投入资本 50 000 元存入银行。

（2）3 日，龙盛公司购入甲材料 10 000 元，货款以银行存款支付。

（3）5 日，龙盛公司用现金支付上述购入甲材料的运杂费 200 元。

（4）7 日，龙盛公司结转上述甲材料的实际采购成本。

（5）9 日，龙盛公司以银行存款支付厂部办公用品费 300 元。

（6）10 日，龙盛公司生产产品领用甲材料 8 000 元，车间领用消耗性材料 500 元。

（7）11 日，龙盛公司以银行存款支付本月办公用品费 1 500 元。

（8）13 日，龙盛公司从银行提取现金 15 000 元。

（9）15 日，龙盛公司用现金 15 000 元发放本月工资。

（10）17 日，分配本月工资。其中，生产工人工资 9 000 元，车间技术人员、管理人员工资 2 000 元，厂部管理人员、技术人员工资 4 000 元。

（11）20 日，龙盛公司将本月发生的制造费用计入生产成本。

（12）21 日，龙盛公司产品制造完工，结转完工产品的实际生产成本 25 000 元。

（13）23 日，龙盛公司销售产品一批，销售额 18 000 元（不含增值税），收到款项，存入银行。

（14）25 日，龙盛公司本月计算城市维护建设税 1 000 元，教育费附加 600 元。

（15）27 日，龙盛公司结转已销产品的生产成本 9 000 元。

（16）29 日，龙盛公司将主营业务收入转入利润账户。

（17）31 日，龙盛公司将税金及附加、主营业务成本和管理费用等转入利润账户。

［要求］

（1）根据各账户余额开设总账并登记期初余额。

（2）根据有关业务填制收款凭证、付款凭证和转账凭证。

（3）根据记账凭证逐笔登记总账，进行月结。

习题二

［目的］练习科目汇总表账务处理程序。

［资料］　资料同习题一。

［要求］

（1）根据习题一中业务资料开设相应的三栏式总账。

（2）根据习题一业务填制的记账凭证于月末编制一张科目汇总表。

（3）根据科目汇总表登记总账。

习题三

［目的］　练习汇总记账凭证账务处理程序。

［资料］　资料同习题一。

［要求］

（1）根据习题一中业务资料开设相应的三栏式总账。

（2）根据习题一业务填制的记账凭证编制"汇总收款、付款、转账凭证"。

（3）根据汇总记账凭证登记总账。

## 本章参考文献

［1］中华人民共和国财政部. 企业会计准则：2021 年版［M］. 上海：立信会计出版社，2021.

［2］中华人民共和国财政部. 企业会计准则应用指南：2021 年版［M］. 上海：立信会计出版社，2021.

［3］陈国辉，迟旭升. 基础会计［M］. 7 版. 大连：东北财经大学出版社，2021.

［4］朱小平，周华，秦玉熙. 初级会计学［M］. 10 版. 北京：中国人民大学出版社，2019.

本章习题参考答案